중국인쇄사 中國印刷史

History of Chinese Printing

【三】

장수민張秀民 저 / 한기韓琦 증보

강영매姜始妹 옮김

세창출판사

중국인쇄사 [三] 中國印刷史

1판 1쇄 인쇄   2016년 8월 5일
1판 1쇄 발행   2016년 8월 16일

저 자 | 장수민張秀民(한기韓琦 증보)
옮긴이 | 강영매姜始妹
발행인 | 이방원
발행처 | 세창출판사
신고번호 | 제300-1990-63호
주소 | 서울 서대문구 경기대로 88 냉천빌딩 4층
전화 | (02) 723-8660   팩스 | (02) 720-4579
http://www.sechangpub.co.kr
e-mail: sc1992@empal.com
ISBN 978-89-8411-531-6 94910
     978-89-8411-528-6 (세트)

이 도서의 국립중앙도서관 출판시도서목록(CIP)은 e-CIP홈페이지(http://www.nl.go.
kr/ecip)와 국가자료공동목록시스템(http://www.nl.go.kr/kolisnet)에서 이용하실 수 있
습니다.
(CIP제어번호: CIP2016017073)

자서 自序

   인쇄술·화약·나침판을 서양인들은 중국의 3대 발명품이라고 한다. 영국의 프랜시스 베이컨은 17세기에 이미 "이 세 가지 발명은 전 세계 사물의 면모와 상태를 모두 바꾸어 놓았으며 이로써 수많은 변화를 만들어 내었다. 인쇄술은 문학에서, 화약은 전쟁에서, 나침판은 항해에서 변화를 주었다. 역사상 어떠한 제국이나 종교 혹은 혁혁한 인물도 이 세 가지가 인류에 끼친 영향보다 더욱 많은 영향력을 주지는 못했다. 우리는 지금 확실히 이 발명품은 중국에서 왔다는 것을 알고 있다"고 말한 바 있다. 거기에 제지술을 더하여 중국의 4대발명이 되었고 인류사회를 위하여 위대한 공헌을 하였으니 더없이 커다란 영향을 주었다.

   인쇄술은 "신성한 예술"이라고 하며 또한 "문명의 어머니"라고도 하니 그 중요성은 사람마다 모두 알고 있는 바와 같다. "아는 것이 힘이다"라고 하지만 그러나 힘의 원천의 하나는 바로 책에서 나온다. 셰익스피어는 "책은 전 인류의 영양품"이라고 하였는데 이 영양품은 작가가 창작한 정신적 산물이며 또 종이와 먹을 이용하여 인쇄한 물질적인 산물이다. 손중산 선생은 인쇄업을 몹시 중시하여 인쇄를 의·식·주·이동 네 가지와 더불어 생활에 필수적인 물질조건이라고 하여 똑같이 중시하였다. 인쇄품은 도서, 지폐, 신문, 각종 구매권 등으로 일상생활에서 없어서는 안될 물건들이다. 인쇄업은 교육문화영역으로부터 상공업으로까지 확대되어 각국의 중요한 산업이 되었다.

7세기 당나라 초 정관貞觀 연간에 중국은 목판 인쇄를 발명하였으니 유럽보다 7백 년이나 빠른 시기다. 11세기에 북송 경력慶曆 연간에는 필승畢昇이 활자판을 발명하였으니 독일의 구텐베르크보다 4백 년이나 앞선다. 유럽에서는 활자인쇄를 채용한 후에 문예부흥이 일어났으며 과학문화가 비약적으로 발전하였으나 중국은 오히려 낙후되었다. 이는 명청 시기에 팔고문을 실행하여 관리를 뽑았기 때문에 지식분자들의 총명함과 지혜를 아무짝에도 필요 없는 팔고문에 쏟았기 때문이다. 또한 청나라의 강희 · 옹정 · 건륭 시기에 120여 차례의 문자옥文字獄이 있었기 때문이다. 학자들은 몸을 보전하기 위하여 부득이 고서더미 속에 묻혀 문자의 음훈만을 연구하니 청나라 초기의 고염무顧炎武가 제창한 경세치용과는 서로 다른 길을 걸었다. 사회에서는 무엇을 발명하거나 창조하는 것을 사악한 속임수나 보잘것없는 재주로 간주했기 때문에 도움을 받거나 발전시킬 수가 없었다. 이리하여 인쇄술도 별다른 진보가 없이 1300년간이나 줄곧 목판 인쇄 위주였다. 청대 각본刻本은 원 · 명의 각본에 미치지 못하고, 원 · 명판은 또 송 목판 자체字體의 아름다움, 종이와 먹의 우수함, 장정의 우아함에 미치지 못한다. 활자본은 본래 수량이 많지 않아 인쇄에서 그 다음 지위를 차지한다. 목활자가 처음 나왔고 다음이 동활자인데 대부분 개인의 손에서 나왔다. 단지 강희 연간에 내부內府에서 동활자를 새겼고 건륭 시기에는 목활자를 만들었는데 조선의 여러 왕들이 동활자, 연활자, 철활자를 34차례나 주조한 것과는 아주 다르다. 19세기 아편전쟁 전후에 서양의 석인石印과 연인鉛印이 중국에 전래된 후에야 전통적인 목판과 목활자 인쇄는 점점 도태되었다.

중화인민공화국 성립 후에 중국의 인쇄업은 커다란 발전이 있었지만 선진국가들에 비하면 아직 차이가 컸다. 이는 기술이 낙후되고, 책이 나오는 주기가 길며, 책 한 권이 수백 페이지나 되어서 다른 나라에서 1~2주일이면 출판이 되는 데 비하여 중국은 반년, 심지어는 2~3년이 소요되기 때문이다. 설사 진즉에 사진식자기를 들여왔다 해도 아직 널리 보급되지 못하였고 일반적으로 여전히 수공으로 식자를 하고 기꺼이 구식의 느리디 느린 인쇄기를 사용하고, 장정도 기계화되지 못하여 소위 '정장본'이라고 하면서도 전혀 정교하지 않다. 이런 것은 가장 먼저 인쇄술을 발명한 중국과는 걸맞지 않았다. 만일 결점을 고치려면 박차를 가하여 따라잡아야만 하는데 아직 관련 분야에서 결심하여 해결하기를 기다릴 뿐이다.

중국이 최초로 인쇄술을 발명했으니 이치대로라면 수많은 저서에서 이를 찬양하는 기록이 있어야 하는데 과거에 이 방면에 관한 전문서적이 별로 없었다. 근대 손육수孫毓修의 《중국조판원류고中國雕板源流考》는 지나치게 간략하고, 섭덕휘葉德輝의 《서림청화書林淸話》는 판본자료들만을 모아 편집했다. 미국 카터 교수의 《중국인쇄술의 발명과 서방 전파》가 출판되니 비로소 체계적인 전문서적이 나오게 되었다. 프랑스 폴 펠리오의 《중국인쇄술의 기원》이라는 책은 자료를 널리 풍부하게 인용했으니 학식은 비록 넓지만 요점을 파악하지는 못했다. 카터가 쓴 저서의 내용에 미치지 못한다. 인쇄술은 중국 고대 노동자의 중대한 발명임에도 인쇄사에 관한 저서는 외국인이 대신 썼으니 실로 부끄럽기 짝이 없다. 그리하여 내 자신의 분수를 모르고 무기가 산을 짊어지는 심정으로 《중국인쇄사》를 쓰고자 하였다.

처음에 나는 하문대학廈門大學(당시에 화교 진가경陳嘉庚 선생이 창립)에서 수학할 때 서안瑞安 출신 이림李笠(雁睛) 선생님의 깊은 깨우침을 받아서 도서목록학에 관해 흥미가 생겼다. 그래서 수업이 없을 때면 도서관(集美樓)의 서가로 달려가서 자유스럽게 책을 열람하였다. 판본목록과 관계있는 글 두 편을 발표했는데 이립 선생님이 이를 당시 북평도서관에 계신 서수徐水 출신 원동례袁同禮(守和) 부관장님께 보내었다. 원선생이 이를 보고 도서관 명의로 "신관(지금의 문진가文津街에 있는 북경도서관)이 낙성되어 사람이 필요하니 급히 상경하기 바랍니다"라는 편지를 보내왔다. 이리하여 졸업식에도 참가하지 못하고 북경도서관에 도착하니 1931년 7월 초의 일이다.

북경도서관은 역사가 유구하고 세계적으로 유명한 국가도서관이다. 그중 몇몇 인본印本에는 남송 황실의 '집희전緝熙殿', 원나라의 '국자감숭문각관서國子監崇文閣官書' '소흥부학관서紹興府學官書' '한림국사원관서翰林國史院官書'라고 적힌 커다란 주문인朱文印이 찍혀 있다. 기타 송, 금, 원의 목판본과 당나라 사람이 쓴 경전과 명청대의 정밀한 필사본 등은 모두 세상에 귀한 진품들이다. 신중국 성립 전에 장서의 총량은 145만 권이었다. 얼마 전에 이미 장서는 1천만 권을 초과하니 이제는 책이 많은 것이 걱정거리가 되어 신관을 건립할 필요가 있게 되었다. 내게 좋은 기회가 있어 이렇게 수많은 책이 있는 좋은 환경 속에서 장장 40년간이나 일할 수 있었다는 것은 정말 행운이라고 할 수 있다.

원동례 관장은 공공도서관으로서의 직능을 발휘했을 뿐만 아니라 동시에 도서관을 하나의 학술연구 기구로 하여 일련의 전문성을 갖춘 기구로 만들었다. 그리하여 유명 학자들인 서홍보徐鴻寶 · 섭위청葉渭淸 · 상달向達(覺明) · 왕중민王重民(友三) · 조만리趙萬里 · 사국정謝國楨(剛主) · 손해제孫楷弟(子書) · 하창군賀昌群(藏雲) · 유절劉節(子植) · 왕용王庸(以中) · 양계웅梁啓雄(述任, 양계초의 동생) · 담기양譚其驤(季龍) · 팽색단彭色丹 라마 · 우도천于道泉 선생 등 10여 명을 초빙하여 사학지리 · 판본 · 금석 · 문학 · 철학 및 만주어 · 티베트어 · 몽골어 등을 연구하도록 하였다. 이런 농후한 학술 분위기 속에서 자연스럽게 감화를 받고 절차탁마의 이로움을 얻게 되니 인쇄사를 쓰리라는 결심을 굳히게 되었다.

도서관에 들어온 후에는 도서편목팀에서 고서카드목록을 정리하였는데 책마다 반드시 책 내용, 서발序跋을 자세히 살피고 저자의 성명, 자와 호, 본관, 출생과 사망, 경력, 출판한 곳, 연대, 서적의 성질 등을 확실하게 하여 분류번호와 저자번호를 적어 넣었다. 후에 또 몇십 년간 '사승류史乘類'와 집부의 도서목록을 편집하였다. 인쇄사를 쓰기 위하여 판본인쇄에 관한 자료를 수집하는 데 주의를 기울였는데 당시 대부분 작은 쪽지에 기입했다가 작은 노트에 다시 썼는데 70권이었다. 그중에 《송판서경안록宋板書經眼錄》과 《송각공명록宋刻工名錄》각각 2책을 완성했다. 자료를 찾기 위하여 도서관에 소장된 송판본 355종과 잔존殘存 《영락대전》 2백여 책을 읽고, 명청 초고본을 읽고 제요 115종, 청대 집부 제요 85종, 명청 초고본의 간단한 목록 5백 종을 만들었다. 수십 년 동안 큰 서고에 있는 수천 종의 지방지·시문집·필기잡설 및 일문·서양판본 목록 도서를 보았다. 그러나 이는 큰 서고 중의 몇십 개 책장만을 보았을 뿐이다.

1937년 노구교전쟁이 발발하자 국가의 위급함을 느끼고 평소 작업했던 판본 목록은 그저 책속의 학문일 뿐 국가 흥망에 대해서 결코 실제적으로는 쓸모가 없음을 느끼게 되었다. 이리하여 결심을 내 팽개치고 생각을 바꾸어 안남사安南史를 연구하기 시작했다.

1952년 10월 도서관에서 중국인본서적전람회를 개최했다. 당시에 〈중국인쇄술의 발명 및 아시아 각국에 대한 영향〉이라는 글을 《광명일보》에 발표하였고 후에 《문물참고자료文物參考資料》에 전재되었다. 등충騰沖의 이인로李印老(根源, 印泉, 이희필 선생의 부친)의 과도한 칭찬을 듣게 되어 세상에 전해질 수 있었다. 이리하여 몇 년동안

방치했던 판본목록을 다시 꺼내어 확충하여 《중국인쇄술의 발명 및 그 영향》이라는 책이 완성되었다. 1958년 인민출판사에서 출판하였고 1978년에 재판을 내었다. 일본의 유명한 역사가이자 문학가인 간다 기이치로 박사가 이 책을 보고 "몹시 성실하고 진지한 좋은 책"이라고 하였으며 히로야마 히데노리[廣山秀則]에게 부탁하여 일어로 번역하도록 하니 1960년에 일본 교토에서 출판되었다. 일시에 일본, 소련, 미국 간행물에 모두 좋은 책이라고 소개되거나 보도되었다. 1977년 일본 야부우치 기요시(藪內淸) 교수가 카터의 책을 번역하고 주를 달았는데 나의 졸작과 졸문撰文을 대부분 인용했다. 이서화李書華 선생은 1962년에 홍콩에서 《중국인쇄술 기원》이라는 책을 출판했는데 대부분 카터와 내 졸작의 내용을 인용하고는 따로따로 자세히 주석을 달았다. 1981년 6월 왕익王益 선생이 《인쇄전선印刷戰線》에서 카터가 쓴 책을 좋은 책이라고 평가하고 필자의 졸작에 대해서도 "적지 않은 독창적 견해를 제기했고 수많은 가치가 있는 사료를 발굴하여 중국인쇄술 발명사를 연구한 가장 권위 있는 저작"이라고 평가하였다. 칭찬을 고맙게 생각하며 공연히 부끄러워 진땀을 흘릴 뿐이다. 어떤 대학 도서관학과에서는 이 책을 교재로 쓴다고 한다.

이전에 쓴 《중국인쇄술의 발명과 그 영향》은 단지 《중국인쇄사》의 첫머리와 결말 두 부분일 뿐이다. 그 내용의 주체는 당, 오대 이후에서 청말까지로 엉성하게 발표한 30편의 문장이다. 활자판 부분은 1963년에 중화서국에서 《중국활자인쇄사화中國活字印刷史話》(《중국역사소총서》 중의 하나)라는 제목으로 출판되었고 1979년에 재판 3쇄를 냈다. 거우 1만여 자로 지나치게 간략하여 후에 5만 자로 확충하여 전문서적으로 하고자 사람을 청하여 원고 정서를 하고 또한 전체 《중국인쇄사》를 기획하여 일찍이 탈고하였다.

'문화대혁명'이 일어나자 수십 년 동안 근검절약하여 모아 놓은 도서간행물을 두 대의 삼륜차에 가득 실어서 부득이하게 사람에게 부탁하여 근으로 쳐서 팔아 버려 종이원료가 되었고 인쇄사와 월남사의 자료는 모두 손실되어 자연스럽게 다시는 집필할 수가 없게 되었다. 후에 호북성 함녕咸寧 문화부 57 간부학교로 하방下放되어 황량하고 습한 호수 곁의 작은 언덕 위에서 노동을 하며 약 1년여를 생활했다. 1971년 다행히 퇴직했다. 1931년부터 도서관에 근무하여 40년 머물렀던 제2의 고향인 북경을 떠나 절강성 승현嵊縣 입팔도卅八都 옛집으로 돌아왔다. 다행히 85세이신 노모가 건강하시고 나 역시 환갑을 넘기고도 어머니와 함께 있으니 기쁨이 배가 되었다.

　퇴직 후에 본래는 2, 3년 안에 인쇄사를 마무리하리라 마음먹었다. 그래서 비록 북경도서관, 북경사대, 난주대학, 남경대학, 항주대학의 강양부姜亮夫 교수 등이 수차 초청을 했지만 모두 집에서 어머니를 봉양한다는 이유를 들어 사절했다. 오직 자료를 찾거나 친구를 방문할 때만 복건으로 나갔다. 모교로 돌아와서 옛 친구 섭국경葉國慶 교수를 만나 집미集美로 가서 진가경 선생의 웅대한 묘지를 참배하였다. 천주泉州의 고찰인 개원사開元寺를 방문하여 송나라 때 복주판 장경잔본이 적지 않음을 보았다. 복주에 가서 옛 동창 포수당包樹棠(笠山) 교수와 함께 민왕사閩王祠에 가서 참배하고 비문을 베껴 왔다. 시내의 개원사는 송나라때《대장大藏》을 판각했으나 지금은 이미 공장으로 변해 버렸다. 본래 송원명 이래로 출판중심이었던 건양 마사와 숭화서방을 가보려고 했으나 길동무가 없어서 그만두었다.

　1973년 영파 천일각에 갔다. 명나라 범흠의 천일각은 중국 내에서 유일하게 남아 있는 고대 개인 장서루이다. 구사빈丘嗣斌·낙조평駱兆平 선생과 함께 새로 접수된 대량의 도서 중에서 선본善本 고르는 작업을 했다. 50일 동안 천일각에서 심사하고 선정한 선본은 모두 168상자에서 21상자를 골라내었으니 한 상자당 평균 약 21종이었다. 명나라 시기의 판본은 경창본經廠本·번부본藩府本·금릉본金陵本·건양방본建陽坊本·활자본 등이 있었다. 또 명청 필사본도 있었는데 수시로 기록하였다. 여요의 황종희는 강희 12년(1673)에 예외적으로 천일각에 올라가 책을 관람했다. 그 뒤를 이어 서건학徐乾學·만사동万斯同·전조망全祖望·전대흔錢大昕·완원阮元·설복성薛福成등이 있었다. 나는 천일각 옆에 한 달 반 넘게 묵었는데, 때는 마침황종희가 천일각에 올라간 지 3백 년이 되는 해였다. 1978년 11월, 다시 천일각에 올라갔다. 비록 선현의 미덕을 잇지는 못했지만 일생에서 만족할 만한 일이라고 할 수 있다.

1975년에 다시 북경으로 갔다. 매일 북경도서관에 가서 자료를 찾으며 두 달을 보냈다. 명나라의 무림 관묘재觀妙齋 판각본《상자商子》등 여덟 가지 책을 도서관에 기증했다.

1977년에는 상해도서관으로 자료를 찾으러 갔다. 고기잠顧起潛 관장님의 배려 덕분에 편하게 책을 열람할 수 있었다. 복단대학교에서옛 친구 담계룡譚季龍을 만나 기쁘기 그지없었으나, 서안瑞安 이립 스승님이 몇 년 전 학교에서 돌아가셨다니 참으로 애석했다.

1979년 5월에는 《중국지방지연합목록中國地方志聯合目錄》 심사 요청을 받아 북경으로 갔다. 거기서 주사가朱士嘉·풍보림馮寶琳·양전순楊殿珣·장위봉蔣威鳳·오풍배吳豊培 등 동지들을 만났고 약 한 달간의 회의를 하였다. 회의가 끝난 후 문진가文津街의 북경도서관과백림사柏林寺 분관에서 책을 보고 절강에는 9월 초에 돌아왔다.

1981년부터 1984년까지는 해마다 항주 절강도서관 서호 분관 고적부에 가서 열람하며 원고쓰기와 수정을 하였는데 삭제할 것은 삭제하고 또 덧붙이거나 빼면서 수차례 왕복하였다. 명 번부본藩府本의 경우 예닐곱 차례나 고쳐 썼다. 늙은 소가 낡은 마차를 끌듯이 진전은 아주 더디었고 계속 미루어져 근 10년이나 미루어졌다. 고향에서 저술을 하자니 처음 몇 년간은 물자가 부족하여 몇 달동안 고기 한 점 먹지를 못했다. 글을 쓸 때 가장 어려움은 시골에 참고할 만한 서적이 없다는 점이었다. 인명ㆍ지명사전조차 시내에 나가 빌려야 했다. 그리하여 일단 가지고 있던 노트 70권의 내용을 정리하였다. 고향집은 겨울에는 난방이 되지 않아 실내 온도가 영하 2, 3도까지 떨어져 그야말로 얼음집이 따로 없었다. 찬 공기가 뼛속까지 파고들어 손이 동상에 걸릴 정도였다. 여름에는 또 37, 38도를 오르내리는 폭염으로 등이 온통 땀으로 젖었다. 그럼에도 불구하고 글쓰기를 계속했다. 침식을 잊고 몰두하는 나를 본 어머니는 속이 타셨는지 여러 번 당부하셨다. "이 책 다 쓰고 나면 다시는 책 쓰지 말거라." 원래는 어머니 생전에 출간해 기쁨을 드리고 싶었지만 생각지도 않게 1983년 4월 7일 어머니께서 향년 97세로 세상을 떠나시니 아아! 그 슬픔을 말로 다할 수 없었다. 어머니 상을 마치고 다시 항주로 가서 이 책을 완성하였다.

이 책은 당ㆍ오대ㆍ송ㆍ요ㆍ금ㆍ서하ㆍ대리ㆍ원ㆍ명ㆍ청(태평천국 부가) 나라까지 차례대로 인쇄 개황을 논하였다. 중국인쇄사의 주요부분을 위해 이전에 쓴 《중국인쇄술의 발명과 그 영향》의 요점을 정리하여 이 책의 첫머리와 결말로 삼아 《중국인쇄사》라고 제목을 달았다. 이 책에서는 각 시기의 인쇄에 대하여 먼저 총론을 말하고 다음에 판각도서의 지역, 각종 관방과 개인의 각본刻本, 도서간행의 서방, 각본의 특색을 설명하였다. 다음에는 각 시대별 활자본을 논하였다. 또한 인본내용을 설명할때는 편리함을 위해 사부四部의 차례에 따르되 약간 변통을 하였다. 경부經部는 대부분 여러 경들을 해석하되 약간 개인철학을 덧붙였으니 한ㆍ송의 여러 분파는 번잡하여 그 중요한 것을 기록했다. 소학류는 문자의 훈고, 음운서 외에 계몽적인 도서를 부가하였다. 사부史部에서는 고사古史ㆍ정사 외에 다양한 그 당대의 역사저작인 지방지, 등과록, 족보, 역서曆書 등을 논하였다. 자부子部는 고대 제자諸子 이외에 각 시대의 과학기술서, 의약서에 대해 상세하게 논술하여 옛것의 좋은 점을 현실에 이용할 수 있기를 갈망하였다. 집부集部에서는 송판 시문집을 상세히 설명하고 각 시대의 사곡 소설 및 총집을 약간 서술하였다. 종교서는 불교, 도장道藏 및 이슬람교, 천주교 기독교의 출판물을 서술하였다. 총서는 고금의 저작을 다루지 않은 것이 없으니 인본서가 중요부분을 이루며 사부의 뒤에 부가하였다. 한문 각본 이외에 소수민족 및 외국문자 인쇄도 다루었다. 각 시대의 말미에 관방과 개인 장서를 부가하였다.

송대 출판은 비교적 자유로웠으나 여러 차례 금지령이 있었다. 번부본은 명대의 특수한 것으로 비록 일찍이 주의를 기울인 사람이 있긴 했으나 완전하지 못했다. 명대 '제서制書'는 환관들이 출자하여 도서를 간행하였으니 다른 시대에는 없는 것이다. 국각본과 사가에서 교정간행한 총서는 청대의 특징이므로 서술을 더하였다. 아편전쟁 전후에 서양의 석인과 연인이 중국에 수입되어 도서는 석인으로 바뀌는 시대가 되었으므로 한문을 연자로 주조하는 경위를 서술하였다. 명나라 무석 화씨가 동활자로 인쇄를 한 것과 휘파 판화의 황씨 판각공들에 대하여 이전의 논술자들이 뒤죽박죽으로 말한 세계世系를 모두 고쳤다.

본서는 인본서 이외에 또한 각 시대의 신문과 지폐, 다염인茶鹽印, 인계印契, 세화 등의 인쇄품에 관해서도 서술하였다.

필사공, 각자공, 인쇄공, 제본공[1]은 인본서의 직접 생산자들인데 구

1_ 이 책에서는 제본으로 번역했다. 제본의 사전적 의미는 "낱장으로 된 인쇄물 따위를 실, 철사로 매거나 본드로 붙이고 표지와 함께 책으로 만듦"이라고 되어 있기 때문에 간혹 선장본을 말할 때는 장정도 사용했지만 대부분은 제본으로 번역했다.

시대에는 이들을 경시하였다. 이 책에서는 여러 방면으로 그들의 생활 사적과, 여성, 승려, 감생監生들이 글자를 새긴 일을 망라하였다.

인쇄물은 제본이 된 후에야 읽어볼 수 있기 때문에 각 시대 제본의 변천도 약간 서술하였다.

인쇄 재료 중 특히 종이와 먹은 직접 서적의 질과 생산량에 영향을 준다. 송대에는 이미 양면에 인쇄할 수 있는 두꺼운 종이가 생산되었으며 어떤 것은 좀이 먹는 것도 방지하였다. 종이공장의 직공은 1200명까지 있는 곳도 있었다. 또 검은 빛을 발하고 향기가 나는 향묵香墨을 생산해 낼 수 있었고 많은 사대부들 역시 먹을 제조하였으니 해마다 백 근에 이를 정도였다. 명대의 종이와 먹 역시 훌륭했으나 청대에는 쇠락하였다. 이런 실상에 관해 번잡함을 두려워하지 않고 모두 수록하였다.

나는 평생 다른 취미가 없이 그저 중국인쇄사와 안남사를 연구하였는데 나이 80에 가까워서야 비로소 《중국인쇄사》를 완성하게 되니 정말로 별 볼일 없는 사람이라고 할 수 있다.

이전에 고형림이 저서의 어려움을 "반드시 이전에는 없는 것이어야 하고 후세에는 없어서는 안 되며 후세를 위한 것이어야 한다"고 하였다. 이렇게 책을 엮는 것이 이 뜻에 부합하는지 모르겠다. 양임공梁任公 선생은 "문화재의 역사를 쓰기 위해서는 첫째 전문적이어야 하고, 둘째 욕심을 부리지 말 일이다. 만일 평생의 힘으로 한 가지 문화재의 역사를 쓰게 된다면 사학계에서는 불후의 가치가 있다"고 했다. 이 책의 가치 유무는 학자들의 검증을 기다릴 뿐이다. 이 책은 4~50년의 심혈을 기울였으나 글의 바다는 끝이 없는데 필자의 이론 수준이 낮고 학식은 적고 견문은 적어 오류가 반드시 많을 것이니 독자 여러분의 질정을 바라 마지 않는다.

나는 이 책을 이미 끝내고 나서 두 가지 희망이 있다. 필자는 20여

년 전에 《인쇄》라는 잡지에 역대의 아름다운 인쇄를 소개하며 송판 중의 구양순, 안진경, 류공근, 수금체, 혹은 원본 중에서 조맹부체(해서, 행서 2종)를 정선하여 동활자를 주조하여 독자들이 책을 펴기만 해도 눈이 즐겁고 미적 감각이 생겨나도록 하자고 건의한 적이 있다. 어찌하여 지금 사용하고 있는 횡경직중橫經直重(가로는 가늘고 세로는 굵은)의 네모난 인쇄체보다 더욱 아름다운 판면을 만들 수 없단 말인가? 또한 중국은 최초로 종이와 인쇄를 발명하였기 때문에 고대 필사본과 인본수의 생산량은 아주 풍부하다. 그러나 역대로 전란이 끊이질 않았으니 도서라고 어찌 여러 차례의 액운을 피할 수 있었단 말인가? 또한 문화혁명 기간에 '사구四舊'를 소탕한다고 하여 광범위하게 도서문물 손실이 너무나 많았으니 예부터 지금까지 없던 일이었다. 현재 당·오대의 인본은 기린이나 봉황처럼 희귀하다. 송판서는 가장 많은데 지금 국내외에 현존하는 서적은 1천 종쯤 되며 그 반은 잔질殘帙이거나 복본이다. 송대의 신문, 송·금의 화폐, 다염인은 이미 찾아볼 수가 없다. 송·원 목판서의 판본과, 명·청시기의 동활자, 연활자, 석활자 및 당시 조판했던 인쇄 공구들 역시 실물로 남아 있는 것이 없다. 1959년에 독일 라이프치히 도서 전시회에 청대 상주의 목활자 한 판만을 보내었다. 당시 독일의 구텐베르크 인쇄박물관을 본떠 급히 중국인쇄박물관을 설립하여 종이, 먹, 붓, 벼루 등을 전시하는 분관을 만들고 고대의 수공업 생산에서부터 최근의 기계와 최신 과학기술까지 진열하는 것이 마땅하다는 의견을 제출했다. 그리하여 관람객들이 감성과 지식을 얻고 애국주의 교육을 진행하여 조상들이 발명한 위대한 창조물을 느끼게 하고 부국강병과 중화를 진작시켜서 인류에게 새로운 공헌을 할 수 있는 것이 사소한 희망이다.

퇴직 후 집필기간에 나는 노모와 생활했는데 전부 큰 누이동생 장수영張秀英의 도움을 받았다. 10여 년간 엉성하게 인쇄사와 월남사논문 10여 편을 발표하였고 그 명예에 기대어 다시 쓰기도 하였다. 2, 3년간 본서의 전체 원고 약 50만 자는 둘째 여동생 장전영張全瑛이 맡아서 정서해 주었다. 그중 얼마간은 한경韓慶·한녕韓寧 부자가 정서해 주었다. 남동생 장수요張秀銚와 생질 한기韓琦는 신문이나 잡지의 관련 있는 자료들을 알려 주었다. 또한 북경도서관 참고조參考組와 복사제본팀, 상해도서관, 절강성도서관 서호분관 고적부, 영파 천일각의 도움을 받아서 책을 빌리고 복제하는 데 편하도록 해주었다. 장신부·고정룡(기잠)·주사가(용강)·백수이·호도정·이희필·풍보림·노공·최부장 선생 등 및 이미 고인이 된 시정용(봉생)·사국정(강주)은 서문을 써 주시거나 대작을 주시거나 자료를 베끼도록 해 주시거나 하여 적지 않은 도움을 받았다. 담기양 선생은 이전 작품이 재판되었을 때 "전체《중국인쇄사》가 하루빨리 출판되어 전체 중국문화사의 연구에 일부분 굳건한 토대를 만들기를 희망한다"고 하셨다. 또한 일본 간다 기이치로 선생 역시 편지를 보내와 이 원고에 대해 관심을 보였다. 반현모 선생은 미국에서 청대 납판《원문초轅門鈔》의 사진을 보내주었다. 미국 국적인 전존훈 박사는 창피득 선생의《명대번각》자료를 복제하여 보내 주었고 또한 서문을 써 주시기까지 하였다. 스웨덴의 원 황실도서관에서 아시아 인쇄사를 연구하는 에즈런(S. Edgren) 선생은 1974년에 자신의 대작을 보내 주셨다. 올해 2월 항주에 오셔서 만나 뵙고 싶었는데 아쉽게도 설날이라서 나는 이미 항주에서 승현으로 왔기 때문에 뵙지 못해서 정말 유감이다. 이상 여러 선생님들이 졸작에 대해 관심과 도움을 주셨으니 감격스러워서 특히 이 자리를 빌어 그분들께 충심으로 감사의 마음을 드린다.

1984년 갑자 단오절에 승현 입팔도 고향집에서
장수민이 쓰니 이때 내 나이 77세다.

증보판 자서

　나는 진가경 선생이 설립한 하문대학 국학과에 진학한 후 서안 이 안청 스승의 지도를 받아 판본 목록학을 좋아하게 되었다. 1931년 대학을 졸업한 후에 북평도서관(지금의 국가도서관)에 들어가 고서 카드 및 서본목록 편집을 10여 년간 하였으며 판본인쇄에 관한 자료를 수집하였다. 1958년 졸저 《중국인쇄술의 발명과 그 영향》을 출판하였는데 일본의 유명한 사학가인 간다 기이치로[神田喜一郎] 박사가 이를 보고 "몹시 성실하고 진지한 좋은 책"이라고 평가해 주시고 히로야마 히데노리[廣山秀則]에게 부탁하여 일어로 번역하도록 하니 1960년에 일본 교토에서 출판되었다. 왕익[王益] 선생은 "이 책은 국제적으로 아주 영향력 있는 책으로 카터의 부족함을 메꿀 수 있는 권위적인 학술저작"이라고 하셨다. 인민출판사와 대만의 문사철출판사에서 두 번 출판되었다. 이후에 또 《활자인쇄사화》(중화서국, 1963년)・《장수민인쇄사논문집》(인쇄공업출판사, 1988년) 등을 출판하였다.

　1984년 전체 《중국인쇄사》 원고 64만 자를 상해 인민출판사로 보냈다. 1987년 초교본이 나왔는데 중국인쇄기술협회에서 수여하는 필승상[畢昇賞]과 일본 모리사와 노부오[森澤信夫]상을 수상했다. 1989년에 정식으로 출판된 후 또 전국과학기술사 우수도서명예상을 수상하였고, 제4회 중국도서상 2등상과 화동지구도서 1등상을 받았다. 국내외의 학자들의 예상치 못한 명예를 받았다. 옛 친구 담기양은 "대작의 내용이 풍부하고 상세하니 지금까지 누구도 해 본 적이 없음은 물론이고 또한 후세인들도 넘기 어려울 것입니다"고 했다. 미국의 전존훈 교수는 편지에 "대작의 자료의 풍부함, 내용의 충실함이 있고, 분석이 자세하고 분명하며 견해가 독창적이니 저의 졸렬한 서序이지만 확실히 헛되지 않습니다"고 했다. 사수청史樹靑 선생도 편지를 보내 "이 책은 인쇄사 연구에 있어 공전에 없던 거작입니다"고 했다. 스웨덴의 중국인쇄사 연구자인 에즈런 선생은 미국에서 편지를 보내 "이 대작이 드디어 출판을 하게 되어 전 정말로 기쁩니다. 이는 선생의 중국인쇄사에 대한 중대한 공헌입니다"고 했다. 《중화공상시보中華工商時報》(1994.1.8.)에서는 이 책을 "절대로 엉터리로 대중에 영합하여 호감을 살 만한 것을 볼 수 없으며, 졸속으로 대강대강 끝낸 곳도 찾아볼 수 없다. 이런 책을 읽는다는 것은 마치 지식의 보고를 마주한 것 같으니 순식간에 많은 것을 얻을 수 있어 한 글자, 한 글자 제마다의 분량을 갖고 있다"고 평하였다. 이 외에도 오도정, 주가렴 두 선생은 《북경일보》(1990.10.1.), 잡지 《독서》(1991. 제8기) 및 미국 《동아도서관 100기 기념특집》에 모두 이와 같은 호평을 해 주었다.[2] 이상 여러 칭찬은 과장됨이 지나치니 부끄러워 진땀이 나오는 것을 이길 수가 없다.

이 책의 출판에 대해서 "일본 인쇄업 전문가들은 몹시 기뻐하며 그치지 않고 칭찬을 하고 있으니 우수한 작품임을 찬미하여 마지않는다"[3]고 하였다.

일본 요코하마 사토[佐藤] 활자연구소의 고미야마 히로시[小宮山博史] 선생은 책을 본 후에 승현의 입팔도를 방문한다고 하여 여러 차례 사양하였다가 1993년 봄에 항주 서호에서 만나 뵈었다. 고미야마 히

2_ Bulletin of East Asian Libraries. 《미국 동아도서관 100기 기념특집》 허휘許暉의 〈사부 최신의 중국인쇄사평론〉.

3_ 오건문, 〈중국인쇄사학의 새로운 글〉, 상해 《인쇄잡지》 참조, 1990. 제1기.

로시 선생 부부, 오가와 데루미[大川光美], 기다 겐[木田元], 가와무라 사부로[川村三郎] 선생과 중국인 통역사, 미국인 사진기사를 데리고 일곱 분이 특별히 항주로 와서 만남의 시간을 가졌다. 3월 24, 25일 이틀간 샹그릴라 호텔에서 만났다. 그들은 목판본과 팔자판 등 인쇄사 방면에 관하여 수많은 문제를 말하였다. 본래 아는 것은 안다 하고, 모르는 것은 모른다고 하는 원칙 하에 일일이 대답을 하였다. 그들은 일본에서 졸저 두 부를 가지고 와 사인을 청하였고, 또 일본 헤이세이[平成] 4년(1992)에 새롭게 출판한 《세이가토[靜嘉堂]문고 송원판도록, 해제편》을 선물로 주었다.

이 책은 위아래 1천3백여 년의 도서 수천 종을 다루었다. 나는 이 《중국인쇄사》에 비록 40~50년의 심혈을 기울였지만 재주가 부족하고 학식이 미천하여 스스로도 틀린 곳이 많다는 것을 알고 있으니 출판사의 초교를 거치고 나도 친히 2교와 3교를 보고, 또 생질 한기에게 재교를 보라고 하였다. 글자수가 너무 많아 여전히 틀린 글자와 잘못된 문장을 80여 곳이나 찾아내고 동시에 적지 않은 결함을 발견하게 되어 수정증보가 필요하다고 생각하였다.

나의 어린 생질 한기 박사는 명청시대의 중서과학과 문화교류사를 연구하는 데 폭넓게 외국의 원시자료를 이용하여 근년에 인쇄사 방면에 관한 문장 10여 편을 발표하였다. 청대의 납판인쇄와 서양의 동판인쇄의 전래, 만청 석인술의 전래와 흥망성쇠, 19세기 중문연활자(병합활자, 혹은 첩적疊積활자, 첩접疊接활자라고도 함)의 전파 및 북송 말 등숙鄧肅 문집중의 필승 활자인쇄에 관한 기록은 《중국인쇄사》의 부족함을 메꿀 수 있었다. 한기는 중국인쇄술과 유럽, 필리핀과의 관계에 대한 것과 활자인쇄의 몇 가지 문제점, 서하 활자, 위그르문 목활자 등의 내용 역시 이 책 속에(약 8만 자) 보충하여 넣었다. 또한 온갖 마음을 다하여 중국인쇄사 연구에 관한 논저목록(약 4만 자)을 정리하였고 또한 근 3백 편에 달하는 도편을 새롭게 넣어 이 책을 더욱 광채가 나게 하였다. 동시에 내가 썼던 "송각공의 도서간행표," "활자본 형식과 내용," "활자본목록" 등을 보충하여 넣었고 부분적으로 개정하거나 보충한 것도 있다. 예를 들면 청대의 불산, 천주, 산서, 섬서 등의 도서 간행, 명나라 호주의 투인, 원명청의 서원본, 티베트어 《대장경》은 혹은 길게 혹은 짧게 근 1백여 곳을 새롭게 보충하니 약 7만여 자가 되었다. 이 책은 이번에 개정과 보충을 거쳐서 부분내용이 충실하게 되었고 또 잘못을 교정하였다. 그러나 학문의 바다는 끝이 없고 필자의 학술 수준은 한계가 있으며 근자에는 또 시골에 칩거하여 보고 들은 바가 없어 책 속의 잘못과 결루缺漏된 곳이 있을 터이니 여전히 두려움을 피할 수가 없다. 독자 여러분의 지도편달을 간절히 바라 마지 않는다. 이 책이 출판될 수 있었던 것은 전적으로 절강 고적출판사와 서충량徐忠良 선생의 전폭적인 지지에 의해 가능하였다. 특별히 충심으로 감사드린다.

2004년 승주 첨산 입팔도 고향집에서
장수민이 쓰니 내 나이 97세다.

일러두기

❶ 한자는 한글 독음 바로 옆에 병기하였으며 여러 번 나올 경우 맨 처음만 표기하는 것을 원칙으로 했으나 필요할 경우에는 재차 병기하였다.

❷ 역주는 각주로 처리하였으며 표시는 1_, 2_, 3_으로 하였다.

❸ 원문의 주는 미주로 처리하였으며 표시는 [1] [2] [3]으로 하였다.

❹ 연호 다음 ( ) 속의 연도에는 '년'자를 표기하지 않았다.

   예) 정관 3년(929)

❺ 원문에는 인명 후 사망연대만 나왔으므로 가능한 생존연대를 첨가하였다.

   예) 주후엽(朱厚燁, 1498~1556)

❻ 발음상 같지 않으나 한자를 병기해야 할 경우는 [ ] 표시로 하였다.

   예) 남방에서 생산된 종이[南方紙]

❼ 연도는 물결표시 사용

   예) 1115~1234

❽ 본문 안의 ( )의 설명의 종결어미는 명사형으로 하였다.

❾ 행정구역을 나타낼 경우는 '수도'를 사용하였고 일반적인 경우는 '서울'을 사용하였다.

   예) '이라크 수도 바그다드' '당나라 수도 장안'

      '서울 사람' '서울로 갔다' '서울의 붓' 등

❿ 원서에 나라와 연호가 함께 나오는 경우는 다음과 같이 했다.

   예) 淸乾隆-청 건륭, 明萬曆-명 만력

⓫ 원서에 나라와 황제가 함께 나오는 경우는 다음과 같이 했다.

   예) 唐太宗-당 태종, 宋英宗-송 영종

⓬ 원서에 나라와 이름이 함께 나오는 경우는 다음과 같이 했다.

   예) 唐范攄-당나라 범터, 宋熊禾-송나라 웅화

이와 같이 한 이유는 唐范攄와 唐愼微의 경우, 앞은 당나라의 범터范攄(인명)이고 뒤는 당신미 자체가 이름이므로 반드시 구별해야 이해하기 쉽기 때문이다. 또한 앞의 ❿, ⓫의 예와 구별하기 위해서다. 그렇지 않으면 元費著, 明周山 등은 그냥 이름으로 오해하기 쉽다. 이런 경우가 많지만 몇 가지 예를 들어 보면 다음과 같다. 宋王明淸(송나라 왕명청), 元吳澄(원나라 오징), 宋王存(송나라 왕존), 元危素(원나라 위소), 明周山(명나라 주산), 晉王叔和(진나라 왕숙화), 元費著(원나라 비저), 宋玉讜(송나라 옥당), 宋馬令(송나라 마령), 元虞集(원나라 우집) 등등이다. 원칙으로 한다면 '당나라의 범터'처럼 해야 하나 '당나라 범터'식으로 통일했다.

⓭ 인명과 지명은 한자독음을 원칙으로 했지만 이미 습관이 된 이민족의 이름이나 지명은 습관대로 썼다. 익숙지 않은 경우는 한글 옆에 [ ] 표시를 하여 한자를 병기했다. 또한 잘 모르는 경우는 몽골어나 만주어 등 원어를 알 수 없어 부득이하게 한자독음을 사용했다.

예) 칭기즈칸, 쿠빌라이, 누루하치, 파스파, 숭첸감포[松贊干布]─인명
라싸 쿠차 등─지명

⓮ 원서에 朝鮮이라고 한 경우도 조선시대를 말한 경우는 조선이지만 현재를 말한 경우는 모두 한국으로 번역했다.

예) '조선의 서적이 일본으로 전해졌다', 朝鮮海印寺─한국 해인사,

⓯ 인명과 책명에 일일이 주석을 달지 않았지만 沙圖穆蘇처럼 사람인지 어떤지 알기 어렵거나 또는 내용상 더욱 명확한 설명이 필요할 경우에는 주석을 달았다.

⓰ 일본 인명은 일본음으로 쓰고 최대한 주를 달았다.

예) 간다 기이치로[神田喜一郎]

⓱ 비슷한 의미로 쓰인 용어들은 일률적으로 통일하지 않고 내용에 적절하노독 번역했다. 예컨대 새기다, 판각하다는 뜻으로는 刻, 鐫, 鋟版, 剞劂, 雕鏤, 雕版, 刊刻이 나온다. 더 넓은 의미인 출판하다는 의미로 보면 여기에 刊, 印 등까지 포함된다. 원서의 뜻을 존중해 최대한 나누어 표현하고자 했지만 한글 표현상 그럴 수 없었다. 그러나 刻은 주로 새기다, 판각하다, 刊은 간행하다, 印은 인쇄하다 등으로 나누었다. 그러나 印本은 인쇄본으로 하지 않고 인본으로 했다. 고서에서 보통 明印本, 元印本이라고 하

지 명인쇄본, 원인쇄본이라고는 하지 않기 때문이다.

⓲ 역사적으로 굳어진 용어는 그대로 썼다.

　　예) 靖康之亂 – 정강의 난, 土木之變 – 토목의 변,

⓳ 본문 ( )의 내용은 대체적으로 원저자의 설명이다.

　　예) 천복 15년(950, 원래는 기유己酉년으로 되어 있는데 경술庚戌의 오기임)

⓴ 표기사항

　　《 　》 서명

　　〈 　〉 편명, 시 제목, 서명 외의 고유 명사

　　" 　"　인용문

　　' 　'　강조 부분

　　《~·~》 서명과 편명이 함께 있는 경우

㉑ 역주의 많은 부분은 중국어 사이트인 www.baidu.com과 일본어 사이트
인 www.yahoo.co.jp에서 자료를 찾았다.

목 차

제2장 | 활자인쇄술의 발명과 발전

활자인쇄의 발명

송나라 필승이 발명한 활자판 / 1225

활자인쇄의 발전

송나라 주필대의 니활자 도서간행 / 1243

서하 활자 / 1252

원대 활자

명대 활자

청대 활자

활자본의 형식

활자본의 내용 / 1418

활자인쇄가 주도적 지위가 되지 못한 원인 / 1430

활자본 목록

제3장 | 역대 필사공·각자공·인쇄공의 생활과 생애

오 대 / 1478

제4장 | 아시아 각국과 아프리카 · 유럽에 미친 중국인쇄술의 영향

제2장 | 활자인쇄술의 발명과 발전

❧ 활자인쇄의 발명

❧ 활자인쇄의 발전

❧ 서하 활자
❧ 원대 활자
❧ 명대 활자
❧ 청대 활자
❧ 활자본의 형식
❧ 활자본의 내용
❧ 활자인쇄가 주도적 지위가 되지 못한 원인
❧ 활자본 목록

제3장 | 역대 필사공 · 각자공 · 인쇄공의 생활과 생애

명대
청대

제4장 | 아시아 각국과 아프리카·유럽에 미친 중국인쇄술의 영향

아시아
아프리카
유 럽

부 록

찾아보기

제2장 | 활자인쇄술의 발명과 발전

활자인쇄의
발명

송나라 필승이
발명한 활자판

한 글자 한 구절을 손으로 쓰는 것에 비한다면 목판 인쇄(block printing)는 그 편리함이 몇 배나 되었다. 서판 하나만 잘 새겨놓으면 한 번에 몇백, 몇천에서 몇만 부까지도 똑같은 책을 인쇄할 수 있었다. 그러나 목판은 여전히 결점이 있었으니 한 페이지를 인쇄할 때마다 판 하나를 조각해야 하므로 큰 책 한 권을 판각하려면 수많은 각자공이 필요하고 몇 년간의 세월이 필요해 인력과 물력, 시간 모두 비경제적이었다. 동시에 큰 책 한권의 판이 한우충동汗牛充棟이라 할 만큼 넓은 공간을 차지하니 또 다른 책을 인쇄하려면 또다시 이런 일이 거듭되어야만 했다. 이리하여 이전 사람들은 각고의 노력 끝에 힘을 다하여 여러 방법을 찾은 후에 결국 활자인쇄술(typography)을 발명하니 인류문화에 커다란 공헌을 하게 되었다.

서양에서 말하는 인쇄술은 통상 활자로 인쇄하는 것을 말한다. 유럽 각국은 이 영예를 다투느라 장시간에 걸쳐 논쟁했지만 일반적으로 독일의 구텐베르크(Johannes Gutenberg, 1397?-1468)로 그 공을 돌리고 있다. 그러나 중국은 송나라 때 필승畢昇이 발명했다는 점을 당시 과학자인 심괄沈括이 명백하게 기록하고 있으니 의심의 여지가 없다.

필자는 이전에 쓴 《중국인쇄술의 발명과 그 영향》이라는 책에서 두 가지 문제를 거론한 적이 있다. 하나는 오대五代의 석진石晉[1] 천복 天福(936~943)[2] 동판銅版으로 명나라 양수진楊守陳은 "위魏나라 태화太和에 《석경石經》이 있고, 진나라 천복에 동판 《구경九經》이 있으니 모두 종이에 먹으로 모인할 수 있어 쓸 필요가 없다"고 했다. 전체가 동판각이라는데 의심의 여지가 없었다. 또 어떤 사람은 동활자라고 여기고 만일 동활자라면 즉 필승보다 1백년이 앞선다고 여겼다. 그러나 송나라 악가岳珂의 《구경삼전연혁례九經三傳沿革例》에선 단지 '천복동판天福銅板'이란 넉자만 있어 원문이 너무 간단하여 확정할 수가 없다. 또 하나는 송나라 손석孫奭의 《원몽비책圓夢秘策》서문에 '전금쇄저鐫金刷楮, 경공사해敬公四海'라는 두 구절이 있는데 '전금鐫金'이란 금속을 새기는 것을 말하고 '쇄저刷楮'란 종이를 갖고 인쇄하는 것을 말하니 그 뜻이 명백하다. 그러나 전체 판을 새기었다니 활자인지 아직 분명하지 않다. 만일 활자라면 필승보다 50~60년이 빠르다. 청 《사고존목四庫存目》 손석이 쓴 서문에서는 "말에 속됨이 있으니 술수가들이 기탁한 문장일 것이다"고 했으니 당시에도 반신반의했음을 알 수 있다. 고인이 된 벗 왕중민王重民의 《중국선본서제요中國善本書提要》에서는 "손석을 고증해 볼 때 명도明道 2년(1033)에 죽었는데 서명은 경우景祐 3년(1036)이니 손석이 죽은 후 3년이다"고 하여 즉 손석이 쓴 서는 확실히 위탁이며 소위 금속활자는 근본적으로 성립되지 않는다고 했다. 그러므로 활자의 발명자는 역시 필승을 첫 번째 사람으로 하지 않으면 안 된다.

활자인쇄술의 발명은 인쇄사상의 위대한 기술혁명이다. 세계적으

1_ 여기서는 후진後晉(936~947)을 말한다. 후진은 석경당石敬瑭이 건국했기 때문에 석진石晉이라고 한 것이다.
2_ 천복은 후진의 맨 처음 연호이다.

로 첫 번째 활자인쇄술을 발명한 것은 중국 송나라의 평민인 필승으로 시기는 북송 인종 경력慶曆 연간(1041~1048)이다. 필승은 유럽에서 가장 먼저 활자로 《성경》을 인쇄한 구텐베르크보다 4백년이 앞선다.

활자인쇄는 먼저 하나 하나의 독립된 낱글자를 만든 후에 원고의 수요에 따라서 낱글자를 골라내어 자판 안에 배열하여 먹을 칠하여 인쇄한다. 인쇄가 끝나면 다시 글자들을 분리해 놓았다가 다음에도 여전히 배열하여 다른 책을 인쇄할 수 있다. 이렇게 매번 책을 인쇄하면 판목 한 판, 한판에 글자를 새길 필요가 없다. 그러므로 노력과 비용을 절약할 수 있으며 또 글자를 새긴 판을 저장해 둘 공간도 감소되어 서적 생산의 속도를 높일 수가 있다.

필승의 발명에 관하여는 당시 유명한 과학자인 항주 사람 심괄沈括의 《몽계필담夢溪筆談》의 기록[그림 124]이 있으니 믿어 의심할 바 없

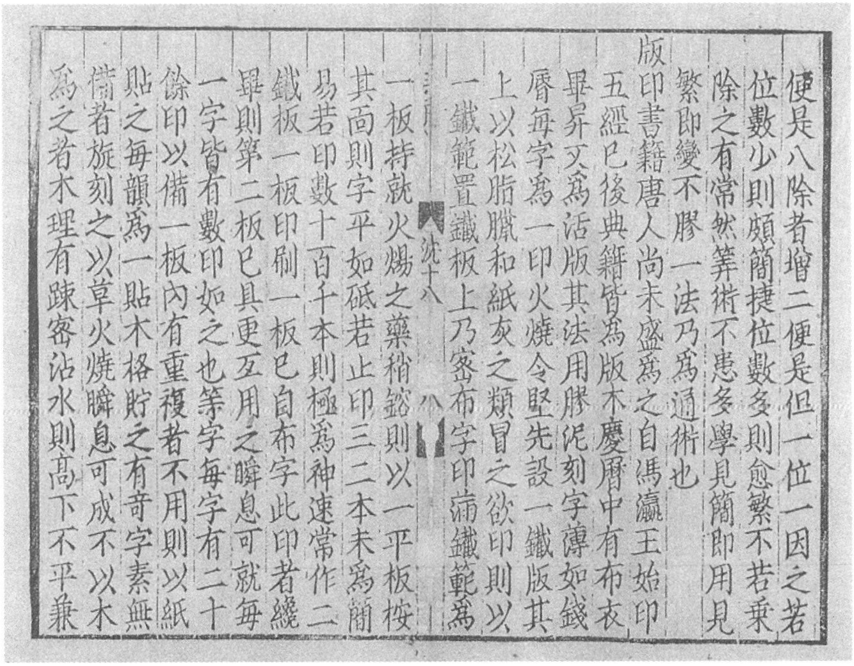
便是八除者增二便是但一位一因之若
位數少則頗簡捷位數多則愈繁不若乘
除之有常然算術不患多學見簡即用見
繁即變不膠一法乃爲通術也
版印書籍唐人尚未盛爲之自馮瀛王始印
五經已後典籍皆爲版本慶曆中有布衣
畢昇又爲活版其法用膠泥刻字薄如錢
脣每字爲一印火燒令堅先設一鐵版其
上以松脂臘和紙灰之類冒之欲印則以
一鐵範置鐵板上乃密布字印滿鐵範爲
沈十八 八
一板持就火煬之藥稍鎔則以一平板按
其面則字平如砥若止印三二本未爲簡
易若印數十百千本則極爲神速常作二
鐵板一板印刷一板已自布字此印者纔
畢則第二板已具更互用之瞬息可就每
一字皆有數印如之也等字每字有二十
餘印以備一板內有重複者不用則以紙
貼之每韻爲一貼木格貯之有奇字素無
備者旋刻之以草火燒瞬息可成不以木
爲之者木理有疏密沾水則高下不平兼

[그림 124] 원판元版 《몽계필담夢溪筆談》. 필승이 발명한 니활자 인쇄에 관한 기록은 대덕大德 9년(1305) 진인자陳仁子 동산서원東山書院에서 간행.

다. 《몽계필담》 권18에서 다음과 같이 말하고 있다.

목판 인쇄서적은 당나라 때에는 광범위하게 사용되지 않았다. 그러나 오대 사람인 풍영왕馮瀛王[3]이 오경을 인쇄하기 시작하면서 그 후의 경전 서적들은 전부 목판 인쇄를 채택했다. 경력 연간에 평민인 필승이 활판活版을 발명했다. 그의 방법은 다음과 같다. 교니膠泥에 글자를 새겨 필획이 돌출된 부분은 동전의 두께만큼 두꺼웠는데 매 글자마다 파서 불로 태워 그것을 견고하게 했다. 먼저 철판 한 덩이에다 그 위에 한 층의 송진과 밀랍 그리고 종이재 등으로 만든 약품을 바른다. 그리고 인쇄할 때에는 철재로 된 광框(즉 틀을 말함)을 철판 위에 놓고 거기에다 빽빽하게 자인 字印을 배열시킨다. 그 철광에다 완전히 배열하고 나면 바로 하나의 판이 되는데 그 연후에 불 위에다 놓고 굽는다. 송진과 밀랍 등의 약품이 점점 녹으면 다시 하나의 평판으로 글자의 위를 누른다. 그래야 철판 위의 자인이 칼을 가는 돌처럼 평평해지기 때문이다. 만약 두세 권의 책만 찍는다면 이런 방법은 경제적이지 않지만 수십 권, 혹은 수백 수천의 책을 찍는다면 매우 빠를 것이다. 일반적으로 철판은 두 개를 준비해야 한다. 철판 하나가 인쇄할 때, 다른 하나는 글자를 배열하게 되고 처음의 철판이 막 인쇄를 마치면 두 번째의 철판이 준비를 끝내게 된다. 두 철판을 이처럼 교체하면서 사용하면 책을 아주 빨리 찍을 수 있다. 글자마다 몇 개의 인印을 파야 한다. '지之'나 '야也'와 같은 상용자들은 글자당 20개 이상을 파서 하나의 판에 중복되어 사용되는 것에 대비해야 한다. 사용하지 않을 때에는 종이 쪽지 위에다 글을 써서 붙여두는데, 하나의 운韻 글자마다 하나의 쪽지를 붙인다. 그리고 그것들은 나무서랍 속에 저장해 둔다. 일상적으로 사용되지 않는 특수한 글자를 만나면 즉시 글자를 새기고 불로 한번 태우면 순식간에 완성된다. 목재로 자인을 제작하지 않는

3_ 즉 풍도馮道를 말한다.

것은 목재의 결에는 소疎하고 밀密함이 있어 물을 접하게 되면 높낮이가 다르게 되기 때문이다. 게다가 목재는 약품들과 함께 붙어 버려 떨어지지 않기 때문이다. 이에 반해 구운 점토로 만든 자인은 사용한 다음에 다시 불에 구워 약을 용화시키고 손으로 한 번 문지르면 자인이 저절로 떨어져 약품과 붙지 않는다. 필승이 죽은 다음에 그의 활자 자인은 나의 조카들이 얻게 되었는데 지금도 귀중하게 보관하고 있다. (마지막 구절의 원문 '至今保藏'에서 保를 寶로 쓰기도 한다. 또 마지막 藏자 다음에 '之'가 있는 것도 있다.)

필승은 불로 구워 딱딱해진 교니활자인을 만들어 하나 하나 철틀 위에 배열한 후 인쇄를 했다. 비록 원시적이고 간단하지만 현대에 통용되는 연활자 조판인쇄의 원리와 기본적으로 같다.

필승이 교니활자로 책을 간행했음은 심괄의 《몽계필담》에서 분명히 말하고 있다. 그러나 지금까지 여전히 의심을 하는 사람이 있는데 니활자로는 인쇄를 할 수 없기 때문이라고 여기고 있다. 호적胡適은 "찰흙을 불에 구워서 글자를 만들었다는 것은 이치에 합당하지 않은 것 같다. 어쩌면 필승이 사용한 것은 주석 종류가 아닌가 싶다"고도 했다. 또 어떤 외국인은 필승의 활자는 금속으로 만든 것이라고 여기고 찰흙으로 글자를 만든 것은 글자를 주조하기 위한 거푸집일 것이라고 한다. 사실 니활자는 일반인들이 상상하듯이 그처럼 약하여 손만 닿아도 부스러지는 것이 아니라 오히려 단단하기가 마치 뼈와 같다. 또한 글자를 인쇄하면 무척 분명하게 나온다. 근년에 발견된 몇 가지 니활자인본과 적금생翟金生 니활자 실물[1]이 있어 확고부동한 사실로 그들의 주관이 억측이었음을 말해주고 있다.

그러나 최근에 어떤 사람은 필승의 니활자는 일반적인 찰흙이 아니라 연단煉丹할 때 화로 뚜껑을 밀봉했던 '육일니六一泥'(7종류의 약물을 혼합한 찰흙)라고 한다. "필승은 연단을 제련하는 단련된 장인이었기 때문에 육일니의 배합법을 알고 있었고, 또한 육일니가 버려진 후의 성능을 알고 있었기 때문에 육일니 활자를 발명할 수 있었으며 불로 벼른 후에 인쇄를 했다"고 한다. 또 "찰흙을 1천 도 정도의 온도에서 소성하면 도자기가 되는데 그 흡수율은 백분의 20 정도로 똑같이 인쇄를 할 수 없다. 즉 억지로 인쇄를 하면 인쇄되어 나온 글자는 모호하여 사용하기 어렵다"[2]고 한다.

　비교적 참신한 관점이지만 그러나 우리가 본 청대 적금생 니활자로 인쇄한 4종류의 인본서를 보면 그 인쇄한 것이 몹시 정확하여 전혀 모호하지가 않다. 만일 인본에 표시한 것이 니활자판이 아니라면 독자들은 반드시 목활자거나 목각본이라고 여겼을 것이다. 자연과학사연구소에서 구매한 적금생 니활자는 확실이 "골각처럼 견고한" 감이 있었고 인쇄 후의 자획도 몹시 분명했다. 그러나 적금생이 사용한 것은 보통의 찰흙이지 7가지 약물을 혼합한 소위 '육일니'는 아니다. 만일 정말로 그가 식염食鹽·식초·웅황雄黃·명반석·적석지赤石脂·굴껍질·토끼털 등(육일니는 12가지 배합법이 있는데 내용은 모두 같지 않음)과 찰흙을 배합한다면 그 원가가 너무 높기 때문에 적금생 본인이나 포세신包世臣(1775~1855)의 서문 중에도 거론하지 않을 리가 없다. 동시에 이요李瑤가 항주에서 송대 교니를 모방하여 도서간행을 했고, 조선에서는 도자陶字를 이용해《삼략직해三略直解》를 인쇄했으나 모두 소위 육일니에 관해서는 거론하지 않고 있다. 북경역사박물관에 구운 활자를 모방한 큰 니활자가 진열되어 있다. 필자도 일찍이 대자송판《사기》글자 모양을 만들어 같이 인쇄해 보자고 건의하여 만들어 본 적이 있었는데 송판《사기》처럼 분명하고 아름다웠다. 당시에도 박물관에서 사용한 것이 육일니라고는 듣지 못했다. 육일니라는 명칭은 오로지 송대의 의약처방전과《도장道藏》 안의

《단방수지丹房須知》·《태극진인잡단약방太極眞人雜丹藥方》등의 도가 서적에서 볼 수 있다. 그러나 정통 《도장道藏》으로 상무인서관에서 영인본이 출판되기 전인 청대 학자들에게서는 보기 어렵다. 또한 환남皖南 시골에 살던 수재秀才 적금생翟金生 역시 예외가 아니다. 아마도 그는 근본적으로 육일니라는 명칭도 몰랐을 것이다. 그래서 보통 니활자로는 인쇄를 할 수 없고 도서 인쇄는 반드시 육일니를 사용해야 한다는 논법은 성립되지 않는다.

심괄이 필승의 활판에 대해 기록했는데도 원나라 요수姚燧의 《목암집牧庵集》에서는 '심씨활판沈氏活板'이라고 되어 있으니 아마도 활판을 심괄이 발명한 것으로 여긴 것 같은데 이는 당연히 잘못된 것이다.

심괄은 "2~3권만 찍는다면 간편함에 그치지만, 만일 수십 수백 수천 권을 찍는다면 이것이 몹시 신속하다"고 했으니 필승이 시험을 거쳐 그 효과가 아주 컸음을 알 수 있다. 그러나 그가 무슨 책을 인쇄했는지는 고증할 방법이 없다.

심괄沈括(1031~1095, 혹은 1030~1094)은 필승이 활자를 발명했을 때 겨우 10여 세에 불과했다. 필승 사후 그 활자인活字印은 심괄의 조카뻘되는 사람들이 갖게 되었으므로 필승과 심씨 집안은 아마도 친척관계인 것 같다. 그러나 애석하게도 심씨 집안에서는 이 새로운 보물인 인쇄도구를 골동품처럼 숨겨놓아 그의 기술을 확대 발전시키지 못하고 동시에 조정에서도 이 위대한 신발명에 관해 전혀 관심이 없었다.

필승은 세계 인쇄사상 가장 중요한 위치에 있으므로 일반적인 이치라면 수많은 전문서적이 그를 찬양하여야 마땅하다. 그러나 그의 발명은 당시 통치계급의 중시를 받지 못했으므로 역사서에서도 그의 이름을 볼 수가 없고 오직 심괄만이 이 일의 중요성을 깨닫고 이를 기록한 것이다. 애석하게도 심괄의 《몽계필담》에서도 그의 일생이나 본관 등에 관해서 확실한 기록이 없고 그저 그는 보통 평민이라고만 되어 있다. 이후에도 필승을 논술하려면 심괄의 원문을 중복하거나 몇 단락을 발췌하는 수밖에는 없으니 지금까지도 여전히 새로운 실마리를 찾지 못하고 있다.

　1847년 프랑스의 유명한 한학자인 스타니슬라스 쥴리엥(Stanislas Aignan Julien, 1797~1873)[4]은 필승을 대장장이(un forgeron)라 여겼고 적지 않은 외국학자들 역시 smith 혹은 black smith(대장장이)로 번역하고 있다. 최신판 《대영백과전서大英百科全書》에서도 필승을 연금술사(alchemist)라고 했다. 사실 《몽계필담》 권20은 비록 연단공 필승畢升은 능히 금을 제련할 수 있다고 했다. 그러나 이 노련한 대장장이 필승은 진종眞宗 대중상부大中祥符 연간(1008~1016)에는 이미 늙었으며 필승畢昇[5]은 경력慶曆 연간의 사람이라서 두 사람의 차이는 30~40년이나 된다. 노인이 30~40년을 다시 살았다면 근 100살이 되는 것이 아닌가? 이렇게 장수한 노인이 활자판을 발명했다는 것은 의심할 만하다. 또 필승畢昇과 필승畢升은 음이 같아도 글자는 다르니 같은 사람일 리가 없다.

　과거에 왕국유는 활자를 발명한 畢昇이 바로 상부 연간에 왕첩王捷을 위하여 금을 제련한 노단련공인 畢升이라고 했다. 근자의 사람들도 이같은 학설을 따르는 사람이 있는데 "포의布衣는 그의 신분이고 단련공은 그의 직업"이라고 한다. 또 "畢升이 태평흥국 연간에 살았으니 980년 전후로 상부 연간에 畢升은 바로 30 전후의 장년이었으므로 방사 왕첩의 조수로서 적당하여 체력이 왕성한 노동의 단련

4_ 스타니슬라스 쥴리엥에 관한 내용은 상권 각주 109)에서 상세하게 다루었다.
5_ 이 부분의 글은 畢昇과 畢升의 관계를 검증하는 부분이므로 이후에는 한글을 생략한다.

공"이었을 것으로 추산하고 있다.[3] 심괄의 《몽계필담》 권20 원문은
다음과 같이 말하고 있다.

상부祥符 연간에 방사였던 경졸黥卒[6] 출신인 왕첩王捷이라는 자는 죄를
지어 사문도沙門島로 귀양간 적이 있는 사람인데 쇠를 연금하는 기술이
있었다. 또 畢升이라는 노老 대장장이도 황궁에서 왕첩과 함께 금을 제련
했다. 畢升은 다음과 같이 말했다[升云]. "그 방법은 용광로에 불을 피워
사람을 시켜 벽을 사이에 두고 바람상자를 움직이게 하는 것이다" 조금
이라도 요령을 피워서는 안되는 방법이다. 그 금은 철이 변한 것으로 …
이를 '아취금鴉嘴金'[까마귀주둥이금]이라고 한다. 지금도 여전히 간직하
고 있는 사람이 있다.

상부 연간의 노련한 대장장이가 畢升이라고 했는데 만일 30전후
의 장년이라면 심괄은 어찌하여 그에게 노老 자를 사용했겠는가? 또
'금인今人' 두 글자로 볼 때 畢升은 심괄이 있었을 때 함께 생존해 있
었다. 사실 '금인今人'은 심괄 때에 홍주洪州의 이간부李簡夫를 가리키
는데 그의 집안에는 조상대대로 전해오는 '아취금'으로 주조한 하사
받은 금거북이가 있었다고 한다. 또 '승운升云'이라는 두 글자로 볼
때 필승이 심괄에게 말했음을 알 수 있다.[4] 필자의 생각은 다음과
같다. 심괄은 인종仁宗 천성天聖 9년(1031, 혹은 1030, 1032년)에 태어났
고 畢升이 연금煉金한 것은 진종 상부 연간이므로 당시 심괄은 아직
태어나지 않았는데 畢升이 어떻게 심괄에게 말을 할 수 있단 말인가?
이는 분명히 틀린 것이다. 그러므로 필자는 여전히 연금을 한 늙은 대
장장이 畢升과 활자를 발명한 畢昇은 다른 사람이라고 생각한다.
　과거에 필자는 필승畢昇[7]과 항주의 심괄과 관계가 있기 때문에 이

6_ 얼굴에 기호나 문자를 새기거나 혹은 먹물을 들인 죄를 지은 사병을 말한다.

리하여 필승이 아마도 항주 사람일거라고 추측했었다. 그러나 청나라 이자명李慈銘이 말하길 익주益州 사람이라고 했다. 이자명은 박학다식한 것으로 유명한데 어떤 근거로 그랬는지는 모르겠다. 그래서 필승의 생애와 출생지에 관해서는 지금까지 여전히 수수께끼다. 최근에 《필승》이라는 영화가 있었는데 필승이 항주에서 필씨활자인서포畢氏活字印書鋪를 경영하고 관부의 박해를 받아 화살을 맞아 상처를 입고 그의 처와 함께 전당강錢塘江의 파도에 휩쓸려 죽었다고 한다. 또 그가 발명한 기술을 다른 사람이 외국인에게 팔았다고도 한다. 중국 고대에는 기술을 양도하는 일이 없었으므로 만일 11세기에 외국인이 필승의 비밀을 알았다면 그렇다면 무엇하러 4백년이나 기다린 후 15세기에 비로소 활판을 발명했을까? 그래서 이 허구 이야기는 믿기가 어렵다. 또 어떤 사람은 필승을 보통의 각자공이라 여기고 또한 필승이 어린이가 불에 구운 흙골패를 가지고 노는 것을 보고 이에 영감을 얻어 찰흙으로 글자를 구웠다고 말하는데 어떤 문헌 근거도 대지 못하고 있으니 그저 근거없는 뜬구름 같은 소리고 상상에 불과할 뿐이다.

　　필승의 교니활자 형식이 어떠했는지 본 사람이 없다. 명나라 정덕연간에 강성强晟의 《여남시화汝南詩話》에 보면 "여남汝南에서 한 군인이 땅을 갈다가 문득 검은 바둑돌을 수백 개 얻게 되었는데 견고하기가 소뿔과 같고 바둑돌마다 글자가 1자씩 있었는데 구양순歐陽詢체 같았다. 식자들은 이를 송활자로 여기는데 그 정교함은 필승의 것에 미치지 못했다"는 말이 있다. 강성의 말은 단지 추측일 뿐 반드시 믿을 만한 것은 아니다.

　　그렇다면 필승, 심괄과 그 조카들 외에 북송에서 누가 니활자로

7_ 여기서부터는 필승畢昇의 이야기므로 한글로 표기해도 畢昇임을 밝혀둔다.

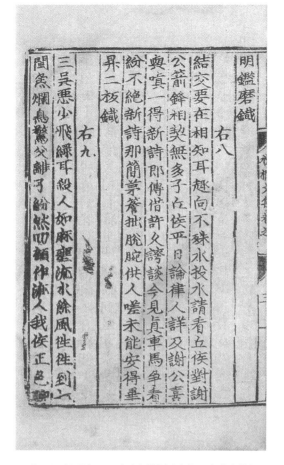

[그림 125] [송] 등숙鄧肅 《병려선생문집拼欄先生文集》(정덕 14년 나산각본羅珊刻本), 필승의 철판鐵版에 관한 기록이다.

도서 간행하는 법을 알고 있었을까? 이는 학계의 의문이다. 다행이 등숙鄧肅(1091~1132)의 《병려선생문집拼欄先生文集》 속에서 시 한 수를 발견했다[그림 125]. 이로써 북송말 남송초에 일반인들이 활자도서 간행법에 대하여 일정 정도의 이해가 있었음이 증명된다. 다음과 같은 시다.

우정을 맺고 함께 이해하기를 바라니,
흥미와 취향이 바로 물에 물을 넣은 것 같네.

구후丘侯와 사공謝公을 보면,

활과 화살이 맞듯이 묵계가 잘 되는 사람은 드물다네.

구후는 평일에 율령과 사람을 논하니,

사공의 희노애락도 자세히 거론하네.

새로운 시가 나오면 금새 빌려 읽고,

오늘에서야 좋은 시를 보게 되었다고 칭찬하네.

새로운 시가 저처럼 낡은 초가집에서 나오니,

팔 빠지게 사람들에게 써주어도 다할 수 없다고 감탄하네.

어찌하면 필승의 이판철二板鐵을 얻을 수 있을까?[5]

이 시는 소무邵武[8] 사람의 '사리부謝吏部' '철자운鐵字韻'에 대한 화창
시和唱詩[9]로서 '새로운 시'가 쓰여진 후에 널리 퍼져 가는데 오직 손으
로만 필사를 하니 수요를 만족시키지 못하므로 그래서 한탄하면서 "어
찌하면 필승의 이판철二板鐵을 얻을 수 있을까?"라고 했다. 여기서 말
한 '이판철'은 즉 심괄의 《몽계필담》에서 거론한 "항상 이철판을 만
드는데 한 판은 인쇄하는 것이고 한 판은 이미 글자를 늘어놓은 것으
로 이를 인쇄하면 끝이 나니 즉 제2판이 이미 구비되었고 더욱이 이를

8_ 소무邵武는 무이산武夷山 남쪽 기슭 강변에 있으며 역사에서는 남무이南武夷
라고 하며 '철성鐵城'이라고도 한다. 소무는 복건 팔부의 하나였으며 재상 2
명, 병부상서 7명, 진사 271명을 배출했다.

9_ 원제는 〈和謝吏部鐵字韻三十四首〉이다. 사리부는 사조謝朓(464~499년)를 말
한다. 사조는 현재 하남성 태강현 사람으로 남조 제나라의 유명한 산수시인이
다. 유명시인 사령운謝靈運과 한 집안으로 세상에서는 '소사小謝'라고 부른
다. 문학에서는 '경릉팔우竟陵八友'의 한 사람이다. 관직으로는 의성태수宣城
太守를 지냈고 마지막에는 상서이부랑尚書吏部郎를 했기 때문에 보통 사의성
謝宣城 혹은 사이부謝吏部라고 부른다. 심약沈約 등과 함께 '영명체永明體'를
만들었으며 현재 2백여 수의 시가 남아 있다. 주로 청신한 시풍으로 자연경물
을 묘사했다. 평측과 대우對偶가 엄격했으며 당대 율시와 절구의 시초를 열었
다.

호용할 수 있어 순식간에 만들어진다"라는 것과 맥락을 같이한다.

　등숙鄧肅의 자는 지굉志宏, 호는 병려栟櫚이며 남검사현南劍沙縣 사람이다. 어려서부터 기민하고 민첩하며 능히 문장을 지었으며 풍모가 아름답고 담론을 잘했다. 이강李綱이 이를 보고 기특하다고 여겨 서로 화창을 하며 망년교忘年交를 쌓았다. 태학에 입학하고 천하의 명사들과 모두 교류했다. 당시 동남에서 화석강花石綱을 진상했는데 등숙은 시 11수를 지어서 수령이 백성들에게 해를 입힌 일을 말하니 권력자들이 태학에서 그를 몰아냈다. 흠종이 제위를 잇자 그를 편전으로 불러들여 승무랑承務郎에 봉하고 홍려시부鴻臚寺簿를 제수하였다. 금나라가 궁궐을 침범하자 등숙은 명을 받들어 적진으로 가서 50일 동안 있다가 돌아왔다. 장방창張邦昌이 제위를 찬탈하자 등숙은 의를 굽히지 않고 남경으로 도망가서 좌정언左正言[10]에 발탁되었다.[6] 등숙은 복건사람으로 경성 개봉에서 벼슬에 있었으므로 필승의 방법이 당시에 이미 일정 정도 지명도가 있었음을 알 수 있다.

　1993년, 호북성 영산英山에서 필승의 묘비가 발견되었다는 보도가 있었다. 필승에 관한 고증에 있어 가장 근본적인 관건은 연호 문제다. 이 비석은 현재 연호를 찾을 수가 없어 이것이 어느 시대의 비석인지 확인할 방법이 없다. 이 비석은 풍화가 심하고 또 여기저기 부딪혀 손상이 심하여 남아 있는 필획도 이지러져 판독이 불가능하다. 연도 항목의 첫 글자는 위의 '白'자는 필획이 확실하지만 그 아래 세 가로획은 이미 너무 희미해졌다. 어떤 사람은 이를 '皇'자로 해독하기도 하는데 아래 세 가로획이 겸여된 채 중간에 세로 한 획이 있으므로 '皇'자라고 하는 것도 그런대로 에누리해서 봐야 한다. 혹은 '重'

10_ 송대의 관직으로 문하성 밑에 설치했으며 '좌성左省'이라고도 한다. 그 장관은 명의상으로는 문하시중이지만 위임이 되는 일은 거의 없어서 실제적으로 유명무실한 직책이다. 부장관은 문하시랑이다.

자가 아닐까 하는데 重자의 상부는 白과 비슷하고, 하부는 王과 비슷하기 때문인데 그러면 '重和'가 된다. '중화'는 송 휘종의 연호(1118~1119)로 만일 '重和' 연간의 비석이라면 즉 '고증考證'을 해본다면 필승은 황우皇祐 3년(1051)에 죽었으므로 또 모순이 된다. 두 번째 글자가 너무 많이 훼손되어 모습이 전혀 달라져서 단지 엉성한 나머지 획 만을 볼 수 있어 직접적으로 어느 글자라고 판단할 수는 없다. 모습이 전혀 달라진 두 번째 글자는 이미 공백이 되었는데 지금 이 공백에 '祐'자를 집어 넣는다면 '비황우막속非皇祐莫屬'이 되는데 이는 정말이지 추측하는 말일 뿐이다. 현재의 비석에는 근본적으로 '皇祐'라는 두 글자가 함께 있는 연호의 글자를 찾을 수 없기 때문으로 단순히 주관적인 억측만 있을 뿐이지 결코 과학적인 근거는 찾기 어렵기 때문이다. 지금 묘비 사진을 복사한 것을 보면 중간의 두 줄은 대자大字로 비교적 확실하다. 우측의 '日'자 아래에는 자손명이 있고, 좌측의 '月'자 아래에는 '二月'이라는 두 자가 분명히 보이는데 가장 중요한 연호는 이미 흐릿해져 근본적으로 볼 수가 없어 이미 연호가 없는 묘비가 되었다. 어떤 사람은 비는 송원시기에 늘상 보는 비각碑刻의 형태로 이 비는 송비宋碑라 할 수 있고 또 원비元碑로도 해석할 수 있다고 했다. 만일 원시대의 비석이라면 자연히 북송의 필승과는 더욱 무관한 일이다.[7]

이상은 비각碑刻의 연대 문제였다. 또 필승의 출생지에 관한 문제도 있다. 필승은 당시 항주 사람인 심괄과 관계가 있으므로 사후에 그가 창제한 니활자를 심괄의 조카들에게 간직하도록 주었음이 틀림없다. 그래서 필승 역시 항주 일대 사람일 것이다. 심괄의《몽계필담》에서는 필승의 니활자의 제조법과 배열 인쇄하는 순서와 시험적으로 인쇄한 경과를 말하고 있으므로 천여 리나 떨어진 먼 곳에 있던 열몇 살의 심괄이 외진 영산英山까지 필승을 만나러 갔다는 것은 불가능하다. 또한 영산에 있던 필승이 항주에 있는 심괄의 집에 편지를 하여 이를 알려주었을 리도 만무하다. 단지 심괄이 당시 현지에서 보고 들은 것을 기록한 것만이 가능하다. 필승은 도대체 영산 사람인가 아니면 항주사람인가 토론할 만한 가치가 있다.

또 송대 사람들은 주로 외자 이름을 썼는데 그래서 중복되는 이름이 아주 많다. 예를 들면 송나라 각자공 중에 '昇'이라는 이름을 가진 사람은 15명이나 되었고 그중에는 이승李昇, 방승方昇도 있고 동명동성도 있다.[8] 이러므로 영산의 필승이 활자를 창조한 필승이라는 것에 대해서도 동명동성이 아닐까 의심이 든다. 요컨대 시간과 공간 등으로 볼 때 만일 영산의 필승이 활자인쇄 발명가라면 기타 믿을 수 있는 실물 혹은 문헌증명이 있어야만 비로소 확정지을 수 있다.

1965년 절강성 온주시 교외 백상탑白象塔 안에서 《불설무량수불경 佛說無量壽佛經》 잔인본殘印本[그림 126]이 발견되었다. 경문經文을 식별

[그림 126] 온주시 백상탑에서 출토된 북송 불경 회선식回旋式 《불설무량수불경》, 오른쪽 위에 '色'자
가 옆으로 배열되어 있다. 활자인쇄인지는 고증을 기다려야 한다. 온주박물관 소장.

할 수 있는 글자는 166자였으며 회선배열回旋排列이었고 행마다 거꾸로 되어 불규칙한데 어떤 두 글자는 하나가 된 것도 있고, 모든 행마다 회오리치며 돌아서 전환이 되는 곳마다 거꾸로 된 '色'자가 드러나는데 초보적인 감정을 해보면 북송 활자본이다.[9]

필자는 다음과 같이 생각한다.

인본印本 중에 가로로 배열되고 거꾸로 배열된[橫排倒排] 것은 명대 인본《모시毛詩》의 '自'자가 있고,《태평어람太平御覽》의 '死'자가 가로 배열되었으며《학림옥로鶴林玉露》에서 '馳'자,《시경질의詩經質疑》의 '質' 자가 거꾸로 배열되었는데 모두 활자의 잘못일 것이다. 오로지 이 불경의 잡색금강에서 '色'자는 회문회선回文回旋의 전환하는 곳에 있으므로 위에 말한 가로자나 거꾸로 자의 정황과는 다르다. 흙이든, 나무든, 동활자를 막론하고 한 벌의 활자를 제조할 때 모든 활자는 반드시 일정한 치수 규격이 있어야만 인쇄가 편하다. 만일 동일한 활자인데 모든 글자의 크기가 다르다면 조판組版하기가 어렵다. 지금 이 경전은 필획의 굵고 가늘기가 같지 않을 뿐만 아니라 낱글자의 크기와 길이도 몹시 차이가 크기 때문에 활자를 한 판의 상자 안에 배열하여 인쇄할 수가 없다. 활자 한 글자로 한 번 인쇄하고 조판한 모든 글자는 각각 간격을 두어 위 아래 문장은 일반적으로 교차하여 이어지지 않는다. 지금 이 경전은 상하 글자가 교차점이 있을 뿐만 아니라 '今分'처럼 두 글자가 함께 있는 것도 있고 심지어는 십이유十二由처럼 세 글자가 연결되어 있는 것도 있다. 이 경전의 실물을 보면 글자를 인쇄한 것은 전부 누른 흔적이 있으므로 아마도 활자를 종이 위에 놓고 눌러 찍은 것 같아 일반적으로 말하는 활자인쇄는 아니다.

같은 곳에서 발견된 송 숭녕 2년(1103) '사경연기寫經緣起'라고 먹으로 쓴 것도 있는데 이 경전과 같은 해, 혹은 비슷한 연대에 인쇄된 것으로 추정된다. 이런 추측은 어느 때는 연대에 커다란 오류가 있을 수 있다. 이 경전은 본래 연월이 인쇄되어 있지 않아 또 다른 경전의 연월을 빌려올 수도 없기 때문에 같은 해 혹은 비슷한 연대의 인쇄품이라고 인정할 수 있다. 이상의 몇 가지에 근거하면 이《불설무량수불경》은 활자인본인지 아직 의문이다. 더욱 12세기 북송활자인쇄의 실물 증거라고 말할 수 없다.

활자인쇄의
발전

송나라 주필대의
니활자 도서간행

송대에 활자를 이용해 무슨 책을 인쇄했는지 기록이 부족하지만 청대 이후 장서목록에 7~8종의 송 활자본에 대해 기록하고 있다. 그러나 이 사람은 활자라 하고, 저 사람은 각본刻本이라 하고, 어떤 사람은 송활자宋活字라 하고, 또 어떤 사람은 명활자明活字라고 하여 대체로 주관적 억측이라 그다지 믿을 만하지는 못하다. 예를 들어 송나라 범조우范祖禹《제학帝學》은 범씨 5세손 범택능范擇能이 고안현高安縣에서 간행했는데 얼마 지나지 않아 없어졌으며 조여양趙汝洋이 원본元本을 얻어서 이를 침목鋟木했다고 한다. 소위 침목이라는 것은 송대 목판의 통칭으로 즉 '판에 새긴다', '가래나무에 새긴다'라는 뜻이지 결코 목활자를 말하는 것은 아니다. 《천록임랑天祿琳琅》에는 송판 3부에 대해 기록하고 있는데 무예풍繆藝風[11] 소장본과 같다. 전자

11_ 무전손繆荃孫(1844~1919)의 호이다. 무전손의 자는 염지炎之, 또는 소산筱珊이고 만년의 호가 예풍노인藝風老人이다. 강소성 강음江陰 사람이다. 중국 근대 장서가·교감가·교육가·목록학자·사학자·지방지 학자이자 금석학자이다. 중국문화 교육 과학 기술계에서는 그를 중국 근대도서관의 시조로 보고 있다. 청 광서 연간의 진사이다. 무전손은 어려서부터 가학家學을 계승하고 11세에 오경을 마쳤다. 17세에 태평군이 강음으로 진격해오자 계모를 모시고 회안淮安으로 피난갔다. 여정서원麗正書院에서 수업을 받았는데 문자학·훈고학과 음운학을 배웠다. 21세에 성도로 이사를 갔고 문사文史를 배우

에서는 보통의 송판이라 하고 무전손과 섭덕휘의《서림청화書林淸
話》에서는 모두 송활자본이라 하는데 최근까지 어떤 사람은 여전히
활자본이라고 믿었다. 무예풍의 장서는 후에 유씨劉氏의 가업당嘉業
堂[12]에 귀속되어《가업당서목嘉業堂書目》으로 이름이 바뀌었는데 송
가정 신사辛巳(14년) 간본이다. 필자는 다음과 같이 생각한다.《제학
帝學》은 반엽에 10행이고 1행은 19자인데 범조우의 서명이 1행으로
30여 자가 있다. 상하 글자 사이에는 중첩 연결되어 있다. 송 개경본
開慶本《금강경》글자체 역시 상하가 서로 교차되어 긴밀하게 연결되
어 있는데 만일 활자라면 상하문의 글자체는 당연히 떨어져 얼마간
의 거리를 유지해야 한다. 순우본淳祐本《벽수군영대문회원璧水群英
待問會元》에 '여택당활판인행麗澤堂活板印行'이라는 글씨가 있고[그림
127], 그 활판이 정말 문제가 없다면 여택당이 송대인지 명대인지 아
직 모르겠다. 시정용施廷鏞 선생의 견해에 의하면 순우 5년의 순우淳
祐 두 글자는 보충하여 넣은 것이라고 하는데 그렇다면 자연히 송본
이 아니다. 사람들이 가장 아름답다고 칭찬하는 송활자본《모시》는
청 황실의 천록임랑天祿琳琅의 구소장본으로 '건륭어람乾隆御覽'이라
는 옥새가 찍혀 있다. 백문白文에 주가 없고 남도장에 4책으로 서序
와 발跋이 없다.

《당풍唐風・산유구山有樞》편 안에 '自'가 가로 배열되어 있는데[그

고 문자를 고증했다. 24세에 사천성 향시에 응시하여 합격했다. 33세에 회시
에 합격하여 진사가 되었다. 한림원 편수를 제수받고 편찬 교감작업을 10년
간 했다.

12_ 유승간劉承干(1881~1963)이 건축한 장서루이다. 그의 조부 유용劉墉(1825~
1889)은 잠사蠶絲로 돈을 벌었다. 그러나 학문을 중요시하여 수많은 장서를
소장했으며 자손들에게도 공부하도록 격려했다. 그래서 유승간의 아버지 유
금조劉錦藻(1862~1934)는 문사의 학문에 정통했으며 광서 20년(1894)에 진
사에 합격했다. 저서로는《속황조문헌통고續皇朝文獻通考》・《남심비지南潯
備志》・《견포암시문초堅匏庵詩文抄》등이 있다.

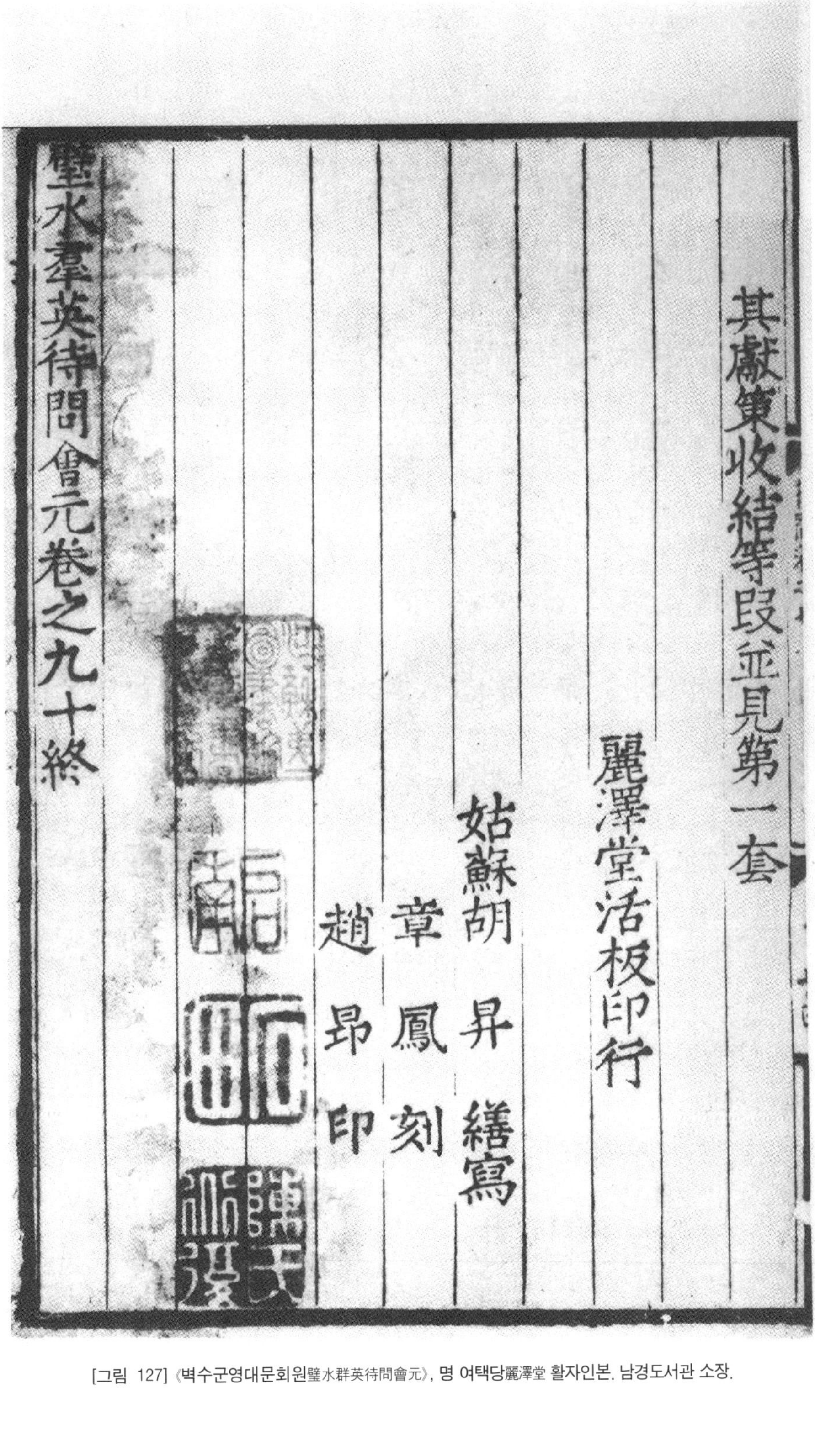

其戲箄收結等毁並見第一套

麗澤堂活板印行

姑蘇胡昇繕寫

章鳳刻

趙昂印

[그림 127] 《벽수군영대문회원璧水群英待問會元》, 명 여택당麗澤堂 활자인본. 남경도서관 소장.

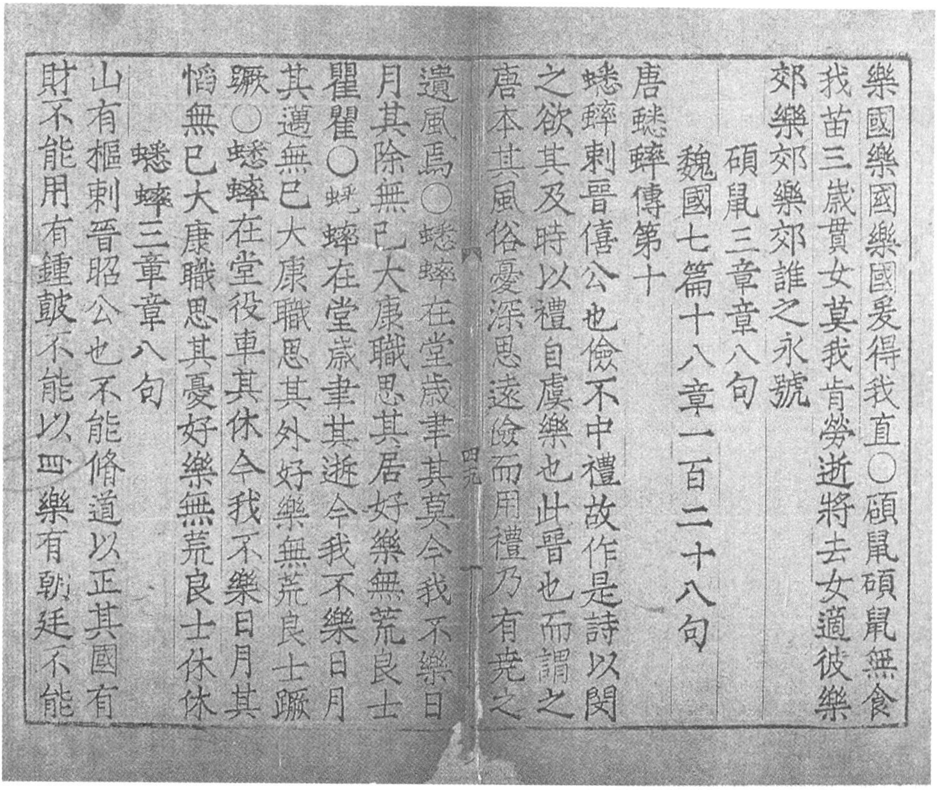
樂國樂國樂國爰得我直○碩鼠碩鼠無食
我苗三歲貫女莫我肯勞逝將去女適彼樂
郊樂郊樂郊誰之永號
碩鼠三章章八句
魏國七篇十八章一百二十八句
唐蟋蟀傳第十
蟋蟀刺晉僖公也儉不中禮故作是詩以閔
之欲其及時以禮自虞樂也此晉也而謂之
唐本其風俗憂深思遠儉而用禮乃有堯之
遺風焉○蟋蟀在堂歲聿其莫今我不樂日
月其除無已大康職思其居好樂無荒良士
瞿瞿○蟋蟀在堂歲聿其逝今我不樂日月
其邁無已大康職思其外好樂無荒良士蹶
蹶○蟋蟀在堂役車其休今我不樂日月其
慆無已大康職思其憂好樂無荒良士休休
蟋蟀三章章八句
山有樞刺晉昭公也不能脩道以正其國有
財不能用有鍾鼓不能以自樂有朝廷不能

[그림 128] 명 목활자본 《모시》, 마지막 행의 '自'자의 가로 배열에 주의할 것.

림 128], 비록 활자로 증명된다 하더라도 책 속에 송의 피휘자인 匡筐 두 글자의 획을 빠뜨리고 있다.

그러나 명활자본인 명나라 서학모徐學謨의 《세묘식여록世廟識餘錄》, 상열桑悅의 《사현집思玄集》에도 匡자로 역시 모두 획을 빠뜨리고 있다. 더구나 남색인으로 남인은 명대에 시작되었으므로 그래서 어떤 사람은 명활자본으로 바꾸었다고 한다. 송나라 나대경의 《학림옥로》에 대해 명 만력 37년에 여요餘姚의 손광孫鑛은 "조군趙君은 집안에 송 활자판活字板 6권을 소장하고 있는데 그 안의 20조는 근래에 각한 것이다"고 했다. 책속에 '駜'자가 거꾸로 배열되어 있으므로[그림 129][13] 활

13_ 우측에서 세 번째 줄 하단 참조.

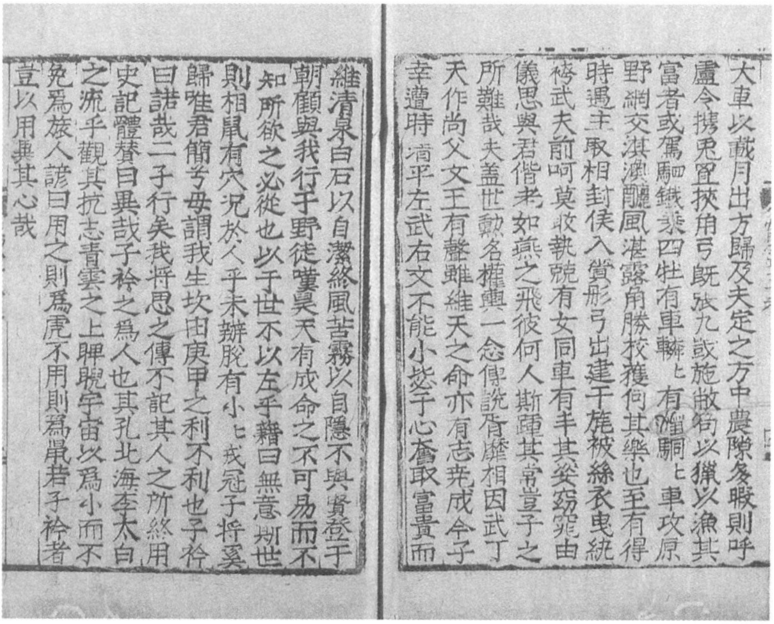
大車以載月出方歸及夫定之方中農隙多暇則呼
盧令携兔罝挾角弓既張九鼓施散罟以獵以漁其
富者或駕駟鐵蓁四牡有車轔轔有馴駉駉車攻原
野網交淇澳麗風湛露角勝校獲何其樂也至有得
時遇主取相封侯入賞彤弓出建干旄被絲衣曳統
袴武夫前呵莫敢孰競有女同車有手其姿窈窕由
儀思與君偕老如燕之飛彼何人斯踵其常豈子之
所難哉夫蓋世勳名權輿一念傳說胥靡相因武丁
天作尚父文王有聲雖維天之命亦有志莘成今子
幸遭時清平左武右文不能小毖于心奮取富貴而
維清泉白石以自潔終風苦霧以自隱不與賓筵于
朝顧與我行于野徒嘆昊天有成命之不可易而不
知所欲之必從也以于世不以左手籍曰無意斯世
則相鼠有穴況於人乎未辦脫有小小戎冠子將奚
歸唯君簡兮毋謂我生坎由庚甲之利不利也子衿
曰諾哉二子行矣我將思之傳不記其人之所終用
史記體贊曰異哉子衿之為人也其孔北海李太白
之流乎觀其抗志青雲之上睥睨宇宙以為小而不
免為旄人譏曰用之則為虎不用則為鼠君子衿者
豈以用與其心哉

[그림 129] 명 목활자본 《학림옥로》, '駁'자가 거꾸로 배열된 것에 주의할 것.

자라고 증명할 수 있다. 그러나 청나라 사람들은 책 말미에 '명초활자판明初活字板'이라고 써 놓지는 않았다. 섭덕휘는 《청림서화》에서 "내가 《위소주집韋蘇州集》 10권을 소장하고 있는데 즉 이 판(니활자를 지칭)으로 책 종이는 얇기가 가는 누에고치 같고 흑인黑印은 칠처럼 빛나는데 오로지 자획이 간혹 이지러졌으니 니활자는 동활자나 연활자의 견고함만은 못하나 그 형태제작은 상상할 수 있을 것이다"고 했다. 필자가 생각컨대 니활자는 반드시 이지러졌다고는 할 수 없는데 이 책의 행방은 지금 어디에 있는지 모른다. 송나라 이심전李心傳의 《구문증오舊聞證誤》 잔본 2권 1책에서는 《유씨가업당선본서목劉氏嘉業堂善本書目》을 송대에 간행된 활자본이라고 여기고 있는데 역시 어떤 근거인지는 알 수가 없다. 상술한 각종 송활자본은 모두 다 믿을 수는 없다.

송대에 니활자를 사용하여 간행한 도서로 가장 믿을 수 있는 것은 광종 소흥 4년(1193) 주필대周必大가 자신의 저서를 간행한 《옥당잡기玉堂雜記》이다. 1985년 초에 필자의 생질인 한기韓琦가 1985년 1월 21일자 상해 《문휘보文彙報》 1장을 부쳐 왔는데 그 안에 "대만에서 남송활자 인쇄사료를 발견하다"라는 간단한 보도가 있었다. 대만학자 황관중黃寬重 선생이 송나라 주필대의 문집 속에서 주필대가 교니활자를 이용해 책을 간행했다는 기록을 발견했다는 내용이었다. 이는 인쇄사상의 새로운 발견이다. 주필대의 문집은《주익문충집周益文忠集》혹은《주문충대전집周文忠大全集》이라고도 하는데 2백여 권에 달하며 송나라의 경원慶元·개희開禧·이종理宗 때의 3종류 각본이 있다. 국가도서관에는 경원 각본의 잔본 4권만이 있는데 일본에 이종 때의 각본이 있다고 들었으며 중국내에 전해지는 것은 대부분 명청의 필사본이고 도광 28년 간본 역시 보기 드물다. 다행히《사고전서》에 수록되어 있어 특별히 서호 절강성 분관으로 가서 문란각본을 열람하게 되었다.《흠정사고전서欽定四庫全書·주익문충집周益文忠集》권198에 소흥 4년에 정원성程元成에게 주는 서찰이 있는데 서찰에는 주필대가 정원성이 결단성 있게 용퇴하고 침착하고 무사한 것에 대해 부러워하고 있다. 이어서 다음과 같이 말하고 있다.

나는 평소에 비교적 아둔하고 학식이 깊지 않았는데 나이가 드니 더욱 황당무계하게 되고 게다가 심기도 어느 때는 좋지 않아 이 일을 방치한 지 오래되었습니다. 근래에 심괄이 남긴 방법을 사용하여 교니동판으로 바꾸어 모인을 하고 오늘 우연히《옥당잡기玉堂雜記》28 사事를 만들게 되었으니 번거롭지만 한 번 봐주십시오. 아직 10여 가지 일을 기억에 따라서 보충하여 집어넣어야 합니다. 보고 나신 후에 상념에 젖어 세월이 유수같음을 탄식하는 것에서 벗어나기는 어려울 것입니다[그림 130].

某素號淺拙, 老益謬悠, 兼之心氣時作, 久置斯事. 近用沈存中法, 以膠泥銅板, 移換摹印, 今日偶成《玉堂雜記》二十八事, 首恩台覽. 尙有十數事, 俟追記補段續納. 竊計過目念舊, 未免太息歲月之澐澐也.[14]

14_ 아래에 이 문장에 관한 고증이 있으므로 원문 전체를 게재한다.

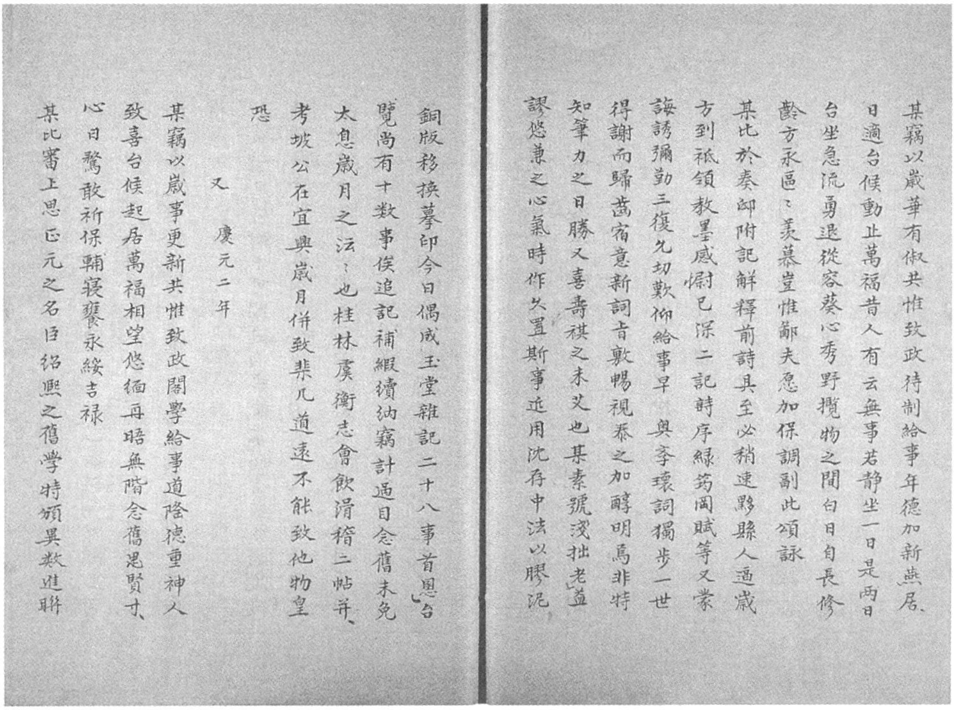
某竊以歲華有俶共惟致政待制給事年德加新燕居、
日適台候動止萬福昔人有云無事若靜坐一日是兩日
台坐急流勇退從容葵心秀野攬物之閒白日自長修
齡方永區〻羨慕豈惟節夫愿加保調副此頌詠
某比於奏邸附記解釋前詩具至必稍速黟縣人遞歲
方到祇領教墨感尉已深二記詩序緑筠閩賦等又蒙
誨誘彌勤三復允切歎仰給事早與李壞詞獨步一世
得謝而歸益宿意新詞吉敷暢視泰之加醇明焉非特
知筆力之日勝又喜壽祺之未艾也某素號淺拙老益
謬悠兼之心氣時作久置斯事近用沈存中法以膠泥
銅版移換摹印今日偶成玉堂雜記二十八事首恩台
覽尚有十數事俟追記補綴續納竊計過目念舊未免
太息歲月之法〻也桂林虞衡志會飲滑稽二帖并、
考城公在宜興歲月併致棐几道遠不能致他物皇
恐
又　慶元二年
某竊以歲事更新共惟致政閣學給事道隆德重神人
致喜台候起居萬福相望悠緬再晤無階念舊思賢寸、
心日鶩敢祈保輔寢饗永綏吉禄
某比審上恩正元之名臣紹熙之舊學特頒異數進聯

[그림 130-1]

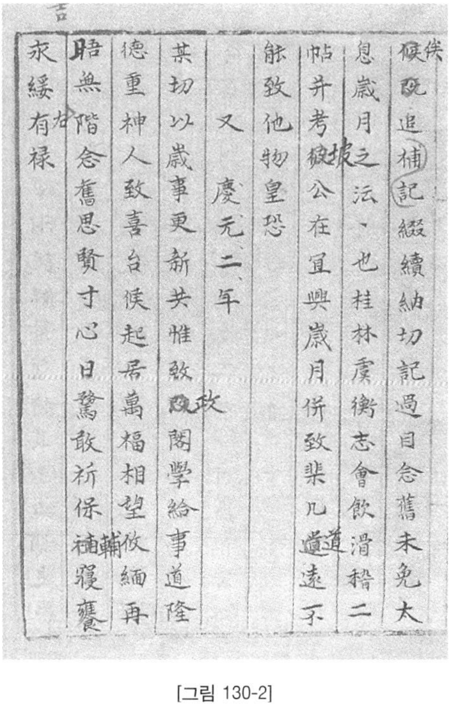
俟暇追補記綴續納切記過目念舊未免太
息歲月之法、也桂林虞衡志會飲滑稽二
帖并考城公在宜興歲月併致棐几道遠不
能致他物皇恐
又　慶元二年
某切以歲事更新共惟致政閣學給事道隆
德重神人致喜台候起居萬福相望攸緬再
晤無階念舊思賢寸心日鶩敢祈保輔寢饗
永綏有禄

[그림 130-2]

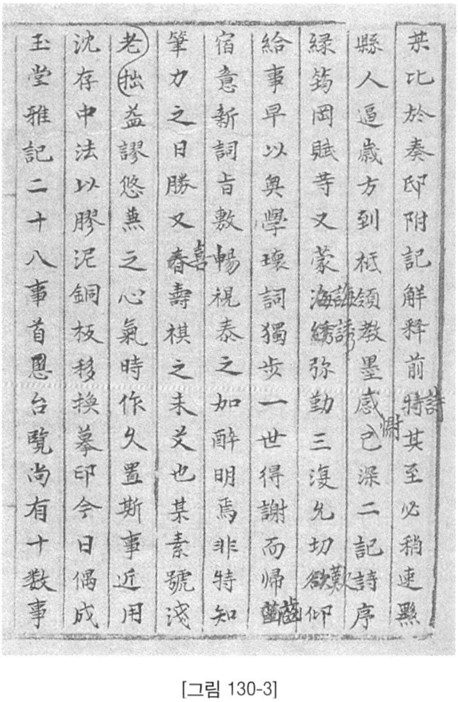
某比於奏邸附記解釋前詩其至必稍速黟
縣人遞歲方到祇領教墨感已深二記詩序
緑筠閩賦等又蒙誨誘彌勤三復允切歎仰
給事早以與學壞詞獨步一世得謝而歸益
宿意新詞吉數暢視泰之加醉明焉非特知
筆力之日勝又喜壽祺之未艾也某素號淺
老拙益謬悠燕之心氣時作久置斯事近用
沈存中法以膠泥銅板移換摹印今日偶成
玉堂雜記二十八事首恩台覽尚有十數事

[그림 130-3]

[그림 130] 명 필사본과 《사고전서》 원본 송 주필대 《문충공집》 권 198에 니활자로 저서 《옥명당기》를 간행한 기록이 있다.

인용문 속의 '보단補段' 두 글자가 난해한데 황관중 선생은 이를 '보철補綴'이라고 인용했다.[10] 글 속에 '用沈存中法'이라고 한 것은 심괄의《몽계필담》에 기록된 필승의 교니활판법을 칭하는 것으로 심법沈法이라고 여기고 있지만 실은 필승의 법이 맞다. 주필대는 "以膠泥銅板, 移換摹印"라고 했는데 아마도 교니활자를 동판에 배치했거나 동판 안에 두었을 것이다. 그래서 "膠泥銅板, 移換摹印"이라고 했으니 충분히 활자인쇄의 특징을 말해주고 있으며 활자를 이동하고 교환하여 판면을 배열한 후에 비로소 인쇄했다. 그가 먼저 인쇄한 것은 자신의 저서인《옥당잡기》28조였다.

　　주필대周必大(1126~1204)는 여릉廬陵(길안吉安) 사람이다. 소희紹熙 2년 관문전학사觀文殿學士에 제수되고 판담주判潭州(장사)가 되어 군정을 친히 다스렸으나 대쪽같고 고상하다고는 자처하지 못했다. 소희 4년 8월에 다시 익국공益國公에 봉해졌고 겨울에는 다시 융흥부隆興府로 갔다. 그가 정원성에게 보낸 편지는 소희 4년으로 담주에서 임직할 때며 주필대는 당시 68세였다. 그의 책은 응당 장사長沙에서 인쇄한 것이며 남창南昌이나 고향에서 인쇄한 것은 아니다. 인쇄를 다한 후에 그가 제일 먼저 먼 곳에 있는 정원성(이름은 숙달叔達)에게 보냈으니 남송 때에 남방은 여전히 필승법을 모방하여 책을 인쇄했음을 알 수 있다. 과거에 활자 인쇄를 연구할 때는 필승 이후에 원나라의 왕정王禎이 있다는 것만 알고들 있었다. 필자의 이전 글에서는 양고楊古의 도서간행에 관해 거론한 적이 있는데 왕정보다 50년이나 앞선 사람이다. 고려는 1234년에 금속활자를 이용하여《상정예문詳定禮文》을 간행했다. 그러나 주필대의《옥당잡기》출판은 고려가 글자를 주조하기 41년 전 일로 세계에서 첫 번째 활자인본이다. 이번 발견은 북송에서 몽골 초중기까지 활자 인쇄의 공백기를 보충할 수 있으므로 매우 중요한 것으로 아주 얻기 힘든 것이다.

옥당玉堂은 즉 한원翰苑으로 경덕 2년에 '한림학사원인翰林學士院印'을 주조하여 이곳에 소장했다. 수도를 남으로 이전한 후에 유일하게 임안까지 가지고 온 송나라의 가장 오래된 관인이다. 주필대는 남송 태평 재상으로 한림학사원에 들어가 몇 년 동안 효종의 총애를 깊이 얻었고 황제의 고문으로 대필을 했다. 효종은 그를 '진대수필眞大手筆'이라고 칭찬했다. 주필대는 한원에 대한 전고典故를 기록하여 효종과 문답창화하는 시를 지어 소춘차小春茶·어묵御墨·유향주流香酒·제철 과일·얼음·솜저고리 등을 하사받았다. 학사원에는 고종의 글씨인 '옥당' 두 자가 돌에 새겨져 있고 각종 꽃과 과일이 있었다. 또 고종이 양위 후에 기거한 덕수궁에 대해 기록하고 있다. 영은사의 냉천을 모방하여 궁 안에 큰 연못을 팠는데 대나무 관을 몇 리나 연결하여 서호의 물을 끌어당겨(최초의 수돗물임) 왔다고 한다. 그 위에는 돌을 쌓아 산으로 만드니 마치 비래봉飛來峰 같았다. 또 궁 주위에 즐길 수 있는 정원과 건물을 건축했으며 매당梅堂의 편액은 향원香遠, 목서당木犀堂의 편액은 청신清新이라고 썼다. 대나무·연꽃·모란·해당화 등 각종 꽃나무를 심고 금어지金魚池의 이름은 사벽瀉碧이라고 했다. 또 궁의 사람들이 절강 정관조亭觀潮에 왔던 일들을 기록했다. 제목을 《옥당잡기》라고 한 것을 보면 넓게 보고 들은 것임을 나타낸다. 지금 남아 있는 명·청 총서본 3권에는 약 8천자 정도가 있는데 제목을 《순희옥당잡기淳熙玉堂雜記》라 한다. 순희 임인년(9년) 주필대는 스스로 발跋을 썼는데 "고작 50여 조만 얻었는데도 세 권이나 된다"고 했다. 당시에 이미 필사본이 있어 유포되었다. 소희 2년 소삼蘇森이 발에서 "달빛이 밤을 비추듯이 천하의 보물이다"고 했다. 송대 《백천학해百川學海》에 수록되어 있는데 아쉽게도 주필대의 원래 인본은 이미 실전되었다.

서하 활자

[그림 131] 영하 하란현 배사구방탑

1991년, 영하 하란산賀蘭山 배사구방탑拜寺溝方塔[그림 131] 폐허에서 서하문西夏文 불경《길상편지구화본속吉祥遍至口和本續》잔본殘本이 발견되었는데 권수와 권말, 제발題跋은 없었고 인쇄연대도 고증할 수 없었다. 함께 발견된 서하 숭종崇宗 정관貞觀(1102~1114) 서하문의 목비木牌와 인종 건우乾祐 11년(1180) 발원문 두 건이 있다. 또《길상편지구화본속》은 장전藏傳불교[15] 밀전密典[그림 132]으로 서하 후기 역시 장전불교가 서하에서 전파되고 발전된 시기이므로 어떤 사람은 이것

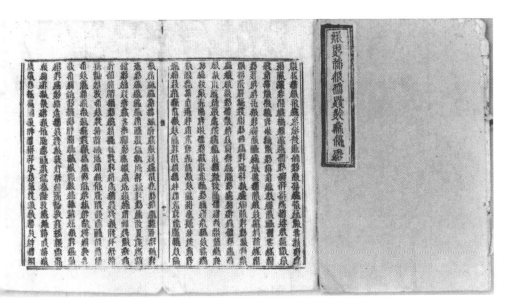

[그림 132] 《길상편지구화본속》, 서하문 활자인본. 〈배사구서방탑〉, 문물출판사, 2005년.

15_ 라마교를 말한다.

이 서하말기의 인쇄품이라고 추정했다. 또 활자를 사용해 인쇄한 것으로 이 경전이 갖고 있는 활자의 특징을 들었다.

(1) 판광版框 난선欄線 네 각이 맞물려 있지 않고 길이가 같지 않다.

(2) 흑색의 농담이 균일하지 않다.

(3) 오자가 있고 배열이 거꾸로 된 것이 있다.

(4) 행선行線을 건너뛴 흔적이 있다.

이 밖에도 몇몇 다른 특징이 있으므로 이 경전은 활자로 인쇄했음을 증명할 수 있다.[11]

어떤 사람은 왕정王禎의 《농서農書》 권22 '조활자인서법造活字印書法'에 의거하여 "글자를 배열하고 행을 만들어 죽편을 깎아서 여기에 끼워넣었다"고 하는데 심괄《몽계필담》에서는 행을 건너뛰는 제조 절차는 없으니 이로써 이 경전이 목활자인본이라고 단정지을 수 있다[12]고 하는데 수긍하기 어렵다. 행선을 건너뛴 흔적이 있다는 것은 결코 목활자만이 갖고 있는 특징은 아니고 금속활자도 이런 현상이 있다. 이외에 어떤 인본은 비록 목활자인본이지만 인쇄한 것이 완전히 목판 인쇄같은 것도 있으니 무영전武英殿 취진판聚珍版의 어떤 목활자인본 같은 경우다. 이리하여 행선을 걸렸느냐 아니냐에 의해 목활자와 다른 활자를 구별한다는 것은 이유가 충분치 않다.

과거에 어느 개인이 서하문《대방광불화엄경大方廣佛華嚴經》 잔본 10권을 소장하고 있었는데 지금은 일본에 있다. 그 발원문 중에 '발원사조취자發願使雕碎字'란 글귀가 있는데 일본학자의 연구에 의하면 목활자인이라고 하며 최고로 오래된 목활자본 실물이라고 한다. 국가도서관 소장 불경 중에 《대방광불화엄경大方廣佛華嚴經》 수량이 가장 크며 전 《화엄경》의 3분의 2를 점하고 있다. 서하문《화엄경》의 권40에 서하문으로 새긴 두 줄의 관지[그림 133]의 번역은 다음과 같다.

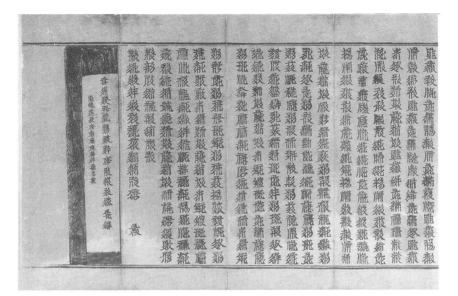

[그림 133] 《대방광불화엄경》 권40, 원 항주로 판각, 서하문 활자본. 뒷면 글자 먹색의 농담 차이에 주의할 것. 이것은 활자 인쇄 특징의 하나다.

[그림 133-1]

[그림 133-2] 정면

[그림 133-3] 뒷면

실로 활자를 고르고 배치하는 사람은 운율에 뛰어나며 지혜가 있습니다.
기꺼이 희사喜捨에 참가하신 분들은 모두 성불하기를 원하옵니다.

實勾管作選字出力者盛律美能慧共

復願一切隨喜者皆當共成佛道[13]

'選字出力者' 다섯 글자의 뜻은 도서간행할 때 글자를 고르는 과정
을 거쳤음을 의미하고 있다. 또 《화엄경》 권5 제관題款에는 목각으로
눌러 쓴 제기題記 두 줄이 있는데[14] 그 내용은 다음과 같다.

활자를 만들고 인쇄를 관리하는 이들은 모두 지혜를 갖기를 원하옵니다.
또 기꺼이 희사를 도운 이들과 함께 모두 성불하기를 원하옵니다.

都行願令雕碎字勾管做印者都羅慧性

又共行願-切助隨喜者共同皆成佛道[15]

　그중 '碎字'는 활자를 말한다. 이상 제관題款에 관한 설명은 이 경전이 활자를 이용해 판각하고 이루어졌음을 말해준다.

　어떤 사람은 서하문《화엄경》잔권殘卷에 의거하여 행과 글자 사이가 비뚤어지고 들쭉날쭉하며 가지런하지 못하고 정면의 종이 뒤의 먹색 농담이 균일하지 않고, 또 적지 않은 글자를 보충하고 다시 새겨 인쇄한 글자가 있다, 또 잘못 인쇄된 글자가 있는데도 다시 보충하여 새기지 않고 그 위에 교정을 하여 덮었고 또 붓으로 작은 글자로 채워 넣어 쓰였으니 이는 모두 활자라는 증거라고 했다.[16] 이 서하 인종 때의 서하문《화엄경》을 어떤 사람은 원대 항주에서 새긴 목활자로 인쇄했다고도 한다.

　1987년, 감숙甘肅 무위武威에서 서하문 불경《유마힐소설경維摩詰所說經》[그림134]이 발견되었는데 연구를 거친 결과 초보적으로 인종 때의 인본이라고 인정했으며 또한 필획 안에 포함된 기포·필획 변형

림 134] 《유마힐소설경》, 서하문활자인본, 1987년 감숙성 무위 출토. 《인쇄지광印刷之光》참조. 절강인민미술출판사, 2000년.

과 끊어짐의 현상에 근거하여 니활자 인쇄라고 여긴다.[17] 만일 이상 몇 부 서하문 저서들이 정말 활자인이라면 이는 현존하는 최초의 활자본이 된다.

필승의 발명이 송대에 충분한 중시와 제창을 받지 못했지만 그러나 심괄의 《몽계필담》의 기록은 선전과 확대 역할을 했으며 후에 수많은 사람이 필승의 법을 이용하여 도서를 인쇄했다. 활자판은 시대에 따라 자료가 다르므로 문헌상에서는 각종 서로 다른 명칭이 나오게 되었다. 예를 들면 원대에는 활판活板·활서판活書板·활자서판活字書板이라 불렀다. 명대에는 활판·편판便板·활투서판活套書板·합자판合字板이라 불렀다. 청대에는 자판字板·배판排板·배자판排字板·파자판擺字板·집자판集字板·집금판集錦板이라 불렀다. 건륭제는 활자의 이름이 고상하지 못하다고 여겨 취진판聚珍板으로 고치고 쓸 때는 취진판聚鑫板[16]으로 쓰기도 했다. 한국과 일본에서도 취진판聚珍板이라고 불렀다. 청나라 사람들이 기록한 것을 보면 대체로 활자판과 취진판 두 가지 명칭이 가장 보편적이다. 소위 활판活版·활자판活字版이라고 하면 유연하고 융통성의 뜻이 있어 목판처럼 틀에 박히고 융통성이 없는 것과 별개로 느껴진다. 취진聚珍·집금集錦은 진귀한 비단같은 것을 모은다는 뜻이고 '편판便板'은 간편하다는 뜻이며 '자판子板'은 아들과 자식이 상생한다는 뜻을 취했다. 배판排板·파판擺板·합자·집자集字는 모두 활자인쇄의 중요한 순서인 식자植字에서 왔다.

또 제작재료의 다름에 따라서 교니판膠泥版·니활자판泥活字版·니두판泥斗版·니취진판泥聚珍版·징니판澄泥版·자판磁版, 목활자판·취진목판聚珍木版·목각활자판, 동활자판銅活字版·활자동판·취진동

16_ 鑫은 고대에는 珍과 같았다. 중국음도 같은 음인 zhen이다.

판·동파판銅擺版이라 불렀고 혹은 간단히 그냥 동판同版이나 동판소
版이라고도 했다. 동판은 글자체의 크기에 따라서 대동판·소동판으
로 나누었다. 또 석활자판錫活字版·연활자판鉛活字版 등의 명칭이 있
다. 각종 금속·비금속 재료를 이용했으며 재료제작의 편의에 따라
서 각종 활자들이 만들어졌으니 고대 노동자들의 지혜와 더 잘해 보
고자 애쓴 개혁정신을 볼 수 있다. 다음은 원·명·청대의 각종 활자
의 개황에 대해서 알아본다.

원대 활자

1. 니활자(양고)

원나라 초 쿠빌라이의 책략가였던 요추姚樞는 "《소학》과 같은 책이 아직 널리 유포되지 않아 그 제자인 양고楊古에게 심괄의 활판을 가르쳤고,《근사록》·《동래경사논설東萊經史論說》 등과 같은 서적을 사방으로 유포시켰다"고 한다. 이 일은 원나라 요추의 조카 요수姚燧의 《목암집牧庵集》 권15 〈중서좌승요문헌공신도비中書左丞姚文獻公神道碑〉에 나온다.

─

공의 휘는 추樞이고, 자는 공무公茂이다. …
신축년에 금의錦衣와 금부金符를 하사받고 연경燕京에서 이로알제伊魯韓齊 밑에서 낭중행대郎中行臺를 지냈다. 당시 사람들은 일이 있으면 이로알제에게 뇌물을 주고 해결하니 천하의 제후들은 모두 경쟁적으로 백성들의 재물을 긁어모아 뇌물로 바쳤다. 요공姚公은 막장幕長직에 있었으므로 이로알제는 한몫을 꼭 그에게 주었지만 요공은 거절했다. … 후에 가솔들을 이끌고 휘주輝州¹⁷로 가서 소문蘇門¹⁸에서 황무지를 개간하고 밭 수백 무에 거름을 주고, 이수륜二水輪을 수리하고, 띠를 베어내 집을 짓고 성안에 개인사당을 설치했다. 사당에는 조상 사대를 봉사奉祀하고, 당감 안에는 공자의 화상을 안치하고, 그 옆에는 주돈이周敦頤와 정주程顥, 정이程頤, 장재張載, 소옹邵雍, 사마광司馬光 여섯 분의 상을 모시고 그 안에서 공부하는데 의관이 단정하고 엄숙하여 도학으로 이름을 날렸다. 날씨가 좋을 때는 백천 옆에서 가야금을 뜯으니 속세를 떠나 은둔하는 것을 슬겁게 여기며 평생을 지내고자 했다. 후에 천박한 사람들이 그의 정원을 둘러보고는 문을 나서서는 다른 사람들에게 정말 감동이라고 말했

17_ 지금의 하남성 휘현輝縣이다.
18_ 지금의 하남성 휘현 백천百泉이다.

다. 백성을 교화하여 풍속으로 만들고자 하는 마음이 급급하여 스스로 소학서·어맹혹문語孟或問·가례를 판각했고 또한 양중서楊中書[19]에게 사서四書[18]를 인쇄하게 하고, 전화경田和卿 상서판尚書版 성시절충聲詩折衷·이정전易程傳·서채전書蔡傳·춘추호전春秋胡傳은 모두 연경燕京에서 한 일이다. 또 소학서가 널리 유포되지 않았기 때문에 제자 양고楊古에게 심씨의 활판(필자: 恬은 活일 것이다)을 가르쳤고, 《근사록》·《동래경사논설》 여러 책들과 더불어 사방으로 유포시켰다.[19]

《목암집牧庵集》은 원나라의 경원로慶元路 간본이 있었지만 지금은 없어졌다. 청대 《사고전서》를 편찬할 때 《영락대전》에서 집록해 넣었으며 《문진각사고전서文津閣四庫全書》본·무영전 취진본·《사부총간》본 모두 심괄의 '념판恬板'이라고 잘못 표기했으니 뜻이 통하지 않는다. 오직 청나라 황비열의 옛 장서 필사본에서만 '활판活板'이라고 제대로 썼다. 심괄 활판은 바로 심괄이 기록한 필승활판이다. 그 기간은 약 몽골 태종 13년에서 해미실海迷失[20]이 수렴청정을 하며 3

19_ 양중서楊中書는 양유중楊惟中(1205~1259)을 말한다. 양유중이 중서성에 있었기 때문에 이렇게 부른 것이다. 양유중은 금나라 서녕로西寧路 홍주弘州(지금의 장가구張家口 근처) 사람으로 자는 언성彦誠이다. 칭기즈칸이 건립한 몽골 칸 제국과 그 후의 원나라에서는 중서성이 재상 직권을 행사했으며 이 직위는 일반적으로 태자겸임을 했다. 그런데 딱 두 번의 예외가 있었다. 하나는 거란왕족 야율초재가 담당했고, 또 한번은 겨우 30세의 한족 청년 양유중이 담당했었다.

20_ 몽골제국 귀유칸(원 정종)의 왕비로 이름은 알올립해미실斡兀立海迷失이다. 1248년 귀유칸이 죽자 해미실이 바투 등의 지지를 받아 어린 아들 실렬문失列門을 안고 수렴청정을 하며 3년간 황제의 직권을 대신했다. 재위 기간 동안 홀찰忽察과 뇌홀腦忽 두 아들이 새롭게 자신들의 권력을 내세워 모친과 대항하니 한 나라에 주인이 셋이 있게 되었다. 또한 종실의 왕들이 멋대로 문서를 남발하여 명령을 내리자 조정 내부에 분쟁이 일어 나라가 혼란에 빠지게 되었다. 또 한편으로 큰 가뭄이 들어 소와 말이 열에 아홉은 죽어 나갔다. 1251년에 뭉케(원 헌종)가 대칸이 되었다. 뭉케 즉위 후에 해미실은 암암리에 오고타이 계통들을 책동했다. 결국 뭉케의 명령에 의해 강물에 빠져 죽었다. 원나

년간 황제의 직권을 대신할 때까지(1241~1250)이며 필승보다 2백년이나 늦다. 양고가 휘현輝縣에서 인쇄했는지 아니면 연경에서 인쇄했는지, 어떤 활판을 사용했는지는 글속에 상세하지 않다.

요추에 관해서는 진정眞定 사람인 소천작蘇天爵(1294~1352)의 《원명신사략元名臣事略》에도 쓰여 있다.

───

스스로 소학서・어맹혹문語孟或問・가례를 판각했고 또한 양중서楊中書에게 사서四書를 인쇄하게 하고, 전상서판시절충田尚書板詩折衷・이정전易程傳・서채전書蔡傳・춘추호전春秋胡傳을 인쇄하게 했다. 또 소학서가 널리 유포되지 않았기 때문에 제자 양고楊古에게 심씨의 활판을 가르쳤고 《근사록》・《동래경사설》여러 책들과 더불어 사방으로 유포시켰다.[20]

《원명신사략元名臣事略》은 요수가 찬한 신도비에 의거했으나 문자가 간략하고 고친 점도 있다. 후에 허유임許有壬(1287~1364) 《규당소고圭塘小藁》권6 《설재서원기雪齋書院記》[21]에 요추의 활동에 대해 소개하면서 또한 "제자 양고에게 심씨 활판을 가르쳤다"는 일을 거론했다. 명나라 유창劉昌의 《중주명현문표中州名賢文表》에서 또 《설재서원기》를 베껴 적었고 이로써 양고가 활자로 출판한 일은 널리 퍼져 나갔다.[22]

15세기 조선의 유명한 학자 김종직金宗直은 조선활자본 《백씨문집白氏文集》에 발문을 썼는데 "활판법은 처음에 심괄로부터 시작되었고 양유중에 이르러 성행했다. 천하고금의 서적을 출판 못하는 것이 없으며 그 이윤이 크다. 그러나 그 글자는 모두 흙을 구워서 만든 것

─────────────

라가 건립된 후에 해미실은 흠숙황후欽淑皇后로 추존되었다.

으로 깨지기가 쉽고 내구성이 없다"고 했다. 김종직은 양유중 때에 활자가 성행했다고 하는데 모두 찰흙을 구어 만들었다고 한다. 그러나 《목암집》원문에 의하면 양유중이 연경에서 출판한 《사서四書》는 여전히 목판본이라고 되어 있어 김종직이 잘못 안 것으로 아마도 양중서楊中書(楊惟中)와 양고를 혼동하여 말한 것 같다. 이렇게 되어 양고가 활자로 인쇄한 일이 양유중에게로 옮아갔다. 또 조선본 《간재시집簡齋詩集》발문에서도 "활자판의 방법은 심괄이 시작했고 양충楊充 때에 성행했지만 그 글자가 모두 흙을 구워서 만들었기 때문에 깨지기 쉽고 내구성이 없다"고 되어 있다. 양유중과 양충 때에 니활자 출판이 성행했다는 것에 관해서는 중국내 기록에는 없고 조선학자들이 거론하는 것은 또 다른 근거를 두고 있다. 살탁薩托(Satow)이 《우문고사石文古事》를 인용할 때 양충楊充을 양극楊克이라고 했다. 양극楊克과 양고楊占 두 글자는 글자 모습과 음이 서로 비슷하여 그래서 필자도 이전에 양고의 활판이 바로 니활자판이라고 여겼다.[23] 양고가 간행한 주희朱熹와 여조겸呂祖謙의 책들은 비록 주필대가 간행한 것보다 늦지만 역시 중국에서 비교적 이른 시기의 활자인본이다. 양고가 니활자를 이용해 출판했다는 이야기는 원·명 문헌에만 있는 것이 아니고 조선학자들도 부러워했음을 알 수 있다.

위에서 서술한 송·원 문헌으로 볼 때 필승이 발명한 니활자는 심괄의 기록에서만이 아니라 북송 말에도 사람들이 아는 바였고, 남송에 이르러 주필대가 자신의 문집을 인쇄했고, 원대에 이르러서는 양고가 인쇄했고, 15세기에는 이런 기록들이 조선까지 전해졌으니 필승과 양고의 이름 역시 조선인들에게도 익숙했음을 알 수 있다. 이리하여 필승의 활자 인쇄 방법은 송원시대에서부터 응용되었으며 또한 상당히 광범위했다.

2. 목활자(왕정, 마칭덕)

필승이 교니활자를 사용할 때에 일찍이 나무로 만든 활자로 시험했지만 그는 나무의 결에는 성김과 빽빽함이 있고, 물에 젖으면 위아래가 평평치 못하고 약물로 붙여야 하기 때문에 취할 바가 못 된다고 생각했다. 오히려 흙으로 굽는 것만 못하고 흙으로 구면 더러움도 안타기 때문에 그래서 나무를 버리고 흙을 이용하게 되었다. 정식으로 목활자를 이용하여 인쇄한 책이 나오기까지 최초의 것으로는 부득이 원대의 왕정王禎을 말할 수밖에 없다. 그 시간은 양고의 활판보다 조금 늦다. 왕정의 자는 백선伯善이고 산동 동평東平 사람으로 만능 과학자였다. 그러나 《원사元史》·《신원사新元史》에는 그의 전傳이 모두 없다. 그의 사적은 겨우 환皖·공贛[21] 두 성의 지방지에서만 분산되어 나타날 뿐이다. 청나라는 옹정제 윤정胤禎을 피휘했기 때문에 지방지에서는 왕정王禎을 바꾸어 王楨, 또는 王貞, 王正이라 했는데 근래 사람들의 문장에서도 王楨이라고 쓰는 사람이 있다. 이름은 마땅히 주인을 따라야 하는 것이므로 당연히 王禎이라고 해야 맞다. 왕정은 유명한 농학가일뿐 아니라 기계학자이며 인쇄사에서 중요한 공헌을 했다. 원 정원元貞 원년(1295)부터 그는 안휘성 정덕현旌德縣의 윤尹으로 6년을 재임했다. 생활이 소박하고 자신의 봉급을 기부하여 학교·교량·도로 등을 건축하고 수리했으며 농민들에게 나무 심는 법을 가르치고 약을 주어 백성을 구했다. 대덕大德 4년(1300) 신주信州 영풍현永豐縣(지금의 강서성 광풍현廣豐縣)의 윤으로 부임을 받아 갔고 거기서도 뽕나무를 재배하고 목화를 심을 것을 제창했다. 이 두 지역에서는 백성들의 그에 대한 칭송이 구비로 전해져

21_ 환皖은 안휘성을 말하고 공贛은 강서성을 말한다.

온다.[24] 그의 최대의 공헌은 물론 《농서農書》에 있다.

《농서》는 중국 농학사에 있어 불후의 거작으로 약 10만여 자로 10여 년간의 노력 후에 비로소 완성되었다. 내용은 세 부분으로 나눌 수 있다. 제1부분은 《농상통결農桑通訣》로 농업역사의 총론격으로 밭갈기·써래질하기·파종하기·김매기·거름주기·물주기·수확 및 나무심기·축목·양잠 등에 관한 것이다. 제2부분은 《백곡보百穀譜》인데 각종의 농작물·채소·오이종류·대나무 등을 심는 법과 키우는 법에 관한 것이다. 제3부분은 《농기도보農器圖譜》로 각종 농기구가 그려져 있으며 농업기계 그림에는 글 설명이 첨부되어 있다. 이 책은 이전에 들은 것을 찾아 모으고 수많은 농서들을 참고하여 이전 사람들의 경험을 총결했다. 게다가 남북 각지에서 생산하면서 실천한 것에 근거하고 자신이 연구하여 얻은 결과 등 몇 년간의 노력으로 끊임없이 보충하고 고쳐서 완성했다. 그는 스스로 이 책은 비교적 완벽한 책이라고 여겼다. 《농서》는 수많은 판본이 있으며 1949년 이후에도 번각본이 있으며 원나라 강서에서 간행한 간본은 이미 없어졌고 현존하는 가장 이른 판본은 명 가정 9년(1530) 산동 포정사간본布政司刊本으로 《사고전서》본과는 조금 다르다.

왕정은 정덕현에서 재임 당시에 이미 집필을 시작했으며 또한 출판을 계획했다. 그는 이 책의 글자 수가 너무 많아 판각하기에는 곤란하다고 여겨 장인을 불러 약 3만 개의 목활자를 만들도록 하여 2년에 걸쳐 완성했다. 그의 방법은 먼저 종이에 크고 작은 글자들을 잘 쓴 후 나무판에 붙여서 글자를 파는 것이다. 글자를 다 파고난 후에는 작은 톱으로 한 글자 한 글자 도려내고 다시 작은 칼로 똑같은 글씨로 만드는 것이었다. 다시 행마다 글자를 배열하고 대나무쪽으로 간격을 맞추어서 한 상자 안에 가득 배열하고 작은 대나무쪽으로 평평히 누른 후 나무 쐐기로 단단히 막아서 글자가 꼼짝 못해 움직이지 못하도록 한다. 그런 후에 먹을 종이에 바르고 종려나무 솔로 인쇄를 하는 것이다.[25] 아래에 왕정이 《농서》 권22 뒷면에 부록으로 실은 '활자를 만들어 책을 인쇄하는 법[造活字印書法]'의 원문을 싣는다.

오대五代 당唐 명종明宗 장흥長興 2년에 재상 풍도馮道와 이우李愚는 판국자감 전민田敏에게 구경九經을 교정보도록 명령하고 이를 판각하고 인쇄하여 팔도록 하니 조정에서는 이에 따라 나무에 새기는 방법으로 이 일을 했다. 이리하여 천하에 서적이 널리 퍼지게 되었다.

그러나 판목은 판각공의 비용이 너무 많고 책 한권의 자판字板이라도 공력이 미치지 못하고 몇 년이 되어도 성사되기 어려우니 비록 책을 전해주고 싶다 해도 사람들은 그 비용을 두려워하여 인쇄를 후세에 전파하지 못했다. 어떤 사람이 새로운 기술을 만들어 쇠를 인쇄틀 속에 넣어 계선界線을 만들고 안에 묽은 역청瀝青을 가득 채워서 구운 후에 차갑게 하고 불 위에 가지런히 놓고 다시 붉게 구워진 글자를 행 안에 배열하여 활자 인판을 만들었다. 그것이 불편하여 또 흙으로 틀의 계선界線을 만들어 안에는 얇은 흙으로 구운 글자를 배열하여 다시 가마 안에 넣고 한 번 구우면 역시 활자판으로 인쇄를 할 수 있다. 근세近世에 또 주석으로 글자를 만들었는데 철사로 연결시켜 행을 만들고 틀 안에 집어넣어 계선을 만들어 책을 간행했다. 그러나 꼭대기 부분의 글자는 먹칠이 어려워 대부분 인쇄가 나빠 그래서 오래가지를 못했다.

현재 또 교묘하고 편한 방법이 있으니 나무판으로 틀을 만들어 대나무쪽을 삭아 행을 만들고 나무판에 글자를 조각히어 작은 톱으로 잘라 가가 한 자씩 만든다. 그런 후에 작은 칼로 사면을 잘 다듬어 크기와 높이를 같게 만든다. 그런 후에 글자를 행으로 놓고 잘 깎은 대나무 쪽을 사이에 집어넣는다. 틀에 글자가 가득차면 나무 쐐기로 그것을 고정시켜서 움직이지 못하게 하면 글자는 모두 움직이지 않는다. 그런 후에 먹을 사용하여 인쇄하면 된다.

사운각자법寫韻刻字法: 먼저 감운監韻에 따라서 그 안에 사용할 수 있는 글자수를 상上·하평下平·상上·거去·입入 오성五聲으로 나누고 각 운두韻頭를 나누어서 글자를 교감하고 완벽하게 베껴 쓴다. 글을 잘 쓰는 사람이 활자모양을 택할 수 있으니 대소로 각각 글자를 쓰고 판 위에 풀로 붙이고 각자공에게 파도록 한다. 조금 계선을 남겨 두고 톱으로 자른다. 또 어조사인 지之·호乎·자者·야也 같은 글자와 숫자는 자주 쓰는 글자이므로 각각 따로 하나로 분류하여 더 많이 글자수를 파니 3만여 자가 되었다. 쓰기를 마치면 이전 방법과 같다. 지금 감운監韻 활자판식을 뒤에 따로 놓는다. 그 나머지 5성 운자는 이것을 모방하여 갖추면 된다.
…

수자수자법鎪字修字法: 목판에 글자를 잘 새긴 후에 톱날이 가는 톱으로 글자의 사방을 잘라서 바구니에 잘 담아둔다. 모든 글자는 사람을 시켜 작은 칼로 가지런히 정리하도록 한다. 먼저 준칙을 세우고 준칙 안에 크기와 높이가 동일한지 시험한 후에 다른 용기에 저장한다.

작회감자법作盔嵌字法: 처음에 써놓은 감운의 각 글자들을 나무틀 안에 집어넣고 죽편으로 행마다 끼워넣어 펼쳐 놓는다. 나무 쐐기로 그것을 가볍게 집어내어 룰렛 위에 배열하는데 갑운에 근거하여 5성으로 나누고 큰 글자로 표기한다.

조륜법造輪法: 가벼운 나무로 큰 윤판을 만드는데 그 윤판의 지름이 7척이 되고 윤축輪軸의 높이는 3척이 넘는다. 큰 글자를 쪼아 만들고 그 위에 옆으로 가롯대를 놓고 중간에 윤축과 관통하도록 하고 아래에 끼워 뚫어 넣는다. 서서 돌리는 윤판은 둥근 대나무로 가장자리를 만들어 덮는다. 위에 활자판면을 놓고 각각 호수에 따라 상하로 계속하여 잘 배치한다. 윤판 양면에 배치하고 한쪽 윤판은 운판면韻板面에 해당되고 한쪽 윤판은 잡자판면雜字板面에 해당된다. 한 사람이 중간에 앉아 좌우 모두 돌려가면서 글자를 찾을 수가 있다. 사람이 글자를 찾는 것은 어렵지만 글자로 사람에게 다가가는 것이 용이하니 이 윤판을 돌리는 방법은 노동력이 들지도 않고 앉아서 하면 된다. 글자 수 취하는 것이 끝나면 또 해당하는 운에 다시 깔아 놓을 수 있으니 일석이조이다.

취자법取字法: 원래 썼던 감운을 다른 책에 따로 쓰고 자호를 매긴다. 모든 면 각 행 각 글자마다 호수를 갖추어 기입하면 윤판 위의 분류와 같게 된다. 한 사람이 운자를 잡고 호수에 따라 글자를 부르고 한 사람이 윤판위 원래 펼쳐 놓은 자판 안에서 글자를 취하여 인서판 틀 안에 끼워 넣는다. 만일 글자와 운 안이 탈이 없으면 손 가는 대로 활자공이 보충을 하며 재빨리 완비한다.

작회안자쇄인법作盔安字刷印法: 평평하고 곧게 마른 판을 이용해 서면書面의 크기를 잘 가늠하여 네 주위에 난을 만들고 오른 쪽을 비워두고 틀 면에 가득 늘어놓는다. 오른쪽에 계란界欄을 안치하여 나무 쐐기로 이를 끄집어 낸다. 계선 안의 글자는 반드시 하나 하나가 평평하고 정확해야 한다. 우선 칼로 여러 가지 작은 대나무 쪽을 깎아 다른 그릇에 잘 넣어둔다. 만일 바르지 못하면 글자형태에 따라서 뭔가를 채우든지 끄집어낸다. 글자체가 평평하고 안정된 후에 이를 인쇄한다. 또 종려나무 솔로 계선을 따라서 수직으로 쓸어내려 인쇄해야지 옆으로 쓸어내려서는 안 된다. 인쇄된 종이는 종려나무 솔로 계선을 따라 이를 인쇄한다. 이것이 활자판을 쓰는 법칙이다.

전임지였던 선주宣州 정덕현旌德縣 윤尹일 때 비로소 《농서》를 지었는데 글자수가 너무 많아 간행에 어려움이 있었다. 그래서 이미 활자공에게 활자를 만들도록 명령하여 2년 만에 그 작업을 마치게 되었다. 시험적으로 현지서縣志書를 인쇄했는데 약 6만여 자가 들었고 1개월이 안되어 1백 부가 모두 완성되었다. 간행한 판과 똑같으니 비로소 그 소용됨을 알 수 있었다. 2년 후에 내가 신주信州 영풍현永豐縣으로 전직轉職이 되어 이를 가지고 가게 되었다. 《농서》가 드디어 완성되니 활자로 인쇄를 하고자

하였으나 현재 강서江西 지주가 장인에게 판각하라고 명령하여 시행 중에 있다. 그래서 (본인이 가져가는 출판도구 기술 등을) 거두어 간직하여 별도로 쓸 일을 기다리고 있다. 그러나 고금으로 이 법은 아직 전해지지 않아서 그래서 여기에 편찬하여 기록한다. 세상의 호사가를 기다려 책을 인쇄하는 데 간편한 방법으로 영원히 전해지기 바란다. 본래 《농서》를 지으면서 뒤에 부록으로 첨가한다.

왕정은 식자植字 기술에 있어 독창적이었다. 그는 식자공들이 왔다 갔다 하면서 글자를 찾는 것이 몹시 불편하다고 여겨서 이리하여 두 개의 나무로 만든 두 개의 돌아가는 윤판[그림 135]을 만들어 호수

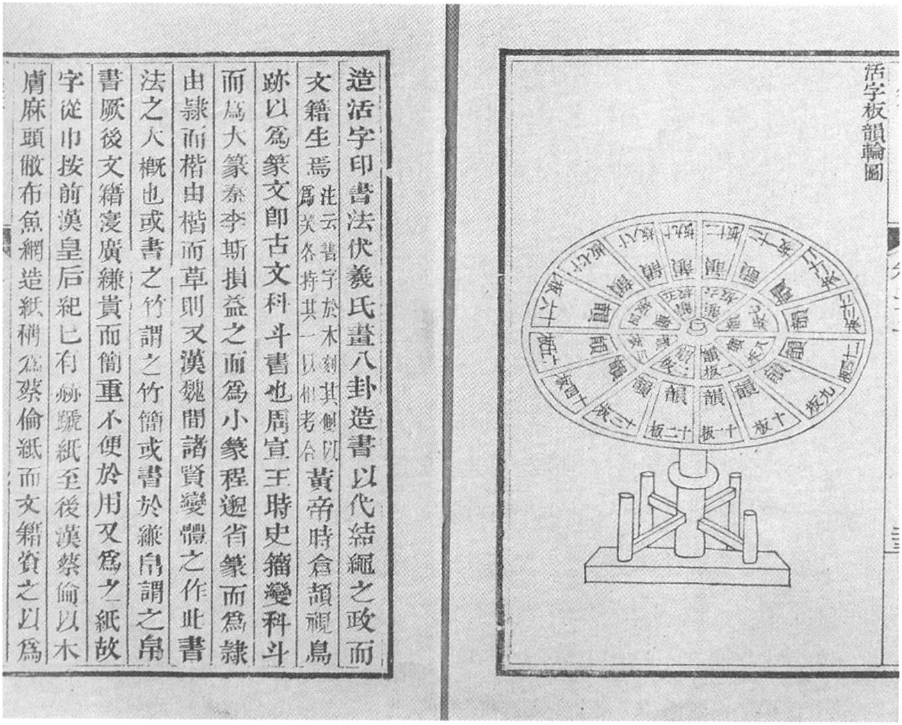
造活字印書法伏羲氏畫八卦造書以代結繩之政而文籍生焉注云書字於木刻其側以為契各持其一以相考合黃帝時倉頡視鳥跡以爲篆文即古文科斗書也周宣王時史籀變科斗而爲大篆秦李斯損益之而爲小篆程邈省篆而爲隸由隸而楷由楷而草則又漢魏間諸賢變體之作此書法之大概也或書之竹謂之竹簡或書於縑帛謂之帛書厥後文籍寖廣縑貴而簡重不便於用又爲之紙故字從巾按前漢皇后紀已有赫蹏紙至後漢蔡倫以木膚麻頭敝布魚網造紙稱爲蔡倫紙而文籍資之以爲

[그림 135] 원나라 왕정이 발명한 목활자 식자용의 돌려가며 사용하는 식자틀, 무영전 취진판이다.

號數에 따라서 나무 글자를 펼쳐놓고 한 사람이 중간에 앉아 좌우로 윤판을 돌려가면서 글자를 찾도록 했는데 이를 '이자취인以字就人'이라고 한다. 사람이 글자를 찾는 것보다 노동력은 훨씬 감소되고 효율은 높아졌으니 이 식자법은 오늘날 보아도 참으로 참신하다. 〈조활자인서법造活字印書法〉은 운을 쓰고 글자를 파고, 글자를 자르고, 글자를 다듬고, 윤판을 만들어 글자를 찾고, 글자를 배열하여 인쇄하는 것 까지를 체계적으로 기록하여 인쇄사상 아주 진귀한 문헌으로 이미 여러 나라에서 번역되었다.

후에 청대 목활자 인쇄법은 기본적으로 이와 비슷하다. 그러나 건륭 무영전 취진판은 먼저 단독의 나무를 만들고 그 크기와 고저를 일률적으로 한 후에 나무에 글자를 새겨 판을 누를 때에 지편紙片을 사용한다. 상주常州의 식자공들은 자판 안에 찰흙을 한 겹 깔아 목자木字를 하나하나 자판 안에 이식했다. 이는 조선에서 초기에 황랍을 한 겹 깔고 동활자를 배열했던 것과 같은 이치로 활자가 꼭 달라붙어 움직이지 못하도록 하게 한 것이다.

왕정의 활자본은 본래 자신이 편찬한 《농서》를 간행하고자 했으므로 후에 강서로 전근 갈 때 이 인쇄도구들을 모두 안휘에서 가지고 갔다. 그러나 그때 강서 쪽에서는 이미 완전한 《농서》 목판이 있었기 때문에 쓸 필요가 없게 되었다. 왕정은 정덕에 있을 때에 이미 자신이 편찬한 대덕大德《정덕현지旌德縣志》를 인쇄했기 때문에 시간은 대덕 2년(1298)으로 일반적으로 과거에 중국학자와 외국학자들이 말한 연우 원년(1314)이 아니다.[26] 전체 책은 6만여 자로 1개월이 안 되어 1백 부를 완성했다니 제판인쇄처럼 시험을 거쳐 효율이 아주 높음을 증명했다. 이는 중국 지방지 중에서 가장 오래된 목활자본이지만 애석하게도 지금은 전해지지 않고 있다. 만력 연간이 되었을 때는 이미 한 부도 남아 있지 않았다.

과거에 어떤 사람은 왕정의 목활자를 원나라 윤시방尹時方이 발명한 것이라고 했다. 이는 왕정의 〈조활자인서법〉에 다음과 같은 말이 있기 때문이다. 즉 "前任宣州旌德縣尹時, 方撰《農書》(전임지 선주 정덕현의 윤으로 있을 때 비로소 《농서》를 편찬했다)"를 그들은 문장의 뜻을 오해하여 구두점을 잘못 찍어 이해하니, 즉 "전임지 선주 정덕현의 윤시방이 《농서》를 편찬했다[前任宣川旌德縣尹時方, 撰《農書》]"라고 한 것이다. '尹時方'을 사람으로 잘못 안 것인데 사실 원대에는 윤시방이란 사람이 근본적으로 없다.

　　근래에도 여전히 《제학帝學》을 송 가정 목활자본으로 잘못 믿고 있는 사람이 있어 왕정이 목활자를 만들었다는 것을 부정한다. 더구나 "왕정이 목활자판을 발명하고 만들었다는 것은 합당치 않다. 진실이 아니다. 왕정 스스로도 자신이 목활자를 발명했다고 말한 적이 없다"고 까지 말하고 있다. 그러나 왕정은 명명백백하게 "장인들에게 명령하여 활자를 만들고[造活字] 2년이 지나서 작업을 마쳤다"고 말하고 있다. 창조가 바로 발명인데 어떻게 자신이 아니라고 말했단 말인가. 이는 분명히 잘못된 것이다.

　　왕정 이후 20여 년이 지나서 마칭덕馬稱德 역시 활자로 도서를 인쇄했다.[27] 마칭덕의 자는 치원致遠이고 광평廣平 사람이다. 연우延祐 6년(1319)에 봉화지주奉化知州를 했다. 재임 3년간 강물을 뚫고 제방을 건축하고 수리사업을 했으며 전답 13경頃을 개간했으며 대규모의 식수조림사업을 하고 학교를 설립하고 장서루(존경각尊經閣)를 건립했다. 그는 왕정처럼 착실하게 백성들을 위한 사업을 했다. 또한 활자서판을 10만 자나 새겼으니 왕정의 목활자보다 3배나 더 많다. 지치至治 2년(1322) 활자서판을 이용하여 《대학연의大學衍義》 등을 간행했다. 인쇄한 책은 한 종류에 그치는 것이 아니고 그가 편찬한 연우延祐 《봉화주지奉化州志》가 있는데 아마도 새로운 활자로 간행했을

것이다. 《대학연의》는 모두 43권 20
책이다. 그러나 아쉽게도 이 지치至治
활자본인 송나라 진서산眞西山(진덕수)
《대학연의》는 이미 실전되었다. 마
칭덕이 서적을 간행한 것이 왕정을
모방한 것이지는 알 길이 없지만 원
대 목활자 유행이 환남皖南[22] · 절동浙
東 일대에서 유행했던 것만은 사실이
다.[28]

원대 목활자는 위그르족에게도 전래
되었다. 1908년 프랑스 한학자인 폴 펠
리오Paul Pelliot는 돈황에서 원대 회골
문回鶻文 목활자를 발견했다. 그 물건은
현재 파리 기메박물관Musée Guimet에
소장되어 있는데 전체 960매다.[29] 후
에 또 발견되었고[30] 돈황연구원에 현
재 54개가 있다[그림 136].

[그림 136] 폴 펠리오가 돈황에서 발견한 원대 위그르문 목활자

파리에서 소장하고 있는 목활자는 비교적 단단한데 아마도 대추
나무로 만든 것 같다. 높이와 너비는 2.2cm×1.3cm로 길이는 서로
다른데 음절에 따라 길고 짧음이 정해졌다. 연구에 의하면 이런 활
자는 사詞를 단위로 한 목활자로 총수의 15%에도 못 미치며 주로 상
용하는 불교명칭이다. 단음절의 목활자는 총수의 약 60%를 점하며
쌍음절 혹은 3음절이지만 하나의 완전한 단어의 목활자는 총수의
약 20%를 점한다. 이외에 단음 자모 활자가 약 5% 있다. 이리하여

22_ 안휘성의 양자강 이남지역을 말한다.

위그르사람들은 중국인쇄술이 서양으로 전파되는 과정 속에서 몹시 중요한 역할을 하고 있다.[31]

원대의 활자본은 실물이 전해지지 않는데 청나라 막우지莫友芝의 《여정지견전본서목郘亭知見傳本書目》에 기록된 바에 의하면 오대 왕인유王仁裕의 《개원천보유사開元天寶遺事》는 원대 활자본이라고 되어 있는데 지금은 그 행방을 알 수가 없다.

국가도서관에 소장된 원나라의 《어시책御試策》[그림 137]은 또 《어제책御製策》이라고도 하며 원나라의 색목인色目人·한인漢人·남인南人의 시험지다. 모두 전시책殿試策 13편을 뽑아놓은 것으로 내몽골 색목인인 합팔석哈八石·하찰적何察赤·여궐余闕 등 5인과 한인 남인

[그림 137] 원 활자판 《어시책御試策》

인 구양현歐陽玄·장익張益·왕충운王充耘 등 8명이 있다. 이 13명 중에서 제일 시기가 빠른 사람은 연우 2년(1315) 진사고, 가장 늦은 사람은 원통元統 원년(1333) 진사다. 그래서 이 책은 대략 원나라 말년 원통년 이후에 간행된 것이다. 전체 책은 60쪽으로 한 쪽당 13행이며 1행의 글자수는 17자인데 그중 1행은 18자다. 네 주위는 흑단변이고 빈틈이 아주 넓은 것으로 보아 활자임이 증명된다. 글자체는 아름답고 인쇄도 분명하여 동활자로 간행한 듯하다. 그러나 어떤 사람은 고려동활자라고 하는데 지질이 고려지에 가깝기 때문이다. 그러나 이런 종류의 종이는 송원 판본에서도 늘 있는 것으로 그 지질은 면과 마 중간이다. 후대의 진짜 고려지처럼 질기고 새하얗지는 못하다. 더구나 이런 시험지[試卷]는 고려에서 번각할 필요가 없었으므로 아마도 중국 원나라의 활자본이고 이는 구텐베르크보다 1백여 년이나 이른 것이니 조선 동활자본인 《손자십일가주孫子十一家注》보다도 몇십 년은 앞서는 가장 오래된 '요람본'의 하나인 셈이다. 그래서 중국 동활자의 역사는 150년을 끌어올려 14세기로 보아도 무방하다.[32]23

23_ 이에 관해서는 그동안 중국과 한국 학자들의 의견이 분분했다. 그러나 장수민이 말하는 〈어시책〉의 원본이 일본 세이카토 문고에 소장되어 있어 확인이 되었다(조선일보, 1999년 4월 1일자). 즉 이 〈어시책〉은 1341년 6월에 강서성의 유인초劉仁初가 목판본으로 간행한 것임을 밝혀냈다. 그러므로 장수민이 말하는 중국 동활자 학설은 전혀 타당치 않다. 더구나 장수민의 주석에 의하면 이 주장은 1952년에 쓴 논문에 의거했으니 50여 년간 중국에서는 이 견해를 따랐다. 그래서 1997년에 서울에서 개최한 '동서고인쇄문화' 국제 심포지움에서 반길성潘吉星도 장수민의 견해를 그대로 따라서 발표했다. 본서를 번역할 때 종종 받은 느낌은 중국이 한국과 거의 교류가 없을 때 이 작업을 진행했기 때문인지 새로운 학설을 전혀 반영하지 못했다는 점이다.

3. 주석활자

　제일 먼저 주석활자판을 거론한 것은 왕정의 《조활자인서법造活字印書法》이다. 그는 "근세近世에 또 주석으로 글자를 만들었는데 철사로 연결시켜 행을 만들고 틀 안에 집어넣어 계선을 만들어 책을 간행한다. 그러나 꼭대기 부분의 글자는 먹칠이 어려워 대부분 인쇄가 나빠서 오래가지를 못한다"고 했다. 이 글에서 말하는 근세란 원나라 초기거나 혹은 아마도 송말일 것이니 이는 서양의 금속활자로 인쇄된 책에 비하면 거의 1~2백년은 앞선다. 과거에 어떤 서양학자들은 중국이 비록 목판과 활자를 발명하긴 했지만 "금속활자를 창조하여 사용한 영광은 마땅히 유럽으로 그 공을 돌려야 한다"고 했다. 그러나 왕정의 설에 의하면 우리는 그들의 잘못을 수정해야만 한다. 왕정은 명백히 주석으로 글자를 만들었다고 말했으니 주석글자는 거푸집을 만들고 주조해야 하는 것이지 주석판 위에 직접 글자를 새기는 것이 아니다. 그러므로 주석글자는 철사로 꿰어서 행을 만들었으니 분명히 모든 주석글자에는 작은 구멍이 뚫려 있을 것이다. 그래서 그것들을 꿰어 자판 위에 배열하고 다시 계선을 만들어 이를 벌려서 책을 인쇄한다. 비금속활자에서 금속활자인 주석글자까지는 글자를 만드는 공예에 있어 커다란 진보다. 그러나 그 당시에는 좋은 인쇄먹 배합이 없었던 관계로 종종 인쇄가 나빠 이리하여 이 새로운 발명은 그저 한때만 반짝 유행했지 오래도록 유행하지는 못했다. 주석글자에 관해서 만든 사람이 누구인지, 어느 때 만들었는지, 어떤 책을 인쇄했는지에 대해서 왕정은 정확하게 말하지 않았다.

中國印刷史

명대 활자

1. 목활자

　명대의 사회 경제와 문화의 발전에 따라서 목활자인쇄는 원대에 비해 대대적으로 유행했으며 특히 만력萬曆 연간(1573~1620)에 인본印本이 더욱 많다. 호응린胡應麟(1551~1602)은 "지금 세상에서 급히 책을 간행하려면 활자가 있는데 그러나 송나라부터 이미 조짐이 있었다. … 지금 약니藥泥가 없는 것은 오로지 나무를 이용한 활자일 뿐이다"라고 말했다. 청나라 위숭魏崧은 "활판은 송나라에서 시작되었고 명나라에서는 목각을 사용한다"고 했다. 청나라 공현증龔顯曾은 "명나라 사람들은 목활자판을 사용하여 책을 인쇄했는데 그 풍조가 대단했다"고 했다. 이상 세 사람의 견해와 전해 내려오는 실물로 볼 때 명대의 목활자는 확실히 비교적 보편적이었다. 그러나 공현증이 화견華堅의 난설당蘭雪堂 동활자본《춘추번로春秋繁露》등의 책을 모두 목활자본이라고 한 것은 잘못이다. 본래 어떤 인본은 책을 펼치면 곧 활판이라는 것을 알 수 있지만 그러나 어떤 것은 목판과 구별하기가 어렵다. 활자 중에서 목활자와 동활자를 다시 세분하는 것은 더욱 어렵다. 동판서에는 적지 않게 동자銅字라고 표명했지만 그러나 목활자본은 본래 목자木字라고 표명하는 일은 매우 적다. 이리하여 같은 인본이라도 갑甲은 목활자라고 하고 을乙은 동활자라고 하는가 하면, 병丙은 심지어 정판整版이라고 이견이 분분하여 어떤 말이 옳은지 알 수가 없다. 지금 연구의 편리를 위해서 활자본 중에서 확실하게 활자동판이라고 표명한 것을 제외하고 혹은 일반적으로 공인된 몇 종류의 동판 이외에 나머지는 일률적으로 목활자본으로 본다.

　명대 조정에서는 활자로 책을 인쇄했다는 말은 들어본 적이 없다. 오히려 각지에 분봉된 번왕들이 대량의 목판서적을 출판함으로써

문을 숭배하고 학문을 좋아함을 표시하며, 겉치레를 위하여 명사를
사귀고 문화 활동에 참가하면서 활자도 만들었다. 번왕들은 이력이
풍부하고 자리가 든든하고 돈과 식량이 풍족하여 활자를 제조하는
것은 당연히 식은 죽 먹기였다. 그들이 만든 글자는 대부분 목자로
비금속활자다. 어떤 사람은 당번唐藩 주지성朱芝城이 활자동판을 만
들었다고 하는데 이는 사실이 아니다. 고증할 수 있는 번왕이 만든
활자는 촉부蜀府 활자와 익부益府 활자가 있다. 촉부활자는 가정 신
축 20년(1541)에 소철蘇轍의 《난성집欒城集》84권[그림 138]을 간행했으
며 서발문序跋文 중에 "목판을 교정하니 널리 전하고자 한다"는 말이
있고 또 "황명皇明 촉 전하가 새긴 것이다"라고 한 것을 보니 아마

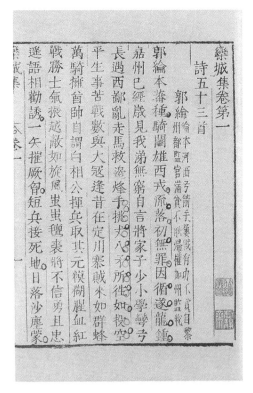

[그림 138] 소철의 《난성집欒城集》, 명 촉번蜀藩 활자인본

도 목판을 말하는 것 같다. 그러나 책의 네 주위는 난欄이 크고 갈라진 틈이 있으며, 어떤 개별자는 반만 인쇄되었으니 응당 활자라고 할 수 있다. 방체자方體字는 대소 2종으로 나누었다. 촉왕 주양허朱讓栩는 호가 적암適庵이고 명 태조 7세손으로 책은 성도에서 간행했다. 익부에서는 만력 2년(1574)에 원나라 무진武進사람 사응방謝應芳의 《변혹편辨惑編》을 인쇄했다. 사응방은 사생死生·역병·귀신·관상보기·봉록·운명 등의 미신을 배척했다. 원래 명초 홍무본이 있었다. 익왕益王 일재一齋는 "널리 전해지지 않을까 걱정이다. 이에 구본에 따라서 더욱 교정을 가하여 세손에게 명하여 활자를 만들어 이를 간행하도록 하라"고 했다. 부록으로 마지막 쪽 중간에 "익번활자인행益藩活字印行"이라는 한 줄이 있다. 같은 해에 또 소주지부蘇州知府 황종況鍾의 막료인 고량顧亮이 지은 《변혹속편辨惑續編》을 간행했다. 건륭 《건창부지建昌府志》에 의하면 익왕 일재는 이름이 주후현朱厚炫이고 가정 36년(1557) 익왕을 세습받았고 만력 5년(1577)에 사망했다. 세손의 이름은 주익인朱翊鈏이고 호는 황남潢南이며 가정 37년(1558) 익주 세손에 봉해졌으며 만력 8년(1580)에 봉왕을 세습하고 31년(1603)에 사망했다. 어떤 사람은 황남도인潢南道人을 주우빈朱佑檳이라고 하는데 이는 잘못된 것이다.

송·원시대에는 적지 않은 서원에서 판각으로 책을 간행했으며 서원에서의 활자 사용은 명대에 시작했다. 정덕正德 경오庚午년(1510)에 황희무黃希武가 편집한 《고금회편古文會編》이 활자로 먼저 인쇄되었다. 가정 정유丁酉년(1537)에 해우海虞 사람 전번錢瑤이 편집한 《속고문회편續古文會編》 5권이 동호서원東湖書院에서 활자로 간행하여 널리 전해지도록 했다. 모든 페이지의 판심 아래에는 "동호서원활자인행東湖書院活字印行"이라는 한 줄이 들어 있으니 초편 역시 동해서원의 활자를 이용하여 인쇄했음을 알 수 있다. 상숙 사람 전몽옥錢夢玉

은 또 동호서원 활자로 그의 스승 설방산薛方山이 회계會魁[24]가 된 삼시권三試卷을 간행했다. 설방산의 이름은 설응기薛應旂고 방산은 그의 자다. 무진武進 사람이고 팔고문으로 세상에 이름을 날렸다.

명대에 개인적으로 활자를 갖고 있던 사람은 남경 감생監生 호민胡旻으로 그의 활자인이 있다. 정덕 무인戊寅년(1518)에 국자감좨주 가영賈詠이 선본《장자권재구의莊子鬳齋口義》를 소장하고 있었는데 "명령대로 이를 베끼는데 필사로 대신 했다"고 한다. 남경 발공拔貢[25] 이등李登은 자가 사룡士龍인데 만력 25년 집안에 소장하고 있던 '합자合字'를 이용하여 자신의 저서《야성진우존고冶城眞寓存稿》8권, 수백 본을 인쇄하여 지인들에게 선물했다. 가정嘉定 사람 서조직徐兆稷은 다른 사람의 활판을 빌려서 그의 부친 서학모徐學謨가 가정 시대의 역사적 사실을 기록한 사료《세묘지여록世廟識餘錄》26권 1백 부[그림 139][33]를 간행했다. 활자판은 자신이 이용할 수도 있고, 또 다른 사람에게 빌려주어 사용하도록 했으니 이는 목판에서는 할 수 없는 일이다.

명대 목활자본으로 서명을 알 수 있는 것은 약 1백여 종이나 되는데 주로 만력 인본이다. 홍치 이전에서는 아주 보기 드물다. 인쇄된

24_ 오경五經의 우두머리란 뜻이다. 명청시대의 과거제도에서는 수험생이 오경의 시험을 보는데 합격시킬 때 각 경마다 1등을 정하면 모두 5명이 되었으므로 이들을 오경괴五經魁라 했다. 회시會試의 오경괴는 회괴會魁라 하고 향시에서는 향괴鄕魁라 했다.

25_ 과거제도 중에 지방에서 국자감으로 들어가는 생원의 일종을 말한다. 청나라 제도에서는 처음에 6년에 한 번 선발했다가 건륭 연간에는 유酉년이 올 때마다 한 번 뽑는 것으로 바뀌었으니 즉 12년마다 한 번이었다. 우수 선발자는 북경에서 하급관리로 채용되었고 차순위자는 교유敎諭로 채용되었다. 모든 부학府學마다 2명씩 선발했고 주학, 현학에서는 각 1명씩 선발했다. 각 성의 학정에서는 생원 중에서 선발했고 반드시 북경으로 보내야 했는데 이를 발공拔貢이라 한다. 조정의 시험을 거처 합격하면 중앙관청의 관리나 지현知縣 혹은 교직에 임명되었다.

世廟識餘錄序

資政大夫太子少保禮部尚書臣徐學謨謹序

國家自　二祖肇基暨於　列聖相統其間享國之
久宜莫如　肅皇帝蓋在位四十五年而一時文謨
武烈成票磨裁更革燮通超軼三五於乎盛矣顧後
來纂輯國史祗據日報書之郞事有徵信而徵顯聞
幽或無以仰窺　神聖之秘何則世異人異自與親
炙者有間也臣爲小實當嘉靖中徸備侍祠之役每
從丙夜後隨尚書奏對西內故關　上起居頗悉而
通籍以前則因故老口授尤多採接輒加劄記匪屬

[그림 139-1]

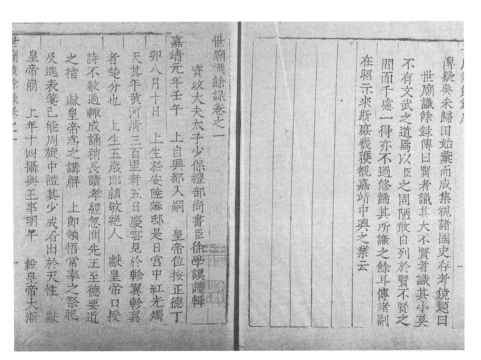

傳疑癸未歸田始集而成視諸國史存考鏡題目
世廟識餘傳曰賢者識其大不賢者識其小莫
不有文武之道焉以臣之固陋故自列於賢不賢之
間而千慮一得亦不過修爲其所識之餘耳傳諸副
在昭示來斯庶幾獲觀嘉靖中興之業云

世廟識餘錄卷之一

資政大夫太子少保禮部尚書臣徐學謨謹輯

嘉靖元年壬午　上自興都入嗣　皇帝位按正德丁
卯八月十日　上生於安陸藩邸是日宮中紅光燭
天其年黃河淸三百里者五日慶雲見於軫翼軫翼
者楚分也　上生五歲郞頴敏絕人　獻皇帝口授
詩不歠過輒成誦稍長讀孝經忽問先王至德要道
之指　獻皇帝爲之講解　上即領悟常率之祭祀
及進表箋已能周旋中禮其少成若出於天性　獻
皇帝崩　上年十四攝興王事明年　毅皇帝大漸

[그림 139-2]

[그림 139] 《세묘지여록世廟識餘錄》, 명나라 서조직徐兆稷 활자인본

곳의 지명을 알 수 있는 것으로는 위에서 서술한 성도成都·건창建昌·남경 등지 외에도 또 강소·절강·복건·강서·운남 등지가 있다. 강소성에는 윤주潤州 문경당問經堂에서《포효숙주의包孝肅奏議》를 인쇄했고 소주·상숙·태창 일대에서도 비교적 성행했다. 오문吳門에서는《문심조룡》(홍치 17년)을, 오군吳郡 엄씨嚴氏는 엄눌嚴訥의《춘추국화春秋國華》(만력3년)를 인쇄했다. 장주長州 한씨韓氏는《조자건집曹子建集》을, 우산虞山 영형당榮荊堂에서는《자계황씨일초慈谿黃氏日抄》31권을 인쇄했다. 해우海虞 황미중黃美中은 왕세정의《봉주필기鳳洲筆記》(융경 3년)를 교정 인쇄했다. 상숙의 조용현趙用賢은《십자十子》를, 태창의 조구생趙樞生은《함현선생집含玄先生集》을, 장부張溥는《백삼가집百三家集》을, 운간雲間의 반은潘恩은《현람당시초玄覽堂詩抄》(융경 3년)를 인쇄했다. 상해 고종덕顧從德의 운각芸閣에서는 양순길楊循吉의《송주당집松籌堂集》12권(만력 원년)을 인쇄했다.

인화仁和의 탁명경卓明卿은《당시유원唐詩類苑》1백 권을 편찬했는데,《사고제요》에서는 탁명경이 장지상張之象의 원고를 훔쳐서 만력 14년(1586)에 인쇄했다고 했다. 모든 면의 판심 아래에 '숭재조본崧齋雕本'이라는 넉자가 쓰여 있다. 등원석鄧元錫의《함사函史》를 곽상규郭相奎는 "활판으로 무림武林에서 1백여 부를 인쇄했는데 일시에 다 없어졌다"고 했다. 명나라 말기 예장豫章사람 위현국魏顯國은《역대사서대전歷代史書大全》520권을 무림에서 인쇄했는데 모두 1백여 부였다. 만력 초에 장가윤張佳胤이 절강 순무로 있을 때 절동의 소흥과 온주 등지를 순시하고 이 순시한 일을《동순잡영東巡雜詠》이라 하여 출판했다. 은현鄞縣 사람 포대가包大柯는 자작시와 사詞를《월음越吟》(만력 원년)이라 하여 간행했다.《동양여씨가승東陽廬氏家乘》은 융경隆慶 연간의 인본이고 4책이 남아 있다. 호주에는 모원의茅元儀의《무비지武備志》240권(천계 원년)이 있는데 이는 군사학의 거작이다.

복건 활자본으로는 건녕부建寧府《사기》중 권48 진섭세가陳涉世家의 '팔八'자가 거꾸로 배열되었다(정덕正德). 주인경朱仁儆이 이비李備의 《신각사강역대군단新刻史綱歷代君斷》(만력 4년)을 인쇄했다. 복주 임씨는 자신의 6대조인 방안榜眼[26] 임지林誌의 《속각부재공문집續刻蔀齋公文集》·《복건차정전서福建蹉政全書》(천계 7년)를 간행했는데,[27] 후자는 대소활자를 사용한 것이 몹시 특이하다. 또 복건서방 주인 첨불미詹佛美는 활자로 명나라 첨래詹來의 《초요지관집招搖池館集》 10권을 인쇄했다.

《함사函史》 하편의 모든 권말에는 전서로 "염초당명공침행念初堂命工鋟行"이란 작은 패자가 있다. 고증에 의하면 염초당念初堂은 여릉廬陵 사람 진가모陳嘉謨의 당명堂名으로 진가모와 저자인 등원석鄧元錫은 모두 강서성 사람이다. 진가모는 가정 연간의 진사며 만력 31년에 사망했고 저서로는 《염초당집念初堂集》이 있다. 즉 이 책은 항활본杭活本 외에도 길안인본吉安印本이 있다.

융경 5년(1571) 운남에서도 활자를 이용해 운남포정사雲南布政使 전당 사람 진선陳善의 《검남류편黔南類編》 8권을 인쇄했다. 부록으로 《공문비상公文批詳》 2권이 있고 그 안에는 적지 않은 운남지방 사료가 들어있다. 《검남류편》을 강희《운남통지雲南通志》에서는 《진남류편滇南類編》이라고 잘못 적고 있다.

또 명활자본에는 필씨畢氏활자본 《이교집李嶠集》·《유수주집劉隨州集》이 있다. 하씨夏氏활자본 《사유구록使琉球錄》은 하자양夏子陽과 왕

26_ 옛날 과서 시험에서 2능으로 진사에 급제한 사람을 말한다.

27_ 원문에는 간행한다는 뜻으로 수재壽梓라는 용어를 사용했는데 여기서 壽는 간행하여 이를 오래 보존한다는 의미이고 梓는 글이 새겨진 판목을 말한다. 판각은 주로 가래나무에 많이 새겼으므로 이렇게 사용하는데 후대에는 판을 만들고 인쇄하는 것, 즉 출판을 말하게 되었다. 그러므로 본뜻은 판에 새기는 목판 인쇄를 말하는 것이다.

사정이 함께 편찬했다. 또 송서옥松書屋 활자본《몽구집주蒙求集注》도 있다. 연대를 고증할 수 있는 것으로는 또 송나라 나대경羅大經의 《학림옥로鶴林玉露》가 있으며 청나라 사람이 명활자본이라고 제를 했다. 가정 연간의 유명한 장서가 고원경顧元慶의 소장인이 있으니 이는 책이 아무리 늦어도 가정 전에 출판되었다는 점을 알 수 있다. 송나라 유재劉宰의《만당유선생문집漫堂劉先生文集》이 있는데 송대는 휘자가 많아서 필획을 빼놓았고 대활자판이다. 무전손繆荃孫에 의하면 절대로 홍치 이후는 아니라고 한다. 정덕본으로는 주응등朱應登 활자본《포참군집鮑參軍集》(정덕 5년), 진목陳沐 활자본《대창야화對床夜話》(정덕 16년), 석문石門 홍각범洪覺範의《천주금련天廚禁臠》, 섭성葉盛의《수동일기水東日記》,《수계선생비점맹호연집須溪先生批點孟浩然集》, 명나라 도비塗棐의《위암주소韋庵奏疏》가 있다. 가정본으로는 설기薛己의《입재외과발휘立齋外科發揮》(가정 7년), 진강晉江 황잠옹黃潛翁의《독이비망讀易備忘》, 민문진閔文振의《이물회원異物滙苑》이 있다. 융경본으로는 하현지何玄之가 원개袁凱의《해수집海叟集》(융경 4년)을 인쇄했고 장사약張士瀹의《국조문찬國朝文纂》50권(융경 6년)이 있다. 《태평광기》5백권은 가정 담개본談愷本에 의거해 조판인쇄했는데 행과 글자가 비교적 조밀하다. 만력본으로는 만력초 활자본《조야신성태평악부朝野新聲太平樂府》3책이 있는데 소활자이고 자획이 조잡하며 약자略字가 많다. 또 상대협桑大協의《사현집思玄集》이 있고, 삼여재三余齋에서는 동전신董傳信의《시사詩史》10권(모두 만력 2년)을 인쇄했고, 방대진方大鎭의《전거기田居記》가 있다. 숭정본으로는《임오평해기壬午平海記》가 있다. 이외에도 청나라와 근대 장서 목록를 보면 두루뭉술하게 명활자본을 기록해 놓았다. 출판 시기와 지역을 고증할 수가 없는 것으로는《상산전집象山全集》·《안자춘주晏子春秋》가 있고, 송나라 악뢰발樂雷發의《설기총고雪磯叢稿》, 방봉진方逢辰의

《고봉선생문집蛟峰先生文集》및《서경잡기西京雜記》·《노자》·《유자劉子》·《송시록頌詩錄》 등이 있으나 일일이 열거하지는 않겠다. 그리고 《춘추국화春秋國華》·《입재외과발휘》·《이물휘원》·《무비지武備志》·《임오평해기》 등은 또 전부 국외로 유출되었다.

명대 목활자본 중에 유명한 것으로는《갈관자鶡冠子》가 있는데 판심 아래쪽에 '활자판活字板'·'홍치년弘治年' 혹은 '벽운관碧雲館'이라는 글씨가 있는데[그림 140] 벽운관 주인의 이름이 누구인지는 조사검토를 요한다. 책표지에는 건륭 38년 4월 "양회 염정鹽政 이질영李質穎이 마유가馬裕家에《갈관자》1부 책 1권을 보낸다"라는 커다란 붉은 도장이 찍혀 있다. 앞에는 건륭 계사년(1773) 어제시 1수가 있다. 건륭이 줄곧 이 책을 거론했고《사고전서》속에《갈관자》원본이 있으

[그림 140-1]

[그림 140]《갈관자》, 명 홍치 벽운관 활자인본

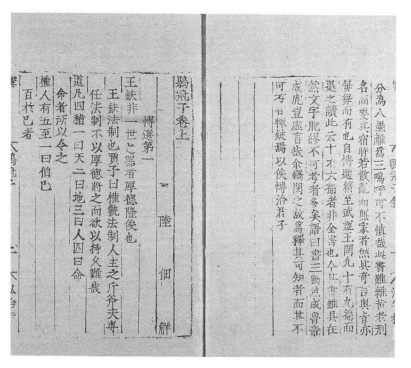

鶡冠子卷上

博選第一

陸　佃　解

分為八墨離為三鶡呼可不慎哉此書雖雜苦老刑
名而要其宿將若散亂而無家者然其奇言與音亦
每每而有也自博選篇至武靈王問九十有九篇而
退之讀此云十才六篇者非全書也今出書雖具在
然文字脫繆不可考者多矣語曰書三鶡為魯帝
成虎豈虛言哉余纘閔之故為釋其可知者而其不
可考者闕焉以俟博洽君子

王鈇非一世之器者厚德隆俊也
王鈇法制也賈子曰權衡法制人主之斤斧夫專
任法制不以厚德將之而欲以持久難哉
道凡四稽一曰天二曰地三曰人四曰命
命者所以令之
權人有五至一曰伯已者
百化已者

[그림 140-2]

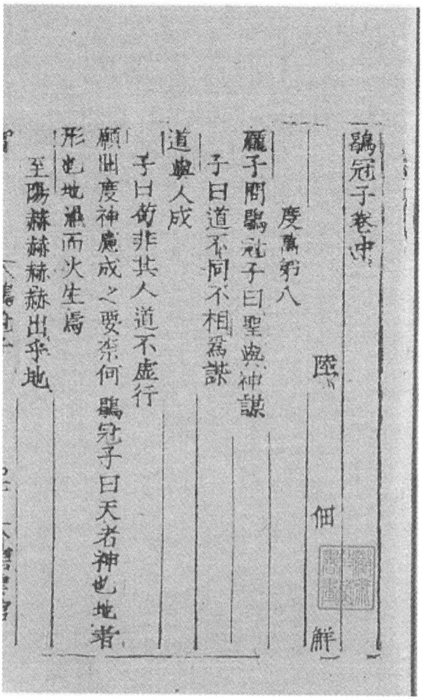

鶡冠子卷中

陸　佃　解

度萬豹八

龐子問鶡冠子曰聖血神諜
子曰道不同不相為諜
道與人成
子曰窃非其人道不虛行
顧出度神處成之要柰何鶡冠子曰天者神也地者
形也地濕而火生焉
至陽赫赫赫赫出乎地

[그림 140-3]

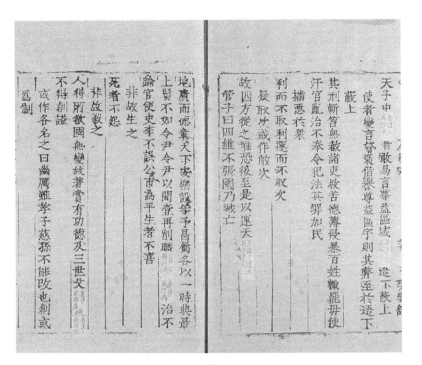

[그림 140-4]

[그림 140-5]

으므로 활자판은 자못 명성을 얻게 되었다.

명말에 남방에서도 목활자로 족보를 인쇄하기 시작했다. 예를 들어《증씨종보曾氏宗譜》(융경 5년, 북경대도서관 소장)·《사남방씨종보沙南方氏宗譜》(숭정)·《수읍순봉장씨종보遂邑純峰張氏宗譜》(만력 39년)·《방씨종보方氏宗譜》(숭정 8년)이 있다. 또《동양여씨가승東陽廬氏家乘》·《신안유씨회통대종보新安喻氏會統大宗譜》(만력 34년)·《원씨종보袁氏宗譜》등이 있다.[34]

2. 동활자

과거 중국 금속활자인쇄에서 가장 유행했던 것은 석자錫字도 아니고 연활자도 아니고 동활자銅活字였다. 원나라 황진소黃溍所가《지연화상탑명智延和尙塔銘》을 지었는데 "삼세장루동위판이전三歲將鏤銅爲板以傳"이라는 말이 있다. 청나라 손종첨孫從添의《장서기요藏書紀要》에서 "송각에는 동자각본銅字刻本·활자본이 있다"고 했다. 아주 짧은 말이고 말이 모호하여 뜻이 불명하기 때문에 송·원 시대에 이미 동활자가 있었는지는 확실히 판단하기 어렵다. 송·금·원 세 나라에서는 작은 활자동판을 사용하여 대량으로 지폐를 인쇄한 것은 사실이며 동판과 화폐실물이 전해오는데 이것은 모두 정판整版으로 동활자와는 무관하다.

무석(화씨華氏와 안씨安氏)

중국에서 진정한 동활자인쇄는 여전히 명대 화수華燧의 회통관會通館에서 제작한 것을 최초로 꼽지 않을 수 없다. 화수(1439~1513)의 자는 문휘文輝, 호가 회통會通으로 강소성 무석 사람이다. "어려서 경사經史를 대부분 섭렵했고 중년이 되어서는 교열보는 것을 좋아하여 번번히 변증을 했으며 손으로 기록하여 책을 만들었다. 동판거푸집을 만들어 석자錫字를 만들고 기서奇書를 어렵게 얻어서 일일이 교정을 보고 '내가 능히 할 수 있고 또 통하게도 할 수 있다'고 했다".[35] 송나라의 주필대는 활자를 사용하여 책을 간행했으니 즉 "교니동판을 옮기고 바꾸어 모사하여 인쇄했다". 여기서는 왜 동판을 사용했을까? 아마도 목판 인쇄는 먹을 칠하면 팽창과 수축이 나타나 판심의 크기가 같지 않아 책을 장정한 후에 난欄과 선線이 가지런하지 못하기 때문에 이를 피하기 위해서였을 것이다. 명대 화가華家·안가安家의 '범동판范銅板'의 목적도 아마 같았을 것이다.

소보邵寶의 《용춘당집容春堂集》 회통군전會通君傳에서는 "동자판으로 그 일을 계속하며 말하길 '내가 능히 모아서 유통시킬 수 있다'고 했다. 그래서 이름을 회통관會通館이라고 했다. … 회통군에게는 전답이 약간 있어 고향에서는 본래 부유하다고 했지만 후에 책에 힘을 열심히 쓴 까닭에 집안이 얼마간 쇠락했는데도 군은 전혀 개의치 않았다"고 했다. 그의 동활자는 대략 홍치 3년(1490)에 성공했으니 스스로도 "내가 문명의 운을 만나서 활자동판이 하늘의 뜻으로 이루어졌다"고 했다. 그가 동활자를 제작한 동기는 그저 손으로 베껴 쓰는 번거로움을 줄이기 위해서였는데 후에 천하에 공공연히 행해지게 되었다. 당시 어떤 사람이 《송제신주의宋諸臣奏議》를 새롭게 판각하려고 하다가 막대한 비용에 놀라서 회통관 활자 동판을 청하니 이를 인쇄하여 널리 전하고자 하여 홍치 3년에 50책을 간행했다. 당시 활자가 한 세트였으므로 본문과 작은 주는 대소를 구분하지 않아 행마다 그 안에 두 줄로 배열이 되어 들쭉날쭉 가지런하지 않았다. 그래서 어떤 글자는 반만 인쇄되고 먹색도 모호하고 얼룩거렸으며 손만 닿으면 검게 묻어났다. 또 교감이 정확하지 못하고 탈자 오자도 매권 모두 있다. 한두 페이지가 빠져 있어 문맥이 통하지 않고, 글의 뜻이 나누어지고, 인쇄한 것이 실제로 그다지 좋지는 않아 조선 동활자의 아름다움과 종이와 먹의 우수함에는 따라가지 못하지만 그 것은 확실히 중국에 현존하는 중국 최초의 금속활자인본이다. 후에 그는 또 계속 송대의 유서類書인 반자목潘自牧의 《기찬연해紀纂淵海》, 사유신謝維新의 《고금합벽사류전집古今合璧事類前集》과 작자 미상의 《금수만화곡錦繡萬花谷》을 간행했다. 후자는 화가華家 소동판과 대동 판 두 종류가 있는데 소동판은 소동자小銅字를 말하는 것이고, 대동 판은 당연히 대동자를 말하는 것이다. 또 송나라 좌규左圭의 《백천학 해百川學海》 총서를 간행했고, 상해 욱문박郁文博이 일찍이 《학해學 海》(《백천학해》를 말함)가 석산錫山에 가까운 화회통華會通[28] 선생집에 서 번각했는데 동판활자가 세상에 성행했다고 거론했다.[36] 《구경운 람九經韻覽》·《십칠사절요十七史節要》는 화수 스스로 쓴 것이다. 《군 신정요君臣政要》를 간행할 당시 그의 나이는 68세였고 정덕 8년에 사 망했으며 향년 75세였다. 회통관 동판으로 간행된 책을 고증해보면 약 19종으로 명대 동자인본 중 수량이 가장 많은 것으로 손꼽히며 시기 역시 가장 빠르다. 그중 홍치 13년(1500) 이전에 인쇄한 《송제신 주의宋諸臣奏議》·《금수만화곡》·《용재오필容齋五筆》·《백천학해》· 《구경운람》·《문원영화찬요文苑英華纂要》·《음석춘추音釋春秋》·《고 금합벽사류전집古今合璧事類前集》 등 8종은 상당히 유럽의 요람본에 해당되며 특히 진귀하다.[37]

화수의 사촌간인 화정華珵의 자는 여덕汝德이고 호는 상고尚古며 성화成化 8년(1472) 공생貢生이다. 북경 광록시서승光祿寺署丞을 역임 한 바 있으며 창고에 곡식이 만종萬鍾[29]이나 되었고 황무지 개간한

28_ 화수華燧를 말한다.

29_ 종鍾은 고대 용량의 단위로 춘추 시대에 제나라 왕실에서 사용했다고 하는데 합하면 육곡사두六斛四斗다. 후에는 또 팔곡八斛과 십곡十斛의 제도가 있었

것이 천경千頃이나 되는 관료 대지주였다. 고서와 골동품을 많이 소장하고 있었으며 감별에 뛰어났다. 강희《무석현지無錫縣志》에는 그를 "도서를 많이 수집했으며 활판을 제작하는 데 몹시 정밀하고 매번 비서秘書를 얻게 되면 수일 만에 책을 간행하였다"고 기록하고 있다. 소주의 명사인 축윤명祝允明(지산枝山)은 "광록光祿(화정을 말함)의 나이 70이 넘었지만 배우기를 좋아하는 것이 젊은 사람들을 능가했다. 또한 활자판을 제작하고 학문을 적절하게 택하고 자주 번각하여 대중을 이롭게 했으며 이 집集은 그래서 쉽게 이루어졌다. 심몽계沈夢溪(즉 심괄)의 《몽계필담》에서 활판법에 관해 논술한 이래 근자에 삼오三吳의 호사가들에게 이것이 성행하고 있다. 그러나 인쇄함이 합당한지는 즉 그 이로움의 깊고 얕음에 있다 하겠다"고 했다. 화정이 선택하여 인쇄한 육방옹陸放翁의 《위남문집渭南文集》·《검남속고劍南續稿》는 비교적 유익하다. 그는 비록 화수보다 윗세대지만 두 책은 모두 홍치 15년(1502)에 인쇄되었으니 회통관에 비하면 조금 늦다. 그도 《백천학해》를 간행했으나 여전히 판각본이고 활자본이 아니다.

　화수의 친조카 화견華堅은 정덕 연간에 도서간행을 했다. 화견의 자는 윤강允剛이고 그의 생애에 관해서는 미상이다. 과거에 어떤 사람은 화견의 활판이 같은 현의 안국安國의 활판을 모방한 것이라고 여겼는데 실은 안국이 조금 늦게 출생했으므로 안국이 화씨네 것을 모방했으면 했지 화씨네가 안씨네 것을 모방할 수는 없는 일이다. 화견이 간행한 책은 대부분 '석산난설당화견윤강활자동판인행錫山蘭雪堂華堅允剛活字銅板印行'이라는 패자牌子나 간기刊記가 있다. 또 '석산

으며 일치하지 않는다. 1곡은 10두였다가 후에는 5두가 되었다. 제나라의 용량단위로는 두豆·구區·부釜·종鍾이 있는데 10부釜는 1종鍾이라고 한다.

錫山'이라는 두 글자는 둥근 도장이고 '난설당화견활자동판인蘭雪堂華堅活字銅版印'은 전서체의 작은 글씨 도장이다. 난설당에서는 한나라 채옹蔡邕, 당나라 백거이와 원진 등의 명문학가의 시문집과 마총馬總의 《의림意林》, 당나라의 유서類書인 《예문류취藝文類聚》를 인쇄했다. 《예문류취》에는 화견의 아들인 화경華鏡이 정덕 을해(1515)년에 쓴 후기가 있다. 난설당본은 1행 안에 2행을 조판 인쇄하여 이를 난설당쌍행본이라고 부르며 세상에 전해지는 것은 아주 드물고 장서가들의 좋은 평을 얻고 있다. 그러나 《채중랑집蔡中郞集》 역시 오자 없는 페이지가 없다[그림 141]. 모든 인본은 대부분 명활자 동판으로 주를 달았는데 청나라 공현증龔顯曾은 난설당쌍행본을 목활자로 오해했다. 난설당활자는 '간자노관刊字盧寬'이 있는데 그 활자는 마치

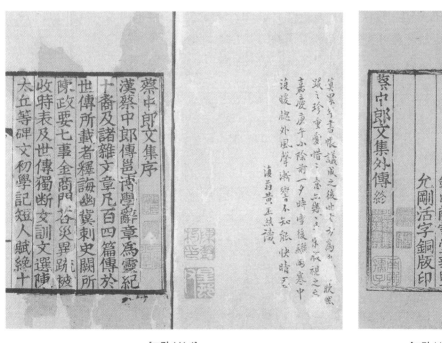

[그림 141-1]

[그림 141-2]

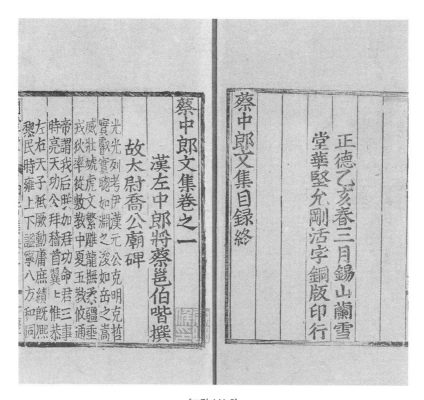

[그림 141-3]

[그림 141] 《채중랑문집》정덕 10년(1515) 화견의 난설당 동활자본

판각으로 간행한 것 같다.

무석 화씨華氏는 비록 한 집안이지만 그러나 이전에 그들 관계에 대해선 확실하지 않았다. 청말 섭창치葉昌熾의 《장서기사시藏書紀事詩》에서 화정華珵은 화정華珵의 잘못이 아닌가하고 의심했고 또한 화정華珵을 화수의 조카뻘로 보았다. 지금 청나라 화자형華孳亨의 《화씨문헌표華氏文獻表》에 의거하면 華珵의 남동생 이름은 화각華珏으로 모두 구슬 옥玉 변이므로 華珵의 이름은 틀림없다. 또 華珵은 13대이고 화수는 14대로 화정은 화수보다 항렬이 하나 높다. 섭창치는 반

대로 항렬이 하나 낮다고 했는데 그들의 족보를 거꾸로 보았기 때문
이다. 섭덕휘의 《서림청화書林淸話》에서는 화경華鏡을 필시 화견華堅
의 조카일 거라고 했다. 그러나 《화씨산계공지종보華氏山桂公支宗譜》
에 의하면 화경은 화견의 맏아들이고 조카가 아니다. 또 어떤 사람
은 화정을 화견의 사촌형제로 보았는데 두 세대가 떨어져 있는 관
계로 자연히 잘못되었다.[38]30

　어떤 사람은 회통관에서 간행한 서적은 주석활자본[39]이라고도
하는데 《화씨전방집華氏傳芳集》 권4 '회통부군종보전會通府君宗譜傳'에
근거하면 "《구경운람九經韻覽》을 지었는데 원고의 책갑[帙]이 너무
광범위한 것이 염려되어 동판석자로 번각하여 간행한다"고 되어 있
다. 《화씨전방집》 권15 명나라 교우喬宇 《회통화처사묘표會通華處士墓
表》에서는 "다시 책갑이 너무 광범위한 것이 염려되어 이에 동을 거
푸집으로 하여 판을 만들고 주석을 파서 글자를 만들어 구하기 어려
운 기서는 모두 번각하여 간행했다"고 했다. 청초의 화저華渚의 《구
오화씨본서勾吳華氏本書》 권30-1에서도 "동판에 주석 글자를 만들어
모든 얻기 어려운 도서는 모두 교정을 봐서 간행했다"고 되어 있다.

　이상 예로 든 세 조목은 모두 주석 글자[錫字]에 관해 거론하고 있
는데 교우喬宇가 말한 "동을 거푸집으로 하여 판을 만들고 주석에 새
기어 글자를 만들었다"고 한 말에서 석자는 새겨서 만든 것이라고
분명하게 말하고 있다. 이처럼 화수 회통관에서 사용한 활자는 석활

30_ 박철상 번역의 《서림청화》의 내용은 다음과 같다. "『무석현지』에 비록 화견
　華堅의 이름이 나타나지 않지만, 화수華燧의 세 아들 모두 토방土旁이 있는
　글자를 가지고 이름을 지었으므로 화견은 틀림없이 그의 조카였고, 화욱華煜
　은 형제였을 것이다. 『예문류취』에 발문을 쓴 화경華鏡은 글자의 뜻을 가지고
　추측해 보건대 틀림없이 화견의 조카였을 것이다. 대개 오행五行의 순서상 화
　火 다음이 토土이고, 토土 다음이 금金이기 때문이다. 경鏡자는 금방金旁이
　있는 글자인데 화정華珵(1438~1514)만 옥방玉旁을 따른 것은 또 다른 형식일
　것이다."(395쪽, 푸른역사, 2011년)

자라고 하는 것이 맞는 듯하다.[40]

어떤 사람은 또 명나라 소보邵寶의 《용춘당집容春堂集》의 판본 문제에 관해 아주 긴 고증을 했다.[41] 소보는 회통관의 화수와는 동향이며 또한 서로 알고 지냈다. 그래서 그가 말한 것은 제1차 자료로 비교적 믿을 만하다. 《용춘당집》에서는 "동판석자銅板錫字로 이를 계속했다"고 되어 있으며 또 다른 판본은 "즉 동자판銅字板으로 계속한 것이다"고 되어 있다. 즉 화씨가 만든 것은 동자지 석자가 아니라는 것이다. 도대체 어느 판본이 정확한지 아직은 진일보된 연구를 기다려야 한다.

어떤 사람은 "만일 정말로 사람들이 그렇게 여기는 것처럼 책에 '동판銅板' '동판소板' '활자동판活字銅板' 등이라고 인쇄된 인본을 모두 동활자라고 한다면 글자의 제조와 제판에 대해 분석을 하지 않고는 문제가 생기지 않는다고 하기 어렵다"[42]고 한다. 정덕 12년(1517)본 《제갈공명심서諸葛孔明心書》의 제에 "절강경원교유경대한습방동판인행浙江慶元教諭瓊臺韓襲芳銅板印行"이라고 되어 있고 또 "이에 활투서판活套書板을 이용하여 번각하여 간행한다"고 했다. 강희 25년(1686)에는 취려각동판吹藜閣同版(銅版) 《문원영화율부선文苑英華律賦選》의 전육찬錢陸燦 자서에 "이리하여 약간 줄여서 활판을 주어[授之活版] 간행하여 세상에 내놓는다"고 했다. 동판을 또 "用活套書板翻印(이에 활투서판活套書板을 이용하여 번각한다)"이라고 하고, '동판同版'은 또 '授之活版(활판을 주어)'이라고 칭했다. 이런 것들은 아마도 모두 동활자판이라고 해석해야 될 듯하다.

화수와 동시대의 상해 사람 당금唐錦의 《용강몽여록龍江夢餘錄》(홍치 17년 각본)에서는 "근래에 모두들 동활자에 새겨 인쇄하는데[鐫活字銅印] 사용하기에 몹시 편하다"고 했다. 명나라 사계원謝啟元은 직접 손으로 쓴 《잡기雜記》원고에서 "근래에는 모두 동활자에 새겨 인쇄하는데 사용하기에 자못 편하다. 그 방법은 모두 송대 경력 연간의 평민인 필승의 활판에서 시작되었다. 그 방법은 찰흙에 글자를 새겨 불에 구워 견고하게 한 다음 … 그 방법은 동자에 비하여 훨씬 저렴하다"고 했다. 두 사람이 말한 "근래에 모두"라고 한 것은 무석의 화씨를 지칭하는 것으로 '전활자동인鐫活字銅印'이라는 설이 일치하니 명백히 동자를 이용하여 책을 간행하는 것이 간편하다고 말하고 있다. 또한 동자銅字는 손으로 직접 새겨진 것이라고 하고 있다. 회통관에는 대·소 두 종류 동활자가 있었으며 작은 것은 '소동판小銅版'이라 했고 큰 것은 '대동판大銅版'이라 했다. 만일 석자錫字라면 당연히 '소석판小錫板' '대석판'이라고 해야 마땅할 것이다.[43]

[그림 142] 명나라 안국安國, 민류 《교산안황씨종보膠山安黃氏宗譜》

명대 중엽 무석 지방에는 적지 않은 대지주와 대상인이 출현했으며 상술한 화정華珵 외에도 3대 부호가 있었다. 당시에 "안국安國·추망鄒望·화린상華麟祥은 날마다 금은을 말로 센다"는 노래까지 있었다. 세 집안 중에 특히 안국(1481~1534)[그림 142]이 최고로 재산이 많아 '안백만安百萬'이라는 말이 있었으니 송강부의 전답만 해도 2만 무畝나 되었다. 안국의 자는 민태民泰이고 무석의 교산膠山에 거주했으며 계수나무를 2리여나 심고 자호自號를 '계파桂坡'라고 했다. 평민으로 상업을 일으켰으며 일찍이 왜구를 평정하도록 기부금을 내고, 백묘白茆항구를 준설하고, 상주부성常州府城을 수축했으며,

흉년이 들면 돈과 곡식을 내어 백성들을 구제했다. 또 곡식 천 석을 내어 무이자로 농민들에게 빌려주어 '의사義士'라는 칭호를 얻었다. 그는 "금을 쌓아 두는 것은 어리석음을 가르치는 것이고, 책을 쌓아 두는 것은 현명함을 가르치는 것이다"고 했다. 그는 고서와 명화 구입하기를 좋아하여 어떤 사람이 기서奇書를 갖고 있다는 말만 들으면 반드시 비싼 값을 주고라도 그것을 구매했으니 구매한 책이 대들보를 채울 지경이었다. 그는 활자를 주조하여 동판을 만들고, 여러 비서秘書들을 인쇄하여 널리 전하고자 했다. 그는 여행을 좋아하여 북쪽으로는 천수산天壽山(지금의 명13릉) · 거용관까지 가고, 서쪽으로는 여산廬山과 무당武當까지 갔다가 천태와 안탕雁蕩을 거쳐 보타산普陀山까지 갔다 돌아왔다. 가정 13년에 졸했다. 저서로는《유음소고遊吟小稿》30여 수가 있고 집안 족보 중에 보관되어 있다.[44] 안국의 아들 안여산安如山은 가정 8년 진사로 사천첨헌四川僉憲을 지냈고, 손자 안희범安希範은 만력 14년 진사로 남경에서 관직을 지냈다.

안국安國이 글자를 제조하고 도서를 간행한 것은 정덕 7년(1512)쯤부터 시작된다. 남경 이부상서 요기수廖紀修의《동광현지東光縣志》6권이 있는데 안국 집안에 활자동판이 있다는 말을 듣고는 그에게 부탁하여 대신 인쇄했다고 한다. 정덕 16년 안씨가 인쇄를 다한 후에 보냈다고 한다. 이 정덕《동광현지》는 중국에서 유일하게 동활자로 간행한 지방지인데 이미 실전되었다. 안씨의 도서간행은 일반적으로 연월을 적지 않았는데 다만《오중수리통지吳中水利通志》에만 '가정갑신嘉靖甲申(1524)안국활자동판간행安國活字銅板刊行'[그림 143]이라고 명기되어 있다. 비록 화씨네 여러 사람들보다 늦기는 했지만 그러나 유럽 인쇄술이 1539년에 처음으로 신대륙 멕시코에 전래되었고, 1563년에 러시아의 모스크바에 전래된 것보다는 그래도 이른 편이다. 명나라 유태俞泰가 안씨네에서 간행한《초학기》에서 "경 ·

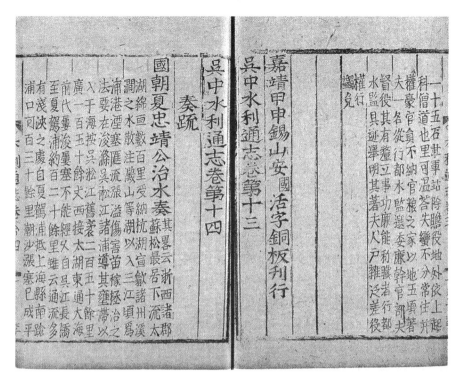

[그림 143] 《오중수리통지》 가정 3년(1524) 안국安國 동활자 인본

사·자·집을 활자로 간행하니 후학들에게 혜택을 주고자 함이며
20년 동안 아마 수천 권은 될 것이다"고 했다. 지금 인본으로 고증할
수 있는 것은 10종이 있는데 수량은 화수華燧 다음이다. 청초 전겸익
錢謙益의 《춘추번로春秋繁露》 발문에서 "금릉본이 잘못되어 석산錫山
안씨 활자본을 얻어 수백자를 교정하여 고쳤다"고 한 내용을 보면
그가 인쇄한 책은 성실하게 교정을 보아 오자 탈자가 비교적 적었음
을 알 수 있다. 명나라 진금秦金이 안국安國의 묘지명을 지었는데 "활
자를 주조하여 동판을 만들고 여러 비서秘書들을 간행하여 널리 전
하고자 했다"고 했다. 진금은 안국과 동향인이며 또 동시대 사람이
므로 그가 말하는 것은 당연히 믿을 만하다. 그러나 안국의 후손인
안길安吉은 오히려 활자를 동판에 새겨서 《안노공집顔魯公集》·서견
徐堅《초학기》 등의 서적을 간행했다고 하는데 두 책은 모두 천일각
에 소장되어 있다. 안길의 집안에서 내려오는 말에도 근거가 있다.

금속이어야 비로소 주조가 가능한데 주조하거나 전각鐫刻은 당연히 활자 그 자체이지 활자 자인을 잘 놓아두는 동판銅版이나 동으로 만든 글자를 놓아두는 판은 아니다. 안국이 글자를 제조한 것은 정덕 연간으로 30세 전후일 것이며 회통관보다는 약 20여 년 후의 일로 그가 주조를 했든 새겼든 간에 당연히 화씨가 제작한 것을 모방한 것이다. 청초 안선安璿은 "옹(안국을 말함)이 한가할 때면 매번 고서 중에서 간행된 것이 적은 것을 찾아서 모두 동자로 번각했으니 그리하여 국내에 이름이 알려졌다. 지금 장서가들이 종종 교산 안씨 간행본을 갖고 있는데 모두 동자로 인쇄된 것이다"고 했다. 사실 안국의 도서 간행은 비록 대부분 동자를 이용했지만 여전히 목각본도 있다. 예를 들어 심주沈周의 《석전시선石田詩選》(정덕) 및 《좌수류찬左粹類纂》같은 책은 석산의 안국이 홍인당弘仁堂에서 간행한 것이고,《안집顔集》·《초학기》 등은 모두 동판이며 또 목판도 있다. 애석한 것은 안국 사후에 "여섯 집이 동자銅字를 나누어가졌다"는 것이다. 전체 동자를 다른 전답이나 재산처럼 여섯 명의 아들들이 6할과 4할로 나누어 가졌는데[45] 이렇게 나누어진 동자는 완전하지 않아 무용지물이 되어 버렸다. 이는 《백유경百喻經》[31]에서 말한 두 사람이 옷 하나를 나누고, 병 하나를 나누어 가졌다는 바보스런 일로 정말 웃기는 일이다. 안선은 분명하게 나눈 것이 동자라고 했는데 자인字印을 늘어놓는 동판 선반은 아주 작아서 나누기에 불편하고, 단지 동자만이라고 해도 최소한 수만 개는 되어야 나눌 수가 있다. 어떤 사람은 안선의 글 속에서 "기왕에 '옹翁'이라고도 하고 또 '공公'이라고도 하여 호칭이 통일되지 않으니 그다지 엄밀하지 못하다"고 했다. 또 말하

31_ 5세기 인도의 승려 상가세나(Saṅghasena 僧伽斯那)가 일반 대중들에게 불교의 깨우침을 주고자 짤막한 교훈적 우화들을 모아서 편찬한 작품집을 말한다.

길 "안선의 원고 중에 두 곳에 동판의 판 글자를 먹으로 둥글게 하고 옆에 글자를 썼다"[46]고 하는 사람도 있다. 그러나 사람이 문장을 쓸 때 우연히 오자도 있게 되는데 붓가는 대로 고치기도 하는 것은 본래 글을 쓸 때 자주 일어나는 일이라 원고에서 두 자를 고쳤다 하여 전문을 완전히 부정할 수는 없는 일이다. 게다가 '동자'를 분량으로 나누었다는 두 글자는 원래 그대로 둔 채 고치지 않았다. 현존하는 《오중수리통지吳中水利通志》는 '가정갑신안국활자동판간행嘉靖甲申(1524)安國活字銅板刊行'이라고 명기되어 있다. 즉 화수의 회통관 활자동판, 화견의 난설당 활자동판은 당연히 모두 동활자판이다.[47]

이전에 쓴《중국인쇄술의 발명 및 그 영향》에서 화수전華燧傳 내용 중 '범동판석자范銅板錫字'라는 구절이 있다는 것을 거론한 적이 있는데 화수 회통관에서 동자 외에도 아마 석자錫字도 주조한 것이 아닐까 하고 의심했었다. 그러나 동인지 석인지 혹은 이 두 개가 모두 있었는지 당시의 활자실물이 발견이 되지 않고 더욱 상세하고 믿을 만한 사료가 발굴되기 전이라서 결론 내리기가 어려웠다. 1989년 출판된《중국인쇄사》에서도 여전히 전통적인 이전의 설을 따라 화씨활자를 동활자 속에 끼워 넣었다. 이제 안국의 활자가 나오고 그의 후손인 안선이 '양분동자量分銅字'라는 기록이 있기 때문에 동활자라는 것을 단정할 수 있다.

상 주

무석 근방의 상주常州 역시 동판이 있으며 이를 '상주동판常州銅板'이라고 한다. 명 가정 연간의 장서가이자 개주開州 사람인 조율晁瑮의 보문당寶文堂에《두씨통전찬요杜氏通典纂要》·《예문류취》두 종이 있으며 어느 집안에서 출판했는지는 아직 상세하지 않다.

소 주

명대에는 금란관金蘭館 · 오운계관五雲溪館 · 오천정사五川精舍 · 오군吳郡의 손봉孫鳳 등 각 집안마다 도서 간행을 했으며 과거에 장서가들은 모두 동자인본銅字印本을 기록했다. 송나라 범성대의 《석호거사집石湖居士集》[그림 144]과 명나라 손비孫賁의 《서암집西庵集》[그림 145]은 매 판심 위쪽에 '홍치계해금란관각弘治癸亥金蘭館刻'이라는 작은 여덟 글자가 새겨져 있으며, 《서암집》에는 오군 사람 장습張習의 서序가 있다. 오운계관에서는 《옥대신영》과 《양양기구전襄陽耆舊傳》을 간행했는데 앞의 책은 판심 위쪽에 '오운계관활자五雲溪館活字'가 2행으로[그림 146] 적혀 있다. 오천정사 활자로는 《왕기공궁사王岐公宮詞》를 간행했는데 가정 초의 장서가인 상숙常熟사람 양의楊儀(호가 오천五川)의 집안에서 나왔는지는 모르겠다. 청대의 유명한 장서가 황비열의 소장본 《소자록小字錄》의 부록으로 명나라 도목都穆의 발문

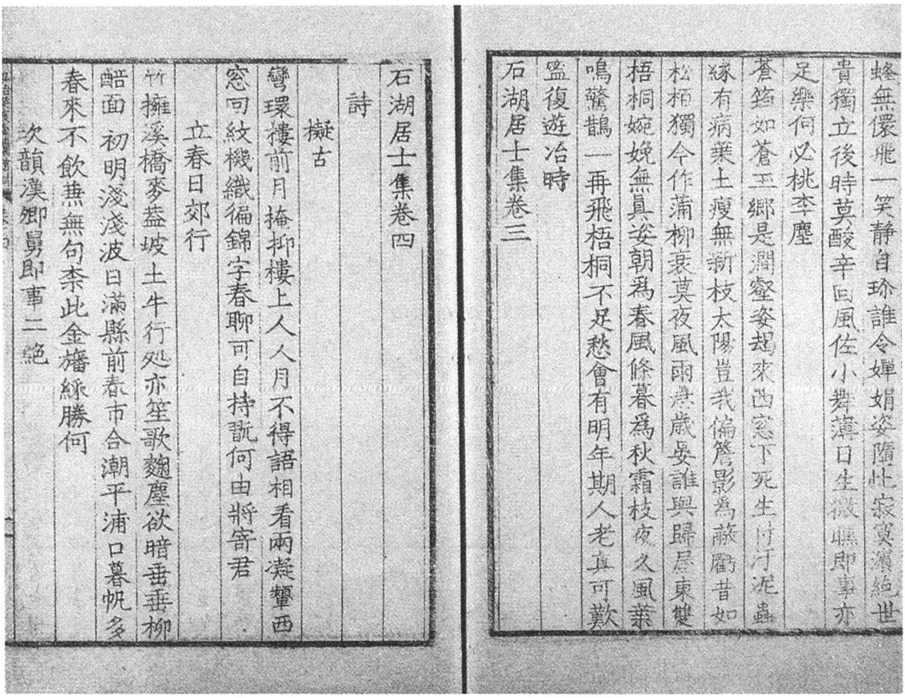
蜂無儇飛一笑靜自珍誰令婢娟姿隨此寂寞瀕絕世
貴獨立後時莫酸辛回風佐小舞薄日生微暵即事亦
足樂何必桃李塵
蒼筠如蒼玉鄉是澗壑姿超來西窓下死生付泥蟲
緣有病業土瘦無新枝太陽豈我偏簷影為蔽虧昔如
松栢獨今作蒲柳衰莫夜風雨急歲晏誰與歸辰東雙
梧桐婉娩無真姿朝為春風條暮為秋霜枝夜久風葉
鳴鸑鷟一再飛梧桐不足愁會有明年期人老真可歎
盛復遊冶時
石湖居士集卷三

石湖居士集卷四
詩
擬古
彎環樓前月掩抑樓上人人月不得語相看兩凝顰西
窓司紋機織徧錦字春聊可自持謂何由將寄君
立春日郊行
竹擁溪橋麥蓋坡土牛行處亦笙歌麴塵欲暗垂垂柳
醅面初明淺淺波日滿縣前春市合潮平浦口暮帆多
春來不飲無無句柰此金幡綵勝何
次韻漢卿舅即事二絕

[그림 144] 《석호거사집》, 홍치 16년(1503) 금란관 동활자인본

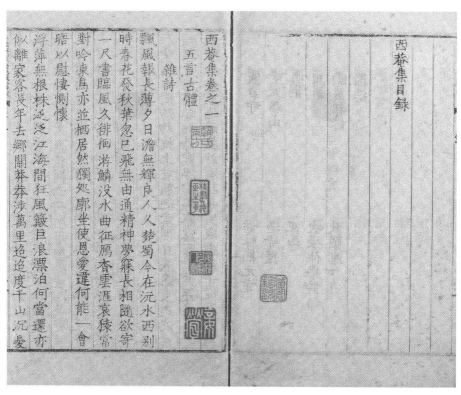

[그림 145] 《서암집》, 홍치 16년(1503) 금란관 동활자인본

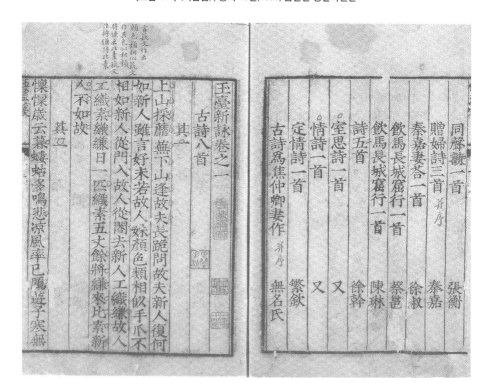

[그림 146] 《옥대신영》, 명 오운계관 동활자인본

이 있는데 "오군의 손봉孫鳳(손봉의 자는 명기鳴岐고 장주長洲 사람으로 표
구사였다고 함)이 《음하시陰何詩》를 간행했다"는 말이 있다. 황비열은
손봉이 간행한 것이 《소자록》이라고 잘못 알고 있었다. 이상 여러
사람들은 대부분 지금의 소주 일대에 살았으므로 축윤명祝允明이 말
한 "근래에 삼오三吳의 호사가들"이라고 말한 것과 같다. 동시대 상
해의 당금唐錦《용강몽여록龍江夢餘錄》에서는 "근래에 모두들 대부분
활자를 새겨 동인으로 하는데 쓰기에 자못 편한데 대개 경력 연간의
평민 필승의 활판에서 시작되었다"[48]고 했다. 명나라 사계원謝啓元
의 《사선생잡기謝先生雜記》(2책으로 권은 나누어지지 않았으며 국가도서관에
원본이 소장되어 있음)에서도 "근래에 모두들 활자를 새겨서 동인을 만
드는데 쓰기에 자못 편리하다. 그 방법은 대략 경력 연간부터 시작
되었고 그때 평민 필승이 활판을 만들었으니 방법은 찰흙에 글자를
새긴 후 불에 구워서 견고하게 한다. 철판 2개를 만들어 자인字印을 빽
빽이 놓고, 一板印□, 一板布字, 更互用之, 瞬息可□□本,[32] 그 비용은
동자보다 저렴하다"고 했다. 이렇듯 동자의 편리함은 이미 일반인들에
게 공인된 바였다.

정덕 연간에 장주에서는 또 《당오십가시집唐五十家詩集》이 인쇄되
었다. 정덕 5년에 서정舒貞이 《조집曹集》을 판각했는데 전난田瀾은
서에서 "서정이 말하길 '이전에 장주에 갔다가 서씨徐氏의 《자건집子
建集》1백 부를 얻게 되었는데 간행하여 이를 판매하니 남은 것이 없
다. 근자에 또 이 《자건집》에 관해 물어오지만 나 서정은 오래도록
이에 응하지를 못했다.'고 했다. 대략 저 활자판은 처음에는 몇 개
있었지만 그러나 지금은 얻을 수가 없다"[49]고 기록되어 있다. 명나
라 송강松江 화정華亭사람 하량준何良俊의 《사우재총설四友齋叢說》권

32_ 원서에 글자 대신 □로 되어 있는데 속단하여 번역할 수 없으므로 그냥 원문
대로 둔다.

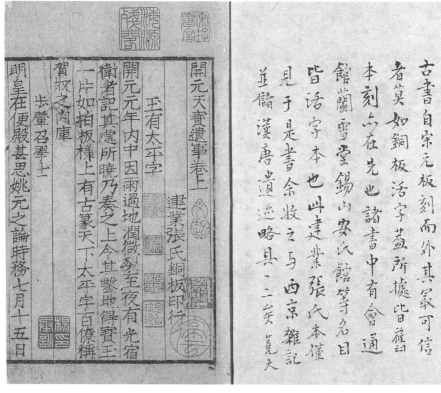

古書自宋元板刻而外其家可信
者莫如銅板活字盖所據皆權且
本刻尤在先也諸書中有會通
館蘭雪堂錫山安氏錯等名曰
皆活字本也此建業張氏本僅
見于是書余牧之与西京雜記
並儲漢唐遺巡略具二尖矣夫

開元天寶遺事卷上

建業張氏銅板印行

王有太平字

開元元年內因雨過地潤微塵至夜有光宿
衛者記其處所曉乃奏之上令其鑿地得寶王
一片如拍板樣上有古篆天下太平字百僚稱

賀叔之尚庫

步輦召學士

明皇在便殿甚思元之論時務七月十五日

[그림 147] 《개원천보유사》, 명 건업 장씨 동활자인본

24에서는 "지금 서엄서徐崦西[33] 집안에서 50가家 당시唐詩 활자본《이단집李端集》을 인쇄했다"고 했으니 서진徐縉이 간행했음을 알 수 있다.[50]

남 경

남경의 장씨張氏는 그 이름은 미상으로 인본이 전해오는 것으로는 단지 《개원천보유사開元天寶遺事》 한 종뿐이다. 권 첫 면에 '건업장씨 동판인행建業張氏銅板印行'[그림 147]이라는 1행이 있고 연월은 표기가 없으나 송나라 엄주본嚴州本을 복각覆刻한 것이다. 명대의 저명한 예

33_ 엄서崦西는 서진徐縉(1482~1548)의 호다. 자는 자용子容이다. 속칭 서천관徐天官이라고 부른다. 명대 산서성 동하東河 사람이다.

술가인 문징명文徵明이 소장하고 있었는데 옥란당玉蘭堂 인印이 있었다. 문징명이 가정 38년(1559)에 향년 90세로 사망했으니 이 책 역시 홍치 정덕 혹은 가정 연간의 인본이어야 마땅하다.

절 강

절강동판浙江銅版은 단지 정덕본
正德本《제갈공명심서諸葛孔明心書》1
권만이 있을 뿐이고 제에 '절강경원
학교유경대한습방동판인행浙江慶元
學教諭瓊臺韓襲芳銅板印行'[그림 148]이
라고 되어 있다. 책 앞에 한습방의
제지題識가 있는데 "이는 활투서판
을 이용하여 번각한 것으로 세상의
무武에 뜻을 둔 사람들과 함께하여
어떻게든 언제 닥쳐올지 모르는 어
려움에 스스로를 경계하여 대처하
고자 함이다"고 했다[그림 149]. 책 말
미에는 "정덕 12년(1517) 정축 여름
사월의 길일. 경대 한습방韓襲芳이
절동서사浙東書舍에서   제한다"라고
쓰여 있다.[51] 한씨 동판이 활자판이
며 더구나 절동에서 간행했음을 알
수 있다. 한습방이 지는 세원世遠이
고 남해도海南島 문창현文昌縣 사람
이라서 그를 경대瓊臺라고 부른다.
세공歲貢[34] 출신이며 홍치 15년(1502)

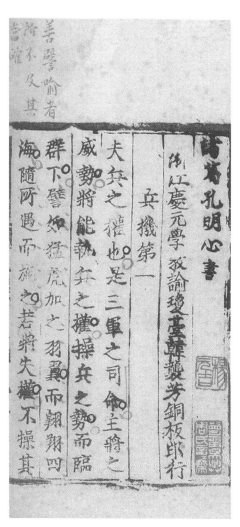

[그림 148] 《제갈공명심서》, 정덕 12년(1517)본.
상해도서관 소장

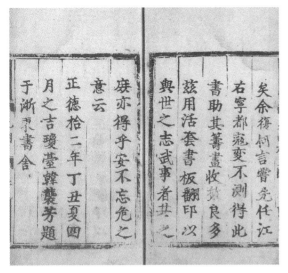

강서성 영도훈도寧都訓導를 지냈고 후에 경원교유慶元教諭가 되었다.[52] 경원현慶元縣은 이전에는 절강 처주부處州府에 속했으며 절강과 복건 두 성의 사이에 있고 지역이 비교적 벽지에 있었는데도 동판이 있었음을 알 수 있다.《경원현지》와《처주부지》에는 한습방의 이름조차도 없으니 당연히 그가 간행한 책이라고 말할 수가 없다.

[그림 149] 《제갈공명심서》 한습방 제지題識,
정덕 12년(1517)본. 상해도서관 소장

지성(건녕)

현존하는 명대 동활자본 중에서 장서가들이 가장 칭찬하는 도서는 지성동판芝城銅版 《묵자墨子》 15권이다[그림 150]. 청대 황비열의 장서각 사례거士禮居와 양이증楊以增(1787~1855)의 장서각 해원각海源閣에서 소장했던 도서는 현재 국가도서관에 소장되어 있다. 백지에 남인藍印 2책이다. 권8 마지막 페이지 중간에 "가정 31년(1552)세차임자계하지길, 지성동판활자嘉靖三十一年(1552)歲次壬子季夏之吉, 芝城銅板活字"라는 1행이 있다. 권15말 중간에 "가정임자세이즉월중원을미지길嘉靖壬子歲夷則月中元乙未之吉, 지성동판활자"라는 구절이 있다. 6월에서 중원절까지 1개월 반 만에 이미 인쇄가 이루어졌음을 알 수 있

34_ 과거제도에서 지방에서 국자감으로 올려보낸 생원의 일종이다. 명청대에는 일반적으로 매년 혹은 3년마다 부府·주州·현학縣學에서 학생을 선발하여 국자감으로 보내 공부하도록 했는데 이들을 세공이라고 부른다.

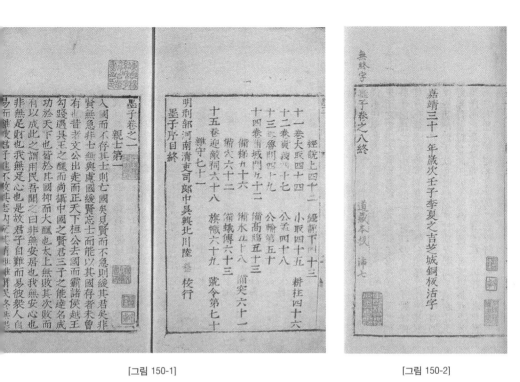

[그림 150-1]

[그림 150-2]

[그림 150] 《묵자》, 가정 31년(1552) 지성동활자芝城銅活字 남인본藍印本.

다. 과거에는 '지성芝城'이라는 두 글자에 대해서 수많은 부정확한 해
석이 있었다. 섭덕휘의 《서림청화》에서는 명나라 당번唐藩 장왕莊王
지지芝址의 형제가 아닌가 하고 의심했다.[35] 명대에 틀림없이 당번
공간왕恭簡王 주지성朱芝城이라는 사람이 있었지만 그는 정통 9년
(1444) 봉왕을 세습받고 성화 11년(1475)에 사망했으니 자연히 가정
연간에 아직도 도서간행을 할 수는 없는 일이다. 청나라 소의진邵懿
辰의 《사고간명목록표주四庫簡明目錄標注》에서는   강 우-지성江右芝城은
강서에 속하는 지명이라고 했다. 《중국판각도록中國版刻圖錄》에서는
지명이라고는 했지만 어디에 속한 것이라고는 말하지 않았다. 혹은

35_ 한국어 번역본(박철상 옮김, 푸른역사, 2011년) 383쪽 참조.

대략 소남蘇南 일대에서 나온 것이라고만 했다. 오광청吳光淸은 당번
지성관唐藩芝城館이 있으니 재관齋館의 명칭이라고 했다. 정진탁鄭振
鐸 선생은 남인藍印 활자본 《묵자》가 가장 대단한데 어느 곳에서 인
쇄되었는지 모르겠다고 말했다. 지성이 도대체 인명인지, 지명인지,
재명인지 학설이 분분하며 시종일관 하나의 수수께끼였다. 필자의
생각은 이렇다. 강희《건녕부지建寧府志》에 의하면 건녕부의 성 남쪽
에 자지산紫芝山이 있는데 고대에 보라색 영지[紫芝]가 생산되었기 때
문에 이런 이름이 붙게 되었으며 또한 지산芝山이라고도 한다. 그러
나 지산을 지성이라고 증명할 수는 없는 일이며 게다가 강소성 율수
溧水 · 강서성 파양鄱陽 · 산동성 내양萊陽에 모두 지산芝山이 있으니
도대체 어느 지산이란 말인가? 후에 필자가 청 광서 연간의 연산燕山
유세영劉世英이 기록한 건녕부성의 민풍 토속, 성곽 관청, 교역산물
을 기록한 원고를 봤는데 완성되지 않은 건녕부지 원고였다. 책속에
백학첩취白鶴疊翠 · 황화석조黃華夕照 · 이산적설梨山積雪 등 지성팔경
芝城八景을 기록했는데 모두가 건녕부의 풍경이었다. 게다가 건군칠
속도建郡七屬圖 · 건녕부성도建寧府城圖를 그려 넣었는데 유세영은 그
책을 《지성기략芝城紀略》이라고 했다. 지성芝城은 지산芝山의 이름에
서 나왔음을 알 수 있으니 확실히 건녕부서의 별칭임을 알 수 있으
며 현재 복건성의 건구현建甌縣이다. 이리하여 지성동판은 실제로는
바로 건녕부의 동활자판임을 알 수 있다. 후에 명판明版 《묵자》에 당
책감堂策檻 주인[36]이 범례에서 한 말을 본 적이 있는데 "사방에서 구
매를 했는데 강우지성江右芝城 동판활자선본銅板活字繕本을 얻었다"는
말이 있다. 동판활자본이라고 칭하지 않고 동판활자선본이라고 했
으니 아마도 동판활자에 근거하여 필사한 선본의 필사본이지 동활

36_ 무림武林의 낭규금郎奎金인 것 같다.

자 원본은 아닌 것 같다. 또 강우지성은 복건지성의 잘못이 아닌가 하고 의심이 드는데 그렇지 않다면 왜 《묵자》의 활자가 지성건읍芝城建邑 《통서通書》글자체와 완전히 같을 수 있단 말인가?

지성동판으로 또 《통서류취극택대전通書類聚尅擇大全》을 인쇄했는데 책속에 관혼상제, 입학하고 스승 모시기, 상관의 부임, 머리감고 목욕하기, 심지어는 여성들이 귀 뚫을 때에도 날짜를 택하는 것에 관해 기록하고 있다. 지금으로 보면 미신으로 웃기는 일이지만 당시 남녀노소는 길조를 택하고 흉조를 피하기 위하여 일상생활에서 없어서는 안 될 수첩이었다. 책에는 "지성 근헌近軒 요규姚奎가 저술 편집하고, 건읍 포간蒲澗의 왕이녕王以寧이 교정하고 간행했다"고 되어 있다. 필자의 생각은 다음과 같다. 천계天啓 《신각경본안감고정통속연의전상삼국지전新刻京本按鑒考訂通俗演義全像三國志傳》은 복건[閩] 지성 담읍潭邑의 황정보黃正甫가 간행했다. 소위 담읍은 즉 담양潭陽의 간칭으로 바로 건양建陽의 별칭이며 지성건읍은 또 지성담읍芝城潭邑으로 함께 지칭되니 지성이 바로 건녕임이 더욱 증명된다. 이 《통서류취극택대전》의 글자체와 《묵자》의 글자체가 같고 게다가 많은 소자小字와 소수의 음문자陰文字, 네 주위의 단변單邊, 쌍어미雙魚尾 역시 《묵자》와 같은 유형이다. 권16 마지막 페이지 중간에 "가정용비신해춘정월곡단지성동판활자인행嘉靖龍飛辛亥春正月穀旦芝城銅板活字印行"이라는 1줄이 있는데 《묵자》보다 1년이 빠르다. 이 해(1551)가 바로 영국 아일랜드에서 책을 간행하기 시작한 해다.

건녕부의 근방에 있는 건안현建安縣과 거기에 속한 건양현, 특히 건양의 마사麻沙 숭화崇化는 서방書坊이 숲처럼 늘어서 있어 송나라 이래로 목판서적은 건녕부의 특산이었으며 사방으로 팔려나갔다. 가정 연간의 책상인들은 동활자를 제작하여 도서 간행을 하니 이때부터 이 출판중심지는 목판에 판각한 것만이 아니라 또한 금속활자도 사용하니 이는 건본建本 역사상 하나의 전례없는 최초의 사업이다.

건 양

건녕부에서는 부성府城에 동판이 있는 것 말고도 속읍인 건양建陽현에도 동판이 있었으니 건양동판으로 고증할 수 있는 것으로는 유용遊榕이 만든 활판이 있다. 명 만력 원년(1573) 호주湖州 사람 모곤茅坤이 오강吳江 서사증徐師曾이 지은 《문체명변文體明辨》을 인쇄했는데 그 제에 "건양유용활판인행建陽遊榕活板印行", "민건양유용제활판인행閩建陽遊榕制活板印行", "귀안모건부교정歸安茅健夫校正"이라고 되어 있다. 책이 출판되자마자 일시에 다투어 구매하니 닥나무가 비싸지기에 이르렀다.[53] 어찌 유용이 제작한 활판이 목자木字가 아니고 동자銅字라고 볼 수 있는가? 이는 그 다음해(1574) 인본 《태평어람》으로 증명할 수 있다. 이 두 책의 대자와 작은 주의 소자小字는 자체가 아주 똑같고 네 주위의 단변, 조판인쇄의 격식과 지묵 등이 대부분 같다. 그러나 《태평어람》판심 아래에 종종 "송판교정宋板校正, 복건의 유씨가 동판仝板 활자로 1백여 부를 간행했다"고 되어 있고 목록 권5에는 "송판교정, 복건 유씨가 활판을 제조하여 간행했으니 동판활자로 1백여 부를 인쇄했다"고 큰 글자로 두 줄 쓰여 있다. 소위 동판仝板은 동판銅版의 간칭으로 어떤 지역에서는 또 '요씨동판饒氏仝板'이라고도 하니 "송판교정, 요씨동판饒氏仝板 활자로 1백여 부를 간행했다"[그림 151]고 되어 있다. 이 동판은 유용이 제조한 것으로 후에는 유용과 요씨가 합작했고 그래서 같은 책 안에 '유씨동판' 혹은 '요씨동판'으로 되어 있다. 여기서 말하는 요씨는 즉 복건의 책장사인 요세인饒世仁을 말한다. 상숙常熟사람 주당周堂이 복건 상인 요세인으로부터 반부 송판 《어람御覽》을 구매했고 또 무석 고씨顧氏와 진씨秦氏가 소장하고 있던 반부를 빌려서 이를 합쳐 전체 책을 만들어 원본

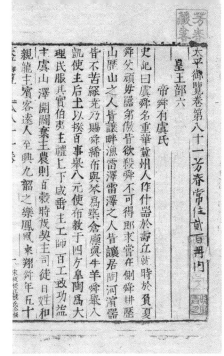

太平御覽卷第八十一 芳春常住貳百冊內
皇王部六
帝舜有虞氏
史記曰虞舜名重華冀州人作什器於壽丘就時於負夏
舜父頑母嚚弟傲皆欲殺舜不可得即求嘗在側舜耕歷
山歷山之人皆讓畔漁雷澤雷澤之人皆讓居陶河濱器
皆不苦窳堯乃賜舜絺衣與琴為築倉廩與牛羊舜舉八
凱使主后土以揆百事舉八元使布教于四方皐陶為大
理民服其實伯夷主禮上下咸讓垂主工師百工致功益
主虞山澤開闢棄主農則百穀時茂契主司徒百姓和
親龍主賓客遠人至與九韶之樂鳳凰來翔舜年五十

[그림 151-1]

第簡帙浩瀚文辭訛謬雖經鍊石化鉛之功難免魯魚
亥豕之弊然俾海內獲窺學海備覽詞林是舉不無小
補云今所得活板僅百餘部與顧秦三氏分有之倘好
事者藉稿于茲更加精校鋟為不刊之典是所願也時
萬曆甲戌小春吉旦蘇熟後學周堂謹識
閩中饒世仁游廷桂整擺
錫山趙秉義劉冠印行

[그림 151-2]

芳春常住貳百冊內
太平御覽一書爲先朝鉅典也世祖勉思公
爲天官大夫時得故本函諸篋冀欲續我
皇明御覽以效先哲李公之日進三卷啓沃
聖心無何外補逡巡未就伯兄卿進士白江先生病而弗
傳儲籍散逸我先君文川公深悼之時初發解攻鉛槧
未暇討論中歲抉去時業博極群書迺究心是自從閩
賈饒世仁等購得其半半在錫邑郡伯顧肖巖太學秦
虹川家二公博雅君子也請于先君欲合而梓之先君
曰余志也遂躬校閱未幾而先君作矣不肖堂懼先志
之未酬丐諸名碩攷訂釐緝遂成完書且辱
相國養翁嚴公昇史館繕本訂正之併許序以弁諸首

[그림 151-3]

雨雨出地氣出天
又曰天氣下而爲雨
太公金匱曰武王師到牧野陣未畢而暴風疾雨雷電幽
冥前後不見太公曰善雷電者是吾軍動應天也
太公伏符陰謀曰紂常以六月獵於西土西土之老少相
與謀曰君王逆人此其命固不壽也後數日而暴風大雨
發屋拔木漂殺人民六畜明年諸侯謀合四方兵起
又曰武王兵入商都前歌後舞甲子進兵乙丑而雨
太公兵法曰將有三禮武王曰敢問三禮太公曰將冬日
不服裘夏日不操扇天雨不張幔蓋名將禮
太公對敵權變逆順法曰夫軍出逢天無雲而雨此天泣

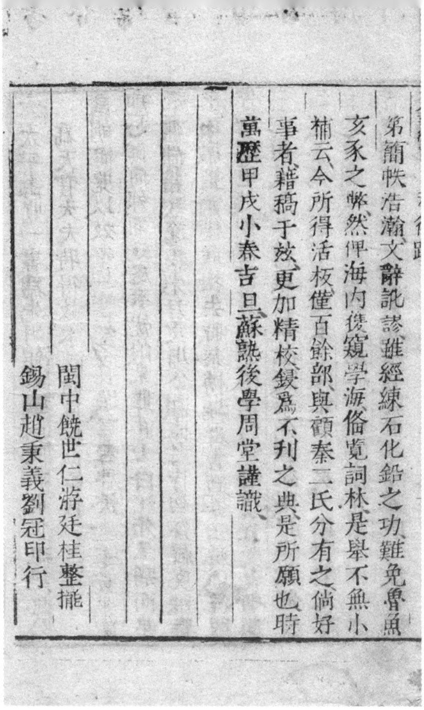

[그림 151-4]

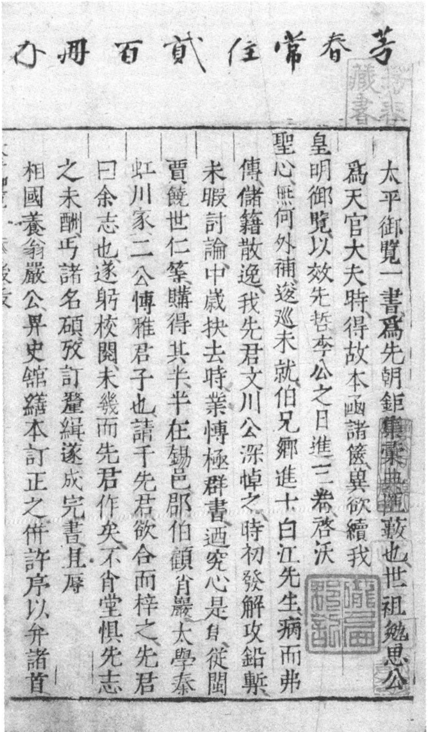

[그림 151] 《태평어람》, 만력 2년(1574) 주당周堂 동활자인본. 위력韋力 선생 소장

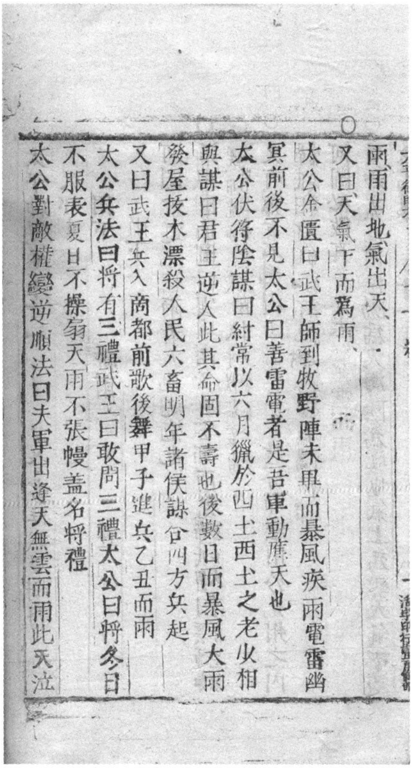

으로 삼아 1백여 부를 인쇄하고 고씨와 진씨 두 사람에게 나누어 주었다. 이 1천 권 118책의 큰 서적은 비록 송판을 사용해 교정을 보았다고 표명했지만 그 교정이 건성이며, 탈자 오자가 적지 않고, 글자체도 비뚤어졌으며 또한 개별자는 옆으로 배열된 것도 있어 조판기술이 그다지 좋지 않다. 이상한 일은 이 두 부의 책을 건양에서 인쇄하지 않고 강절江浙에서 인쇄했으니 그들의 업무 유동성이 몹시 광범위했음을 알 수 있다. 이는 독일에서 초기에 일부분의 인쇄공이 분산되어 흩어져 유럽 각국으로 가서 책을 간행했던 정황과 비슷하며, 또한 족보 장인들이 활자를 짊어지고 강절의 마을들을 돌아다니면서 사람들에게 족보를 인쇄해주는 발단을 만들어주었다.

광 주

명대 광주廣州활자는 오로지 외국인이 기록한 것만을 볼 수 있다. 외국인이 광주에서 활판인쇄공을 보았는데 역사와 전례典禮에 관한 서적만을 인쇄했다고 하며 서양인들이 쓰는 방법과 동일했다고 한다. 1521년 이전에 포르투갈 국왕이 이 인본을 교황에게 올렸다. 16세기 초 유럽의 방법과 동일하다고 한다면 당연히 금속활자를 말하는 것으로 동자銅字가 아닌가 의심되지만 인본서명이 정확치 않다. 1550년경 중국에 와서 장군풀[大黃]을 팔던 페르시아 상인이 친구에게 말하기를 "그들(중국인들)은 인쇄술이 있고, 그들의 책은 인쇄된 것이다"라고 했다. 그가 이탈리아에서 인쇄소를 참관했을 때 석활자와 나사압인기로 책을 인쇄하는 것을 봤기 때문에 그가 한 말을 보면 중국과 아주 비슷한 것 같다. 이 상인이 아마도 중국에서 석활자로 책을 인쇄하는 것을 보았기 때문에 이런 말을 할 수 있었을 것이다.

10년이 지난 후에 중국을 다녀간 터키 여행객이 "그들(중국인)이 인쇄술을 이용한 지는 이미 여러 세기가 지났다"고 했으며 그가 중국에서 활자를 이용하여 책을 간행하는 것을 보았다고 하니 이 일을 증명할 수 있다. 이를 위하여 중국인들은 누에고치를 이용하여 종이를 만들었으며(면지棉紙를 말함) 이 종이가 아주 얇아서 활자를 이용하여 한쪽 면에만 글자를 인쇄하고 반대 면은 공백으로 남겨둔다고 했다. 페르시아 상인과 터키 여행객이 중국인들이 활자를 이용하여 책을 간행하는 것을 본 것이지만 그들 두 사람은 모두 어디에서 보았다고는 설명하지 않았지만 아마도 광주일 것이다. 터키사람이 말한 것은 16세기 전의 일이니 중국에는 이미 인쇄술을 사용한 지가 여러 세기가 되었다고 하고 또한 중국 종이는 얇아서 한쪽 면에만 인쇄를 했다는 것은 정확한 일이다.[54]

명대 《내각서목內閣書目》에 《동판경銅板經》 1 책이 기록되어 있는데 전체가 필사본으로 일명 《열숙연의列宿演義》라고 한다. 동활자로 의심되며 어디서, 어느 집안에서 나왔는지는 역시 미상이고, 책 역시 전하지 않는다.

명대 동활자는 조선의 동활자처럼 순수한 동이 아니고 동합금이다. 문헌에는 화수華燧가 동판 거푸집에 석자錫字를 만들었다고 되어 있고 화정華珵이 제작한 활판은 몹시 정밀했다고 기록되어 있지만 제작법이 어떠했는지에 관해서는 자료가 없다. 당금唐錦은 "근래에 모두 대부분 활자를 새겨서 동인銅印한다"고 했으니 아마도 동자는 깎아 새긴 것일 것이다. 최근에 외국의 전존훈錢存訓 박사와 에즈런(Soren Edgren)[37] 선생은 아마도 글자모형을 만들어 구어 제작했을 것이라고 한다. 비록 개별 자체로 규칙적은 아니라도 늘 사용하는 글자는 하나의 글자 모형만 기지고는 안 되므로 같은 글자라도 자형字形이 들쭉날쭉하고 구운 것도 조잡하여 수정이 필요할 것이고 그런 후에 응용할

37_ 중국어 표기는 艾思仁이다.

수 있을 것이라고 말하고 있다.[55] 명확한 기록이 없고, 또 전해오는 실물도 없기 때문에 주조한 것인지 새긴 것인지 여전히 확실하게 단정지을 수 없다.

명대 동활자본으로 고증할 수 있는 것은 약 62종으로 무석의 화씨 집안 것이 가장 많고 안씨 집안이 다음이며 건녕과 상주가 그 다음이다. 그중《백천학해》·《예문류취》·《태평어람》·《기찬연해紀纂淵海》·《금수만화곡錦繡萬花谷》·《송제신주의宋諸臣奏議》와 또 당나라 시집 약 50가(한 종으로 계산함)는 모두 대서大書. 청나라 황비열은《동활자묵자銅活字墨子》발문에서 "고서는 송판 원판부터 판각이 되었는데 가장 믿을 만한 것으로는 동판활자만한 것이 없다. 모두 이전 판본에 의하여 역시 먼저 새긴다"고 했다. 명대 동활자본은 청대 이래 장서가들이 보물처럼 사랑하는 것으로 지금은 대부분 국가도서관에 있다.

〈부록〉명대 동활자 인본표

연 대	출판자	서 명	비 고
1490 명 홍치 3년 경술(상장엄무 上章閹茂)	무석 화수 회통관 인印	○《송제신주의》150권	서명 앞의 ○표시는 모두 국가도서관 소장이고 아래도 같다 미국 콜롬비아대학에서 잔본 1책 소장
1492 홍치 5년 임자(현익곤돈 玄黓困敦)	상 동	○《금수만화곡》전·후·속집 120권	화씨집안 대동판, 소동판 두 부가 있다. 7행에 13자, 9행에 17자 두 본이 있는데 미국 의회도서관 소장
1495 홍치 8년	상 동	○《용재오필容齋五筆》74권	미국 의회도서관에 5책 소장

연 대	출판자	서 명	비 고
을묘(전몽단알 旃蒙單閼)		○《문원영화찬요文苑 英華纂要》84권 ○《고금합벽사류전집古 今合璧事類前集》63권	이 책은 《천일각서목》에 서도 같은 내용을 볼 수 있다
1496 홍치 9년	상 동	《백천학해》	모 도서관에서 일찍이 9 책 17종을 소장하고 있 다고 들었다. 홍치 9년 상해 욱문박 서序가 있 다
1497 홍치 10년 정사丁巳(강위 대황락强圉大 荒落)	상 동	○《음석춘추音釋春秋》 12권 《교정음택시경校正音 擇詩經》20권	미국 콜롬비아대학 소장
1498 홍치 11년 무오戊午(저옹 돈장著雍敦牂)	상 동	○화수 회통관집《구경 운람九經韻覽》》	이 책 안의 몇 페이지의 제題는 전몽단알旃蒙單 閼로 되어 있다. 천일각 에 소장본이 있다. 7권 이 존재한다(권8~14)
1501 홍치 14년 신유(중광작악 重光作噩)	상 동	《염철론》10권	필사본《염철론》황비열 의 발문이 있는 것을 보 았다
1502 홍치 15년 임술壬戌	무석 화정인	○송 육유의《위남문집 渭南文集》50권,《검남고 劍南稿》8권	
	오군 손봉인	《음하시陰何詩》	
1503 홍치 16닌 계해癸亥	소주 금난관 金蘭館 간행	○송 범성대《석호거사 집石湖居士集》34권 ○손비孫賁《서암집西 庵集》10권	북경대학 도서관 소장
1505	회통관 인	《회통관교정음석서경	《문록당방서기文祿堂訪

연대	출판자	서 명	비 고
홍치 18년 전		會通館校正音釋書經》10권,《십칠사절요十七史節要》	書記》참조
연대미상	회통관인	○《기찬연해紀纂淵海》2백권《회통관교정선시會通館校正選詩》《신간교정음석역경新刊校正音釋易經》4권《서경·시경백문白文》	《상해도서관선본서목》참조명나라 조율晁瑮《보문당서목寶文堂書目》참조캐나다 모 도서관 소장무전손繆荃孫《운자재감수필雲自在龕隨筆》
	출판자 미상	《분류이견지分類夷堅志》	중국서점편《고적판본지식》제2책
1506정덕正德 원년병인(유조촬제격柔兆攝提格)	회통관 인	《군신정요君臣政要》《문원영화변증文苑英華辯證》10권	
1513정덕 8년 계유	무석 화견華堅 난설당蘭雪堂 인	○《백씨장경집白氏長慶集》71권○《원씨장경집元氏長慶集》60권	"난설당 화견활자 동관인"이라는 전문篆文의 패기가 있다
1515정덕 10년을해	상 동	○《채중랑문집》10권,《외전》1권.○《예문류취》1백권	
1516정덕 11년병자	상 동	○《춘추번로》17권	
연대미상	상 동	당나라 마총馬總《의림意林》5권《용재오필容齋五筆》	진씨陳氏《대경당서목帶經堂書目》참조왕국유王國維 제발題跋참조, 난설당, 회통관 2본이 있다
1490~1521	화씨(간행자	《사감史鑒》	《보문당서목》참조

연 대	출판자	서 명	비 고
홍치 정덕 연간	미상)	《안자춘추晏子春秋》	정덕 연간 화씨댁 동판 명나라 장지상張之象 서序가 있다
1517 정덕 12년	한습방이 절강에서 인	《제갈공명심서諸葛孔明心書》1권	상해도서관 소장
1521 정덕 16년 신사	무석 안국 인	《정덕동광현지正德東光縣志》6권	이미 실전
1524 가정 3년 갑신	상 동	○《오중수리통지吳中水利通志》17권 ○《중교위학산선생대전집重校魏鶴山先生大全集》110권	"가정갑신석산안국활자동판간행嘉靖甲申錫山安國活字銅版刊行" 천일각, 남경도서관 소장
1524~1534 가정 3년~ 13년 전	상 동	○《안노공문집顔魯公文集》15권,《보유補遺》1권 ○《고금합벽사류비요전집古今合壁事類備要前集》69권,《후집後集》81권. 《초학기初學記》30권 《춘추번로春秋繁露》 《오경설五經說》7권 원《웅명래집熊明來集》 《석전시선石田詩選》	천일각 소장 《안집顔集》·《초학기初學記》2종, 안국에게 또 목각본도 있다
1551 가정 30년 신해	지성(건녕) 동판활자 인	○《통서류취극택대전通書類聚尅擇大全》	권 16~19만 있음
1552 가정 31년 임자	상 동	○남인藍印《묵자墨子》15권	"지성동판활자芝城銅板活字"
1573	건양 유용遊	○서사증徐師曾《문체	호주湖州 모곤茅坤 간

연 대	출판자	서 명	비 고
만력 원년	榕 인	명변《文體明辨》84권	행, 천일각 역시 1책 소장
1574 만력 2년 갑술	건양 유씨, 요씨 인	○《태평어람》1천권	아마도 강소성 상숙에서 간행된 듯함
연대 미상	상주 인	두씨《통전찬요通典纂要》, 예문유취	두 종 모두《보문당서목》에 있다. 홍치 정덕 혹은 가정 연간
	오천정사활자 인	○《왕기공궁사王岐公宮詞》	혹은 상숙 사람 양의楊儀라고도 하는데 그의 호가 오천이고 가정 연간 간행
	오운계관활자인	○《옥대신영》10권《양양기구전襄陽耆舊傳》	일본 세이가도 문고 소장
	건업 장씨 동판인	○《개원·천보유사》2권	
	기동祁東 이씨 동판인	《왕장원표목당문수王狀元標目唐文粹》12권	청나라 구중용瞿中溶《고천산관제발古泉山館題跋》
	미상	《조자건집曹子建集》 《주문공교창려선생집외집》 송나라 임전林錢《한준漢雋》 《한시외전韓詩外傳》10권 당인 시집 약 오십 종	북경대학도서관 소장 절강 도서관 현존 출판자 미상. 천일각 34종 소장, 북경도서관 50종, 항주대학 역시 10여종, 상해 남경 도서관 역시 소장본이 있음. 중복된 것을 제외하고《당태종·현종집》등 50종을 얻었다.

3. 연활자

상 주

현대 인쇄소에서 사용하는 활자는 수많은 사람들이 19세기 중엽 이후라고 여기고 있으며 서양 선교사들에 의해 중국에 전해진 것이라고 한다. 이 설은 사실과 부합되지 않는다. 중국에서 자체적으로 제조한 연활자로 제일 먼저 볼 수 있는 것은 명 홍치 말에서 정덕 초년(1505~1508)으로 육심陸深의《금대기문金台紀聞》에서 "근일에 비릉毗陵 사람들이 동과 연鉛으로 활자를 만드는데 판인을 보면 정교하고 간편하지만 배치 사이에는 틀린 것이 많다"고 했다. 이리하여 육심은 반대를 했으니 이는 음식을 먹다가 목이 메인다고 다시는 먹지 않는 꼴이다. 명대에 상주 사람은 동판을 사용했을 뿐만 아니라 연활자를 만들기도 했으니 이는 금속활자 제작 방면에 있어 탁월한 성취이다. 애석하게도 당시 상주의 연인본은 동인본처럼 모두 전해지는 것이 없다.

청대 활자

1. 자자瓷字 · 니활자

태산 서지정의 자판서瓷版書

명나라에서는 소수의 문인들이 사용한 도장에 자인瓷印 혹은 의흥宜興의 자사인紫砂印이 있었다. 해서海瑞는 불에 구운 황니인黃泥印을 사용했는데 글 중에 '장풍화지관掌風化之官'이라 되어 있다. 그러나 도인陶印 또는 자인瓷印으로 책을 인쇄했다는 말은 듣지 못했다. 청대에는 필승의 니활자를 연용하여 썼으며 그 외에도 또 자자瓷字를 만들어 책을 간행했다.

청나라 회계會稽 사람 김식金埴의 《건상설巾箱說》(필사본)에서 "강희 56~57 연간에 태안주泰安州에 선비가 있었는데 이름은 잊어버렸다. 그는 흙을 단련하여 글자를 만들어 활자판을 만들었다"고 했다. 김식이 말한 태안의 선비는 아마도 서지정徐志定을 말하는 것 같다. 서지정은 자가 정부靜夫이고 산동 태안泰安 사람이며 옹정 원년(1723) 거인이며 지현을 했었다.[56] 그는 강희 말년에 자간磁刊을 새롭게 사용하여 그의 동향 사람인 장이기張爾岐의 《주역설략周易說略》과 《호암한화蒿庵閑話》두 책을 인쇄했다[그림 152].[57] 《주역설략》은 표지 위에 가로로 '태산자판泰山磁板'이라는 넉 자가 있고 《호암한화》 말미에 '진합재자판眞合齋磁板'이라는 다섯 자가 있는데 소위 진합재는 바로 서지정의 서재를 말한다. 두 책의 글자체는 크기가 같지 않고 두 책의 같은 글자도 큰 것은 모두 크고, 작은 것은 모두 작다는 점이 같으며 먹색 농담도 같지 않다. 세로쓰기 행선은 호형弧形을 이루고 자인字印은 멋대로 비뚤어져 있고 네 주위란은 빈틈이 크니 김식의 말을 참고하자면 모두 활자임이 증명된다. 그러나 어떤 사람은 전체 자판瓷版이라고 여기는데 가장 큰 이유는 《주역설략》 안에 갈라터진 곳을 발견했기 때문이다. 판이 갈라지고 튼 것은 판각의 현상이기 때문이

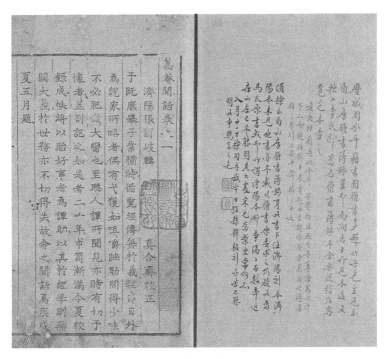

[그림 152-1]

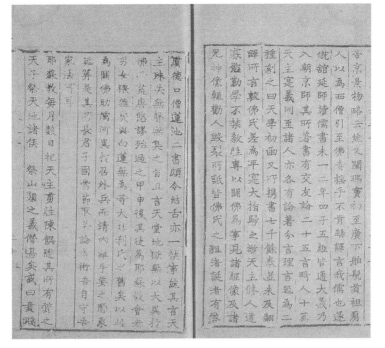

[그림 152-2]

[그림 152] 장이기張爾岐의 《호암한화蒿庵閑話》, 강희 말년 서지정 자판瓷版 인본

라는 것이다. 사실 활자판 중에서도 반드시 이런 갈라지는 흔적이 있는 것은 아니다. 가령 건륭 말년 활자본《경기금석고京畿金石考》권 상 14쪽에 '조맹부찬趙孟頫撰'이라는 넉 자는 모두 갈라져버렸고 '조趙'는 거의 두 쪽으로 나뉘어져 있고 그 나머지 석자도 역시 갈라져 버렸다. 혹자는 또《경기금석고》는 목활자라서 갈라질 수 있지만 만일 자자磁字라면 갈라지지 않았을 것이라고 한다. 자자는 비록 온도가 습하고 더위와 추위의 영향을 받지 않는다 해도 강하고 부서지는 성질이라 쉽게 깨질 것이다. 조판할 때 만일 이미 깨진 자자磁字를 여전히 조판한다면 책을 인쇄했을 때는 당연히 갈라진 문양이 나타날 것이다. 서지정이 책에서 거론한 것은 자간磁刊이나 혹은 자판磁版일 뿐이지 결코 자활자 혹은 조판을 말하지는 않았다 하여 의심을 나타냈다. 중국의 도서간행은 목판위주로 수많은 활자본의 서序나 발에는 모두 '부재付梓' '수재壽梓'라고 칭했으며 동활자판도 간단하게 동판이라고 불렀다. 서지정이 자활자판磁活字版을 간단하게 자판 혹은 자간이라고 한 것은 당연히 이상하지 않다. 바로 자활자瓷活字이기 때문에 강희 무술(57년, 1718) 겨울에 우연히 자간磁刊을 만들었고, 다음해(1719) 봄에 바로《주역설략》8책[그림 153]을 간행한 것이다. 같은 시기에 산동에서 적翟씨 성을 가진 어떤 사람이 강서성 경덕진에서 가마터 주인들을 소집하여 청자로《역경易經》1부를 만들었는데 해서체가 아름다운 것이 마치 서안의 석각石刻《십삼경》식으로 여러 번 바꾼 후에 이루어졌으니 아마도 글자를 자판瓷版 위에 쓴 후 잿물을 더해 구워서 만들었을 것이다. 만일 자판瓷版 위에 볼록하게 조각을 하고 반대로 책을 인쇄하면 경제적이지도 않고 기술은 더욱 어려울 것이니 판목에 글자를 새기는 것에 비하여 몇 배 공임비가 들고 아마도 몇 개월 안에는 책이 나올 수 없을 것이다.

또 필자가 본《주역설략》권 6 말미 제과濟卦에 "상구상왈음주유수

泰山磁版

周易説略

濟陽稷若張氏性至孝文篤寔洞卷天人理數恥帖括勦襲之弊當崇貞終未間痛父憂即棄舉子業而以羽翼經傳為事任生平著作甚富如儀禮句讀則勾勒朗確而節次了然春秋傳義則矯誣別謬而四傳會歸至於蕘庵雜作性理奥而直登理奥而數百年未傳之祕賴以傳焉及讀易復時講之陋本本義而為說略因象析義銷融偏滯非不占事而言事之理非不言理而言理之象迹其不占指事

[그림 153-1]

略矣而理無不包不斤斤尋理略矣而象无不該此其寧為略而不為詳者正乃所以為詳而恐涉于略也又何至如時說之言事理則掛一漏萬言理則浸浮失旨者之真為略夾讀之者誠依以為撰策引不失密與周文孔子之本意而依以為文章即天下事物繁賾之狀亦多豁核其奥占法制藝庶幾兩得之矣吳門顧林亭先生閱其書而遺之以詩有云緔惟白室觀風標為嘆斯人久寖寐又曰長期六籍傳無絕鈋俠羣言意自消則其操行之卓越著述之淵源不

概可知乎惟惜什襲已久未嘗公世戌戌冬偶創磁刊堅緻勝木因亟為次第校正逾巳亥春而易先成阮喜其書之不終於藏而人與俱傳且弁樂此刻之堪以歴遠久也遂為一言以識之
康熙巳亥四月泰山後學徐志定書於七十二峰之
真合齋

[그림 153-2]

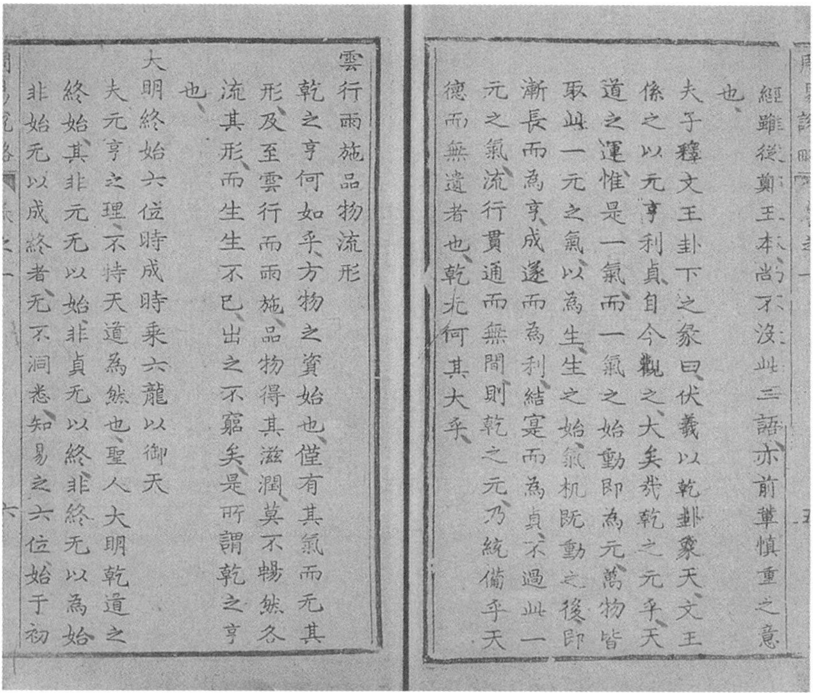
經雖從鄭王本尚不沒此二語亦前輩慎重之意

也夫子釋文王卦下之彖曰伏羲以乾卦象天文王係之以元亨利貞自今觀之大矣哉乾之元乎天道之運惟是一氣而一氣之始動即為元萬物皆取此一元之氣以為生生之始氣机既動之後即漸長而為亨成遂而為利結實而為貞不過此一元之氣流行貫通而無間則乾之元乃統備乎天德而無遺者也乾元何其大乎

雲行雨施品物流形

乾之亨何如乎方物之資始也僅有其氣而无其形及至雲行而雨施品物得其滋潤莫不暢然各流其形而生生不已出之不窮矣是所謂乾之亨也

大明終始六位時成時乘六龍以御天

夫元亨之理不特天道為然也聖人大明乾道之終始其非元无以始非貞无以終非終无以為始非始无以成終者无不洞悉知易之六位始于初

[그림 153-3]

[그림 153] 청 강희 58년 기해(1719) 서지정의 태산자판 《주역설략》서명書名 페이지와 서 序

上九象曰飮酒濡首, 불부지절야不不知節也"라고 되어 있는데 두 개의 불不자가 있어 뜻이 통하지 않는데 식자공이 '亦不知節也'의 '亦'자를 '不'로 식자한 것으로 '不'자 하나를 더 넣은 것이니 이로써 활자라는 것을 증명할 수 있다. 위에서 말한 이유에 근거하면 우리는 여전히 서지정의 진합재眞合齋 자판磁版이 자활자판瓷活字版임을 믿을 수 있다.

서지정이 자판瓷版이라고 칭한 그 이름을 보고 생각해 볼 수 있는 것이 니활자 위에 잿물을 씌운 것으로 자기는 먹이 잘 먹지 않는데 현존하는 명, 청대의 자기도장[磁印]은 문자를 새긴 면의 바탕이 조금 거칠어서 주색과 먹색으로 모두 도장을 찍을 수 있었으니 서지정의 자자瓷字도 아마 자기도장과 비슷했을 것이다. 니활자에서 잿물을 씌운 자자瓷字가 되면서 나무보다 견고하고 질도 제고되었으니 커다

란 진전이다. 자활자는 중국만의 독창적인 활자로 인본으로 전해지
는 것은 아주 적다.

신창 여무의 활자니판泥版 도서 간행

청나라 신창新昌의 수재 여무呂撫(1671~1742)가 건륭 원년(1736)에
스스로 만든 니자泥字를 사용하여 자신의 저서인 《정정강감이십일사
통속연의精訂綱鑒二十一史通俗衍義》 26권을 인쇄했다[그림 154]. 작가가

[그림 154-2]

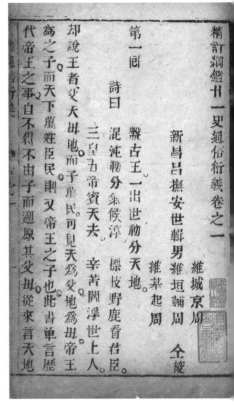

[그림 154-1]

[그림 154] 여무의 《정정강감이십일사통속연의》, 옹정 10년 니판활자인본, 천진도서관 소장

인쇄공을 겸한 경우는 중국 인쇄사에서 비교적 보기 드문 것으로 여무는 적금생霍金生이나 양아발梁阿發보다 더욱 빠르다. 여무는 이 책 권25에서 상세하게 인쇄방법을 설명했다.

내가 방법을 하나 생각하여 쌀가루와 물을 섞어 반죽을 하여 매실 크기로 하여 끓는 탕 속에 넣고 끓여 익혔다. 다음에 물을 버리고 작은 나무를 이용하여 이를 두드려서 얇게 죽처럼 편 후에 실처럼 잡아당겨도 끊어지지 않을 때를 기다린다. 그 후 큰 빗으로 새로 익은 면화와 고르게 섞어 탄력을 주고 잘 손질한 찰흙가루를 두꺼운 찰흙판 위에 놓은 후에 절구공이를 이용해 수백 수천 번을 공이질을 하면 질기게 될지언정 무르지는 않다.

여씨의 7천 개 니자는 깨끗한 흙가루(즉 물에 불순물을 침전시킨 흙)를 사용했을 뿐만 아니라 또 잘 익은 찰수수를 끓여서 새 면화와 고루 섞어 묽게 죽 상태로 만들어서 흙의 접착력을 더욱 증강시킨 것은 후에 적금생이 완전하게 찰흙을 이용한 것과는 다르다. 그는 손질한 찰흙을 "다른 사람의 손을 빌려 인판에 새기게 한 후에 자모(단어)를 만들었는데 마치 도장 형태"였으며 이로써 글자를 쓰고 판목에 새기는 수속을 생략할 수 있었다. 또 "햇빛에 말려 마르게 한 후" 매응조의 《자휘字彙》[58]에 따라서 행과 격格을 나누어 순서를 정하고 아마도 마지막에 불에 넣어 구운 것 같다. "자모면에 본자를 쓰고 찍기에 편하도록 뒷면에 행行과 격格의 번호를 써서 되돌려 두기에 편하도록 한다"고 되어 있다. 이는 청대 상주 목활자처럼 머리쪽에 글자를 새기고 아랫면에 또 글자를 써서 글자를 찾고 제자리에 두기 편하도록 한 것과 같다.

인쇄할 때 "먼저 숙성한 오동유를 사용하여 여러 번 씻어내면 건조해지고 습해지지 않는다. 아주 점성이 있기를 기다리면 실이 되어도 끊어지지 않는다. 기름과 찰흙을 함께 두드려서 얇게 네모난 판으로 만들고 붉은 색을 사용해 격판格板을 인쇄하여 목판을 이용해 얇은 기름을 한 층 바르고 찰흙판을 판위에 올려놓고 가지런히 자르고 먼저 바깥의 방선을 만들어 자모를 잡아준다. 책모양에 따라 자와 선을 이용하여 격格에 따라 글자마다 인쇄를 하는데 그 자모에 높은 것이 있으면 벽돌로 약간 쳐서 평평하게 만든다. 인쇄는 똑바른 것을 위주로 매 행마다 인쇄하고 새긴 글자는 작은 칼로 1행을 분명히 나누고 만일 비뚤어진 것이 있으면 자모 전체를 움직여서 단정히 놓고 다시 평평한 작은 대나무 쪽으로 빈 곳을 단단히 고정시켜 … 가격히 몹시 싸고 작업도 간편하다. 이리하여 아들 유원維垣·유성維城·유기維基, 조카 유번維藩·유봉維封·유영維榮 및 친지와 이웃에게 설명하고 잠시 기다렸다가 이를 시험해보니 배나무나 대추나무 판목에 새긴 것보다 견고했다"고 했다. 또 "보통 한 사람이 잡고 두 사람이 인쇄하면 매일 4면을 얻을 수 있다. 자손과 형제 친구들을 데리고 이 일을 하니 판목장이를 고용하지 않고도 비록 천편이라 해도 몇 개월이면 다 된다. 선비들은 책을 얻기가 쉬우니 이보다 더 좋은 것은 없다"고 했다[59][그림 155].

여씨는 그 아들 조카들과 함께 실험을 거친 후 흙활자가 "배나무나 대추나무 목판보다 견고하다"고 했는데 글자를 새기고 불로 태우는 과정을 거치지 않기 때문에 가격이 몹시 싸고 또한 공정도 대폭 생략되어 가장 간편한 도서 인쇄법이다. 그가 《이십사사연의》 이외에도 어떤 책을 인쇄했는지는 모르겠다.

여무의 니자는 먼저 찰흙을 목판 위에 놓고 음각으로 글자틀을 뜨고 글자틀을 이용하여 흙편에 찍으면 음각이 된다. 이를 가지고 인쇄한다. 이리하여 전체 판의 가능성이 크고 활자와 목판의 특징을

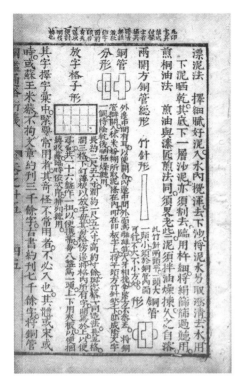

漂泥法 擇細膩好泥入水內攪渾去下沙將泥水另取淨清去水用
下泥曬乾其底下一層沙泥亦須割去臨用杵細將絹篩篩過聽用
煎桐油法 煎油與漆匠煎法同須累老些泥須拌油燥揀久之自落
兩開方銅管總形 竹針形
銅管 分形
放字格子形
其字擇字彙中緊要常用者其奇怪不常用者不必入也其體或宋或
時或蘇王米蔡不拘文章約刊三千餘字古書約刊七千餘字將銅管

[그림 155-1]

字先印格數行用大漆刷將托字板上刷油令勻粘泥倒退印完再將
泥片印格數行放上續印方不燥皮字毋先在燥泥粉中印過則不粘
界方 小竹界方 平頭竹針 清字
小刀
剷 鐵 手格 放字 板
其餘做法悉見前篇大抵一人撮二人印每日可得四頁率昆弟友生
為之不用梓人雖千萬數月立就士人得書之易無以加於此矣但須
為世間有益之書不得為淫邪造孽之書以取罪戾撫作文武經綸以
武經綸言兵要訣不便傳世遂自焚其稿郎此可類推矣

[그림 155-2]

[그림 155] 여무의 《정정강감이십일사통속연의》. 니판 도서간행법에 관한 기록이다. 천진도서관 소장.

겸하고 있다. 19세기에 서양인들도 목판을 사용했으며 주조한 연판을 사용하여 다시 베어내어 개별의 음각 글자틀을 만든 후에 음각 글자틀을 사용하여 다시 양각활자를 제조해내니 여무가 사용한 음각 자모를 사용한 방법과 유사하다. 도광 연간에 적금생이 사용한 니활자 인쇄법은 음각문 글자틀이 있지만 그러나 그것은 양각활자를 제조하기 위해 사용한 것이다. 다시 조판 인쇄를 더하면 여무의 방법과는 그다지 같지 않다.

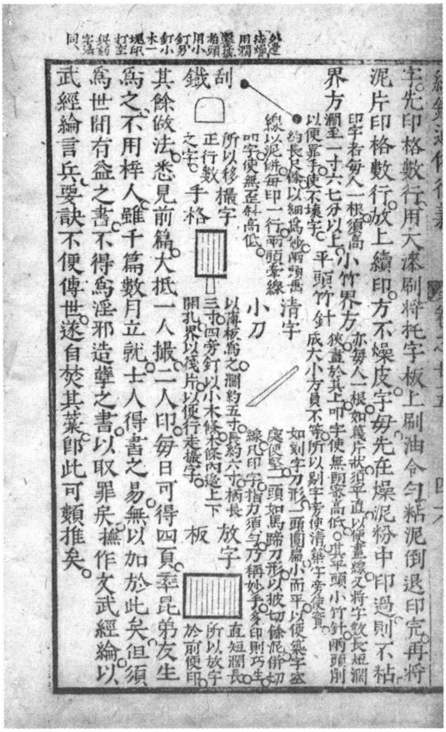

이요의 니활자 도서 간행

소주사람 이요李瑤는 일찍이 오문의 막료를 지냈으며 또한 염무鹽務에 임직하기도 했다. 청 도광 10년(1830), 항주에 기거하고 있을 때

돈을 빌려 책을 인쇄[60]했는데 10여 명의 장인을 고용하고 240여 일 안에 《남강역사감본南疆繹史勘本》58권 80부를 간행하니 오정烏程 온예림溫睿臨이 원본에 제를 하고 오군의 이요가 교열했다. 겉표지 뒷면에 "칠보전륜장정본七寶轉輪藏定本, 방송교니판인법仿宋膠泥板印法"이라는 두 줄의 글이 전문篆文으로 쓰여 있다. 이요는 스스로 '칠보전륜장七寶轉輪藏'이라고 했다. 범례 중에는 "책은 필승 활자의 예를 따라 조판組版을 조성했다"는 말이 있다. 다음 해에 어떤 사람이 돈을 내고 1백부를 다시 조판했다. 일본사람 도쿠도미 이이치로(德富猪一郎)[38]는 이를 "중국 교니판의 표본"이라고 했다. 2년 후에도 이요는 여전히 항주에 살았는데 자신이 편집한 《교보금석례사종校補金石例四種》17권[61]을 인쇄했으며 '실태문은사량實兌紋銀四兩'이라는 나무인이 찍혀 있고 또한 '방송교니판仿宋膠泥板'[그림 156]이라고 되어 있다. 자서에 "즉 스스로 교니판을 만들어 글자를 평평히 배열하여 통일했다"고 말했다. 그러나 어떤 목록에는 여전히 오군 이씨 목활자로 조판하여 인쇄한 것이라고 여기고 있다. 필자의 생각은 이렇다. 도광 목활자본 완종원阮鍾瑗의 《수응재집修凝齋集》에서 "필승활자판을 이용하여 약간 부를 인쇄했다"고 했다. 또 완종원은 조표曹鑣의 《회성신금록淮城信今錄》에서도 역시 "필승의 활자판을 이용하여 백부를 인쇄했다"고 했다. 넓은 뜻으로 말하자면 즉 모든 활자판은 모두 필승활자판이라고 하고, 좁은 뜻으로 말하자면 전적으로 필승의 니활자만을 지칭한다. 이요는 스스로 "송 교니판을 모방했다[仿宋膠泥板]"고 하고, 또 "스스로 교니판을 만들었다"고 하고, 또 배열하여

38_ 德富猪一郎(1863~1957). 메이지, 다이쇼, 쇼와에 걸쳐 활동한 일본의 저널리스트이자 사상가, 역사가, 평론가이다. 또한 정치가로서 활약했으며 전쟁 전후와 전쟁 중에 일본에 커다란 영향을 끼쳤다. 필명은 스가와라 쇼케이(菅原正敬), 도쿠도미 소호(德富蘇峰) 등 여러 이름을 사용했다.

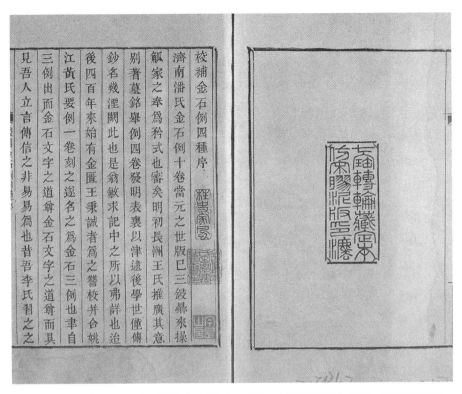

[그림 156] 1832년 소주 사람 이요가 항주에 기거할 때 송나라의 교니판을 모방하여 간행한 《교보금석례》4종

인쇄했다고 했으니 이는 당연히 니활자이지 목활자는 아니라고 생
각한다. 어떻게 필승의 방법을 모방했는지에 관해서는 그가 설명하
지 않았다.

적금생의 니두판泥斗版

청 건륭 연간에 가흥 사람 성복盛復이 처음으로 경현涇縣 운룡서원
雲龍書院에 산장山長[39]으로 부임해 왔을 때 황토를 사용하여 글자를
새기고 불을 피워 구웠다. 가을 밤에 친구들을 불러놓고 가을벌레에

39_ 당唐 오대五代 시기에 산에 은거하면서 강학을 하던 사람에게 쓰던 경칭이
다. 송원 시기에는 관에서 서원을 세우고 산장山長을 두어 강학 겸 사무를 보
도록 했다. 명청시기에는 지방에서 초빙했다. 청말에 서원이 학당學堂으로
바뀌면서 산장 제도는 폐지되었다

관한 시를 읊는데 각자 니활자 수천 개를 가져다가 시판詩板에 늘어 놓고 시를 지으니[62] 종이와 붓을 대신했으며 문자 놀이를 한 것으로 책을 인쇄한 것과는 관계가 없다. 경현에서는 니활자를 이용하여 책을 간행했는데 먼저 이요와 거의 동시대의 적금생을 거론해야만 한다.

적금생의 자는 서원西園이고 안휘성 경현에서 서남쪽으로 80리에 있는 수동촌水東村의 가난한 수재로 훈장을 하면서 살아갔다. 그는 시를 잘 짓고, 글씨를 잘 쓰고, 그림을 잘 그리는 사람으로 상당한 예술적 재능이 있었다. 그는 일반인의 저서가 목판 비용이 너무 들어서 간행할 힘이 없어 종종 매몰되는 것을 몹시 애석하다고 생각했다. 심괄의 《몽계필담》에 소개된 니활자판의 기록을 읽은 후에 몹시 흥미를 느꼈다. 그리고 집안에 벽만 남아 있는 가난한 생활을 돌보지 않고 이를 모방하여 만들 방법을 생각하고 모든 정력을 여기에 쏟아부었으니 그의 군센 의지는 정말 본받을 만하다. 당시 사회에서는 과학을 중시하지 않았고 과학 연구에 종사하거나 기술창조를 하는 사람은 종종 자신이 좋아하는 것에만 정신을 팔다보니 정당하지 않는 직업에 종사한다고 비웃음을 받았다. 그래서 적금생도 자신의 일이 그저 보잘것 없는 재주로 유림에서 아름다운 말을 얻었을 뿐이라고 여겼다. 적금생이 친히 제작한 니활자는 모두 10만여 개나 되는데 모두 명체자明體字(속칭 송자宋字)로 대·중·소·차소次小·최소最小의 다섯 호수가 있다[그림 157].

[그림 157] 적금생 니활자 실물, 그중 음각의 정문 니활자를 주의 깊게 볼 것. 중국과학원 자연과학사 연구소 소장.

《니판시인초편泥版試印初編》

의 자서에 의하면 제조방법은 "찰흙을 섞고 점토를 이겨서 다듬고 깎아서 문장을 만드는데 도기를 골라서 글자를 만들면 돌보다도 견고하다"고 했다. 또 "흙을 빚어 화로에 태우고, 동을 끓이고 나무를 깎아서 곧장 동을 거푸집으로 하여 찰흙을 섞고 점토를 이겨서 다듬고 깎아서 문장을 만든다"고 했다. 흙을 빚어 화로에 태운다는 것은 흙글자를 불에 소성한다는 것을 말한다. 그의 저서 《십운十韻》시에서는 "30년간 찰흙판을 다루며 엉성하게 10만여 자를 만드니 견고하기가 뼈와 같으며 … 동으로 거푸집을 만드니 장차 붓은 필요없고 호미로 만드네"라고 읊었다. 동으로 거푸집을 만든다는 것은 동거푸집으로 니활자를 가득 채워 넣었다는 것으로 즉 식자하는 것을 말한다. 바로 주필대가 말한 '교니동판'이다. 아마도 니활자를 먼저 만들고 화로에 넣어 태우고 다시 수정을 가하여서 동거푸집 안에 배열하여 인쇄했을 것이다. '동을 끓인다'는 것은 아마도 동거푸집 안에 있는 초를 녹인다는 것으로 니활자를 고정시킨다는 뜻이다. '나무를 깎는' 목적은 아마도 계선용으로 쓴다는 말인 것 같다.[63] 아쉽게도 그는 제조방법과 전체 공정을 상세하게 기록하지는 않았다.

장병륜張秉倫 선생의 연구에 의하면 북경자연과학사연구소가 안휘성에서 사들여온 적금생 니활자는 양문반체자陽文反體字로 인쇄도 할 수 있으며 또 음문정체니방자陰文正體泥方字도 있는데 글자 모형이라 여겨지는데 직접 배열인쇄는 못한다고 한다. 또 음양문의 정반체자正反體字가 반반인 것도 발견되었는데 완전하게 짝을 이루니 적금생이 먼저 음각으로 니활자 틀을 만들고 다시 글자틀에 양각 반체자 니활자를 만들었으니 확실히 아주 견고한 뼈와 같은 느낌이 있어 인쇄 후에도 자획이 여전히 확실했다고 한다. 또한 상당수의 사람들이 그 속을 채워 사용했다. 이렇듯 제작이 상당히 복잡하고 또 많은 비용이 필요했기 때문에 30년의 고생스런 노동을 하여 비로소 완성할 수 있었다. 도광 24년 갑진년(1844)에 이르러 시험적으로 자신의 작품인 시집을 인쇄할 때 그는 이미 고희古稀였다. 책에 자신의 니활자를 만드는 방법을 자세히 설명하였다. 그의 아들 적일당翟一棠·적일걸翟一傑·적일신翟一新·발증發曾 등과 함께 니활자를 만들고, 손자 적가상翟家祥·생질 사하생查夏生이 식자를 하고, 학생 좌관左寬 등이 교정을 하고, 외손 사광정查光鼎 등이 글자를 본래 있던 자리에 되돌려 놓았다. 백련사지白連史紙를 이용하여 자신이 인쇄를 했는데 자획이 정밀하고 고르며 지묵이 확실하다고 했다. 만일 책에 니활자라고 설명하지 않았다면 목활자인본으로 오해하기가 쉽다. 그는 이 시험적인 인쇄가 성공한 것을 기념하기 위하여 시집 이름을 《니판시인초편泥版試印初編》혹은 간칭으로 《시인편試印編》(반엽 8행, 1행에 18자)[그림 158][64]이라 했다. 또한 자간自刊·자검自檢·자저自著·자편

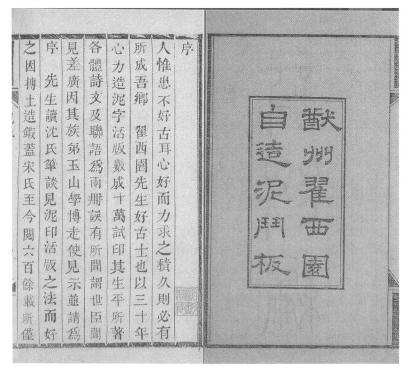

[그림 158-1]

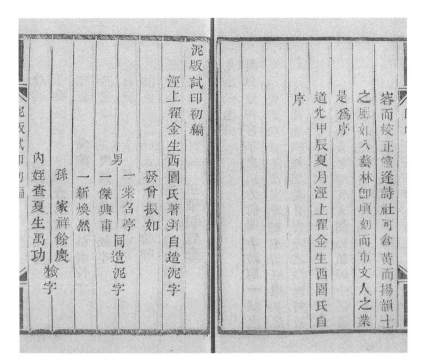

[그림 158-2]

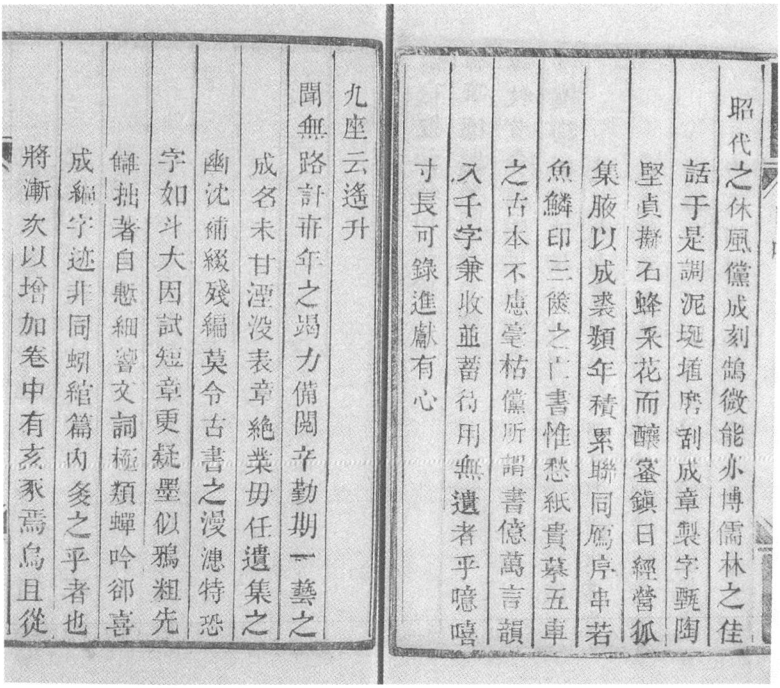

容而校正儻逢詩社可吾黃而揚韻士
之風如入藝林卽頃刻而布文人之業
是爲序
道光甲辰夏月涇上翟金生西圍氏自
序

泥版試印初編
涇上翟金生西圍氏著幷自造泥字
癸曾振如
男　一棠名亭
一傑興甫　同造泥字
一新煥然
孫　家祥餘慶　撿字
內姪查夏生禹功

[그림 158-3]

昭代之休風儻成刻鵠微能亦博儒林之佳
話于是調泥堲埴刳刮成章製字甄陶
堅貞擬石蜂采花而釀鑒鎭日經營孤
集腋以成裘類年積累聯同鴈序串若
魚鱗印三篋之亡書惟愁紙貴蔡五車
之古本不慮毫枯儻所謂書億萬言韻
入千字兼收並蓄行用無遺者乎噫嘻
寸長可錄進獻有心

九座云逡升
閱無路計菲年之竭力備閱辛勤期一藝之
成名未甘湮没表章絕業毋任遺集之
幽沈補綴殘編莫令古書之漫漶特恐
字如斗大因試短章更疑墨似鴉粗先
儺拙著自慙細蓉文詞極蟬吟卻喜
成編字迹非同蚓縮篇內爻之乎者也
將漸次以增加卷中有亥豕焉烏且從

[그림 158] 니활자인본, 도광 갑진(1844) 경현의 적금생이 제작하고 인쇄한 니활자판 《니판시인초편 泥版試印初編》.

自編·자인自印이라는 제목으로 다섯 수의 절구를 지었는데 아래에 그중 세 수만 소개한다.

〈자간自刊〉
일생동안 활판을 주조하고, 반세기를 글자를 만들었네.
주옥같은 글씨가 천 상자나 쌓이니, 30년간 경영한 공이라네.

〈자검自檢〉
문장이 이루어지기를 기다리지 않고, 우선 글자들을 준비했다네.
마치 병사를 양성하는 것 같으니, 무예를 일시에 쓰기 위함이라네.

〈자인自印〉
기러기 진법으로 행행마다 늘어놓고, 매미처럼 글자마다 연결하네.
새롭게 편찬한 것을 시험적으로 해보니, 모든 사람들에게 다 보게 한다네.

작가 겸 인쇄공은 중국 인쇄사상에서 비교적 드물게 보는 경우다. 적금생이 자칭 '니두판泥斗板'이라 했으며 또한 '징니판澄泥版'이라고도 하며 또 '니취진판泥聚珍板'이라고도 한다. 니활자는 일반적으로 손에 닿기만 하면 부서질거라고 상상하지만 물에 고운 흙을 담갔다가 씻어내고 구웠기 때문에 더욱 견고한 것이 마치 돌이나 뼈와 같다. 게다가 니활자는 목활자보다 좋은 점이 있는데 포세신包世臣의 저서 《시인편서試印編序》서에 의하면 "목자로 2백 부를 인쇄했는데 자획이 팽창하고 모호해졌다. 결국 천만 번을 인쇄해도 그 모습을 잃지 않는 니활자만 못하다"고 했다.
《시인편》 출판 후 적금생은 자신이 제작한 니활자를 이용하여 《모란창화시牡丹倡和詩》를 인쇄했는데 일시에 화창하는 사람이 아주 많아 이를 모아 책으로 만든 아름다운 이야기가 전해오고 있다.[65] 2년이 지나 적금생은 또 그의 친구인 황작자黃爵滋의 시집 《선병서옥초집仙屛書屋初集》[그림 159]을 인쇄했다. 황작자가 경현을 지날 때에 적금생은 니활자를 이용하여 황작자의 시집을 인쇄하기를 원하니, 얼마 지나지 않아 황작자는 시집 원고를 부쳐주었다.

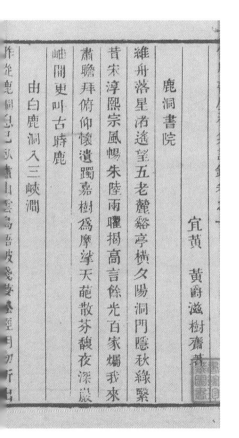

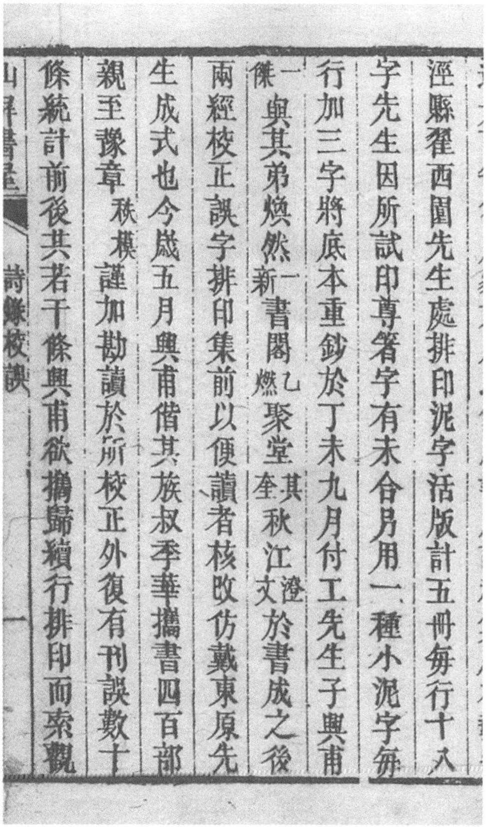

宜黃 黃爵滋樹齋著
鹿洞書院
維舟落星渚遙望五老麓谿亭橫夕陽洞門隱秋綠緊
昔宋淳熙宗風暢朱陸兩曜揭高言餘光百家燭我來
肅瞻拜俯仰懷遺躅嘉樹爲摩挲天葩散芬馥夜深巖
岫開更叫古時鹿
由白鹿洞入三峽澗

[그림 159-1]

涇縣翟西園先生處排印泥字活版計五冊每行十八
字先生因所試印尊箸字有未合另用一種小泥字每
行加三字將底本重鈔於丁未九月付工先生子興甫
一與其弟燦然一新書閣燦乙聚堂奎其秋江澄文於書成之後
兩經校正誤字排印集前以便讀者核改仿戴東原先
生成式也今歲五月興甫偕其族叔季華攜書四百部
親至豫章秩模謹加勘讀於所校正外復有刊誤數十
條統計前後共若干條興甫欲攜歸續行排印而索觀
仙屏書屋 詩錄校誤 一

[그림 159-2]

[그림 159] 《선병서옥초집시록仙屛書屋初集詩錄》16권, 《후록後錄》2권, 도광 26년 적금생 니활자인본. 천진도서관 소장

도광 정미丁未(1847) 9월에 완성이 되었고, 다음 해(1848) 5월에 적금생은 인쇄가 다된 4백 부를 황작자의 집으로 보내주었다. 시집 겉표지에는 '경적서원니자배인涇翟西園泥字排印'이라고 작은 글자로 두 줄이 쓰여 있다. 총목 후기에는 니활자를 식자하고 검열한 사람들의 명단이 있는데 적금생 본인 외에도 그 집의 가솔들인 적연진翟廷珍·적일희翟一熙·적가상翟家祥·적문표翟文彪·적일증翟一蒸·적승택翟承澤·적조관翟朝冠 등 7명의 이름이 있다. 이 시집에 사용된 니활자는 비교적 작은 것이어서 '소니자小泥字'로 부른다. 시 속에 주석을 단 글자는 더욱 작은데 모두 5책이다. 비록 두 번의 교정을 거쳤지만 오자가 많고, 교감도 정확하지 않아 잘못이 적지 않다. 니인본泥印本은 아주 신속하게 완성되어 저자에게 보낼 수 있다. 기유(1849)년 가을에 황작자는 절강에서 북경으로 가다가 소주蘇州를 지나가는 길에 또 목판으로 판각을 했다. 그리곤 "볼 사람은 당연히 지금의 판각으로 정해야 한다"고 했다. 이리하여 《선병서옥초집》은 동시에 두 판본이 있게 되었다. 하나는 소니자본이고 또 다른 하나는 대자목각본으로 내용은 거의 똑같다.

황작자의 자는 수재樹齋이고 강서성 의황宜黃 사람으로 도광 3년(1823) 진사이다. 그는 당시 아편 폐해가 아주 심하여 국가 경제에 영향을 주는 것을 목도하고는 절치부심하여 일찍이 도광 15년(1835)에 "쓸데없고 해가 되는 물건이 중국인에게 폐해를 주며, 또 중국인의 재산을 다 축낸다. 오랑캐의 계략이 이보다 더 간교하고 심한 것은 없다"고 지적했다. 18년(1838)에 그는 또 저 유명한 〈엄세루치소嚴塞漏厄疏〉를 상소했다. 그의 의견은 당시 많은 백성들의 요구를 대표하는 것으로 임칙서의 대대적인 지지를 얻었으며 또한 당시 정부의 아편금지정책에 커다란 역할을 했다. 이에 임칙서는 흠차대신 명의로 광동에 내려가 조사를 했다. 황작자는 어려서부터 시로 이름을 날렸

으며 북경에서 벼슬을 할 때는 시학詩學을 제창하고 후진들을 독려
했으며 34권의 시를 지었다.《선병서옥초집》에 수록된 것은 18권으
로 1천여 수의 작품이 있다.

 적금생이 황작자 시집 인쇄를 다 마친 같은 해 겨울에 적금생의
친척 동생 적정진翟廷珍이 이 니활자
를 빌려 자신의 저서인《수업당초집
사아시초修業堂初集肆雅詩鈔》를 인쇄
했다[그림 160]. 황작자의 서序가 있다.
책에 니활자를 주조한 아들 적일걸
과 적일신 그리고 니활자를 검색하
고 식자한 여러 명의 이름이 주로 명
기되어 있다. 책속에는 〈제형서원니
활자판題兄西園泥活字板〉이란 장시 한
수가 있는데 "아침에 검열하고 교정하
는 많은 생도들을 생각했는데 저녁에
문장을 이루니 모호하지 않네"라고 했
다. 이는 니판으로 도서 간행하는 것
이 몹시 신속함을 설명한다. 적정진의
자서에 의거하면 또 그의 저서《통속
시초通俗詩鈔》를   인쇄했다.《수업당
초집》은《문초文抄》 10권·《사아시초
肆雅詩抄》6권·《잡저雜著》2권을 포함

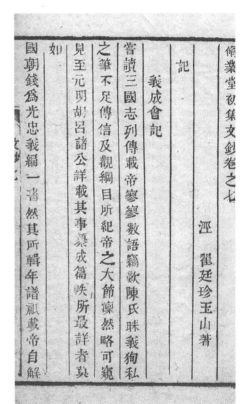

[그림 160] 적정진 《수업당초집》, 도광 26년 적금생 니활
자본. 천진도서관 소장

하고 있고,《이집二集》·《시초詩抄》 2
권에는 그 아들의《유방재유고留芳齋遺稿》가 부록으로 있다.

 함풍 7년 적금생은 이미 83세로 손자 적가상翟家祥에게 니활자를
이용하여《수동적씨종보水東翟氏宗譜》[그림 161]를 인쇄하도록 했다.

[그림 161-1]

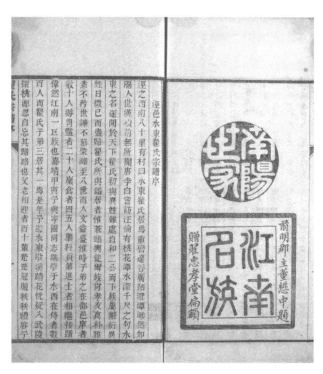

[그림 161-2]

[그림 161] 청 적금생 니활자인본, 1857년 《수동적씨종보》 속표지와 서

적금생이 처음에 시험적으로 인쇄한 자신의 여러 체의 시문 및 연어聯語 2책이 있는데 현재 《시인편試印編》에 시는 있지만 문장은 없으며 연어도 역시 없다. 단지 64쪽의 소책은 이미 정진탁 선생이 4원이라는 싼 값에 구입했다. 그 후 북경시장에 또 《적씨종보》가 출현했다. 이상 두 종류와 황작자 시집은 지금 모두 국가도서관에서 소장하고 있다. 《사아시초》는 길림사범대학에서 사들였고 북경도서관(국가도서관)에 보내어 감정을 했다. 필자가 자세히 비교를 해보니 모든 글자체가 적씨가 인쇄한 그의 니활자와 완전히 같았다. 북경대학도서관에는 적금생 《시인속편試印續編》 2책을 소장하고[그림 162] 있는데 도광 28년 니활자인으로 모두 123쪽이며 판심 상단에 '니자과성泥字擺成'이라는 넉 자가 있다. 도광 갑진년의 포세신의 서와 자서가 있으며 상책은 시이고 하책은 시여詩餘·명銘·잡저雜著·연어聯語로 되어 있다. 사실은 《초편》의 수정증보판으로 시를 더하고 문자를 고치고, 표제와 차례를 고쳤으니 적금생은 "지금 《선병서옥초집》 인쇄를 끝내고 보니 숙련되고 교묘하여 계속하여 책을 펴낼 것이다"고 했다. 《초편初編》은 반엽에 8행, 1행에 18자이다. 《속편續編》은 반엽에 9행, 1행에 20자로 활자는 《초편》에 비하여 조금 작고, 자체는 균등하며 필획은 맑고 유창하다.

약 10여 년 전에 환남皖南에서 또 니활자 수백 개가 발견되었다. 북경역사박물관, 중국과학원 자연과학연구소에서 약간씩을 구매했는데 경현 적씨가의 니활자였다. 현재 니활자 인본서가 있고 또 니활자 실물이 있으니 과거 소수의 국내외 학자들이 니활자는 책을 간행힐 수 없나는 생각이 틀렸음을 확인할 수 있으며 특히 심괄 《몽계필담》에 기록된 것이 사실로 믿을 수 있다는 것이 증명된다.[66]

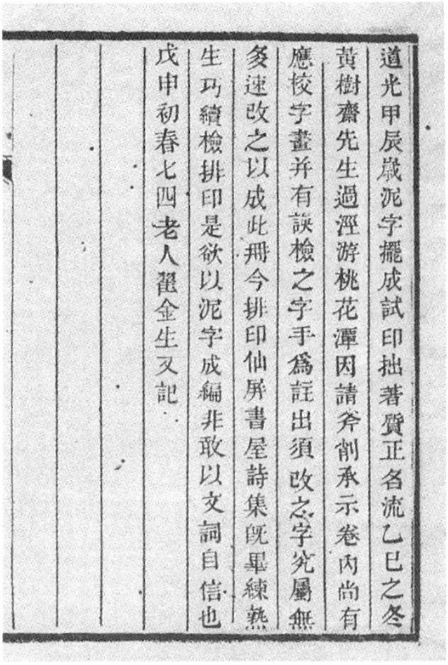

涇上翟金生西園氏著并造泥字

試印續編

同造泥字

男 一棠名亭
男 一傑興甫
男 一發曾振如
男 一新煥然

編錄

受業左 逺裕者

[그림 162-2]

道光甲辰歲泥字擺成試印拙著質正名流乙巳之冬
黃樹齋先生過涇游桃花潭因請斧削承示卷內尚有
應校字畫并有談檢之字手爲註出須改之字究屬無
多速改之以成此冊今排印仙屏書屋詩集既畢練熟
生巧續檢排印是欲以泥字成編非敢以文詞自信也
戊申初春七四老人翟金生又記

[그림 162-1]

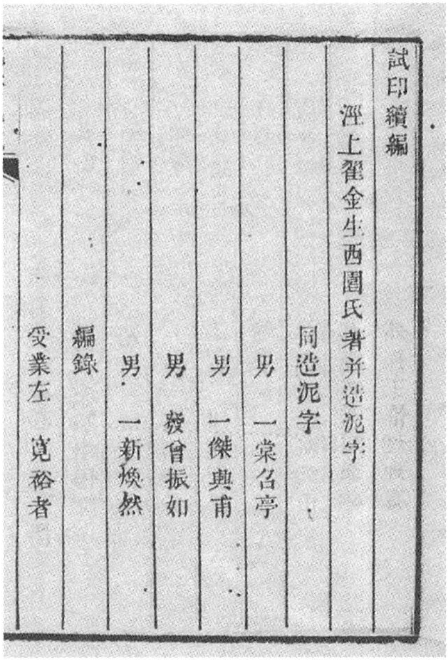

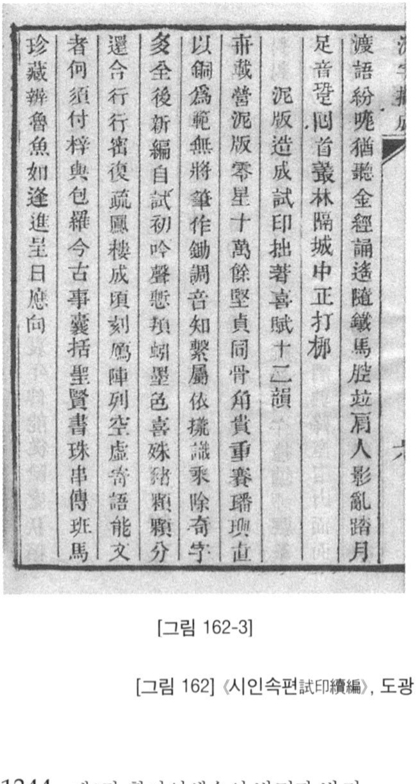

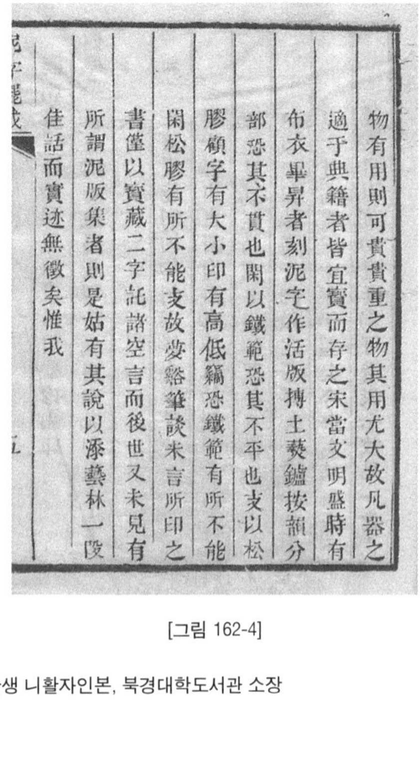

物有用則可貴貴重之物其用尤大故凡器之
適于典籍者皆宜寶而存之宋當文明盛時有
布衣畢昇者刻泥宅作活版搏土藝鎔按韻分
部恐其不貫也閼以鐵範恐甚不平也支以松
膠黏膠字有大小印有高低殽雜談未言所印之
閑松字有所不能支故殽雜談未言印之
書堂以寶藏二字託諸空言而後世又未見有
所謂泥版集者則是姑有其說以添藝林一段
佳話而實迹無徵矣惟我

[그림 162-4]

泥版造成試印拙著賦十二韻
渡語紛塊猶穀金經誦遂隨鐵馬腔拉肩人影亂蹉月
足音跫間首襄林隔城中正打柳
肅裁營范泥版零星十萬餘堅貞同骨角貴重賽璠璵直
以銅爲范無將韠作鉏調音知繁屬依撓識乘除奇字
多全後新編自試初吟聲預刻鷹陣列空虛寄語能文
還合行行寓復疏鳳樓成頭刻鶚懸預蜩墨色喜殊豬除顏顥分
者佝須付梓今古事囊括聖賢書珠串佃班馬
珍藏辨魯魚如逢進呈日應佝

[그림 162-3]

[그림 162] 《시인속편試印續編》, 도광 28년 적금생 니활자인본, 북경대학도서관 소장

2. 목활자

무영전武英殿 취진판聚珍版

청대 목활자는 더욱 광범위하게 사용되었으며 전국적으로 두루 유행했다. 청초에 동성桐城사람 방이지方以智는 "심존중沈存中[40]이 말하길 '경력 연간에 필승의 활판이 있었는데 교니로 구워서 만들었다'고 했다. 지금은 목각木刻을 사용하고 동판을 사용하여 이를 합한다[銅板合之]"고 했다. 시인인 신성新城 사람 왕사진王士禛은 "경력 연간에 평민 필승이 활자를 만들었는데 교니를 사용하여 구워서 만들었다. 지금은 목각자를 사용하고 동판으로 그것을 합한다"고 했다. 두 사람의 말이 거의 같으며 소위 '동판합지'라는 뜻이 불명한데 아마 목자를 동판으로 제조한 글자판 안에 배열하는 것을 말하는 듯하다. 오강吳江의 원동袁棟은 "인판 성행이 지금보다 더 성할 수는 없다. 우리 소주는 특히 정교한데 강녕본은 대부분 그다지 정교하지 못하다. 세상에 활자판을 사용한 것이 있는데 송나라 필승의 활자판으로 교니를 사용하여 구워 만들었다. 지금 목각자를 이용하여 탁자 위에 격格을 만들어 써야 할 활자를 배정하여 인쇄한다. 즉 그것을 뒤섞어 다른 페이지에 다시 배열한다. 대략 낯선 글자는 조금만 새기고, 익숙한 글자는 많이 새겨서 배치하여 사용하기에 편하게 한다"고 했다. 산양山陽의 완규생阮葵生은 "심존중은 '경력 연간에 필승이 활자판을 만들었는데 교니를 사용하여 구워서 만들었다'고 했다. 지금 목각자를 사용하여 인쇄를 한다"고 했다. 양호陽湖 사람 조익趙翼은 "지금 세상에서 각자공에게는 활판이 있는데 역시 송나라 때 시작된 것이다. 그러나 송대에는 진흙에 글자를 새겼지만 지금은 목각을 이

40_ 심괄을 말한다. 존중存中은 심괄의 호이다.

용하니 더욱 적당하다"[67]고 했다. 이상 다섯 사람이 목활자판을 언급하면서 필승을 거론하지 않은 적이 없으니 목활자는 필승의 니활자로부터 일맥상통하여 전해왔음을 알 수 있다. 또한 청초에서 건륭 연간까지 활자판이 남북 각지에서 유행했음을 볼 수 있다.

명대 홍치·정덕·가정 연간에 금속활자로 책을 간행하는 것이 성행했고, 청초의 방이지와 왕사진이 거론한 것은 목활자 동판인쇄이므로 금속활자로 책을 간행하는 것이 청초에 이미 점차로 쇠락했음을 볼 수가 있다. 어떤 사람은 목활자가 동활자를 대체한 원인에 대하여 다음과 같은 해석을 하고 있다.

───

무릇 동활자를 주조하려면 동이 반드시 많아야 되므로 부자가 아니면 할수가 없다. 명초에 돈을 주조하기도 힘들었는데 어찌 활자를 주조할 수 있겠는가? 당시 상인이나 부자들도 이전 사람은 이미 망하고 새로운 사람은 아직 흥하지 않았으니 역시 커다란 재력이 없었다. 홍치 정덕 연간에 이르러 상업이 점차 흥하고 해상교역 역시 성행하니 동을 생산하는 것도 날마다 왕성해져 가정 초에는 구조동전九朝銅錢를 보충하여 주조했는데 이는 동이 풍부하다는 것을 증명한다. 활자가 흥성한 것도 마침 이때이니 이런 이유다. 그 후 징벌과 전매가 날로 번잡해지고 동 생산은 더욱 적어지며 만력 연간에 광산 세금은 가혹해지니 안安·화華 두 집안이라고 어찌 면할 수 있으리오? 그래서 목활자가 이를 대신하여 일어나게 되었다. 즉 한 활자의 홍망성쇠 역시 상하의 다툼임을 알 수 있다. 청대 건륭 연간에 동활자를 폐하니 역시 이런 이유이다.[68]

이 말은 일리가 있다. 화씨댁의 도서 간행은 홍치·정덕 연간이 가장 성행했고, 안국安國의 도서 간행은 정덕 연간에 겨우 1부만 했고 그 나머지는 가정 연간에 간행했다. 청초에 비록 어떤 사람이 금속활자를 이용해 책을 간행했지만 이미 명 중엽과 비교할 수 없었다.

건륭 연간에 제남 사람 주영년周永年은 활자로 《유장儒藏》[169]을 간행하자고 건의했다. 소위 《유장》이란 명말 조학전曹學佺이 관부와 민간의 장서들이 역대로 큰 재난을 만나 문화적으로 막대한 손실이 나는 것을 느끼고, 또한 도교와 불가의 책은 보관하는 데 방법이 있어 오래되어도 교체하지 않는 것을 보고 《석장釋藏》과 《도장道藏》을 모방하여 《유장儒藏》를 설립해야 한다고 했다. 주영년은 이 학설을 더욱 확대시켜서 《유장》을 현대도서관과 출판기구의 역할을 하도록 하고 가난한 열람자에게는 음식과 월급을 주도록 했다. 중국내 학궁과 서원, 명산대찰 등 모든 《유장》이 있는 곳은 활판 1부를 준비하여 비서祕書를 인쇄하고 서로 간에 있는 것과 없는 것을 서로 교환하여 이렇게 수십 년을 하니 서적이 점차 유통되어 많아지게 되었다. 조학전과 주영년이 문화유산을 보존하고 사적私的인 것을 공적公的으로 한 동기는 비록 좋지만 봉건사회에서 이런 환상은 당연히 실현되기 어려웠다. 그러나 주영년은 활자판을 응용하여 서적을 더욱 생산하고, 있는 것과 없는 것을 서로 간에 유통했고 맨처음 대규모로 활자 인쇄를 주장한 사람이다.

건륭제가 《사고전서》를 편찬한 것은 물론 다른 뜻이 있었지만 다 편찬된 7부 《사고전서》는 남북의 칠각七閣에 나뉘어 소장되었으며 남삼각南三閣의 서적은 공개적으로 열람하도록 허락이 되었으니 조학전과 주영년 두 사람이 말한 《유장》과도 같았다. 서적을 편찬할 때 건륭제는 《영락대전》 안에 수록된 없어져버린 책들을 간행하여 유통시키고자 했다. 그러나 원래 소장하고 있던 무영전 동자고銅字庫 안의 동자·동판은 이미 동전으로 바꾸어 주조되었으니 "동을 훼손한 옛날을 후회하니, 나무에 새기는 것이 나를 부끄럽게 하네"라는 시구가 있다. 스스로 주에서는 "동자가 아직 있었다면 지금의 책 간행은 더욱 적은 노력으로 많은 성과를 내지 않았겠는가? 몹시 애석한 일이다"고 했다. 이때 간행할 책의 수량은 아주 많아서 판각이 쉽지가 않았다. 당시 무영전 각서 사무를 관리하고 있던 본적이 조선인 김간金簡[41](?~1794)이 건의하기를 가장 좋기로는 대추나무 목활자로 조판 인쇄하는 것이고 그러면 좀 더 앞당겨서 책이 나올 뿐만 아니라 또한 대량으로 공임과 재료 비용을 절약할 수 있다고 했다. 그는 목판에 새기는 것과 목활자를 자세히 비교한 뒤에 생생한 예를 들었다. 즉 15만 개의 크고 작은 대추나무 목자를 새기고 목조판木槽版(목제홈통판)·네모칸이 있는 빈나무 상자를 첨가하는 데 드는 비용은 전체 은 1,400여 냥이 든다. 게다가 사마천 《사기》 한 부를 새기려면 108만 9천 개의 각자가 필요하며 배나무판 2,675판이 필요하며 이에 공임을 합하면 필요한 은은 1,450여 냥이 된다. 그러나 한 세트의 대추나무 목활자판이 있게 되면 한 번 수고로움으로 영원히 편안하니 각종 서적은 임의대로 간행할 수 있어 얼마나 편안하며, 후에 인쇄하는 것은 그저 한 권의 《사기》일 뿐이다라는 것이었다. 그는 이와 같이 손익을 자세히 계산한 방법으로 건륭을 설득시켰다. 건륭은 그의 상주문을 보고 곧바로 "몹시 좋도다. 이대로 처리하라"고 비준했다. 또 그를 불러 10만여 자를 준비하라고 했다. 다음 해(건륭 39년, 1774) 5월, 크고 작은 대추나무 글자 25만 3,500개를 새기니 실제로 은 1,749냥 1전 5푼을 사용했고, 이와 함께 대추나무, 글자를 늘어놓는 남목조판楠木槽版·작은 갈피[夾條]·검자檢字[42] 배열용

41_ 《청조야사대관淸朝野史大觀》 권3 《조선인입사중국朝鮮人入仕中國》의 기록에 의하면 그의 딸이 후궁이 되어 귀빈으로 책봉받고 김간도 호부시랑에 제수되었다고 한다. 무영전 취진판 정식程式을 만들었는데 상당히 정교했다. 황제가 그를 몹시 신임했기 때문에 대대로 신하가 되고자 했다고 한다. 그런데 어느 학자의 말에 의하면 귀빈이 된 사람은 김간의 딸이 아니라 여동생이었다고 한다. 앞으로 이 김간에 대해서는 더욱 많은 연구가 필요하다.

송목반松木盤·인쇄판을 기계에 맞추는 격자[套版格子]·글자 상자[字櫃]·판상자[版箱]·긴나무 걸상[板凳]등을 포함하여 그 실제 비용은 은 2,339냥 7전 5푼이다. 이렇게 전체를 새롭게 제조한 활판 도구로 《무영전취진판총서武英殿聚珍板叢書》134종[70] 2,389권을 간행했다. 반엽 9행이고 1행에 21자이다. 모든 첫 면 첫째 줄에는 '무영전취진판武英殿聚珍板'이라는 여섯 글자가 있다. 청나라 공현증龔顯曾은 "예원藝苑의 큰 성취라고 할 만하다"고 말했다. 극소수의 고대 및 금·원 저서 이외에는 대부분 송대 사람의 문집·사지史地·의서 등 없어진 책들을 수록하여 학술적 가치가 높고 풍부하다. 모두 연사지連四紙(連史紙라고도 씀)와 죽지竹紙에 인쇄했으며 연사지를 사용한 약 5부에서 12부까지 서적은 전문적으로 궁중 등에 진열하기 위하여 준비한 것이고, 죽지를 사용한 도서는 약 3백여 부 좌우로 정가대로 통행되었다. 이리하여 오늘날 볼 수 있는 것은 거의 모두 황색죽지본이다. 모든 종류의 서적 앞에는 모두 건륭어제의 《제무영전취진판십운시題武英殿聚珍版十韻詩》1수가 있다. 건륭《어제제무영전취진판십운御製題武英殿聚珍版十韻(서가 있음)》[그림 163]은 다음과 같다.

———

《영락대전》안에 기록된 흩어져 있던 책들을 교집하고 천하의 숨겨진 서적들을 찾아냈더니 1만여 종이나 되었다. 이를 모아서 《사고전서》를 만들고, 사람들이 보기 어려운 책 중에서 세상의 도리와 인심에 도움이 되고 연구에 참고 자료가 될 만한 것들을 골라서 나무판에 새겨 간행하고 유통시킴으로써 후학들에게 도움이 되게 하고자 한다. 다만, 종류가 번다하며 나무판에 새기기가 쉽지 않았는데 동무영전사董武英殿事[43]

———

42_ 부수가 분명하지 않은 한자를 쉽게 찾을 수 있도록 전체적으로는 총획수의 순서대로, 부분적으로는 부수의 순서대로 한자를 배열한 것.

43_ 총책임자라는 의미이다.

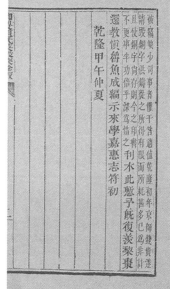

[그림 163-1]　　　　　　　　　　　[그림 163-2]

[그림 163] 건륭어제십운시, 무영전취진판.

김간金簡이 활자법으로 간행하자고 청했다. 나무를 소비하지도 않고 시간도 오래 걸리지 않으며 힘은 덜 들고 일도 빨라서 아주 간편하고 신속했다. 옛날 심괄의 《몽계필담》을 상고해보면 송나라 경력 연간에 필승이 활판을 만들고 진흙으로 글자를 구워 만들었다는 기록이 있다. 육심陸深의 《금대기문金台紀聞》에 '비릉毗陵 사람이 처음 납으로 만든 글자를 사용했는데 목판보다 정교하고 간편했다'고 했다. 이런 것이 모두 활판의 시초가 되었다. 그런데 진흙은 글자체가 거칠고, 납을 녹여 만든 활자는 성질이 물러서 모두 목판의 정교함에는 미치지 못한다. 그래서 단자單字 25만여 자를 새겼다. 설사 수십 수백 종의 책이 있다 해도 모두 가져다가 공급할 수 있었으며, 교감의 정밀함은 이제는 옛날에 말했던 것보다 더 뛰어났다. 다만 활자판이라는 명칭이 그다지 우아하지 못하여 취진聚珍이라 이름을 정하고 이에 시를 지어 기록하노라.

옛일을 돌아보니 사고四庫를 위해 뒤진 책이

다섯 수레나 되었네

판각을 하여 세상에 오래 전하고자 하나

쌓인 판본이 마을에 넘칠 것 같네

당나라 때 서책

양나라 때 글

활자를 만들어

함께 모든 책을 인쇄하려 하네.

정교함은 갈관체鶡冠體를 뛰어 넘고*

수량은 업가鄴架[44]의 장서보다 많도다.

업무가 잘 돌아가니 각자공의 수는 줄었고

효과는 빠른데도 글씨 쓰는 서리書吏가 없으니

그 인쇄법이 표본으로 삼을 만하고

진흙 이겨 글자 만들던 법은 실용적이지 못한 듯하네.

동자銅字를 없앤 옛일이 후회스러울 뿐**

나무를 쪼개고 있는 것이 부끄럽구나.

어찌 다시 목판을 부러워 하리?

그래도 교정은 신중히 하라고 하네

책을 엮어 후세에 배우도록 하니

44_ '업가鄴架'라는 말은 당나라 한유의 〈송제갈각왕수주독서送諸葛覺往隨州讀
書〉라는 시에 나온다. "업후의 집에는 책이 많아[鄴侯家多書], 서가에는 삼만
권의 두루마리가 꽂혀 있다네[架揷三萬軸]"라는 시 구절이 있다. 여기에서 업
후는 즉 당시의 재상 이필李泌을 말한다. 그의 부친 이승휴李承休는 책을 소
장하는 것을 좋아했고 아들이 재상인 관계로 장서가 몹시 많아 3만여 권에 달
했다고 한다. 그는 자손들에게 집에서만 책을 읽고 함부로 밖으로 갖고 나가
지 못하도록 했다. 만일 사람들이 집안에 와서 읽기를 원하면 다 읽을 때까지
집에 있도록 하고 또한 음식까지도 제공했다고 한다. 이승휴가 '업후'에 봉해
졌으므로 이 집안의 장서를 '업가'라고 부르게 되었다.

나의 처음 마음에 부합이 된다네.[45]

_건륭 갑오甲午 중하仲夏(39년, 1774년)

*(원주): 작년에 강남에서 진상한 책 중에 《갈관자鶡冠子》가 있었는데 활
자판이었다. 단지 글자체가 정교하지 못하고 또한 틀린 곳이 많았다.

**(원주) 강희 연간에 《고금도서집성》을 편찬했는데 동활자를 새기어 활
판을 만들었고 조판하여 인쇄를 다 마치고 무영전에 놓아두었다. 오랜
세월이 흘러 동활자는 도둑맞아 없어지고 숫자가 줄어들게 되었다. 담당
자는 자신의 과실이 두려운 나머지 때마침 건륭 초기에 연경에 돈이 귀
하자 동활자를 전부 녹여 동전을 주조하는 데 사용하자고 주청했는데 이
를 따르고 말았다. 얻은 것은 얼마 안 되고 소모한 것은 너무 많으니 이
미 잘못된 정책이었다. 게다가 동활자가 그대로 있었다면 지금 서적을
간행하는 데 일은 반으로 줄어줄고 효과는 배로 늘어나지 않았겠는가?
몹시 안타깝도다.

《만수구가악장萬壽衢歌樂章》 권3 《무영전제취진판武英殿製聚珍版》
시에서는 "나무를 대신한 유래는 사람들이 모두 아는바, 조각하는
것은 아는데 흔적은 판별하지 못하네, 흩어진 것을 엮고 아름답게
모으니 모두 옥이네, 아름다운 보배들을 여기에 합해 놓았다네"라고
했다. 건륭 42년 정유년(1777)에 이 총서를 동남 5성省에 교부하고 아
울러 번각하여 유통하도록 허락했다. 이에 강남·절강·복건·강
서·광동 5성의 관서국에서 차례로 번각했는데 여전히 목판본이고
활자본은 아니었다. 그래서 어떤 책의 겉표지에는 "건륭 정유 9월에
반포하니 칙령을 받들어 다시 판각했다"라는 글이 있다.[71] 건륭 말,

45_ 박철상 번역본 《서림청화》 384~385쪽 참조.

가정 연간에 또 주황周煌의 《속유구국지략續琉球國志略》·《건륭팔순만수성전乾隆八旬萬壽盛典》·《이부칙례吏部則例》 등 8종을 간행했으며 행과 글자수는 《취진판총서聚珍版叢書》본과 달라 세상에서는 이를 '취진판단행본'이라고 한다.

무영전 취진판은 청대 내부內府에서 만든 목활자로 규모가 비교적 컸는데 이는 원나라 왕정王禎의 방법의 기초 위에 발전하고 개량한 것이다. 왕정은 먼저 커다란 판 위에 글자를 새기고 가는 톱으로 이를 잘라냈지만 이때에는 먼저 하나하나 독립된 나무를 만들고 글자모습을 나무에 붙인 후 글자를 새겼다. 왕정이 대나무편을 깎아서 계선을 만들었지만 이때에는 먼저 배나무를 서적모양에 따라서 폭마다 18행격行格[46]선을 새겼는데 이를 투판套版이라 하며 인쇄 시에 먼저 광란격자框欄格子를 인쇄하고 다시 투격套格 안의 문자를 인쇄했다. 이리하여 모든 면마다 네 주변 난欄이 이어지는 곳은 일반 활자본에 남아 있는 그런 이 빠진 곳 같지 않다. 왕정은 작은 대나무쪽을 가지고 판을 눌렀지만 이때에는 종이를 접어서 쪽지를 만들었다. 왕정은 식자판을 돌려가면서 글자를 넣었지만 이때에는 글자궤[字櫃]로 바꾸어 《강희자전》 분류인 자축인묘 등 12간지의 이름에 따라서 12개의 큰 글자함을 차례로 배열해 놓고 매 함에는 서랍을 2백 개를 만들고, 매 서랍은 또 대소 8칸으로 나누어 칸마다 대·소자 각각 4개씩을 넣어 두었다. 모든 서랍마다 어떤 부수, 어떤 글자 및 획수를 표시하여 어떤 서랍에 어떤 글자가 있는지를 알고 그 방법이 익숙해지면 손 움직임에 착오가 없다. 글자 배열에 어떤 글자가 필요할 때 글자를 관리하는 사람에게 소리만 지르면 글자 관리하는 사람은 소리를 듣자마자 곧 그에게 줄 수 있으니 당시에는 "이처럼 검

46_ 책에서 반엽半葉마다 또는 판심版心이 없는 책의 전엽全葉마다의 행수行數와 자수字數를 말한다.

자가 편리하니 배열하는 것이 신속하다"고 여겼다. 대략 대자大字의 책을 배열하는데 한 사람이 하루에 두 판을 조판할 수 있고, 소자小字는 한 판을 조판할 수 있었다. 또 동시에 배열 조판을 하게 되면 어떤 종류의 글자는 중복 출현하는 빈도가 너무 많아 글자 수가 이용하기에 충분치 않을 것을 걱정하여 날짜대로 작업진행관리법을 만들어 잠시 다른 책을 배열하고 목자木字가 제자리로 다 돌아오기를 기다렸다가 원래 책을 배열했다. 인쇄 시에는 만일 날씨가 너무 더워 글자에 먹이 붙어 팽창하면 잠시 일손을 멈추고, 판반版盤에 서늘한 바람을 잠시 쐬어주고 다시 인쇄를 했다.[72] 김간은 사고전서 도서 간행을 처리한 경험을 총결하여 기록하였다. 나무 다듬기[成造木子]부터 시작하여 글자 새기기[刻字], 글자궤[字櫃],[47] 조판槽版,[48] 인터

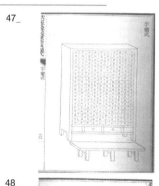

활자판을 거머쥐는 직사각형의 판을 말한다. 남목楠木을 이용해 판을 만드는데 네 귀퉁이는 동판으로 싸서 견고하게 만든다.

라인[夾條][49] 정목頂木,[50] 중심목中心木,[51] 문선 상자[類盤],[52] 투격套格,[53] 활자를 고르고 배열하는 파서擺書,[54] 점판墊版,[55] 교정[校對], 인쇄,[56]

49_ Interline, 활자조판에서 행간에 적당한 넓이를 주기 위해 삽입하는 공목空木.

50_ 정목: 활자인쇄의 조판組版에서 여백 부분을 채우기 위해 짜넣는 것.

51_

중심목: 여러 종류의 공목空木으로 자간 빈틈에 넣는 공간, 큰 공백에 넣는 쿼드, 행간에 넣는 인터라인을 모아 놓은 그림이다.

52_

문선 상자[類盤]

53_ 투격: 괘선罫線이라고도 한다. 글씨를 쓰기 편하도록 괘선이 쳐져 있는 인찰자를 박아내는 판.

조판을 해체하고 유형별로 글자를 되돌려 놓는 귀류歸類,⁵⁷ 작업진행
관리법[逐日輪轉辦法] 등 각각의 조항을 나누어 하나하나 그림과 함께
설명하였다. 이를 취진판 활자를 이용해 인쇄를 했는데 이를 《흠정
무영전취진판정식欽定武英殿聚珍板程式》[그림164]이라고 한다.⁵⁸[그림
164]

54_ 파서: 문장을 이해하고 활자체를 잘 아는 사람이 이 일을 한다. 먼저 원고를
　　배분한 후에 원문에 따라서 그 문장에는 무슨 글자가 몇 개 필요한지를 계산
　　하고 같은 류의 활자를 모아서 따로 기록해 놓는다. 이 기록에 의해 뽑아 낸
　　활자를 문선 상자 안에 넣는다. 그 후 원고를 대조해 가면서 문장에 맞게 인터
　　라인이나 쿼터 같은 공목을 배합하면서 활자를 배열한다. 그리고 작은 종이에
　　무슨 책, 몇 권, 몇 쪽을 기록하여 조판한 활자판을 담은 목판 옆에 붙여서 사
　　용하기에 편하도록 한다. 본문 [그림 164-4] 참조.
55_ 점판: 활자는 규격대로 정확하게 만들었지만 한번 인쇄하고 나면 건습乾濕이
　　고르지 않게 된다. 나무 성질은 아무래도 신축성이 있기 때문에 조판組版이
　　끝난 후에는 고르지 않게 된다. 그러면 글자면이 낮은 글자를 뽑아내 아래에
　　종이쪽을 작게 접어서 끼우면 평평하게 되는데 이 과정을 말한다. 장수민의
　　원서에는 파서와 점판을 한 단어로 처리하였는데 《무영전취진판정식》에 따라
　　각각 설명한다.
56_ 원서에는 이 부분도 교정인쇄로 함께 묶었는데 《무영전취진판정식》에 따라
　　각각 설명한다.
57_ 귀류: 모든 판의 인쇄가 끝난 후에는 조판槽版(조판할 활자판을 담은 목판)
　　안의 활자를 전부 꺼내고 각각의 부수대로 나누어서 점검한 후 문선 상자 안
　　에 넣는다. 그런 후에 문선 상자에서 본래 꺼낸 곳에 채워 넣는다. 활자를 꺼
　　낸 곳에 되돌려 놓을 때는 반드시 원래대로인지를 조사하여 정확하게 틀림없
　　이 되돌려 놓아야만 한다. 이렇게 되면 아무리 많은 활자수라도 그 양만큼만
　　놓이게 된다. 그러나 조금이라도 흐트러지면 빈 곳이 생기게 된다. 《무영전취
　　진판정식》에 의하면 매 해 연말에 한 번씩 문선 상자를 점검하는데 잣수를 계
　　산하는 것만이 아니라 잘못된 글자도 점검하였다고 한다.
58_ 이 단락은 《中國活字版印刷法 -武英殿聚珍板程式》(金子和正 編著, 汲古書院,
　　1981년), 《四庫全書朝鮮史料의 研究》(卜麟錫 저, 영남대학교 출판부, 1977
　　년), 《四庫全書》(렌트 가이 지음, 양휘웅 옮김, 생각의 나무, 2008년)를 참고
　　하였다.

槽口爲度是槽深三分則木子亦淨寬三分厚分數
既得再用木槽一個其法如前中挖之槽只寬三分而
深用七分將木子豎排于槽內錄之平槽口則得直長
之數凡大木子每個厚二分八釐寬三分直長七分其
小木子厚長分數皆與大木子相同而寬只二分將前
槽深三分者另製深二分木槽一個仄排錄之即得但
用錄必須輕捷若沈著太過恐錄齒致損槽口仍于錄
完後用銅製大小方漏子二個中空分數與大小木子
相符將木子逐個漏過自無不準之弊矣

[그림 164-1] 건륭 39년(1774) 《무영전취진판정식武英殿聚珍版程式》에 실린 목활자인쇄법, 성조목자도成造木子圖

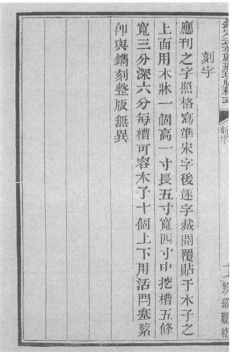

應刊之字照格寫準宋字後逐字裁開覆貼于木子之
上面用木杴一個高一寸長五寸寬四寸中挖槽五條
寬三分深六分每槽可容木子十個上下用活門塞緊
卬與鑴刻整版無異

[그림 164-2] 건륭 39년(1774) 《무영전취진판정식》에 실린 목활자인쇄법, 각자도刻字圖

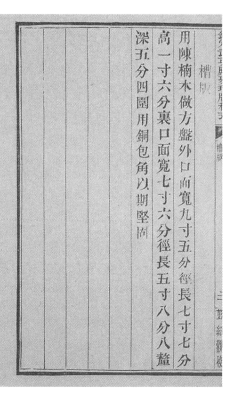

槽版圖

槽版

用陳楠木做方盤外口面寬九寸五分徑長七寸七分
高一寸六分裏口面寬七寸六分徑長五寸八分八釐
深五分四圍用銅包角以期堅固

[그림 164-3] 건륭 39년 《무영전취진판정식》에 실린 목활자인쇄법, 조판도槽板圖

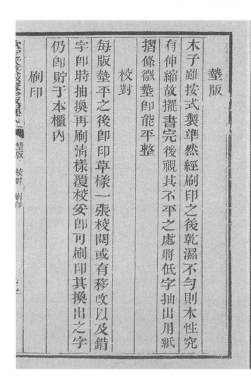

擺書圖

擺版

木子雖按式製準然經刷印之後乾濕不勻則木性究
有伸縮故擺書完後覩其不平之處將低字抽出用紙
摺條微墊卽能平整

校對

每版墊平之後卽印草樣一張校閱或有移改以及錯
字卽將抽換再刷清樣覆校妥卽可刷印其換出之字
仍卽貯于本櫃內

刷印

[그림 164-4] 건륭 39년 《무영전취진판정식》에 실린 목활자인쇄법, 파서도擺書圖

이처럼 왕정의 《조활자인서법造活字印書法》에 비해 더욱 구체적으로 상세하게 설명을 하고 있는데 이 책은 중국 활자인쇄사에 있어 중요한 문헌으로 독일어·일어·영어로 차례로 번역되었다.

무영전취진판은 그 명칭으로 뜻을 생각해 볼 때, 마땅히 북경 고궁 서화문西華門 안의 무영전이 확실하다. 그리고 《흠정일하구문고欽定日下舊聞考》권70에 "건륭 38년 봄에 활자판을 만들고 취진이라는 이름을 하사했으며 인서국은 서화문 밖 북장가로北長街路 동쪽에 있었으며 여러 책을 인쇄했으니 이 일 역시 예속되었다"고 되어 있다. 이 관서官書의 기록은 믿을 만하다. 무영전취진본은 목활자이므로 《무영전취진판정식》에 기록된 것은 이미 상술한 바와 같고 몹시 정확하다. 또 청나라 요원지姚元之의 《죽엽정잡기竹葉亭雜記》등의 책에도 기록된 것 역시 대부분 비슷하다. 오직 오진역吳振棫의 《양길재여록養吉齋餘錄》에서 "건륭이 동을 주조하여 글자를 만들고 이를 취진판이라 이름지었다"고 했는데 건륭은 근본적으로 동활자를 주조한 적이 없으므로 이는 당연히 잘못이다. 이 진귀한 목활자는 무영전 내에 오래도록 보관되었었는데 충분히 이용하지를 못했다. 후에 당직을 서는 근무병들이 이를 가져다가 군불을 땠으니 일찌감치 없어졌다.[73]

《흠정무영전취진판정식欽定武英殿聚珍版程式》(건륭 41년)에서 간단하고 행하기 쉬운 인쇄방법을 소개한 이후부터 각지의 관아와 개인들은 분분히 이를 모방했으니 소위 "위에서 좋아하면 아래에서는 반드시 더욱 심하다"는 말처럼 되었다. 강녕번서江寧藩署·오문절서吳門節署·진주군서陳州群署·사천제서四川提署·검남무서黔南撫署·정주관서汀州官署·영화현서寧化縣署 등 지방 관아에서는 모두 활자를 이용하여 책을 간행했지만 인본이 모두 많지 않다. 동치 광서 연간에 각 성에서는 차례로 관서국官書局이 설립되었고 경전과 역사서를 판각하니 많은 것은 수백 종에 이른다. 어떤 사람은 전부 판각판이라고 여기지만 사실 활자판이 적은 것은 아니다. 예를 들면 금릉서국은 동치연간에 《양한간오보유兩漢刊誤補遺》·《삼국지주三國志注》·《사성운편史姓韻編》·《오학록초편吾學錄初編》 등을 간행했다. 광서 연간에 강남서국에서는 《주역절충周易折衷》을 간행했으며 강서관서국에서는 왕개운의 《모시보전毛詩補箋》을 간행했다. 또 상주의 곡수서국曲水書局은 실제로는 안휘성의 관서국으로 동치 연간에 환皖사람 왕훤汪烜이 지은 경학 저서 《역경전의易經詮議》·《효경장구孝經章句》 등을 간행했다.

청대 서원도 명대 서원처럼 어떤 곳에서는 활자를 이용해 책을 간행했다. 건륭 말에 안휘성 무원婺源(지금은 강서성에 속함)의 자양서원紫陽書院에서 훈장 주홍周鴻의 저서 《무원산수유기婺源山水遊記》를 간행했다. 광서 연간에 호북의 양호서원兩湖書院에서는 《김정희연보金正希年譜》를 간행했다. 또 청말의 학교인 강소고등학당江蘇高等學堂·존고학당存古學堂·강서무군학당江西撫郡學堂에서도 모두 목자를 이용해 간행했다. 그러나 각지 사원에서 활자를 사용하여 경전을 간행한 것은 아직 발견되지 않고 있다.

청대에 개인의 목활자는 더욱 성행했으며 사대부들은 자신과 친족의 이름을 드날리고 선조들을 표창하기 위하여 종종 자체적으로 활자를 제작하거나 활자를 빌리거나 구매하여 자신과 선조의 저서 혹은 현지의 문헌을 간행했다. 가경 연간에 성도成都의 용만육龍萬育은 봉록을 절약하여 활자를 만들고 장인에게 시킨 일을 마쳤을 때 기쁜 나머지 변체문으로 《방간취진판공기仿刊聚珍板恭記》를 지어 다음과 같이 말했다. "식사를 물리고 난 여가에 교정을 보고, 판각을 하는데 손상이 쉽지만 농사 지으면서 받는 깨끗한 봉록, 이로써 서천西川 인사들은 홀연히 낭환복지嫏嬛福地[59]를 거닐게 되었네. 하늘에는 동벽東壁에 도서부圖書府[60]가 있으니 크고 작은 도움을 줄 수 있기를 바랄 뿐이다"고 했다. 그는 또 자신이 가경 14년(1809)에 고염무의 《천하군국이병서天下郡國利病書》를 인쇄하고 1년이 지나 120부를 다시 인쇄했다. 도광 10년(1830) 고향으로 돌아가서 이전에 인쇄한 것은 일찌감치 없어지고 또다시 판각할 여력은 없어 다시 한 번 더 인쇄했다고 한다. 겉표지에는 타원형으로 '부문각취진판敷文閣聚珍板'이라는 도장이 찍혀 있다. 가경 16년(1811), 그는 또 청나라의 지리학자인 고조우顧祖禹의 명저 《독서방여기요讀書方輿紀要》를 간행했는데 매 쪽의 판심에는 '부문각'이라는 석 자가 새겨져 있다. 포세신包世臣은 "근세에는 사천의 용씨가 감숙에서 《방여기요方輿紀要》를 조판組版 인쇄했고, 호남의 나씨가 섬서에서 《군국이병서郡國利病書》를 조판했다. 권수가 쌓여 수척이 되었으나 전판全板의 완전함에는 못미쳤다"고 했다. 사천 용씨는 즉 위에서 말한 용만육이다. 포세신이 말한 감숙에서 조판했다는 것은 가경 16년에 용만육이 바로 감숙 공진계도鞏秦階道의 도대道台[61]로 임직했기 때문이다. 후에 용만육의 활자는 촉남의 동화서옥桐華書屋 설씨薛氏에게로 넘어갔는데 빠진 글자가 많고 너무 오래되어 희미하여 설씨가 다시 보수하고 보충했다. 동치 광서 연간에 진강晉江의 가노柯輅는 자체적으로 활자판 1부를 제작

59_ 원나라 이사진伊士珍의 《낭환기琅嬛記》에 다음과 같은 글이 있다. "장화張華가 궁에서 노닐다가 어떤 사람을 만나 그가 이끄는 곳으로 갔더니 또 다른 세계였다. 모든 방마다 기서奇書들로 가득 차 있어 살펴보니 모두 한나라 이전의 일이었고 대부분 들어보지 못한 일이었다. 이리하여 물어보니 '이곳은 낭환복지瑯嬛福地'라고 대답했다" 즉 낭환은 천제天帝가 책을 수장한 곳이라는 뜻이다.

60_ 동벽東壁은 천상에 있는 도서를 보관하고 있는 곳이라고 한다. 당나라 장열張說의 시에 "동벽에 도서부가 있고, 서쪽 정원에 한묵림이 있네(東壁圖書府, 西園翰墨林)"라는 구절이 있다.

61_ 청 건륭 연간에는 지방장관을 모두 도원道員이라 했고, 속칭으로는 도태道台, 존칭으로는 관찰觀察이라고 했다.

하여 자신의 여러 서적들을 인쇄했다. 또한 여러 기이한 서적들을 인쇄했다. 자손들이 가난해지자 활자들을 땔감으로 써 버렸다.[74] 공현증龔顯曾은 "오군吾郡(천주泉州)의 각자공은 거칠고 졸렬한데 자판은 더욱 심하다"고 했다. 공현증은 스스로 한 벌을 제작하여 고향 현인들의 저술을 《역원자판서亦園子板書》라 하여 14책으로 인쇄했다. 또 진강 사람 황조념黃祖念의 매석산방梅石山房과 복건사람 임씨도 모두 취진목판이 있으며 글자는 금체자今體字다. 장락長樂사람 진경환陳庚煥은 자신의 저서 《척원초고惕園初稿》가 오래되어 산실될까 걱정하여 취진판을 빌려서 이를 인쇄했다. 복건 지역에서 개인들이 가지고 있던 목활자가 소수가 아니었음을 알 수 있다. 한양 섭씨는 호씨 것을 빌려 섭명풍葉名灃의 《돈숙호재시속편敦夙好齋詩續編》을 조판 인쇄했는데 반달 만에 모두 완성했다.[75] 저명한 장서가 장금오張金吾는 무석에서 10만여 활자를 얻어 자신의 저서 《애일정려장서지愛日精廬藏書志》를 조판 인쇄했고 또 송나라 이도李燾의 사학 거작 《속자치통감장편續資治通鑑長編》520권을 인쇄했는데 16개월에 걸쳐 120책을 간행했다. 목록 앞에는 "가경 기묘(1819) 중하仲夏[62]에 해우 사람 장씨가 애일정려에서 간행했다[嘉慶己卯仲夏海虞張氏愛日精廬印行]"라는 큰 패자가 있는데 글자체가 획일되고 가지런하다. 청나라 초기에 영남 수경당壽經堂 활자로 송나라 진량陳亮의 《진동보집陳同甫集》을 간행했다. 외국인의 기록에 의하면 태평천국 후에 광동의 어떤 지현知縣에서 1천 원도 안 되는 돈을 출자하여 아름다운 목활자 36만 개를 새기었으며 자체는 대소大小가 있어 제임스 레기(James Legge, 1815~1897)[63]가 경서를 번역한 것처럼 모든 경서를 번각할 준비를 했

62_ 여름의 두 번째 달, 즉 음력 5월을 말한다.
63_ 중국어 표기는 理雅各이다. 근대 영국의 저명한 한학자이다. 홍콩 영화서원 교장을 역임했으며 런던 선교회 선교사다. 그는 체계적으로 중국 고전 경전을

다고 한다.[76] 그의 목활자는 무영전의 대추나무 글자보다 11만자가 더 많으며 조선의 황양목 활자보다도 4만여 자가 더 많아[64] 중국목활자의 수량면에서 신기록을 세웠다. 그러나 그의 인본은 그 자신의 성명마저도 고증할 수가 없다. 육안六安의 조씨晁氏는 대총서《학해류편學海類編》을 인쇄했는데 주로 보기 힘든 책들로 비교적 학술적 가치가 있다.

또한 영업적인 서점도 적지 않은 곳에서 목활자를 사용하여 도서를 간행했다. 북경의 용위각龍威閣 · 선성당善成堂 · 영금서방榮錦書坊 · 취진재聚珍齋 같은 곳이 있고 유리창의 반송거사半松居士 등은 모두 서적을 조판 인쇄했다. 그중에 융복사가隆福寺街 동구로東口路 남쪽에 있는 취진당聚珍堂이 가장 유명했다. 이 점포는 동치 연간 내무부 만주족 장씨 성을 가진 사람이 열었는데 장씨 집에는 옛 도서가 여러 방에 가득했고 서점에 가득 재물이 있었다. 장인을 고용하여 목활자를 약간 새겨서 활자로 사용하여 자주 볼 수 없는 책을 두루 인쇄하고자 했으나 후에는 통속소설을 많이 인쇄했다.

광서 5년(1879)에 간행된《예국신편藝菊新編》목록 뒤에 부록으로 취진판서목 12종이 있다. 7년(1881)에 인쇄한《극락세계전기極樂世界傳奇》제8책 말미에 부록으로 취진판서목《홍루몽》요원지姚元之 등 16종이 있다.[77] 모든 종마다 아래에 투수套數와 본수本數를 주로 명기했으나 정가는 없으니 이는 중국 초기에 게재된 활자본 광고이다.

연구하고 번역한 사람이다. 1861년부터 1886년까지 25년 동안《사서》·《오경》등 중요한 전적들은 전부 번역했으니 모두 28권이다.

64_ "조선의 황양목 활자보다 4만여 자가 더 많다"고 하였으니 32만 자이므로 생생자生生字를 말한다. 생생자는 1792년(정조 16) 규장각에서 정조의 명을 받아 만들었다. 청나라의 사고전서취진판식을 본떠 강희자전자康熙字典字를 자본字本으로 황양목으로 만들었다. 정확한 활자수는 여러 가지 설이 있지만 대략 32만여 자로 보고 있다.《한국고인쇄자료도록韓國古印刷資料圖錄》(한국도서관학연구회 편저, 선문출판사, 1976년) 125쪽 참조.

21년(1895) 취진당에 불이 나서 목활자는 모두 잿더미가 되어 버렸다.[78] 청말에 북경의 책을 간행하던[刻書鋪] 문해재文楷齋에서는 목판인쇄 외에 목활자 인쇄도 했다. 남방의 소주서방에서는 일본사람이 편찬한《일존총서佚存叢書》를 인쇄했고 소주 문학산방文學山房은 청말민초에 송나라 목활자를 모방하여 적지 않은 책을 출판했다. 상소常昭 배인국排印局에서는《통감론》을, 동성桐城 오대유당서국吳大有堂書局에서는 건상본《유해봉문집劉海峰文集》을, 정주汀州 동벽헌東壁軒 활자인서국活字印書局에서는 여사홍黎士弘의《탁소재집託素齋集》 및《인서당필기仁恕堂筆記》를 간행했다. 소위 취진당・배인국・활자인서국 같은 곳은 이미 명실상부한 활자 인쇄 서점이 되었으며 서적상들의 간판이 정식으로 출현했다. 또한 소주 명사인 왕도王韜가 상해에 여행 와서 거하고 있을 때 목질활자를 이용하여 도원서국韜園書局을 설립했다. 자신의 모든 저서 30여 종을 인쇄하면서 책도 팔 심산이었다. 어떤 책은 비록 이미 인쇄가 되었지만 팔리지는 않아 자금 회전이 잘 안되어 하는 수 없이 문을 닫는 수밖에 없었다.

황천璜川의 오지충吳志忠이 가경 16년 오대 구광정邱光庭의《겸명서兼明書》・원나라 내현迺賢의《하삭방고기河朔訪古記》・《낙양가람기》를 인쇄했다. 다음 해 주린서朱麟書의 백록산방白鹿山房에서는《중오기문中吳紀聞》・고사손高似孫의《위략緯略》을 인쇄했다. 북경 유리창의 반송거사는《남강역사南疆繹史》・《흉익고凶謚考》・《남략南略》 18권・《북략》 24권을 간행했다. 유운거사留雲居士는《명계패사明季稗史》 16종 27권을 인쇄했다. 강하江夏 사람 동화예童和豫의 조종서옥朝宗書屋에서는 명나라 엄연嚴衍의《자치통감보資治通鑒補》 294권, 송나라 원추袁樞의《자치통감기사본말》 42권, 명나라 진방첨陳邦瞻의《송사기사본말宋史紀事本末》 26권,《원사기사본말》 4권, 곡응태谷應泰의《명사기사본말》 86권, 마숙馬驌의《좌전사위左傳事緯》 12권 부록 8권,《진사왕집陳思王集》 10권을 간

행했다. 이상은 모두 《서림청화》 권8에 있다.[65]

이외에도 개인인지 서방출판자인지 구분하기 어려운 것이 있는데 가흥의 왕씨 신방각信芳閣, 영파의 문칙루文則樓, 상주의 사씨서운당 謝氏瑞雲堂과 휘진루彙珍樓, 무석의 예문재藝文齋, 양계梁溪의 문원각文 苑閣, 소주 서씨徐氏의 영분각靈芬閣과 착악산방窄萼山房, 남경의 권유 각倦遊閣과 의춘각宜春閣, 산동의 아감재雅鑒齋, 영남의 수경당壽經堂 등이 있다. 요컨대 청대 직례(지금의 하북)·산동·하남·강소·절 강·안휘·강서·호북·호남·사천·복건·광동·섬서·감숙 등 14성에 이미 각각 활자인본이 있었다.

청대 목활자인본은 족보 외에도 현재 전해오는 것이 약 2천여 종 이 있지만 목판에는 훨씬 미치지 못한다. 또 활자인본 수량 역시 일 반적으로 판각본보다 적고 어떤 것은 겨우 몇 부(《전신지錢神志》 같은 경우)만 인쇄한 것도 있고, 어떤 것은 두루뭉술하게 "약간 부만 인쇄 했다"(《한지집寒支集》 같은 경우)고 하거나, 혹은 약간 부만 인쇄했다 (《수응재집修凝齋集》 같은 경우)고 하는데 많아보았자 10부 혹은 1백여 부 인쇄했을 뿐이다. 활자본은 대부분 국가도서관에 소장되어 있고 천진도서관에도 7백 종이 있는데 대부분 주숙도周叔弢가 이전에 소 장했던 것들이다.

목활자본은 공임 및 정가를 명기한 것이 비교적 적으며 상주에서 간행한 《역경여화易經如話》만이 뒷면에 나무도장으로 "백련지白連紙 및 글씨 쓰고 교정본 비용이 매 편당 본 가격이 은 3리厘이고 장정한 매 질의 본 가격은 은 1푼이다"고 되어 있다. 도광본 《안오사종安吳 四種》에는 "발방취치發坊取值, 주제일류朱提一流"라는 대주인大朱印이 찍혀 있다. 필자의 생각으로 주제朱提는 은의 무게인 8량八兩을 일류

65_ 번역본 《서림총화》 386쪽에는 위의 원나라 내현迺賢이 원내현元乃賢으로 되 어 있다. 迺는 乃의 이체자이다. 내현의 호가 하삭외사河朔外史이다.

一流로 한 것 같다. 《제리명대인문략帝里明代人文略》에는 "매 부의 노임은 은 6량이다"라고 작은 나무도장의 주인이 찍혀 있다. 또 어떤 것은 선물할 겸 매매한 것으로 예를 들면 가경 10년 주병감周秉鑑의 이안서옥易安書屋에서는 《보리일시甫里逸詩》 1백 부를 인쇄했으며 50부를 사방에 선물로 보냈고 50부는 팔았는데 가격은 은 1전이었다.

청대 목활자는 서적 인쇄 이외에 또 신문지를 인쇄했는데 이는 명숭정 10년(1638) 이후의 방법이다. 원동袁棟은 "근일에 《저보邸報》는 종종 활판을 이용하여 인쇄하는데 여러 차례 인쇄하고 여러 차례 바꾸느라 부득이 내고는 있지만 오류가 많으니 용서를 바란다"고 말했다. 건륭 초년에 이와 같았는데 청말에 이르러도 역시 이와 같았다. 북경의 저보에 관해선 19세기에 여러 외국인의 주의를 끌었는데 그들의 기록에는 종종 목활자를 이용하여 인쇄한 《경보京報》가 나오는데 소위 Peking Gazette이다. 제임스 다이어 벨(James Dyer Ball, 1847~1919)[66]은 백양목 혹은 버드나무 활자를 이용하여 인쇄했다고 여겼다.[79] 《경보》에는 상유上諭, 주절奏折, 관리들의 승진과 이직, 어떤 관리의 사은謝恩, 어떤 관리의 휴가 등밖에 없으며 단지 통치계급 내부에 참고용으로 제공되는 것으로 발행 수량은 많지 않았다. 그 형식은 도서형식의 작은 책자로 얇은 죽지竹紙에 매일 2~3쪽이고 많으면 6~7쪽이었다. 글자체는 크지 않고 크기도 통일되지 않았으며 행과 글자도 들쭉날쭉하며 먹색의 농담도 균일하지 않고 거의 모든 페이지마다 틀린 글자가 있었다. 겉에는 황색의 얇은 종이에 나무도장으로 '경보京報'라는 두 글자의 주인朱印과 모모某某 신문사報房라는 글귀가 있었다. 현재 볼 수 있는 비교적 초기 것으로는 동치 《경보》가 있다. 데이비스(J. F. Davis, 1795~1890)[67]는 북경에는 또 다른 《홍피역서

66_ 중국어 표기는 波乃耶이다.
67_ 중국어 표기는 德庇時이다.

紅皮曆書》가 있는데 계절마다 출판하며 각 부처의 관리 등급을 열거한 것으로 어느 때는 단지 한두 사람의 이름만 바꾸는데도 역시 활자를 이용해 인쇄했다고 한다.[80] 홍피역서라는 것은 실제로는 북경에서 출판한 《진신록搢紳錄》을 말하며 즉 당시 중앙 및 지방정부의 직원명부로 책의 겉표지를 붉은 종이로 장정했기 때문에 이렇게 칭하게 되었다. 홍피역서는 또 홍면서紅面書라고도 한다. 강희 연간에 북경 사대부의 책상머리에는 세 권의 책이 있었으니 바로 홍면紅面, 황면黃面, 흑면黑面이다. 홍면이란 진신搢紳이고, 황면은 역서曆書이고, 흑면은 신문을 말한다.[81] 그런데 홍면과 흑면은 모두 목활자인이다.

광서 21년 8월 유신파 인사가 북경에서 목활자를 이용하여《만국공보萬國公報》라는 간행물을 발행했고 후에 이를 《중외기문中外紀聞》, 또는 《중외공보中外公報》라고 바꾸었다. 이틀에 1책씩 발행했으며 형식은 《경보》와 비슷하다. 책마다 논설 1편이 있고 매기 1~2천 부를 인쇄했으며 《경보》와 함께 왕공 대신 댁으로 배달되었다. 그러나 겨울에 청 정부에 의해 봉쇄당했다. 24년 무석에서 《백화보白話報》를 5일마다 발행했는데 목활자에 모변지毛邊紙를 사용하여 인쇄했다.

목활자 족보

중국은 고대에 문벌門閥을 중시했으므로 보첩학譜牒學이 몹시 성행했지만 수당隋唐 및 그 이전의 보첩은 이미 산실되었다. 족보族譜[68]는 원명시대에 흥기하여 청대에 대성행했고 각종 명칭이 출현했는데 종보宗譜·가보家譜·가승家乘·대종보大宗譜·소종보小宗譜·세보世譜·과질보瓜帙譜 등의 명칭이 있다. 통보統譜·통보通譜·합보合

68_ 원서에는 가보家譜로 쓰여 있다. 중국에서는 가보라는 말을 더 자주 사용하고 서명書名에도 자주 쓰이므로 서명에서는 그대로 가보라 했지만 일반적인 경우는 한국에서 더 자주 쓰이는 족보로 했다.

譜‧전보全譜‧대동보大同譜는 종종 같은 성씨 여러 족을 하나로 편찬한 것이다. 근보近譜‧지보支譜‧방보房譜는 범위가 비교적 적어 일방일파一房一派를 말한다. 가장 통용되는 것은 족보와 종보 두 명칭으로 주로 목활자를 이용해 인쇄했다. 족보는 봉건시대의 산물이며 내용은 한 성의 혈통 연원을 기록한 것에 불과하지만 한 가정의 선조의 훈시‧가법家法‧족규族規와 사당 혹은 의장義莊[69]의 규칙, 세계世系의 도상圖像‧전기傳記‧축수 문장이나 격려의 말, 개개인의 출생과 사망 연도와 날짜, 무덤과 선영에서 나오는 소출, 제의와 제품 혹은 부록으로 선조의 저서와 시문도 있다. 이런 한 집안의 문헌은 보기에는 쓸모없는 것 같지만 적지 않은 진수를 보존하고 있어 정사正史 및 지방지의 부족한 점을 보충해주어 중국 안팎의 민족 이동, 인구통계, 사회풍속, 문학과 역사 등을 연구하는 데 적지 않은 진귀한 자료를 제공해준다. 족보와 지방지는 중국 사학 내의 2대 거대한 흐름으로 하나는 가족사고 하나는 지방사다. 우리는 이미 지방지의 중요한 가치에 대해서 알고 있지만 족보의 이용에 대해서는 아마 지금이 시작단계인 듯하다. 이엄李儼 선생은 명 융경각본《휴녕솔구정씨속편본종보休寧率口程氏續編本宗譜》에 의거하여 명나라 산학가算學家인 정대위程大位의 생년월일을 찾아냈다. 오랜 친구 섭국경葉國慶 교수는《임이가보林‧李家譜》에 의거하여 명나라의 대사상가 이지李贄의 본성이 임林씨고 이름은 임재지林載贄라는 것을 알아냈다. 이지의 웃대에서 페르시아만 지역인 호르무즈(Hormuz)의 여인을 아내로 받아들였으며 아버지와 할아버지는 모두 회교를 믿었으니 이리하여 그가 전통적 유교를 반대한 것은 자연스러운 일이었다. 필자는《화씨종보華氏宗譜》와《규천황씨종보虬川黃氏宗譜》에 의거하여 명대 동판

69_ 옛날에 문중 사람을 구제하기 위한 전담과 장원.

으로 책을 인쇄한 화정華珵·화수華燧·화견華堅·화경華鏡 및 명대 휘파 판화 각자공인 황덕시黃德時와 황응광黃應光 등 30여 명의 가계와 친족관계를 알게 되어 과거 사람들이 멋대로 추측했던 착오를 바로잡을 수 있었다. 또한《교산안황씨가보膠山安黃氏家譜》에서는 명대의 유명한 출판가인 안국安國의 화상과 그의 시집을 볼 수 있었다. 《강음등씨가보江陰鄧氏家譜》에 의거해서는 강음 등씨가 명 영락 연간에 교지交阯에서 이사왔음을 알게 되었고 그 웃대 선조는 안남安南의 이조태조인李朝太祖인 이공온李公蘊임을 알 수 있었다. 원 대덕大德 연간 무주婺州 호씨 족보에는 "영강永康 시조인 종부공宗夫公이 성안의 총계방叢桂坊에서 사셨다가 방암산方岩山에 장사지냈다. 홍일興逸·중일仲逸 두 아드님이 있었다. 2세조인 홍일공興逸公은 자가 수授이고 연주演州 군수로 포돌泡突에 거하셨고 지금의 자손에 이르니 3백여 년이 되었다. … 2세조인 중일공仲逸公은 일찍이 요절하셨는데 칙則이라는 아드님 하나가 있고 이분의 자는 자정子正이다"라는 글이 있다. 호칙胡則이 바로 호공대제胡公大帝다. 해외 교포들은 복건과 광동의 족보에서 각자 자신들의 뿌리를 찾았다. 필자는《첨산장씨종보瞻山張氏宗譜》에 명나라 장방신張邦信(僉事公)의《백산시고白山詩稿》와 또 신해혁명 중 항주를 광복하는 데 큰 공을 세운 장백지張伯岐의 혁명사료를 넣었다. 이런 것들은 모두 정사와 지방지에서는 찾을 수 없는 것들이다. 손중산孫中山도 "(집안의) 사업이나 문장을 전할 수 있는데 관방의 역사가 혹 갖추어지지 않아도 오로지 가승家乘만은 상세하다"고 했다. 휘주徽州의 정程·왕汪 두 성씨는 "수많은 사람이 아직 흩어지지 않고, 천년의 족보가 전혀 중단된 적이 없다"고 할 정도니 어떻게 나쁜 것은 걷어내고 좋은 것은 남기며, 영화로운 것을 함축하고 진부함을 신기로운 일로 하는 일은 단지 운용의 묘에 있을 뿐이다.

과거 종법사회에서는 혈통관계를 중시하여 타성이 종족을 문란하게 하는 병폐를 방지하고자 족보가 밖으로 새나가지 못하도록 족보속에 대부분 명문으로 규정했다. 선조의 영혼이 그 속에 있기 때문에 그래서 친척이나 친구들도 빌려볼 수 없었고 자손 대대로 세습되어 소중히 보존되어 집안 대대의 보물로 여겨졌다. 그래서 "만일 보관에 신중치 못하여 부패하고 벌레가 먹으면 종족의 벌을 받는다"는 규정도 있다. 불초 자식이 아니라면 족보가 밖으로 흘러나가는 경우는 극히 드물어서 구매하기도 힘들었다. 1949년 이전에 북경도서관에 소장된 족보는 겨우 3~4백 종이어서 일본, 미국이 소장하고 있는 것에 훨씬 못미쳤다. 외국인들은 일찌감치 족보의 중요성을 알고서 비싼 값을 아까워하지 않고 옛날 북경시장에서 다투어 구매하니 가격이 폭등하여 오히려 중국인들은 살 수 없었다. 1949년 이후에 필자는 북경도서관(지금의 국가도서관) 측에 대대적으로 구매해야 한다고 건의했고 그래서 당시에 많이 구매했는데 기존에 있던 것과 새로 구매한 것을 어림잡아 합하면 약 2천 종쯤(1200종은 활판을 이용했음)이 된다. 다른 도서관과 외국에 흩어져 있는 것을 합하면 대략 5~6천 종은 될 것이다. 중복된 것을 제외하면 약 3~4천 종은 될 것이다.[82] 국가도서관 소장은 필사본·각본刻本·연인鉛印·석인본石印本이 있고 그중 청대 목활자본은 약 5백여 종이 있다. 건륭·가경 연간에는 각각 약 20종, 도광·동치 연간에는 각각 약 45종, 함풍·선통 연간에는 각각 약 10~20종, 광서 연간에 간행된 것이 가장 많은데 약 3백종이 된다. 민국에 들어와서도 여전이 3~4백 종이 되는데 목활자를 사용해 인쇄된 것이다. 청대 족보의 성씨는 백가성을 넘어 약 2백여 성씨이었으며 그중 가장 많은 성은 장張·왕王·이李·진陳·유劉·오吳 성이다. 복성이나 이상한 성은 비교적 적었고 소수민족 성씨도 있다. 청대 목활자 족보는 강소·절강·안휘·강서·호남·호북·사천·복건 등 성에 분포되었고 북방의 각 성은 보첩도 적고 또한 목자를 사용한 인쇄도 없었다.

청대 목활자 족보는 강소 절강 두 성이 압도적인 수를 차지하고 두 성에서도 특히 이전의 절강 소흥부와 강소성 상주부가 가장 많다. 이 지역은 같은 씨족끼리 모여 살아 족권族權이 발달하여 거의 마을마다 사당이 있고 모든 성마다 족보가 있다. 소흥부에는 8현이 있는데 현마다 모두 족보가 있고 특히 필자의 고향인 승현嵊縣과 산음 회계(지금의 소흥)에는 각각 2백 종[83] 내외가 있으며 소산蕭山 85종, 여요餘姚·상우上虞·제기諸暨에 각각 약 수십 종이 있어 통계로 볼 때 약 6~7백 종에 가깝다. 소흥 일대는 전문적으로 족보 인쇄에 종사하는 노동자가 있었는데 이들을 속칭 '보장譜匠' 혹은 '보사譜師'라고 한다. 그중 승현의 보사는 청말에 1백여 명으로 많았다. 매번 추수가 끝난 후 그들은 글자 보따리를 메고서 소흥이나 혹은 영파 일대의 마을로 가서 족보를 만들었다. 그들 글자보따리의 목활자를 목인木印이라고도 하는데 겨우 2만여 자에 대소의 두 분류만 있었으며 배나무로 깎은 송체자를 이용했다. 없는 글자가 있으면 임시로 보충하여 글자를 새기고 글자를 놓는 쟁반[字盤]은 주로 삼나무로 만들었고 대쪽편을 이용하여 평평하게 했다.

승현 보장譜匠들은 장기간 일을 하다보니 글자배열을 더욱 좋고 더욱 빠르게 하기 위해 상용자쟁반과 벽자僻字쟁반으로 나누었는데 이를 내반內盤과 외반外盤이라고 한다. 내반에는 자주 쓰는 황제의 연호, 천간지지, 연월일시, 장유유서나 남녀, 휘자와 호나 항렬, 결혼과 징지, 일·이·삼·사 … 등 숫자와 지之·호乎·자者·야也 등의 허자虛字 등을 놓아두었다. 외반에는 기억하기 쉽도록 "군왕입전당君王立殿堂, 조보진순량朝輔盡純良 … 등의 5언시 28구[84]로 편성해 놓았다. 또 한자 부수의 머리나 발, 편방偏旁이 같은 글자는 시구의 매 글자 아래에 배열했으니 예를 들면 君(群)王(弄理聖王)立(産端)殿(殿殳)堂(尙堂)처럼 배열하여 시구를 외우기만 하면 검자檢字가 비교적 신속해졌다. 이렇게 하니 무영전의 글자궤와 다르고 또 왕정의 윤전식 자판과도 달라 문자배열에 있어 자전 부수의 일반적인 규칙을 넘어섰다. 오늘날에는 비록 이 시구를 진부한 내용 때문에 싫어하지만 그러나 그들의 혁신적인 정신은 본받을 만하다. 그들은 5~6명 혹은 7~8명이 한 반으로 조직되어 그 안에서 각자刻字·도상圖像·글자배열·인쇄·잔심부름으로 나누어 작업했고 포두包頭(관리책임자)가 총괄했다. 업무일정은 부탁한 가족 구성원 숫자의 많고 적음과 족보 자료의 많고 적음에 따라 정했는데 적으면 한두 달 안에, 많으면 너댓 달, 혹은 반년에 완료하였다. 영파에 속한 은현鄞縣·자계慈溪·진해鎭海·봉화奉化 역시 보첩이 유행했고 태주·금화·구주衢州가 그 다음에 속하고 절서浙西가 또 그 다음이다.

강소는 상주常州·무석일대가 가장 성했다. 청대 족보가 가장 많은 지역은 비릉毗陵·진릉晉陵·연릉延陵·양호陽湖(모두 상주에 속함)·무진武進·상주로 약 1백종이 있다. 석산錫山·양계梁溪·금궤金匱(모두 지금의 무석)·무석으로 이름 있는 것은 50종이 있다. 청대 상주 족보 중 우연히 발견된 것 중에 동활자로 간행된 것이 있는데 열 중에 아홉은 역시 목활자를 사용했으며 게다가 상주의 식자공이 청대에는 가장 유명했다. 포세신은 "상주활판의 글자체는 아주 크고 작업이 정결하니 족보를 편찬할 수 있다. 그 사이에 선비들의 시문집도 있으며 근자에 또 《무비지武備志》를 조판하여 장관을 이루었다. 자획을 강구하고 행격行格을 편성하니 정밀하지 않은 것이 없다"고 했다. 또 "글자를 아래 바닥에 새기고 윗면에 써놓으니 검색하기가 쉽고, 고운 흙을 평평하게 깔고 판위에 올려놓으니 활자를 되돌려 놓기에 더욱 편리하다"[185]고 했다. 즉 상주 목활자는 위에 글자를 새기고 아랫면에도 글자를 써서 글자를 찾고 또 원위치에 돌려놓을 때에 비교적 쉬웠다. 또 고운 흙을 글자쟁반 위에 평평하게 깔아 받침판으로 사용했으니 이렇게 인쇄하는 작업을 '니반인공泥盤印工'이라 했다. 상주의 니반인공 기술이 좋았기 때문에 안휘사람들은 성에 관서국을 설립했다. 즉 곡수서국曲水書局을 상주 용성서원龍城書院 선현 사당 내에 설립하고 돈을 추렴하고 출판인을 모집하여 스스로 취진판을 준비했다.[86] 심지어 사천 사람은 족보 원고본을 상주로 보내어 조판인쇄를 부탁하니 상주 인쇄공은 40~50여 일이 안되어 《노주남문고씨족보瀘州南門高氏族譜》를 다 인쇄했다. 상주 부근의 소주부와 진강부鎭江府 및 그에 속한 각 현에서도 족보가 유행했다.

안휘는 즉 구 휘주부인데 적계績溪·흡欽·이黟·휴녕休寧·기문祁門·무원 여섯 현 및 동성桐城이 가장 성행했다. 안경安慶·영국寧國·지주池州·여주瀘州 네 부府에서도 이따금 있었다. 호남 역시 성행했고 호남 중산도서관에 족보 1천여 부가 소장되어 있다. 사천 천북의 인쇄공들 역시 성 안의 각지로 가서 족보를 인쇄했다고 들었는데 가지고 다닌 활자에는 목활자도 있고 동활자도 있었다고 한다. 배나무와 대추나무가 없는 지방에서는 가지고 다니는 글자가 그렇게 많지는 않아 임시로 백선니白善泥[70] 혹은 황니黃泥를 네모지게 만들어 그 위에 글자를 새겨 숯불에 구워서 도자陶字를 만들었는데 이를 소료燒料라고 한다.[87] 그래서 한 권의 책에 금속활자와 비금속활자를 동시에 사용하였으나 사천에서 인쇄된 족보에서는 아주 보기 드문데 아마 성밖으로 유출된 것이 많지 않기 때문일 것이다. 이외에도 강서·호북·복건성에도 있지만 수량이 같지는 않다.

족보는 지방지처럼 일종의 연속성 출판물로 소위 15년에 작게 한

70_ 흰색의 찰흙을 말하며 일반적으로 도자기 만드는 데 사용한다.

번, 30년에 크게 한 번 편찬한다는 설이 있다. 옛사람들은 30년을 1세世라고 했으므로 일반적으로 족보는 대개 30년에 한 번은 반드시 중수한다는 규정이 있고 그렇지 않으면 불효라고 여겼다. 만일 재난이나 전쟁을 만나게 되면 40~50년이 지나서야 중수를 한다. 족보를 편찬할 때는 반드시 경비가 필요하므로 종종 사당의 공적 자금에서 지출하거나 혹은 같은 파의 자손들이 자발적으로 기부를 했다. 사회가 안정되고 물자가 충족할 때에 비로소 족보를 편찬할 수 있는 조건이 되므로 족보 편찬 역시 문중이 협력해야 하는 큰일이었다. 족보가 완성되면 제사를 드리고 어떤 때는 연극을 하여 이를 축하했다. 중수할 때는 문중에서 사망했거나 출생한 사람을 모두 자세히 조사하여 새로운 족보에 등재하게 되므로 새 족보와 구 족보의 내용은 자연히 다르다. 그래서 적지 않은 족보는 종종 중수, 삼수三修, 사수四修 … 십사수十四修라고 명기하고 이전의 족보와 구별한다.

족보는 종종 붉은 선으로 직계 친족의 세계世系를 표시하는데 이렇기 때문에 주묵투인본朱墨套印本이라고도 한다. 도상圖像은 나무에 새기거나 붓으로 그렸으며 오색채화도 있는데 주로 민간의 화공 손에서 나왔다. 그들은 사당이나 혹은 집안에 소장된 영정에 근거하여 그렸으며 명청 양대의 초상화는 비교적 믿을 만하다. 이런 회화는 예술사에서 가치가 있을 뿐만 아니라 어떤 때는 역사인물 도상의 부족함을 보충해주기도 하고 더욱이나 당시 남녀 복장제도를 고증할 수도 있다. 족보 중에 잘못 인쇄된 글자는 주로 먹을 사용하여 지워버리고 다시 홍자목인紅字木印 혹은 묵자黑字로 그 위나 주위에 인쇄했으므로 원래 글자는 여전히 흐릿하게 보이며 간혹 부록으로 하여 족보의 말미에 교감校勘을 적어 놓기도 했다.

족보는 일반적으로 7~8부에서 10여 부, 혹은 20~30부, 많게는 40~50부, 심지어는 1백 부까지 인쇄하는데 부마다 자호字號를 편성하여 각각의 집안에 소장했다. 주로 새하얀 연사지에 인쇄했다. 판형은 몹시 컸는데 목활자가 대자라서 책도 자연히 그에 따라 커지게 되니 보통은 높이가 약 30cm, 너비 약 20cm다. 소흥·영파 일대의 인본은 높이가 46cm, 너비 37.5cm 되는 것도 있다. 강희 53년(1714), 강서 여간余干의 《황부서자종보黃埠徐字宗譜》는 높이가 50cm, 너비가 33cm에 이르는데 일반 인본의 너비에 비하여 몹시 크다. 책 수는 적은 것은 1책, 2책, 4책, 6책이고 보통은 많으면 10~20책이고 50~60책까지 가는 것도 있는데(민국 25년 숭인崇仁 《의문구씨가보義門裴氏家譜》 62책) 그래서 그 분량 역시 상당히 무거워서 휴대하기에 불편하다.

청대 활자 족보는 목활자 외에도 니활자나 동활자로 인쇄한 것도 각각 한 종류가 있다.

중국에서 족보를 만드는 풍조는 조선, 월남, 유구에까지 전해졌다. 이 세 국가에서도 현존하는 족보는 각각 2백 종 이상이 된다.[88] 월남과 유구의 보첩은 대부분 필사본이나 소수의 각본刻本도 있다. 조선의 족보 292종에는 인본이 가장 많고 그중 목활자로 인쇄한 것도 33종이나 된다. 이들 족보의 내용으로 볼 때, 과거에 적지 않은 중국인이 조선, 월남, 유구로 이주했음을 볼 수 있다.[89]

3. 동활자

북경 내부內府

청대 정부는 무영전의 대추나무 활자만 있었던 것이 아니라 또 동활자를 제조했고 게다가 동활자는 목활자보다도 60년이 빠르다. 포세신은 "강희 연간에 내부에서 정교한 동활자 백수십만을 주조하여 서적을 간행했다"고 했다. 《청궁사속편淸宮史續編》 권94에 "우리 왕조 강희 연간에 어찬御纂 《고금도서집성古今圖書集成》이 있는데 이에 동

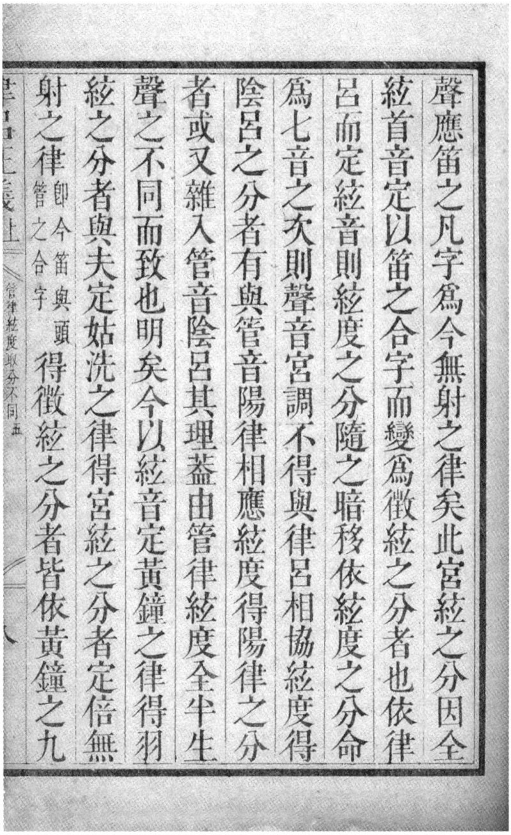
聲應笛之凡字爲今無射之律矣此宮絃之分因全
絃首音定以笛之合字而變爲徵絃之分者也依律
呂而定絃音則絃度之分隨之暗移依絃度之分命
爲七音之次則聲音宮調不得與律呂相協絃度得
陰呂之分者有與管音陽律相應絃度得陽律之分
者或又雜入管音陰呂其理蓋由管律絃度全半生
聲之不同而致也明矣今以絃音定黃鐘之律得羽
絃之分者與夫定姑洗之律得宮絃之分者定倍無
射之律即今笛與頭管之合字得徵絃之分者皆依黃鐘之九

[그림 165] 《어제율려정의御製律呂正義》 상편, 내부동활자인본內府銅活字印本. 위력韋力 선생 소장.

자판식銅字版式을 창제하니 노력은 적고 성과는 배가 되니 감히 천추에 모범이 될 만하다"고 했다. 이상 관방과 개인의 기록에 근거하면 강희 연간에 확실이 이미 동활자가 있었음을 알 수 있다. 《성력고원星曆考原》·《수리정온數理精蘊》·《율려정의律呂正義》 등 몇 부의 천문·수학·음악 서적은 강희 말에 모두 내부 동자를 이용하여 간행했다고 한다[그림 165]. 《성력고원》은 강희 52년(1713)에 인쇄되었다.[90] 이 해에 복주福州 사람 진몽뢰陳夢雷는 북경에서 성친왕誠親王 윤지胤祉의 저택에서 '내부동자'를 빌려서 그의 《송학산방시집松鶴山房詩集》 9권, 《문집文集》 20권[그림 166]을 인쇄했다. 시문집은 송자宋字

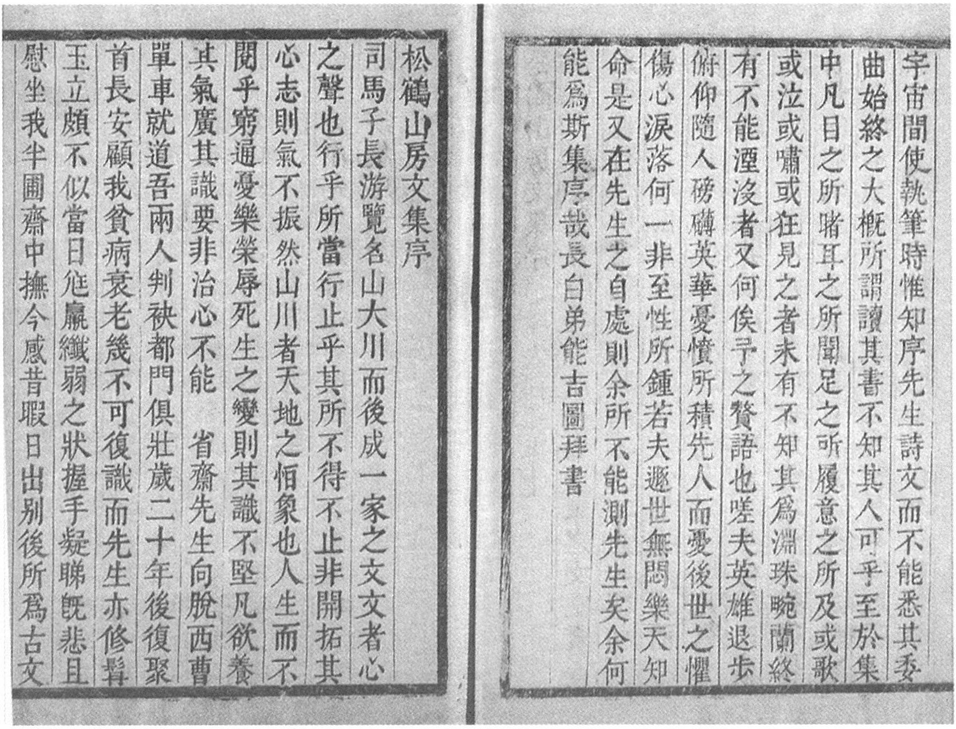
宇宙間使執筆時惟知序先生詩文而不能悉其委
曲始終之大概所謂讀其書不知其人可乎至於集
中凡目之所睹耳之所聞足之所履意之所及或歌
或泣或嘯或狂見之者未有不知其爲淵珠畹蘭終
有不能湮沒者又何俟予之贅語也嗟夫英雄退步
俯仰隨人磅礴英華憂憤所積先人而憂後世之懼
傷心淚落何一非至性所鍾若夫遯世無悶樂天知
命是又在先生之自處則余所不能測先生矣余何
能爲斯集序哉長白弟能吉圖拜書

松鶴山房文集序
司馬子長游覽名山大川而後成一家之文文者心
之聲也行乎所當行止乎其所不得不止非開拓其
心志則氣不振然山川者天地之恒象也人生而不
閱乎窮通憂樂榮辱死生之變則其識不堅凡欲養
其氣廣其識要非治心不能　省齋先生向脫西曹
單車就道吾兩人判袂都門俱壯歲二十年後復聚
首長安顧我貧病衰老幾不可復識而先生亦修髯
玉立頗不似當日尫羸纖弱之狀握手疑睇既悲且
慰坐我半圓齋中撫今感昔暇日出別後所爲古文

[그림 166] 진몽뢰陳夢雷의 《송학산방시문집》, 강희 동활자본.

에 약간 안진경체에 가깝고 필획이 조금 거칠어 가로가 가늘고 세로가 굵은 표준 방체자方體字의 《고금도서집성》과는 다르다. 어떤 사람은 진몽뢰의 시집은 《도서집성》의 동자를 사용했다고 여기지만 이는 사실과 다르다. 이로써 당시 북경의 동활자가 사실은 한 세트만 있던 것은 아니었음을 알 수 있다.

진몽뢰의 자는 성재省齋이고 강희 9년 진사이다. 원래는 경정충耿精忠[71]의 수하이었다가 관동으로 유배되었다. 강희 37년에 강희제가 동쪽을 순시할 때 진몽뢰가 시를 올렸다. 이에 사면되어 북경으로 돌아왔고 강희제의 셋째 아들인 윤지胤祉의 공부를 지도하라는 명을 받았다. 그는 황제의 지우知遇의 은혜에 보답하기 위하여 왕부王府와

71_ 경정충(1644~1682), 삼번의 난 때 반란을 일으켰다. 난이 진압된 후 처형되었다.

자신의 장서를 이용하여 깊이 연구했다. 삼라만상을 포함한 유서類
書 3,600여 권을 편집하고 《휘편彙編》이라 했다. 강희 40년(1701) 10
월에 시작하여 왕부에서 돈을 수령하여 사람을 고용해 필사를 하여
45년(1706) 4월에 이르러 모든 책을 완성했다. 그는 스스로 "분수도
모른 채 모기의 힘으로 산을 짊어지니 혼자의 어깨에 그 임무가 있
다"고 했다. 겨우 5년 안에 이런 방대한 초고를 완성했다는 것은 중
국 내외 학술사에 있어서 정말 대단한 것이다. 55년에 진상하여 흠
정을 거쳐 《고금도서집성古今圖書集成》[그림 167]이라는 책 제목을 하
사받았다. 같은 해 관館을 설립해 진몽뢰는 편찬위원 80명을 뽑아서
계속 수정 증보했고 58년경에 완성되었다.

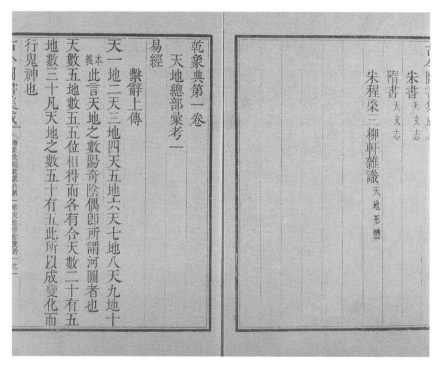

[그림 167] 《고금도서집성》, 옹정 4년 내무부 동활자인본

강희제의 넷째 아들인 윤정胤禛(옹정제)이 형제들과의 제위 다툼에서 이기자 곧장 진몽뢰 부자는 "자랑에 거리낌 없고 불법이 아주 많도다"라는 죄명으로 재차 변방으로 유배되었다. 그의 동생과 조카 등 친족 및 동향 사람들은 원적지로 쫓겨 가고 김문조金門詔 등 파면당한 사람은 모두 16명이다. 옹정《동화록東華錄》에서 "강희 61년 12월 계해에 유시하기를 이 책(《고금도서집성》을 지칭)의 작업이 아직 끝나지 않았으므로 구경九卿들이 학문 있는 사람을 한두 명 추천하여 편찬을 완성하도록 하라"고 했다는 말이 있다. 옹정 원년 정월에 장정석蔣廷錫에게 유시하기를 "지금 인쇄 교정의 작업이 아직 미완이라 특별히 그대를 파견하여 정총재正總裁로 삼는다. 그대들은 반드시 기한 내에 전력을 다하여 다시 교감을 하여 모든 틀린 글자 및 삭제하거나 첨가할 곳은 반드시 개정을 하여서 선왕의 미완의 책을 완성하기 바란다"고 했다. 또 유시하길 "진몽뢰 처소에 《고금도서집성》이 있으니 모두 선왕(강희제)이 지시 훈시하고 조례를 흠정하는 데 수십 년을 소비하여 성심聖心이 비로소 완성된 것이다"고 했다. 기왕에 황제 어제御製의 대작이라고 말하면서 어째서 일반 백성 집에 있다고 말했을까? 이는 분명히 잘못된 것이다. 진몽뢰《휘편》은 원래 3천여 권이 있었고《도서집성》은 1만 권이 있었는데 아마 6천여 권이 증가된 듯하다. 사실 진몽뢰는 일찍이 "백 편을 1권으로 하여 3,600여 권을 얻을 수 있었으니 만일 이전 사람들의 권질卷帙로 계산한다면 1만여 권을 얻은 셈이다"고 했다. 그래서 화가 장정석蔣廷錫 등은 새로운 자료를 첨가하지 않았고, 원래 6편은 여전히 6편이고, 원래의 부部(작은 분류) 6,000은 여전히 6,109부다. 단지 32지志를 32전典으로 바꾸었고 인쇄 교정 보면서 틀린 글자나 구절을 개정했을 뿐이다. 그러나 원저자인 진몽뢰의 이름은 모두 지워 버렸다. 진몽뢰는 자신의 저서에 대해 상당한 자신을 갖고서 "전 시대의 《태평어람》·《책부원구册府元龜》에 비하여 광범위하고도 정교하고 상세하니 어찌 열 배에 그치고 말겠는가"라고 말했다. 이는 지나친 과장이 아니다. 청나라 노문초盧文弨는 "고금의 정화가 여기에 다 모였다"고 했다. 그래서 지금까지도 이 1억 6천만 자의 거작은 중국 내외 과학 연구자들에게 일상적으로 사용하는 중요한 참고서가 되었다. 어떤 서양 사람은 이 책을 《강희백과전서康熙百科全書》라고 한다. 《청사고淸史稿·예문지藝文志》 등에서도 장정석 등이 칙령을 받들어 편찬했다고 하는데 모두 사실과 부합되지 않는다.

　진몽뢰의 《송학산방문집》 권2《진휘편계進彙編啓》에서 "50년 동안 다른 즐거움이 없이 오로지 하루 종일 이전 사람들이 남겨 놓은 저서를 부여잡고 있었는데 오늘 품었던 바를 크게 위로받으니 어찌 행운이 아닐 수 있는가? 분수도 모르고 모기같은 역량으로 산을 짊어지니 드디어 한 사람의 어깨에 그 임무가 주어졌도다. 강희 40년 10월에 시작하여 돈을 받아 사람을 고용하여 필사를 했다. 전하께서 협일당協一堂에 소장한 서적들을 내려주시고 우리집에 있던 경사자집 약 1만 5천여 권과 합하여 이에 강희 45년 4월 안에 책을 얻어 완성을 고했다. 휘편彙編은 6, 지志는 32, 부部는 6천 남짓으로 분류했다. 모두 육합六合 안에 있으니 크고 작은 것을 모두 갖추었다. 《13경十三經》·《21사二十一史》에 있는 것은 한 글자도 빠뜨리지 않고, 패사稗史와 자집子集에 있는 것은 열에서 한둘만을 삭제했다. 백 편을 1권으로 하여 3,600여 권을 얻게 되니 만일 이를 옛사람들의 권질로 계산해보면 1만여 권도 넘는다. 내가 5년 동안 눈과 손으로 살피는 데 밤낮이 없었지만 다행히 요점을 간단명료하게 정리하고 조리가 조금 부족하지만 전대의 《태평어람》·《책부원구》에 비하여 광범위하고도 정교하고 상세하니 어찌 열배에 그치겠는가 … "라고 했다. 필자의 오랜 친구 포수당包樹棠 교수의 《수무애재독서기隨無涯齋讀書

記》에서는 이 책은 한 세대가 하기에는 규모가 큰 작업으로 반드시 한 사람의 손으로 이루어진 것이 아니라고 여겼다. 또한 청나라 사위인查爲仁의 《연파시화蓮坡詩話》에서도 "무위주無爲州 사람 이단초李旦初는 시를 열심히 짓고 모든 각고의 노력을 했으나 과거장에서 뜻을 얻지 못했다. 《고금도서집성》을 나누어 편찬했다. 후에 치수공사에 종사했고 계주薊州 통판通判에 보충되었다. 즉 이단초 역시 이 일에 참여했다"고 했다. 여기서 이단초는 진몽뢰가 선발한 80명 중의 한 사람으로 주창언周昌言・왕한탁汪漢倬・김문조金門詔・임재형林在衡・임재아林在峨(임길자林佶子)・이래李萊 등과는 동료이다.

동활자를 이용해 인쇄한 《고금도서집성》은 청 내부內附 최대의 도서간행 프로젝트였다. 강희 59년에 유지를 받들어 인쇄했다. 이런 1만 권이나 되는 거대한 저서는 당연히 일 년이나 반년으로 완성되는 것이 아니다. 옹정 원년 정월에 장정석이 상주한 보고서에 의거하여 강희가 다음과 같은 유지를 내렸다. "60부를 인쇄하는데 지금 60부를 얻는 것 외에 6부를 더 인쇄하라"고 했다. 이는 옹정 원년에 이미 인쇄가 다 끝나고 오직 잘못된 것만 교정을 보고 접지摺紙하고 장정을 하여 옹정 3년 12월에 장정석은 비로소 간행이 다 되었다는 표문을 올리게 되었다. 옹정 4년에 또 어제御製 서문을 더했다. 어떤 사람이 옹정 6년에 인쇄했다고 하는데 이는 틀린 말이다.

인쇄부수에 대해서도 여러 가지 설이 있다. 노문초盧文弨는 단지 20부만 인쇄했다고 하고 어떤 이는 60부를 했다고 하고 외국인 맥고완McGowan[72]은 30부라고 하고 또 1백 부라고 하는 사람도 있다. 장정석은 처음에 66부라고 보고했는데 옹정 3년 상주할 때는 "진상본은 이미 장정이 되었고 나머지 63부는 현재 접지摺紙 중에 있습니

72_ 중국어 표기는 麥高文인데 확실하게 어느 McGowan인지는 알 수가 없다.

다"고 했다. 이는 모순이다. 건륭 41년 영용永瑢[73]이 다시 조사하여 보고할 때도 64부라고 했는데 첫 번 인쇄한 견본 1부가 없었다. 건륭 34년(1769) 군기처 문서에 의하면 66부로 되어 있다. 광서 연간에 상해 동문서국同文書局에서 석인石印할 때 "동판의 원래 인쇄는 66부였다"고 말한 바 있다. 매 부는 525함으로 전체 50,020책이고 황지黃紙·개화지開化紙 두 종류의 인본이 있다. 인쇄가 또렷하고 장정이 아름다운데 어떤 것은 여전히 가장자리를 자르지 않은 모장毛裝의 상태로 있다. 백개화지는 더욱 구하기 어렵고 현재 전 세계에 13부가 있다.

어떤 이는 이 동활자는 진몽뢰가 새롭게 만든 것으로 후에 궁중에서 몰수했다고 한다. 그러나 진몽뢰는 단지 선생님일 뿐으로 당연히 스스로 이런 거대한 자금이 들어가는 대량의 동활자를 만들 수가 없다. 설사 그 스스로 동활자를 가지고 있다 하더라도 그 동활자는 왕부王府에서 돈을 내어주고 진몽뢰는 제작의 감독을 했을 뿐이지 그가 윤지胤祉에게 출판인의 판각비까지 지급하도록 청구하지는 않았을 것이다.

청나라 오장원吳長元은 《신원지략宸垣識略》에서 "무영전 활자판은 동으로 주조한 것으로 《도서집성》을 인쇄하기 위해 만든 것이다"라고 했다. 공현증龔顯曾은 《역원좌독亦園脞牘》에서 "강희 연간에 무영전 활자판은 거푸집으로 동으로 만들었다"고 했다. 건륭제는 강희 연간에 편찬한 《고금도서집성》에서 "동자를 새겨서 활판을 만들었다"고 했다. 건륭의 말은 당연히 비교적 믿을 만하다. 무영전 동활자를 새긴 사람의 글자당 공임은 은 2푼 5리厘로 목각송자木刻宋字(명

73_ 영용永瑢(1744~1790)은 청 고종 건륭제의 여섯째 아들로 건륭 8년에 태어났다. 호는 구사주인九思主人이다. 어머니는 순혜황귀비純惠皇貴妃(순비) 소씨蘇氏다. 영용은 시문, 회화를 잘하고 천문에도 정통했다.

체)·연자軟字(해체楷體)의 공임에 비해 거의 몇십 배는 되었다. 이는 금속이 견고하여 목판에 비해 새기기가 어려웠으니 공임도 자연히 몇 갑절로 늘어난 것이다. 당시에는 동자를 주조하는 사람[鑄銅字人]이라고 하지 않고 동자를 새기는 사람[刻銅字人]이라고 했으니 동활자는 새겼음을 알 수 있다. 프랑스인 쥴리엥(S.Julien)[74]은 강희제가 유럽 선교사의 건의를 받아들여 동활자를 새기라고 명령했고 그 수는 약 25만 개였다고 했는데 그러나 어떤 근거에서 말하는지 알 수가 없다. 영국 목록학자인 폴라드(Alfred W. Pollard, 1859~1944)[75]는 책 속의 동일 글자가 현저하게 구별이 되므로 사실상 주조한 활자라면 있을 수 없으니 그것은 바로 이들 활자들은 분명히 새긴 것이지 거푸집을 만들어 주조한 것이 아니라고 한다. 이상 여러 학자들의 설에 근거해보면 《도서집성》의 수많은 동활자들은 수공으로 깎아 새긴 것임을 수긍할 수 있다. 오장원과 공현중이 주조했다는 설은 성립될 수가 없다. 근대 사람 중에는 명대의 동활자로 인쇄했다고도 하는데 명대 여러 사람의 동활자에는 이와 비슷한 것이 하나도 없다. 이도 당연히 잘못된 것이다. 동활자의 자수에 관해 포세신은 백수십만이라고 하고 쥴리엥은 25만 개라고 하고 맥고완은 23만 개라고 한다. 대소 두 호수로 나누어지고, 본문용 대자大字는 약 1㎝로 주문注文에 사용하는 소자小字는 대자의 약 반 크기다.[91] 《도서집성》은 반엽에 9행, 1행에 20자이며 세로선이 쳐져 있고 네 주위는 쌍변이다.

이 대작 유서類書의 조판 인쇄가 끝난 후에 다시 어떤 책을 인쇄했다는 말은 듣지 못했고 그 많은 동활자들은 무영전의 동자고銅字庫에 서상뇌었으며 창고 관리자 한 명, 배당아拜唐阿 두 명을 두어 전적으로 관리하도록 했다. 후에 이 관리인들이 지킨다면서 자기들이 도둑

74_ 중국식 표기는 茹蓮이다.
75_ 중국식 표기는 波拉特이다.

질을 했고, 마침 북경에 돈이 귀해지자 그들은 처벌이 두려워 동활자를 주조하여 돈을 만들자고 건의했다. 건륭 9년(1744), 동자고에 남아있던 동활자와 동판을 모두 녹여서 동전으로 주조하니 정말이지 득보다 실이 많았다. 후에 건륭이《영락대전》안에 편집되었던 산실된 서적을 출판하고자 할 때 이미 후회막급이었다. 하는 수 없이 수많은 대추나무 활자를 새기는 수밖에 없었다.

강 소

청 내부 동자본銅字本《도서집성》은 누구나 다 잘 알고 있다. 청대 민간에 동활자가 있었는지에 관해서는 과거에 주의를 기울이는 사람이 적었다. 어떤 사람은 심지어 없다고 했지만 실은 민간에도 없지 않았을 뿐만 아니라 여러 집안에 있었다.

청대 민간에서 가장 먼저 동활자를 사용한 곳은 취려각吹藜閣을 꼽을 수 있다. 취려각 주인의 성명은 조사검토를 해야 하지만 아마도 소남 상숙 일대 사람인 것 같다. 취려각 인본으로는《문원영화율부선文苑英華律賦選》 4권이 있는데 책표지와 목록 아래 및 권4 말미에 모두 '취려각동판吹藜閣同板'이라는 다섯 글자[그림 168]가 있다. '동판同板'은 즉 '동판銅版'을 간략히 쓴 것으로 명대 사람들은 '동판仝板'이라고도 썼다. 글자는 우산虞山 사람 전육찬錢陸燦이 가려 뽑았다. 강희 25년(1686) 전육찬이 75세 때에 쓴 자서에서 "이리하여 약간 선별하여 활판活板으로 세상에 행하도록 한다"고 했다. 겉표지에는 동판이라고 하고 그는 또 활판이라고 하니 동활자판임은 의심할 바 없다. 그러나 그는 동활자판이 자신의 것인지 아니면 다른 사람에게 빌렸는지에 관해서는 설명을 하지 않았다. 이 책의 출판은《도서집성》보다 40년이 앞섰으며 현재 아는 바로는 청대 최초의 동자본이다. 책 속에는 장언진張彦振의《지남차부指南車賦》등을 수록했는데 과학기술

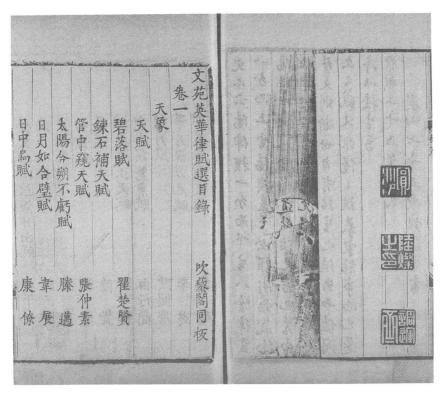

[그림 168] 전육찬《문원영화율부선》, 강희 25년 취려각 동활자인본.

사에서 참고할 만하다. 책은 모두 4책이고 혹구黑口에 사주대단변四周大單邊이고 글자는 필사체로 소위 연자軟字 혹은 금체今體로 해서가 막힘이 없이 아름답고 인쇄가 또렷하다.

상 주

상주常州는 명대에 이미 동판이 있었으며 청대에 이르러는 상주의 목활자가 가장 성행했으나 동판은 비교적 보기 드물다. 단지 함풍 8년(1858)에 서융흥徐隆興 등의《구수비릉서씨종보九修毗陵徐氏宗譜》30책이 동자인본일 뿐이다. 현재 아는 바로는 족보 중에서 유일한 동자인본인데 사용된 동자가 상주 어느 집안에서 나온 것인지는 알 수 없다. 현재 일본 동양문고에 소장되었다.[92] 청대 10분의 6~7의 족보는 모두 목활자를 사용했으며 이 상주의《서씨종보》만이 유일하게 동활자를 사용했다. 동시에 경현涇縣의 적씨翟氏가 니활자를 사용하여《적씨종보翟氏宗譜》를 간행했으니 족보사에 있어 또 다른 새로운 면모를 보여준다.

항 주

절강 항주에서 동자로 인쇄된 책을 고증할 수 있는 것으로는 함풍 2년 임자壬子년(1852)에 오종준吳鍾駿이 취진판을 이용하여 그의 외조부인 장주長洲사람 손운계孫雲桂의 저서《묘향각문고妙香閣文稿》3권과《시고詩藁》1권[93]을 간행한 것이 있다. 오종준은 발문에서 "지금 시절이 음력 6월로 순시 시찰하는 일을 끝내고 비로소 취진동판으로 차례를 정하고 문장을 완성, 인쇄하여 세상에 내놓는다"고 했다. 그는 항주에서 관직에 있었으므로 취진판을 만나 그것을 조판 인쇄했으니 동활자는 그 자신의 것이 아니라 다른 사람에게 빌렸음을 알 수 있다. 또 다른 책은 항주 동자본으로 다음해 계축년(1853)에 만주 사람 인계麟桂가 절강에서 관직에 있을 때 벽광도인澼絖道人이 편집한《수륙공수전략비서水陸攻守戰略秘書》7종[그림 169]을 간행한 것으로 북경대학도서관이 이 총서 잔본 4종을 소장하고 있다.《군중의방비요軍中醫方備要》외에 또 유백온劉伯溫 선생이 다시 편집한《제갈무후병법심요諸葛武侯兵法心要》·《내집內集》2권,《외집外集》3권,《유백온선생백전기략劉伯溫先生百戰奇略》 10권,《시산공병법심략施山公兵法心略》2권이 있으며 전체 20책이다. 마지막 책에 "성성서호가정문당승간인省城西湖街正文堂承刊印"이라는 한 줄이 있는데 인계麟桂가 출자하고 항주서방에서 인쇄를 맡았다. 책 속에는 활자판으로 인쇄를 했다

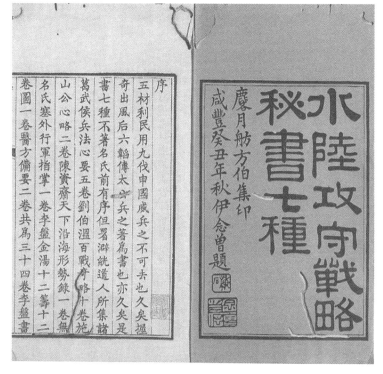

[그림 169-1]

水陸攻守戰略秘書七種

慶月舫方伯集印

咸豐癸丑年秋伊念曾題

序

五材利民用九伐申國威兵之不可去也久矣握
奇出風后六韜傳太公兵之著爲書也亦久矣是
書七種不著名氏前有序但署澥澗道人所集諸
萬武侯兵法心要五卷劉伯溫百戰奇略十卷施
山公心略二卷陳賚齋天下沿海形勢錄一卷無
名氏塞外行軍指掌一卷李盤金湯十二籌十二
卷圖一卷醫方備要二卷共爲三十四卷李盤書

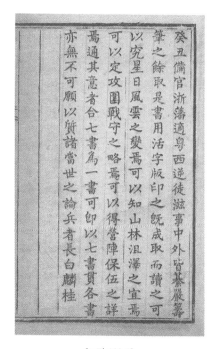

[그림 169-2]

癸丑備官浙藩適粵西迤徙滋事中外皆棊嚴篝
筆之餘取是書用活字版印之既成取而讀之可
以究星日風雲之變焉可以知山林沮澤之宜焉
可以定攻圍戰守之略焉可以得營陣保伍之詳
焉通其意者合七書爲一書可即以七書貫各書
亦無不可願以質諸當世之論兵者長白麟桂

[그림 169] 《수륙공수전략비서水陸攻守戰略秘書》, 함풍 3년 인계麟桂 동활자인본

는 말은 있지만 동활자라는 말은 없으니 이 때문에 과거에 사람들은 인계가 목취진판木聚珍版을 이용하여 인쇄했다고 여겼다. 그렇다면 어떻게 그것이 동활자임을 알 수 있는가? 그것은 복전서해福田書海 임춘기林春祺의 동활자와 완전히 같기 때문인데 이리하여 또 어떤 사람은 이 총서가 함풍 3년의 임춘기 동판본이라고 했다. 필자의 생각으로는 다음과 같다. 임춘기 동판본은 행군시에 의료용의 처방전이므로 그 이름을 《군중의방비요軍中醫方備要》라고 했을 것이며 이 총서 7종 가운데 이것도 들어 있다. 두 가지를 비교하면 두 책 내용은 같고 글자체와 인쇄형식이 반엽에 8행, 1행에 19자로 완전히 같다. 단 한두 쪽은 행이 다 채워지지 않았고 자수도 다르다. 두 책은 같으면서도 다르니 동시에 인쇄한 것이 아님을 알 수 있다. 생각컨대 하나는 복주에서 간행하고, 하나는 항주에서 간행했으니 약간의 다름이 있을 수 있다. 임춘기가 간행한 것은 아마 《군중의방비요》만 있을 것이지만 이 7서의 모든 종류 앞에는 인계麟桂의 제사題詞는 있지만 임춘기의 이름은 없다. 겉표지에 인월방백집麐月方伯集의 도장이 있으니 인계가 항주에서 간행했음은 의심할 바 없다. 또 《수륙공수 전략비서》의 글자체와 상술한 《묘향각문고》도 거의 완전하게 비슷한데 《묘향각문고》는 명명백백히 동취진본이기 때문에 그것들은 모두 동자본이다. 항주에서 사용한 동활자는 복주의 복전서해 임춘기의 동활자인데 어찌하여 그들의 동활자가 항주까지 흘러들어왔는지는 문헌 자료가 부족하여 조사할 수가 없다.

복주 - 임춘기

복전서해의 동활자는 복주 사람 임춘기가 제조한 것이다. 임춘기林春祺의 자는 이재怡齋이고 20대에 항주와 소주로 가서 공부를 했고 그의 부친의 관직을 따라 낙양, 광동에서 생활했다. 그는 어려서부터 조부와 부친이 말하는 옛날 동판서에 관한 이야기를 듣고 종종 이 세상에 동판이 없는 것을 애석해 했다. 그래서 고금의 박학한 선비들의 진귀한 저작이 있어도 간행할 수 없어 실전되고 어떤 것은 비록 판각을 했더라도 매몰되고 썩고 좀이 먹어 판이 없는 것이나 마찬가지임을 안타까워했다. 일반인들은 모두 옛날 동판서가 보배라는 것은 알고 있었지만 동판이 전해오는 것은 아주 적고 사회에서 동활자를 제조하는 사람은 더욱 보기 어려웠다. 그는 조부의 뜻을 실현하기 위하여 18세 되던 해부터 자본을 출자해 전각鐫刻하기 시작하여 20만여 냥 은자를 들여 21년 동안 고생하여 결국 《홍무정운洪武正韻》필획에 따라 해서동자楷書銅字 대소大小 각 20만여 자를 새겨 고금의 자체를 구비하니 크고 작은 서적을 모두 인쇄할 수 있게 되었다. 임춘기가 전각한 대소 동자는 40만여 개로 아시아의 금속활자 제조사에 있어서 필적할 만한 것이 없다. 그가 활자를 제작함에 있어서 재력·물력·인력에 있어 분명히 적지 않은 곤란을 만났을 것이다. 그래서 그도 "이를 행하는 데는 실제로 어려움이 있으니 이루어내기는 더욱 쉽지 않고 중간에 거의 성공할 뻔했다가 실패한 적이 몇 번이나 되었다. 반평생의 심혈을 거의 다 소진하여 매우 애써서 겨우 완성했다"고 했다. 이는 적금생이 굳센 의지로 30년간 노력 끝에 10만여 개 니활자를 제조했던 것처럼 사람을 감탄하게 한다. 그의 동활자는 하나하나 수공으로 새긴 것이기 때문에 대량생산을 할 수가 없고 동시에 반드시 그 개인의 재력에 기대어야 했기 때문에 막대한 자본과 백절불굴의 의지가 없었다면 성공하기 어려운 일이었다. 또 "을유년에 자본을 대어 전각을 시작하니 이때 나 춘기의 나이는 18세였는데 병오년이 되어서야 동자판이 완성되었다"고 했다. 여기서 말하는 을유년과 병오년은 도대체 어느 해일까? 동활자 珍자는 피휘하느라 필획이 결여되었고, 淳자는 결여되지 않은 것으로 보아 을유년은 도광 5년(1825)이고, 병오년은 도광 26년(1846)임을 알 수 있다. 전후 21년이 경과했으니 이때 임춘기 나이는 40세였다. 임춘기의 원적은 복청福淸의 용전龍田으로 바로 이 지명 때문에 동판을 '복전서해福田書海'라고 한다. 임춘기는 고염무의 《음학오서音學五書》를 인쇄했는데 지금 볼 수 있는 것은 단지 고염무의 《음론音論》과 《시본음詩本音》 둘 뿐이다. 1954년에 필자는 북경에서 1부를 산 적이 있는데 12책으로 《음론》 권수卷首에 임춘기 자신이 쓴 〈동판서銅板敍〉 1편[그림 170][94]은 활자를 제조한 원인과 경과를 설명한 것으로 중국 동활자제도에 관한 귀중한 문헌이다. 〈동판서〉 전문은 다음과 같다.

———

세상에 동판으로 만든 책은 전해 오지만 동판이 전해져 오는 것은 아주 적다. 나 춘기는 어릴 때 조부와 부친이 고동판서古銅板書에 관해 말씀하시는 것을 들었는데 세상에 동판이 없는 것을 항상 애석해했다. 고금의 대학자와 덕망이 높은 선비들의 간행되지 않은 저술이 있어도 판각할 힘이 없었다. 또한 어떤 것은 비록 판각을 했더라도 매몰되고 썩고 좀이 먹어 판이 없는 것이나 마찬가지니 더욱 일일이 말하기 어렵다. 나는 마음에 뜻을 간직해 두었다. 약관에 고항古杭·고소姑蘇에서 공부를 하고 아버지의 관직을 따라서 낙양·월해粵海 등을 다니며 매번 명공대인을 접견하면 고동판의 책들이 얼마나 보배로운지 알게 되었다. 그러나 세상에 전각을 하는 자는 죽어 만나기가 어렵다. 을유년에 자본을 내어 전각을 시작하니 그때 나의 나이 18세였다. 정운正韻의 필획에 따라서 해서체로 동자 대소 각 20만여 자를 새기니 일하는 것은 실제로 어렵고 성공하기는 더욱 어려워 중간에 거의 성공할 것 같으면서 실패한 적이 여러 차례이다. 지금 다행히 이 동판이 성공하여 고금의 대학자와 덕망이 높은 선비들의 저술이 있어도 판각할 힘이 없던 것이나 비록 판각을 했더라도

[그림 170-1]

銅板敍

世有銅板之書而銅板之傳甚少春祺齔年卽聞
先大父與　先君論說古銅板書恆悗惜世無
銅板致古今宿儒碩彥有不刊之著述而無力刻
板與夫已刻有板而湮沒朽蠹終同於無板者難
更僕數春祺心焉誌之弱冠就學古杭姑蘇從
親宦遊洛陽粤海每接見名公大人亦無不以古
銅板之書爲可寶貴然舉世刻之者卒罕覯歲乙

[그림 170-2]

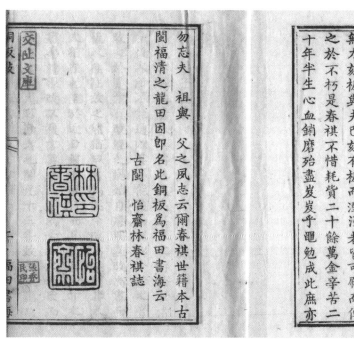

酉捐資興工鐫刊時春祺年十八至丙午而銅字
板告成古今字體悉備大小書籍皆可刷印爲時
二十載計刻有正韻筆畫楷書銅字大小各二十
餘萬字爲之實難成更不易中間幾成而不成者
屢矣今幸成此銅板則古今宿儒碩彥有所著述
無力刻板與夫已刻有板而湮沒者皆可刷而傳
之於不朽是春祺不惜耗貲二十餘萬金辛苦二
十年半生心血銷磨殆盡矣矣乎黽勉成此庶亦

勿志夫　祖與　父之夙志云爾春祺世籍本古
閩福清之龍田因卽名此銅板爲福田書海云
　　　　　古閩　怡齋林春祺誌

[그림 170-3]

[그림 170] 고염무 《음학오서》, 도광 5년~26년(1825~1846) 복주 임춘기가 새긴 '복전서해' 동판

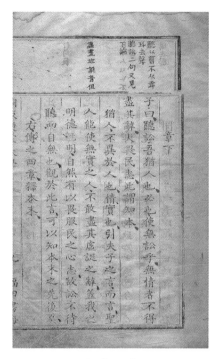
[그림 171-1]

[그림 171-2]

[그림 171] 《사서편몽》 속표지, 임춘기 '복전서해' 동활자인본. 위력 선생 소장

매몰된 것을 전부 인쇄하여 썩지 않은 것을 전할 수 있게 되었다. 나는 거금 20만여 금을 아까워 하지 않고 20년간을 고생하고 반평생의 심혈을 거의 다 소진하여 힘들게 애써서 완성했다. 조부와 부친이 오랫동안 마음에 품어온 뜻을 잊지 않고 있었다. 나의 원적은 본래 복건 복청福淸의 용전龍田이다. 이리하여 이 동판의 이름을 복전서해라고 한다.

책표지 뒷면에 "복전서해 동활자판福田書海銅活字板, 복건후관 임씨 진장福建侯官林氏珍藏"이라는 4행 16자가 있다. 《시본음詩本音》 말미에 동판을 전각한 성명이 기록되어 있는데 "고민古閩의 삼산 임춘기 이 재怡齋가 돈을 내어 전각을 하니 형님 임계관林季冠이 힘들게 교정 간행했고, 맏아들 영창永昌이 그림을 그리고, 둘째 아들 육창毓昌이 글자체를 변별했다"라는 말이 있다. 동활자는 해서체로 아름답고 지묵도 훌륭하고 모든 페이지의 판심 아래에 '복전서해'라는 넉자가 있다. 또 임춘기가 간행한《군중의방비요》두 소책은 황지 겉표지에 '후관임씨동파본侯官林氏銅擺本'이라고 쓰여 있다. 인쇄의 형식과 자수는 앞의 두 책과 같지만 판심에는 '복전서해'라는 넉자도 없고 또 출판연월도 없다. 임춘기는 또《사서편몽四書便蒙》14책을 간행했는데 판심에는 '복전서해', 속표지에는 '고전동자후관임씨진장考鐫銅字侯官林氏珍藏'이라고 쓰여 있다[그림 171].

대만 – 무륭아

명 영력永曆 14년(순치 18년, 1661)에 정성공鄭成功은 대군을 이끌고 대만에 상륙한 후에 곧 호관戶官에게 8조條를 판각하여 반포 시행하도록 명령했다. 현존 대만 최초의 인본은《대명중흥영력25년대통력大明中興永曆二十五年(1671)大統曆》이 있다. 청 강희 연간에 이르러《대만부지臺灣府志》를 간행했다. 가경 12년(1807) 또 동활자본이 출현했다. 만주 장군 무륭아武隆阿가 있는데 그의 성은 과이가씨瓜爾佳氏고 정황기正黃旗인이다. 당시에 대만진괘인총병관臺灣鎭掛印總兵官에 임명되어 동활자를 제조하여 책을 인쇄했다. 공현증龔顯曾의《역원좌독亦園脞牘》권1에서 "대만진의 무륭아가 동활자를 새겼는데 그의《성유광훈주聖諭廣訓注》인본을 보니 자획이 훌륭하다"고 했다. 안휘 사람인 요영姚瑩이 도광 연간에 대만에서 관리를 할 때 그도 역시 무륭아의 동자본을 보곤 "이 기간에 무군가武軍家에도 주조한 취진동판이 있는데 글자도 역시 송체고 모든 판마다 8행으로 나의 생각에는 흡족하지 않다"고 했다.[95] 요영은 주조한 취진동판이라 하고 공현증은 새긴 동활자라고 하여 의견이 다르지만 누가 맞는지는 알 수 없다. 대만은 천주泉州와 바다 하나를 격해 있기 때문에 교통이 빈번하여 공현증은 무륭아 인본을 능히 보았을 것이다. 그런데 요영은 무륭아 동판은 송자이고 매 판마다 8행이라고 했다. 《성유광훈》은 청대 제왕이 백성들의 사상을 통제하는 수단으로 내용은 진부하다. 과거에는 적지 않은 판본이 있었지만 이처럼 자획이 훌륭한 동판은 관방이나 민간 수집가 저서목록에는 보이지 않는다.

청대 동판서는 비록 명대만큼 많지는 않지만 강소·절강·복건 외에 또 북경과 대만 등 그 유행 범위가 광범위하고 규모도 크며 조각도 정밀하여 명대의 것보다 낫다.[96]

〈부록〉청대 동활자인본표

연 대	출판자	서 명	비 고
1686 청 강희 25년	강소 취려각 인印	○《문원영화율부선文苑英華律賦選》4권	서명 앞의 ○는 모두 국가도서관 소장
1713 강희 52년	북경 내부內府 인 진몽뢰가 내부동자를 빌려서 간행	《성력고원星曆考原》6권 ○《송학산방시집松鶴山房詩集》9권, 《문집》20권	도상陶湘《고궁전본서고현존목故宮殿本書庫現存目》중책中冊
1722 강희 61년	북경 내부 인	《어제수리정온御製數理精蘊》53권	고궁박물원 소장
1720~1725 강희 59년~ 옹정 3년	북경 내부 인	○《흠정고금도서집성欽定古今圖書集成》1만권	천일각소장본 모장毛裝. 완전하지 않음
1724 옹정 2년	북경 내부 인	《율려정의律呂正義》5권	미국 국회도서관 소장
1807 가경 12년	대만 무륭아 인	《성유광훈주聖諭廣訓注》	공현증 《역원좌독》참조

연 대	출판자	서 명	비 고
1846 도광 26년	복주 임춘기 인	《음학오서音學五書》	《음론音論》《시본음詩本音》 2종만이 있다. 필자 소장.
1852 함풍 2년	항주 오종준 인	○《묘향각문고妙香閣文稿》3권, 《시고詩稿》1권	
1853 함풍 3년	항주 인계麟桂 인	○《수륙공수전략비서칠종水陸攻守戰略秘書七種》	북경도서관에 4종이 있음
1858 함풍 8년	상주 인	《구수비릉서씨종보九修毗陵徐氏宗譜》	일본 동양문고 소장
연대 미상	복주 임춘기 인	○《군중의방비요軍中醫方備要》	도광, 함풍 연간의 인본으로 추정
연대 미상	복주 임춘기 인	○《사서편몽四書便蒙》	위력韋力 선생 소장

4. 석활자 – 불산의 인쇄공 등씨

원나라 초기에 이미 석활자를 만든 사람이 있었다. 명대에는 화수華燧의 '범동판석자范銅板錫字'만 있었는데 이 유명한 출판가는 동판활자를 주조한 것 말고도 아마 주석자를 또 주조한 것 같다. 청대 건륭 말년에 일찍이 어떤 사람이 석활자를 주조하여 진秦·한漢 와당瓦當 문자를 이용한 적은 있지만 석활자가 있다는 기록은 아직 본 적이 없다.

그러나 미국 사람 스미스 윌리엄즈(Smith W. Williams)의 기록에 근거하면 아편전쟁 후 얼마 되지 않아 중국인은 대량의 석자錫字를 주조했을 뿐만 아니라 게다가 이미 있던 석활자본도 출현했다고 한다.

```
馬潘莫謝鄭吳錢陸容林石葉盧徐轟金邱鷄梁萧楊蔡黎張孫
彭孔李鄧徐馮金黄侯江萧尹麥招詹羅崔王游桂杜賴何廖
黃江尹麥鄒賴楊鄒張鄒孫梁招詹洪金侯嚴杜何廖黎鄭李
孔謝賴徐鄒嚴萧潘容侯石馬徐林盧侯金鄧李崔王游桂
蔡楊鄒賴徐葉金萧何杜廖潘孫王葉謝鄭麥江馮孔洪王
尹吳賴林萧石侯張梁容黃錢馬盧萧游彭招崔徐鄧洪王
盧石楊蔡葉金邱梁孫賴黎廖何杜林徐金鄧李崔詹王游桂王彭
尹彭招孔桂江游崔王李侯徐鄧詹黃何杜廖黎鄭李蕭
黄招孔桂崔李鄧萧盧詹侯徐游馬梁尹金江萧彭萧徐陸侯金邱鷄梁萧楊蔡黎張孫
楊容賴蔡邱黎潘轟張杜金莫萧盧徐侯金謝廖何羅
```

[그림 172-1]

```
阪  雜  袪  散  韓
段  甲     立     作減
```

[그림 172-2]

[그림 172] 도광 30년(1850) 광동 불산의 인쇄공 등씨가 흙거 푸집에 구워 주조한 3벌 석활자 글자체. Chinese Repository, 1850, Vol.19, p.248; 1851, Vol.20, p.281.

광동 불산진佛山鎭은 청대 4대진四大鎭의 하나로 상공업이 발달했고 시장이 기형적으로 번영했으며 특히 도박이 흥성했다. 그중 최대의 도박은 복권(위성표闈姓票와 백합표白鴿票가 있음)[97]으로 도박에 건 돈을 저당잡힌 것이 수백만 냥이 되었다. 불산에 등씨鄧氏 성을 가진 인쇄공이 이 두 종류의 복권을 인쇄하기 위하여 도광 30년(1850)에 석활자 주조를 하기 시작했고 같은 해 5월 이전에 두 벌의 활자를 주조하는 데 성공했다. 자수는 15만 자를 넘었다. 그는 1만 원 이상의 자본을 투자하여 전후로 세 벌의 활자를 만들었으니 모두 20만여 개로 한 벌은 편체자扁體字이고 한 벌은 장체대자長體大字이고 또 다른 한 벌은 장체소자長體小字로 본문의 주를 다는 데 사용되었다[그림 172].[98] 그의 주조방법은 먼저 작은 나무토막에 글자를 새기는데 필획을 분명하고 똑바르게 새기고, 다 새긴 목자인木字印을 깨끗한 진흙 위에 찍고 다시 녹인 주석물을 진흙거푸집에 붓는다. 그런 후 주석물이 응고되기를 기다렸다가 흙거푸집을 깨고 활자를 꺼낸 후 수정을 거쳐 그 높낮이를 일률적으로 맞춘다. 이렇게 깨부순 진흙은 2차에도 여전히 거푸집으로 사용할 수 있다. 이는 서양에서 동거푸집으로 주자를 한 것에 비해 간편하고도 경제적이라고 한다. 금속재료를 절약하기 위하여 그가 주조한 글자는 겨우 4푼 남짓의 높이로 외국의 연활자보다 짧다. 인쇄시에 그는 활자를 하나하나 매끄럽고 견고한 화리목 글자쟁반[字盤] 안에 배열하여 테두리를 꼭 묶어서 인쇄할 때에 글자들이 움직이는 것을 방지했다. 글자쟁반의 세 테두리는 등이 있고 그 높이는 활자와 똑같아서 인쇄했을 때 즉 책의 한 면(즉 반엽)의 변란邊欄이 된다. 순 황동으로 계선을 만드는데 한 면이 10행이고 중간에 판심은 벌어져 있어 판각서와 마찬가지로 한 페이지를 두 면으로 나누었다. 원고를 교정본 후에 즉 먹을 묻혀 솔로 인쇄를 한다. 거의 2년의 시간을 들여서 함풍 2년(1852)에 원대 사학가 마단림馬端臨의 명저《문헌통고文獻通考》348권, 전체 19,348면을 120 대책大冊으로 장정하니 글자가 커서 보기에 좋다. 종이는 깨끗하고, 먹색은 뚜렷한 것이 세계인쇄사에 있어 첫 번째의 석활자 인본이다. 그는 거푸집을 만들고 글자를 주조하는 방면에 있어 독창적으로 조판하여 인쇄하고, 먹을 사용하는 기술도 모두 성공했다. 그는 또한 몇 종류의 다른 책을 인쇄했으나 책 제목은 알 수가 없다. 사무엘 윌리암스는 당시 광주에 살고 있었는데 인쇄공 등씨와 서로 알고 지냈으며 그의 활자 몇 개를 얻었다고[99] 하는데 그의 서술은 믿을 만하다.

함풍 4년(1854) 6월에 나무통에 테두리를 씌우는 직업 출신의 천지회 영수 진개陳開가 무장기의를 일으키고 '홍건군紅巾軍'이라 하며 불산진을 점령하였다. 당시 천경天京(남경)의 태평천국이 호응하여 10일 동안에 광동 수십 개의 주와 현이 분분히 기의에 참여하고 청나라의 통치에서 이탈했다. 기의군은 군사상 긴급하게 등씨 인쇄공의 석활자를 이용하여 총알을 만들어 청군을 공격하니 청군의 부상당한 병사 중 어떤 이는 바로 이 석총알에 맞은 것이다.

5. 연활자 – 회안의 왕석기

위에서 이미 언급했듯이 중국이 자체적으로 제작한 연활자 중 최초의 것은 명 홍치 말에서 정덕正德 초년(1505~1508)에 상주에서 제작되었다. 청나라 위송魏崧의 《일시기시壹是紀始》 권9에서 "활판은 송에서 시작되었고 … 명나라에서는 목각을 이용했고 지금은 또 동銅·연鉛을 이용하여 활자를 만든다"고 했다. 위송은 호남 신화新化 사람으로 책은 도광 14년(1834)에 완성되었으니 아편전쟁 전에 중국은 줄곧 연활자를 사용하는 사람이 있었음을 설명해주고 있다. 그때의 연활자는 홍콩자 이전으로 당연히 서양인과는 상관없는 일이다.

지리를 공부하는 사람이라면 모두 알고 있는 청나라의 유명한 지리총서 《소방호재여지총초小方壺齋輿地叢鈔》의 출판자가 왕석기王錫祺다. 그는 이 《소방호재총서》를 편찬했고 광서 21년(1895)에 출판했다. 전체 책은 20책이고 건상활자본巾箱活字本에 글자체는 신보관申報館의 연활자와 비슷하며 대자는 지금의 4호자와 같고 주를 단 글자는 6호자와 같으며 먹색은 기름 흔적이 나타난다. 광서 19년(1893), 왕석기는 스스로 "근래에 내가 유럽활자를 얻어 고향 선현들의 남겨진 저서들을 인쇄했다"고 했다. 그의 활자는 외국에서 만든 한자 연활자임을 알 수 있다. 그러나 왕석기는 일찍이 광서 5년(1879)에 북경까지 항해했는데 상해를 지날 때에 활자를 사용하여 그의 동향인 반덕여潘德興의 《금호랑묵金壺浪墨》을 간행했으나 온통 틀린 글자로 거의 읽을 수 없을 지경이다. 13년(1887)에 그는 또 필사본에 근거하여 오자와 탈자를 바로잡았는데 "연판鉛板을 다시 주조하니 수많은 오류의 꾸짖음을 면하려고 했다"고 했다. 아마도 그는 외국의 한문

활자를 사기 전에 일찍이 연판을 주조한 적이 있으며 그것도 한 번에 그친 것이 아닌 듯하다. 또 민국《산양현지山陽縣志》·《청하현지淸河縣志》에서는 모두 그를 "스스로 연판을 주조했다"고 기록하고 있다. 그의 동향이자 친구인 단조단段朝端은《회속연주서판기回贖鉛鑄書板記》를 썼는데 그 속에서 "청하의 왕군 수훤壽萱이 독서를 좋아하고 책을 간행하기를 좋아했다. 집에 전당포가 있는데 연석鉛錫을 팔지 않고 문득 주판鑄板을 만들어 수년에 걸쳐《소방호재총서小方壺齋叢書》약간 권을 만들었다"는 말이 있다. 이상의 문헌에 근거해보면 왕석기는 확실히 스스로 연판을 주조한 적이 있고 이런 연판은 아마도 니형泥型을 이용하여 개주한 것으로 인쇄 후에 보존한 연판일 것이다. 수훤壽萱은 왕석기의 자이고 그는 함풍 5년(1855)에 태어났다. 청하(지금의 강소성 회양) 출신의 수재로 대대로 산양(지금의 회안)에 거주했으며 일찍이 형부후보낭중刑部候補郎中에 임명되었고 소방호재小方壺齋를 건축하여 책 수만 권을 소장했다. 그의 집안은 조부 이래 큰 부호로 집안에서 경영하는 전당포가 있었는데 전당잡은 납과 주석 그릇이 기간이 지나 가져가지 않으면 몰수가 되는데 이것들을 이용하여 글자를 주조하는 재료로 만들었다. 그가 주조한 것이 연판인지 석판인지 아니면 연과 석의 혼합판인지 글에는 분명하게 말하지 않고 있다. 과거 전당포에서 전당잡히는 것은 대부분 주석그릇으로 이를 납그릇이라고 한다. 예를 들면 납향로, 촛대, 제기 및 일용품인 납병이나 납항아리 같은 것들이 있는데 납제품은 비교적 적었으니 이리하여 사람들은 그가 주조한 것이 아마도 석판일 것이라고 의심한다. 오로지 각종 문헌에서는 모두 연판이라고 쓰고 있으니 잠정적으로 연판이라고 한다. 왕석기는 독서와 도서 간행을 좋아하고, 또 손님 접대를 좋아하여 날마다 주연을 베푸니 결국 경제적으로 곤란하게 되어《총서》전판 59상자를 동업자인 유화태劉和泰에게 저당잡히고 오백천五百千을 빌려썼으나 왕씨는 끝내 되찾을 힘이 없었다. 유화태는 원금과 이자 문제로 그와 몇 년간의 소송을 벌이다가 1917년에 현관縣官이 두 사람을 화해시켜 비로소 결말이 났다. 이는 아마도 중국 인쇄사에 있어 보기 드문 분쟁이라고 할 만하다.[100]

中國印刷史

활자본의 형식

활자판과 목판 판각은 모두 볼록판 인쇄로 인쇄 원리가 같으며 이 두 종류의 인쇄품은 외관 형식에 있어서도 여러 가지가 비슷하다. 청대에 수많은 목활자본은 목판에서 사용했던 어느 어느 해 '전鐫'이라고 하거나, 어느 사람이 '재梓'했다거나 혹은 '중재重梓'라거나, 어느 댁의 '장판藏板'이라는 용어를 그대로 썼다. 그러나 활자인쇄는 글자의 제조·글자의 배열·판 짜맞추기·인쇄 등의 차례를 거쳐야 하므로 한 덩어리로 된 목판 인쇄보다 훨씬 복잡하여 이리하여 적지 않은 특징이 형성되었다. 지금 활자본과 판각본의 같은 점과 차이점을 간략하게 아래에 서술하겠다.

글자체

활자본의 글자체는 여러 종류가 있으며 화가華家네 것과 안가安家네 것이 다르고, 화수華燧·화정華珵·화견華堅 세 집 것도 또 다르다. 소주·남경·건녕 동활자는 또 다르고 청대 민간과 내부의 동활자 역시 구별이 있다. 목활자는 더욱 모양이 다양하다. 대체로 필기체와 인쇄체 두 종류로 구별한다. 필기체는 즉 해서체로 청대에는 '금체今體' 혹은 '연자軟字'라고 했다. 인쇄체는 이전에는 '송자宋字'라고 했지만 실은 '명자明字'이다. 명대 중엽 이래로 각자공들은 조각칼을 사용하기 편하도록 가로는 가늘고 세로는 굵은[橫輕直重] 필획의 글자를 만들었으며 이는 즉 현대 출판물에서 종종 보는 일종의 인쇄체이다. 그것들을 또 방체方體·장체長體·편체扁體의 세 종류로 나눈다. 《도서집성》 동활자나 가경 연간에 황천潢川 사람 오씨가 교정 인쇄한 《낙양가림기》는 모두 방체로 '횡경직중橫輕直重'이 확연히 드러난다. 활자본 중에 이런 류의 방체가 가장 많다. 도광 연간 상주에서 간행한 《대청일통지》 방체는 자형이 약간 길다. 명대 오천정사五川精舍에서 간행한 《왕기공궁사王岐公宮詞》, 청나라 소원嘯園 심씨가 간행한《남제서南齊書》, 후관侯官 정씨丁氏가 간행한《진사잡영晉史雜詠》은 모두 편체다. 해서체의 필치는 유연하고 감상하기에 아름다워 판에 박은 듯한 송자宋字 같지는 않다. 활자체로 지금 고증할 수 있는 것은 청대 취려각翠黎閣·복전서해福田西海 등의 동활자가 있고, 서씨 자판瓷版 및 명대 염초당念初堂·청대 소주 주병감의 이안서옥, 천주泉州 황조념黃祖念의 매석산방梅石山房 등에 목활자가 있다. 그중 해서체로 가장 아름다운 것은 만력《사남방씨종보沙南方氏宗譜》·《수계선생비점맹호연집須溪先生批點孟浩然集》, 옹정 연간에 반대유潘大有가 간행한《당미산집唐眉山集》및《추애소고秋崖小稿》등이 있다. 동치 경오(1870)인본《육미도六美圖》탄사彈詞는 대부분 간체자며, 송원의 방각본坊刻本에도 적지 않게 간체자를 채용하고 있으나 활자본에는 비교적 적게 보인다. 만력본《조야신성태평악부朝野新聲太平樂府》는 글자체가 거칠고 졸렬하다. 일반 활자는 모두 비교적 크며 현재의 2호 크기 연활자에 맞먹는다. 개별 족보 속의 목활자는 3.3cm²에 가깝고 가장 작은 활자는 3~4호자에 가까운데 너무 작으면 조각하기가 어렵기 때문이다. 가경 임신년(1812)에 상원上元 주조렴朱照廉의《소운곡명첩기문小雲谷名帖記聞》은 반엽에 11행, 1행에 24자이고 또《동인집同人集》전체 책은 소자를 사용했으며 인쇄가 아름답다. 용씨[76] 부문각敷文閣의《역원자판서亦園子板書》의 주를 단 글자는 소자로 모두 비교적 작고 일반 본문은 대자를 사용했으며 소주小注는 소자를 사용했다. 단 어떤 것은 조건이 제한적이어서 소주를 대자로 배열한 것도 있다. 금릉서국본《삼국지주三國志注》는 비록 대소 두종류 글자를 사용했지만 배송지裵松之의 주문注文을 대자로 본문 아래에 배열하고 네모칸으로 구별을 했다. 또 도광 매화서옥본《우공

---

[76]_ 용만육龍萬育을 말한다.

역해禹貢易解》대자는 편체지만 아주 크고 주문은 몇 호나 차이가 나는 소자로 했다.《동치통성현지同治通城縣志》는 소자 대자 비례가 극히 균형이 맞지 않는다. 또 어떤 것은 비록 동일 세트의 활자라도 각자공이 한 사람이 아닌 관계로 글자가 균일하지 못하고 모자라고 완전하지 않아 후에 다시 보충으로 새겨넣으니 이전 것과 새 것이 뒤섞이고 크기가 현저하게 달랐다. 크고 작은 것이 같이 배열되고 필획이 굵고 가늘어 일치하지 않아 불균형한 것이 많이 드러났다. 또 글자의 배열이 가지런하지 못하고 받침판이 들쑥날쑥 평평하지 못하여 인쇄된 글자체가 비뚤어지고 먹색의 농담도 균일하지 못하고 진한 것은 고딕체같고 흐린 것은 알아볼 수 없고, 어떤 것은 반쪽 혹은 편방만 인쇄된 것도 있다. 전체 목판본이라면 위에 기술한 결점은 없을 것이다. 활자본에서는 사람들의 주위를 끌기 위하여 검은 종이에 흰 글자를 사용한 음각 문자도 있다. 우연히 □나 '묵등墨等'(즉 글자를 새기지 않은 검은 곳)이 발견되면 장래에 보충하여 새길 준비를 하겠다는 뜻이다.

잘못된 배열

몇 년 전에 인쇄공장에서 보내온 초교 교정쇄를 볼 때 종종 식자가 잘못된 글자를 발견하게 되는데 시험적으로 식자한 것이라 이런 소홀함이 발생하는 것은 용납할 수 있다. 그리고 2교와 3교를 거치면서 잘못이 점차로 감소된다. 고대 활자본 중에도 종종 이처럼 식자가 잘못된 현상이 발생했다. 어떤 것은 옆으로 되어 있고 어떤 것은 거꾸로 되었다. 예를 들면《모시毛詩》의 '자白'자는 옆으로 되었고, 명본《태평어람》에는 '사死'자가 옆으로 누워 있다.《학림옥로》의 '필駜'자,《시경질의詩經質疑》권9의 '질質'자, 정덕 13년(1518)본《사기》48권의 '팔八'자, 청대《육미도六美圖》의 '열閱'자는 모두 거꾸로 배열되어 있다. 이런 현상은 전체 목판본이라면 자연히 발생하지 않는 문제다. 과거 식자공들은 한꺼번에 바쁘게 허둥지둥하느라 혹은 세밀하지 못하여 발생한 이런 우연적인 착오는 공교롭게도 오늘날 활자본을 감정할 때 가장 설득력이 있는 하나의 증거가 되고 있다. 활자본의 오자는 일반적으로 판각본보다 많은데 교정이 정확하지 않은 것을 제외하고도 한편으로는 자수의 제한을 받기 때문이다. 무영전 목활자는 25만여 자임에도 불구하고 어느 때는 여전히 부족하다고 느끼는데 민간에서 보통 사용하는 활자는 2~3만자에 불과하니 자연히 더욱 활용할 수가 없었다. 이리하여 부득이 한편에서는 조판을 하여 인쇄를 하고, 또 다른 한편에서는 판을 철거하는 방법을 썼다. 시간을 잠시도 늦출 수가 없으므로 또한 자세히 교정도 볼 수 없었다. 이를 보완하는 방법으로는 그저 책이 나온 후에 책 앞이나 책 뒤에 오자를 열거하는 정오표를 붙이는데 이를 '교감기校勘記' 또는 '고이考異'라고 한다. 《임랑비실총서琳琅秘室叢書》 범례에 "이 책은 모두 활판이고 매 쪽을 인쇄하는 데 번번이 서서 기다렸다가 교정을 하니 눈이 어지러울 지경이다. 그러므로 전질全帙을 인쇄하고 나면 같은 사람이 여러 차례 교정을 거쳐서 뒤에 교정의 잘못됨을 따로 적는다"고 했다. 교정을 보는 것은 낙엽을 쓰는 것처럼 쓸어도 쓸어도 깨끗해지기 어렵다. 그래서 어떤 책은 비록 정오표를 부록으로 해놓아도 여전히 잘못을 면할 수가 없었다. 또 활자본에서 잘못 인쇄된 글자는 상용목常用木으로 가리고 또 다른 나무인으로 바르게 고친 글자를 옆에다 찍는데 흑인 또는 주인을 사용하거나 별지에 인쇄하여 붙혀서 보완수단으로 삼았다.

변 란

활자본의 변란邊欄[77]은 굵기가 몹시 일치하지 않는데 어떤 것은 너무 가늘고 어떤 것은 너무 굵은 흑변으로 사주단변四周單邊, 좌우쌍변左右雙邊, 혹은 사주쌍변四周雙邊을 막론하고 일반적으로 네 귀퉁이의 교접점이 종종 조밀하지 못하고 빈틈이 생겨 드러나기도 하고 드러나지 않기도 한다. 어떤 빈틈은 1~2푼에서 심지어는 반 촌十까지 되는데 글자 쟁반을 꼭 죄지 않았기 때문에 인쇄할 때 힘을 쓰면 느슨해지는데 이는 판각본에서는 당연히 있을 수 없는 일이다. 오로지 무영전취진판은 예외다. 그것은 먼저 배나무판을 사용하여 서적 모양에 따라서 매 폭에 18행(즉 반엽은 9행)을 새기는데 이를 투판套版이라고 한다. 인쇄 시에 먼저 광란격匡欄格을 인쇄하고 다시 투격套格 안에 1행에 21자를 넣어서 인쇄하므로 네 귀퉁이의 사이가 촘촘하여 전혀 빈틈이 없어 판목에 새긴 것이나 다름이 없다. 그러나 행격과 문자는 모두 흑묵인을 사용하여 주묵 두 색의 투인套印과는 또 다르다. 활자본은 판각본을 모방하여 중간에 판심을 벌려 놓고 전체 한 면을 접어서 두 면으로 했다. 그중 우연히 판심이 특별이 넓은 것이 있는데 매 쪽의 사주쌍변은 각자 한 시스템을 이루고 있어 보기에는 마치 한 면(즉 반엽)마다 각각 조판한 것처럼 보인다. 도광 7년(1827)본 영화寧化 사람 이세웅李世熊의 《한지초집寒支初集》이 바로 이런 모양이고 이런 류의 좁은 판면은 몹시 보기 드물다. 활자본 변란도 어떤 것은 직행으로 이끌려갔거나, 혹은 개별로 글자와 나란히 되어 있고 상하 변란은 끊어졌다 이어졌다 하니 한 선으로 연결할 수가 없고 어떤 것은 명확하게 톱니바퀴 형태를 만들었다. 《동치정안현지同治靖安縣志》는 줄을 바꾸어 글자를 들어 쓴 것으로 상변란은 굵고 짧은 게신으로 지접형雉堞形[78] 이 된다. 또 《송학산방시집松鶴山

77_ 광곽을 말한다. 1권에서 변란으로 번역했기 때문에 변란으로 한다. 변란의 여러 명칭도 1권에서 설명한 바 있다.

78_ 몸을 숨겨 적을 공격할 수 있도록 성 위에 낮게 덧쌓은 담으로 성가퀴라고도 한다.

房詩集》은 글자를 들여 쓰는 곳, 즉 '제왈帝曰' '성주聖主' 등 한 자를 들여 쓰든 두 자를 들여 쓰든 모두 상변란의 위쪽에 배열했다. 가경본 《궁실도설宮室圖說》에 '성조聖朝' 두 자 역시 상란밖에 있다. 판각본에는 자연히 이런 현상이 없다. 또 활자의 크기가 다르므로 아래 변란처 혹은 공백이 가까운 데가 가지런하지 않아 미관을 손상시킨다. 활자본에는 도안이 있는 장식으로 테두리를 한 것을 보기가 어려운데 필자가 소장한 《섬서장씨종보剡西張氏宗譜》(삼무루장씨종보三懋樓張氏宗譜) 매 쪽의 네 변란에는 두 마리 이무기가 서로 마주보고 있는 도안이 있는데 몹시 넓고 아래쪽 판심에는 '건륭경신중수乾隆庚辰(25년)重修'라는 1행이 있다.

행 선

인본서에 있는 행격行格 계선界線은 고대 죽간과 목간의 흔적이라고 말할 수 있다. 활자는 황동으로 계행界行을 만들었으며 보통은 가는 대나무편으로 했고 그것은 행과 글자를 가지런하게 하기 위함이다. 죽편은 탄력이 있어 수축이 되고 심지어는 호형弧形이 되기도 하는데 이리하여 호형으로 된 행선行線도 있다. 행과 글자는 이를 따라서 좌우로 경사지게 된다. 일반 활자본 세로줄의 직선행과 위아래 변란이 만나는 곳에서는 여지가 좀 있게 되는데 판각판처럼 그렇게 긴밀하게 연결되지는 않는다. 어떤 행선行線은 판면版面이 높고 낮아 평평하지 못하여 인쇄를 하게 되면 있기도 하고 없기도 하며 간혹 전체 책이 세로 행선이 없기도 하다. 또 일반 인본의 글자 배열과 행간의 형식[行款]은 모두 같은데 《조야신성태평악부朝野新聲太平樂府》는 한 면에 11행이고 제3책 마지막 면은 12행이고 매 행의 자수는 18에서 22자로 같지는 않다.

판 심

송본 판심版心에는 종종 위에는 자수字數를 기재하고 아래에는 각 자공의 성명을 기록했고 중간에는 서명의 권차卷次를 기록했다. 활 자본은 활자를 이미 조각해 놓은 것이고 또 판면에 따라 날짜의 비 용이 따르기 때문에 자수를 명기할 필요가 없게 되었다. 중간에 서 명(전체 명 혹은 간칭), 권, 페이지 외에도 주로 판심 아래에는 출판자 의 당堂・관館・재齋・각閣・누樓・헌軒・가숙家塾・서옥書屋・산방 山房의 명칭을 명기했다. 예를 들면 진의당眞意堂・벽운당碧雲館・신 방각信芳閣・사보루思補樓・취사가숙取斯家塾・이안서옥易安書屋・백 록산방白鹿山房 등이다. 역시 판심 위에는 난설당蘭雪堂・석산안씨관 錫山安氏館・매화서옥梅花書屋 등이다. 화수華燧의 동활자본은 모든 면의 판심 위에 '홍치세재弘治歲在'라는 작은 글자 2행이 있고 판심 아래에는 회통관활자동판인會通館活字銅版印이라는 두 줄이 있다. 모 든 책은 간지干支로 해당년도를 기록했는데 이는 회통관의 특징이 다. 벽운관본《갈관자鶡冠子》판심 아래에 '홍치년弘治年'이라는 세 글 자가 있는데 이처럼 판심에 연대를 표명한 것은 청대 활자본에서는 몹시 보기 드물다. 일반 활자본은 주로 백구白口고 소수의 흑구본黑 口本도 있다. 흑구본에는 소흑구小黑口가 가장 많고 주로 하흑구下黑 口고 상하흑구는 비교적 적으며 상하 대흑구는 더욱 보기 어렵다. 어 미가 전부 없는 것이 있는데 통상은 단어미單魚尾 혹은 쌍어미가 있 고 쌍어미 이상은 보기 드물다. 모양이 많을수록 조판 기술이 곤란 하기 때문에 일반 활자 판심은 주로 비교적 간단하며 가지런하다. 명 숭정본 단양사람 당계唐溪의《원씨종보袁氏宗譜》판심은 긴 흑어미 아래에 큰 검은 원점이 있다. 두 본에는 어미가 없고 모든 면에는 단 지 큰 검은 원점이 있지만 페이지 차례는 표시하지 않았으니 몹시 색다르다.

투인套印

주묵투인朱墨套印은 비록 원대에 발명되었지만 명대 만력 연간이되어서야 비로소 절강 호주湖州에서 성행하기 시작했다. 소위 민씨閔氏·능씨淩氏 투인본이다. 활자본에 이르러서 2색 혹은 3~4색 투인을 사용한 것은 보기 드물다. 족보 중에는 붉은선으로 세계世系를 표기한 것이 있는데 손으로 그린 것으로 여겨진다. 진정한 활자 주묵투인은 《주비유지朱批諭旨》에 있다. 본문은 흑색이고 모든 비어批語[79] 및 옆에 쓴 비어는 모두 주색이고 몇 구의 옆에 붉은 원[朱圈]이나

[그림 173] 《만수구가악장萬壽衢歌樂章》, 내부 주 · 묵 활자투인본. 위력韋力 선생 소장

붉은 줄[朱直]이 있다. 전체 책은 360권, 120책으로 개화지에 인쇄했다. 이전에는 건륭 내부각본이라고도 하고, 홍정 10년(1732) 내부활자본이라고도 했다. 그러나 필자의 생각으로는 책 속에 기재된 내용을 보면 옹정 13년 5월에 홍弘자의 글자 획을 빠뜨려 피휘를 했으니 당연히 건륭 초인본이다. 내부투인본 《만수구가악장萬壽衢歌樂章》은 건륭 55년(1790)에 김간金簡이 성지를 받들어서 취진판으로 조판 인쇄했는데 처음의 모든 글자 아래에 궁상각치우宮商角徵羽 글자로 작은 주를 달았으며 모두 주인朱印이다[그림 173]. 또 《도연명집》 4책은 출판자와 시간, 장소를 상세히 기록하지 않았다. 《사고제요四庫提要》는 건륭 이후 민

79_ 문장에 대한 평어와 주해

간인본이다. 사주쌍변四周雙邊으로 어미가 모두 남색이고 본문은 흑색, 권수, 총론 등은 모두 주색이다. '。''、'같은 권점圈點도 역시 주색이고 평어를 쓴 대자와 소주小注는 녹색으로 주, 흑, 남, 녹 네 가지 색이 있고 백지에 인쇄하여 찬란하고 아름답다. 일반 투인은 많으면 5~6가지 색이 있는데 활자본에서 이런 본은 당연히 '백미白眉'라 할 수 있다.

피 휘

전제군주 시대에 황제의 이름은 신성불가침한 것이어서 시험을 보거나 글을 쓸 때 반드시 피휘避諱해야 했으며 인본서 역시 예외는 아니었다. 피휘의 형식에는 소자小字로 '모모묘휘某某廟諱'라고 주를 다는데 이를테면 도광 금릉 감씨甘氏 진체루본津逮樓本 《제리명대인문략帝里明代人文略》은 피휘해야 할 곳에 모두 작은 글자로 '고묘휘高廟諱'(건륭), '선묘휘宣廟諱'(도광)라고 주를 달았다. 글자를 고친 것도 있는데 가령 가경본 《용암집庸庵集》에서는 '玄80'을 '元'으로, '弘'을 '宏'으로 바꾸었고, 《소지록所知錄》에서는 '胤'을 '允'으로 바꾸었다. 도광본 《숭정총서崇正叢書》에서는 광서에서 새로 간행한 《수안현지遂安縣志》에서 崇禎을 모두 '崇正'으로 바꾸었다. 그러나 필획을 생략하는 것이 비교적 보편적인 방법으로 가령 가경본 《남당서南唐書》에서는 '鉉'자로, 백록산방본 《위략緯略》·《동치통성현지同治通城縣志》에서는 모두 '曄'자를 피휘했다. 누동婁東 시씨施氏가 간행한 《오도문수吳都文粹》에서도 胤자에서 필획을 뺐고, 양씨 《독사사집讀史四集》에서는 '禎''弘' 두 자 모두 점을 생략했다. 《학해류편學海類編》 《서하객유기徐霞客遊記》에서는 모두 건륭 홍력弘曆의 이름을 피하여

80_ 이 단락에서는 글자에 관한 설명이므로 한글 발음을 병기하지 않는다.

‘泓’자로 썼고, 《위략》에서는 ‘厤’자로 썼다. 《임랑비실총서琳琅秘室叢書》・금릉서국본 《삼국지주》에는 ‘顗’자로 썼고 복전서해 동활자에는 ‘珎’로 썼다. 영자寧字 도광본 《수응재집修凝齋集》・《회성신금록淮城信今錄》에서는 모두 ‘甯’로 썼고, 《삼국지주注》와 광서본 《보농서補農書》에서는 모두 ‘甯’로 썼다. 《삼국지주》에서는 또 ‘奕’자를 피했고, 광서본 《수밀도보水蜜桃譜》에서는 ‘貯’를 ‘貯’로 썼다. 광서본 《온릉시기溫陵詩紀》에서는 淳을 ‘淳’으로, 《광서상소합지고光緒常昭合志稿》에서는 恬자를 恬으로 썼다.[101] 이런 불합리한 피휘 제도는 일찍이 다른 나라에도 영향을 주었는데 가령 월남본은 피휘가 몹시 엄격하여 판각본만이 아니라 근대의 연인본鉛印本에서조차도 완조阮朝의 것까지 피휘했다. 그러나 이런 소위 ‘글자가 안되는’ 괴현상은 판본의 연대를 감정할 때에 오히려 도움이 된다. 가령 위에 상술한 《독사사집讀史四集》은 이전에는 명활자본이라고 여겼지만 지금은 건륭본이라고 단정지을 수 있다. 또 청대에는 공자를 존중했기 때문에 공자도 역시 피휘했으나 어떤 때는 또 피휘하지 않은 것도 있다. 가령 상술한 《남당서》・《오도문수》는 도광 4년(1824) 제성諸城의 왕씨가 한상邗上 등화사藤花樹의 《대사기大事記》에 丘를 ‘㘴’로 썼지만 그러나 《추애소고秋崖小稿》나 도광본 《조문숙공문집趙文肅公文集》에서는 피휘하지 않았다. 송본 및 청 각본 피휘는 모두 엄격했고 활자본은 비록 피하기는 했지만 그러나 비교적 관대했다. 무영전취진판은 원칙대로 엄격했지만 건륭 《어선명신주의御選明臣奏議》에서는 비록 ‘弘’자를 피휘하긴 했지만 ‘禛’자는 피휘하지 않았다. 민간의 족보 중 건륭 연간의 《남명석씨종보南明石氏宗譜》에서는 “본조에서는 스스로 피휘를 한다”고 되어 있다. 그러나 일반적으로 비교적 자유스럽고 어떤 것은 피휘를 기록하지 않은 것도 있고 아예 피휘하지 않은 것도 있다. 명활자본 중 몇몇은 송대를 피휘한 것도 있다. 예를 들면 《세묘지여록

世廟識餘錄》·《모시》·《송시록頌詩錄》, 상열桑悅의 《사현집思玄集》은
모두 匡자를 피휘했지만《안노공문집顏魯公文集》에서는 貞자의 획을
생략한 것도 있고 아닌 것도 있다.《임랑비실총서》에서는 "송본서
중에는 행을 바꾸고 피휘하고 획을 생략하였는데 지금도 여전히 그
대로이다"고 했다. 이렇게 전 시대의 것까지 피휘를 하는 것은 옛 습
관으로 이미 피휘라는 원래 뜻은 잃어버렸다.《제리명대인문략帝里
明代人文略》에서는 欽·棟 두 자의 획을 생략했고, 감씨甘氏는 그 집
안 어른도 피휘했는데 활자본에서는 보기 드물다.

기 타

명대 화가華家의 회통관은 주로 백면지대본白棉紙大本이고 안가安
家에서는 백지를 사용하고 겸하여 황지도 사용했다. 이 두 집안의 종
이는 어떤 것은 이어 붙였는데 세로로 잇기도 하고 가로로 잇기도
하여 한 면으로 붙였는데 다른 활자본에서는 보기 드문 형태다. 명
대에는 적지 않게 청람인을 사용한 판각본이 있는데 활자본으로는
《모시》, 동판《묵자墨子》가 전체 책을 남색을 사용해 인쇄했다. 도
광 갑오년(1834) 산동성 아감재본雅鑒齋本《천하군국이병서天下郡國利
病書》는 모두 묵인인데 권두에만 건륭어제취진판시를 한 면에 주인
朱印으로 인쇄하여 존중을 나타냈다. 당연히 대부분 활판은 여전히
흑묵인을 사용했고 일반적으로 인쇄의 먹색은 판각본보다는 못하
다. 청대 활자본에 이용된 종이 역시 황색, 백색 두 종류를 벗어나지
않는데 황지는 태사련太史連 및 보통의 죽지竹紙고 백지는 연사지連史
紙 또는 개화지가 있는데 개화지는 내부인본에 제한되었다. 지질은
비록 명대의 백면지보다는 약간 얇지만 티없이 깨끗한 점이 마치 양
기름같이 희어서 사람들이 좋아했다. 현재 볼 수 있는 활자본 중에
서《모시》가 절첩장이고 안씨관安氏館《고금합벽사류古今合璧事類》가

포배장인 것을 제외하고는 나머지는 모두 선장이다.《어선명신주의》는 남색비단면에 선장이다. 책의 종류는 크기가 다른데 작은 것은 건상본도 있고 큰 대형본도 있다. 활자의 제한을 받기 때문에 건상본巾箱本은 그다지 작지 않고 가장 작은 것은 수진본袖珍本이다. 안경安慶에서 민간의 취진소자聚珍小字를 이용하여 간행한《맹자편략孟子編略》이 있는데 가격이 저렴하고 작업을 절약한 수진소본이다. 족보 개본開本은 비교적 커서 보통은 주로 높이가 약 30cm이고 너비는 약 20cm 좌우다. 소흥 영파 일대의 인본은 높이가 46cm, 너비가 36.5cm 되는 것도 있다. 강서성 여간余干에서 간행한《황부서씨종보黃埠徐氏宗譜》는 높이가 50cm, 너비는 33cm로 가장 큰 개본으로 판각본 중에서는 보기 드물다. 활자본은 대부분 비매품이었기 때문에 가격을 명시한 것은 보기 드물다. 건륭 58년(1793) 주병감周秉鑒의 이안서옥易安書屋에서는 친구가 그에게 보낸 6천여 자의 활자를 사용하여《보리일시甫里逸詩》를 출판했고 성씨 뒤에 "1백부를 인쇄하여 50부는 사방에 보내고, 50부는 판매하니 은 2전이다"고 썼다. 반은 선물용으로 반은 판매용으로 했음을 알 수 있다. 백문권유각본白門倦遊閣本[81] 포세신包世臣의《안오사종安吳四種》은 도광 병오년(1846)에 남경에서 간행되었는데 겉표지에 전문篆文의 대주인大朱印으로 "발방취치發坊取値, 주제일류朱提一流"라고 찍혀 있다. 16책의 도서는 은자 8냥이 필요했으니 정가는 결코 싸지 않았다. 또 남경 감씨甘氏 진체루津逮樓에서《제리명대인문략》을 인쇄했는데 '매 부의 공임은 은 6냥'이라고 작은 나무도장의 주인이 찍혀 있다.《역경여화易經如話》뒷면에는 나무 도장으로 "백련지 및 글씨 쓰고 교정본 비용이 매 편당 본 가격은 은 3리고 장정한 매 질의 본 가격은 은 1푼"이라고 되

81_ 포세신은 만년에 '白門倦遊閣外史' 또는 '小倦遊閣外史'라고 서명했다.

어 있으니 모두 비교적 보기 드문 예다.

판심 어미와 양변 행선은 분리되는 현상이 있는데 활자본에는 항상 있어 목판 인쇄와는 서로 구별이 된다. 활자본은 조합할 때 상하난선欄線의 치수가 일정하므로 서구書口에서 볼 때 상하난선이 반듯하지만 판각인쇄는 서판이 팽창하거나 축소되기 때문에 판심의 크기가 같지 않고 장정 후에 난선도 가지런하지 않다. 청나라 방포方苞의 《주중각십삼경이십일사의차자奏重刻十三經二十一史事宜劄子》에서 교감하는 일에 관해 논했다.

───

글자를 새기는 판의 재료에도 오래되고 새로운 것이 있는데 오래 말린 후에는 변광邊框 길이가 획일적이지 않습니다. 그래서 서적이 나오면 가지런하기를 기다려 밑줄을 긋습니다. 오로지 전殿에서 진상드리는 책에만 윗줄에 맞춥니다. 임시로 혹은 판을 구우면 짧아지고, 판을 찌면 길어지니 끝내 가지런하지 못하여 여전히 경계선을 그리는 방법으로 맞춥니다. 여러 번 굽고 여러 번 찌면 판이 쉽게 썩고 갈라집니다. 모든 글자는 파내고 보충을 했기 때문에 나무가 튀어나오고 떨어집니다. 다시 수정 보수를 가하면 자획의 크기와 굵기가 같지 않고 이그러진 것이 가득합니다. 경사經史를 간행하는 데 오랜 세월이 흘러서 만일 떨어져 나간다면 즉 헛되이 국고를 낭비하게 됩니다. 특별히 유지를 내려 주시기를 업드려 청하옵니다. 즉 진상드리는 서책 역시 아랫줄에 맞추어 굽거나 찔 필요없고 오래되어도 낡아지지 않기를 바랍니다. 이를 위해 흠정정식欽定程式으로 지정하기를 주청하며 그대로 실행하기 편하고자 합니다. 삼가하여 아룁니다.[102]

활자는 일반적으로 말하자면 단독 글자지만 어떤 때는 특수한 수요를 위해 몇 개의 글자를 한꺼번에 새기기도 한다. 절강박물관에

10만여 자의 목활자가 보관되어 있는데 그중에서 몇 개의 한자가 함께 새겨져 있다. 새로 발견된 서하문《길상편지구화본속吉祥遍至口和本續》에도 역시 글자와 글자가 서로 교차하는 정황이 있다.[103] 만약 글자와 글자 사이가 교차할 수 없는 것에 근거해 판각본과 활자본을 구분하는 증거로 삼는데 반드시 전반적인 것은 아니다.

　요컨대 활자본과 판각본은 어떤 것은 같지만 또 각각 여러 가지 특징이 있다. 보통의 활자본은 서구書口나 책을 펼치면 금방 알 수 있다. 그러나 어떤 것은 구별이 어려운데 그래서 이전사람들의 기록에는 활판을 판각본이라고 오해한 경우가 적지 않다. 니활자·목활자·동활자 인본의 구별에 있어서는 약간의 차이가 있을 뿐이어서 더욱 쉽지 않다. 그러므로 갑은 목활자라 하고 을은 동활자라고 하고, 병은 심지어 판각본이라고도 하니 중요한 것은 원서의 서序·발跋·패자牌子·간어刊語에 의지하는 수밖에 없다.

中國印刷史

활자본의 내용

위에서 말한 것은 활자본의 외관 형식의 개황이었으며 다시 그 내용에 관해 간략히 말해보고자 한다. 중국 활자는 목활자가 주류로 원나라 초기부터 줄곧 항전기간까지 유행해왔으니 무려 6~7백 년이 된다. 1941년 호남에서 현지縣志를 새로 편찬하고 인쇄했다. 1949년에 필자의 고향인 승현嵊縣에서도 여전히 족보를 간행했다.

활자본이 지금까지 전해 내려오는 것은 약 2천종(족보는 계산하지 않고 총서는 1종으로 계산함)이고 서명을 알 수 있는 것은 약 7백 종이다. 동활자는 주로 무석·상주·남경·소주·절강·복건·대만 일대에서 나왔다. 목활자 역시 주로 강소·절강·안휘·복건 등에서 유행했고 특히 절강의 항주·소흥부(승현·신창新昌·여요餘姚·제기諸暨·숙산嘯山)·영파부(봉화·진해鎭海·정해定海·자계慈溪) 및 천태·선거仙居·포강浦江·가흥·호주에 목활자가 있다. 강소성에는 남경·무석·상주·소주·상숙·상해·가정嘉定·금단金壇·양주에 있다. 안휘성에는 안경安慶·정덕旌德·동성桐城·경현涇縣·육안六安·합비合肥에 있다. 복건성에는 복주·건녕·천주·정주汀州·영화寧化에 있고, 강서성에는 길안吉安·건창建昌에 있다. 호남성에는 악양·평강平江·상담湘潭에 있고, 호북성에는 강하江夏에 있으며, 사천 성도 및 광동 등 주로 남방에 있다. 북방은 북경 외에 직례·산동 제남濟南·하남 진주陳州·섬서 빈주에 있고, 감숙은 어쩌다가 하나 있지만, 광서廣西·귀주 및 동북 각 성에는 있다는 말을 못 들었다. 그중 상주의 니반泥盤목활자 인쇄공·승현의 보장譜匠 목활자가 가장 유명하다. 이리하여 현재 전해오는 것은 주로 남방의 목활자본이다. 명대는 만력본이 가장 낳고 홍치·정덕·가정본이 그 다음이다. 청대는 광서본이 가장 많고 도광·함풍·동치본이 다음으로 많고 그 다음은 건륭·가경본이다. 내용이 광범위하고 사부四部도 모두 있다. 경부經部에는 본문·주해注解·소학·음운·훈고가 있고 자부子

部는 각각 근 1백 종이 있다. 사부史部는 지방지가 비교적 많고 또 정사正史·기사본말紀事本末·잡사雜史·전기·족보·주의奏議·외국지리·유기遊記·수리·목록·금석이 약 2백여 종이 있다. 자부子部는 유서類書·잡가雜家·잡설이 비교적 많고 의서가 그 다음이고 또 유가·도가·병서·농서도 있다. 집부集部는 송원명청 시문 별집別集이 가장 많으며 또 한위육조의 집集과 당태종·당현종·우세남·초당사걸집初唐四傑[82]集과 소설·희곡 등 근 3백종에 달한다.[104]

사부四部 외에 또 총서가 약 30종 있다. 중요한 것으로는 명 회통관본으로 송대 사람 좌규左圭의 《백천학해百川學海》1백 종이 있는데 주로 식물 화훼서로 최초 총서 중의 하나다. 《무영전취진판총서》 134 종류가 있고 가장 유명한 것은 주로 송대의 경서 해설집과 송대 인들의 별집이다. 역시 《동관한기東觀漢記》, 양한·당·오대의 《회요會要》·《수경주水經注》·《원화군현지元和郡縣志》·《여지광기輿地廣記》·농서·의서·고산경古算經 등이 있고 《영락대전》 중에서 모아 출간한 것은 대부분 이미 고서를 잃어버렸다. 도광 11년 육안六安의 조씨晁氏가 조용曹溶이 편찬하고 도월陶越이 교정본 《학해류편》 807권을 간행했으며 수록한 책은 420여 종이나 된다. 원고에 의거해 조판에 넘긴 것도 적지 않겠지만 비교적 보기 어렵다. 도광·함풍 연간에는 의황宜黃 사람 황질모黃秩模의 《손민당총서遜敏堂叢書》를 간행했는데 수록된 책은 85종이다. 광서 연간에 천주의 공현증은 일찍이 활판 한 벌을 제조했는데 고향 유명인사들의 저술을 《역원자판서亦園子板書》라는 제목으로 14책을 인쇄했다. 또 전문적인 총서 《수륙공수전략비서水陸攻守戰略秘書》등을 인쇄했다.

82_ 초당사걸은 중국 당나라 초기의 네 명의 문학가인 왕발王勃·양형楊炯·노조린盧照鄰·낙빈왕駱賓王을 말한다. 이들을 합쳐 '왕양노락王楊盧駱'이라고도 한다.

권질卷帙이 비교적 큰 단행 활자본은 명나라 모원의茅元儀의《무비지武備志》240권이 있는데 '무학武學의 집대성'이라 칭해진다. 명 천계 원년과 청 노광 상주본이 있다. 송나라 이도李燾의 사학 거작《속자치통감장편續資治通鑑長編》은 가경 말 상숙常熟의 장서가 장금오가 무석에서 10만 남짓의 활자를 얻어 16개월에 걸쳐 120책을 인쇄했다. 양호陽湖사람 설자유薛子瑜는《대청일통지大淸一統志》161책을 인쇄했다. 저명한 유서類書《태평어람》1천 권은 명 목활자가 있고, 건양 유씨游氏와 요씨饒氏 동판이 있고, 또 청 가경 11년 의정儀征사람 왕씨汪氏의 목활자판이 있다. 청초 진몽뢰陳夢雷의《고금도서집성》은 1만 권에 이르며 내부동자인으로 부部마다 525상자로 전체 5,020책이고 내용이 풍부하여 지금까지도 여전히 국내외 학자들이 몹시 유용하게 쓰는 참고서다.

  책은 사회의 수요로 인하여 여러 차례 판각이 되며 이미 판각이 있음에도 동시에 활판도 있게 되는데 활판 역시 1~2차례부터 4~5차례 조판 인쇄되었다. 인화仁和사람 호정胡珽의《임랑비실총서》는 함풍 3년에 인쇄되었고 회계사람 동씨董氏가 광서 연간에 다시 조판 인쇄했다.《홍루몽》같은 경우는 건륭 신해년(56년, 1791) 췌문서옥萃文書屋 활자인[그림 174]이 있는데 그 일을 진행한 사람은 정위원程偉元이고 다음 해(1792)에 또 다시 인쇄를 했다. 전자는 정갑본程甲本이라 하고 후자는 정을본程乙本이라고 하는데《홍루몽》최초의 인본이다. 출판의 목적은 고악高鶚이 인용한 말에 의거해 보면 "동호인들이 전하여 즐겨 보기 위해서"였지만 "초록이 어렵고 판각하는 것 역시 시일이 걸려서 잠시 활자를 모아 인쇄했다" "급한 욕심으로 여러 동호인들이 처음 인쇄할 때 세심히 교정하지 못하여 간간이 오류가 있다" 임자본壬子本은 5~6천자를 바꾸었으니 매회의 제목[回目]마저도 틀린 것이 있다.《홍루몽》은 이때부터 인본이 있게 되어 광범위하게

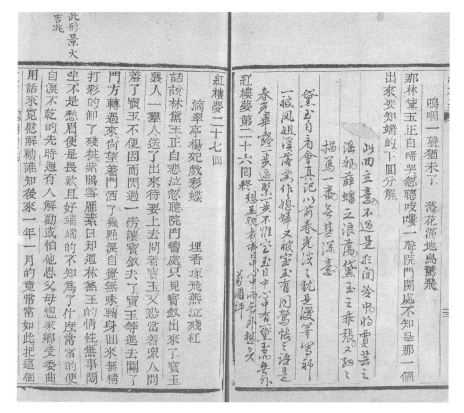

[그림 174] 《홍루몽》, 건륭 56년 췌문서옥 활자인본

전해졌다. 이후 각본은 더욱 많았는데 광서 북경취진당본도 있다. 청나라 유명한 학자인 고염무顧炎武의 《천하군국이병서》는 성도 용만육의 부문각敷文閣에서 가경·도광 시에 두 차례나 간행되었다. 설씨薛氏 동화서옥桐華書屋에서 광서 연간에 또 용만육의 원래 활자를 이용하여 재판했고, 호남 나씨가 또 섬서에서 인쇄했고, 산동성에서도 인쇄했으니 전후 모두 5종의 활판이 있어 활자판 방면에서는 보기 드문 경우이다.

북송의 왕기王琪는 소주에서 관직에 있을 때 《두공부집》을 판각하여 1만 권을 간행하니 한 부당 1천 전으로 선비들이 다투어 샀으며 부자들은 10여 부를 사기도 했다고 한다. 그러나 활자본은 상품으로 유통된 적은 적었으니 집안에 보관하거나 친구에게 선물하거나, 혹은 반은 선물하고 반은 판매하는 식으로 인쇄된 책 수는 판각본보다 적다. 예를 들면 도광 연간 영화에서 간행한 《전신지錢神志》는 거우 몇 부만 인쇄했고, 진몽뢰의 《고금도서집성》도 66부만 인쇄했으니 당시 친왕대신 및 총재總裁[83]에게만 한 부씩 하사했다. 절강성 영파의 유명한 장서가인 범씨 천일각에도 하사본이 있다. 광서 을유년 (1885) 상해 동문서국이 석인할 때 일찍이 6천금을 들여 죽지竹紙 1부를 구매하여 교정을 준비하고, 1만여금을 들여 백지 1부를 사서 축인縮印에 쓰고자 했다. 현재 완전한 백지인본을 찾는다는 것은 이미 거의 불가능하다. 니활자 《남강역사감본南疆繹史勘本》은 오군吳郡 이요李瑤가 도광 10년 항주에서 80부를 인쇄했고 다음 해 또 1백 부를 인쇄했으니 1백 부는 비교적 많은 편이다. 원나라 왕정王禎의 대덕大德 연간 《정덕현지旌德縣志》·명나라 서학모의 《세묘지여록世廟識餘錄》·도광 상주인 《대청일통지》·《회성신금록淮城信今錄》·《보리일시甫里逸詩》는 모두 1백 부다. 명나라 건양 유씨와 요씨의 동활자 《태평어람》은 1백여 부를 인쇄했다. 그러나 청 가경 의정 왕씨 목활자 《태평어람》은 120부다. 명말 무림에서 활자로 위현국魏顯國의 《역대사서대전歷代史書大全》1백여 부를 인쇄했고 도광 초에 서조병徐兆昺은 승현에서 훈도의 관리로 있었는데 승현보자嵊縣譜字로 2백 부를 간행했다. 명 남경 발공拔貢 이등李登은 집안에 소장된 '합자合字'로 자신의 저서 《치성진우존고治城眞寓存稿》수백 본을 인쇄하여 친구에게 선물했다. 《무영전취진판총서》는 3백 부 정도는 죽지에 인쇄되었고, 5에서 20부까지는 백련사지白連四紙에 인쇄했다. 경현涇縣 적금생翟金生은 니활자로 의황宜黃 황적자黃爵滋의 《선병서옥집仙屏書屋集》4백 부를 간행했으니 비교적 많은 편이다. 활자본은 주로 비매품

---

[83]_ 청대 중앙 편찬기관의 주관 관원과 회시會試를 관장하는 대신.

으로 예를 들면 족보는 인쇄가 끝난 후에 자호字號를 매겨서 타성들이 보는 것을 허락하지 않아 주로 10부 정도로 각 집안의 자손들만 보관하도록 할 뿐이었다. 모든 목활자인 중에서 오로지 《구수비릉서씨종보九修毗陵徐氏宗譜》(함풍 3년)만이 유일하게 동자인본이며 지금 일본에 있다.

《태평어람》은 명대에 동자본·목자본이 있었고 청대에는 의정왕씨가 가경 10년 여름(1805)에서 11년 겨울(1806)까지 활판으로 120부를 인쇄했다. 또 건륭 연간에 복건 혈통을 가진 유구(지금의 오키나와)사람 채문부蔡文溥가 《사본당시집문집四本堂詩集文集》 1책을 간행했다. 청초에 풍조장馮兆張의 《풍씨금낭비록馮氏錦囊秘錄》은 《사고전서》에 수록되지 않고 그 사람 역시 중국내 의학계에서 주의하진 않았지만 풍씨의학은 오히려 월남에서 대대적으로 성행했다.

활자인본은 총체적으로 말하자면 지식 보급과 생산 촉진, 문화전파와 외국과의 학술교류에 있어서 일정한 역할을 했으니 그중 적지 않은 서적들은 지금까지도 커다란 참고가치가 있다. 가령 족보 안에는 적지 않은 중국내외 민족의 이동, 인구통계, 사회민속, 문학, 역사, 과학사 등 자료(청대활자 '목활자족보'의 절을 참고)를 보존하고 있다.

목판은 수십 년, 혹은 수백 년을 보관할 수 있고 또 재판할 수도 있다. 그러나 활자본은 당시에 지형이 없었기 때문에 재판할 때 비용과 공임이 중복되어 도리어 비경제적이라 매번 인쇄수량이 적고 그래서 목판보다 전해져 오는 것이 적다.

명청 양대의 동활자본, 명대의 목활자본, 청대의 자판瓷版·니판泥版은 모두 진본珍本으로 대부분 국가도서관 선본 서고에 보관되어 있다. 청대 목활자본은 비록 비교적 자주 보지만 정갑본 정을본 《홍루몽》같은 종류는 이미 구하기가 상당히 어렵다. 과거에 외국인들은 송판을 "중국의 요람본"이라고 했으나 사실 송본은 목판본이고 유럽의 금속활자인 요람본과는 다르다. 중국인본으로 이런 자격을 갖고 있는 것은 단지 홍치 13년(1500) 이전 화씨 회통관 동판 《송제신주의宋諸臣奏議》[그림 175]·《금수만화곡》[그림 176]·《용재오필容齋五筆》[그림 177]·《문원영화찬요文苑英華纂要》·《백천학해》·《음석춘추音釋春秋》·《교정음석시경校正音釋詩經》·《구경운람九經韻覽》[그림 178]·《고금합벽사류전집古今合璧事類前集》 등 9종뿐이다. 이들 책은 인쇄사에 있어 특별히 진귀함을 갖고 있다. 과거 장서가들이 화가華家·안가安家 등 활자본을 송판과 똑같이 보물로 여긴 것은 모두 이유가 있기 때문이다.

활자본 원본인原本印은 많지 않고 지금까지 전해오는 것은 당연히 더욱 적다. 명 화씨 회통관 동활자본 《송제신주의》·《용재오필》·《금수만화곡》·《교정음석시경》[그림 179]은 미국 국회도서관, 콜럼비아대학에 전질 혹은 잔본이 소장되어 있다. 명 목활자는 가경본 엄눌嚴訥의 《춘추국화春秋國華》·설기薛己의 《입재외과발휘立齋外科發揮》·민문진閔文振의 《이물휘원異物彙苑》·만력 2년본 상열桑悅의 《사현집思玄集》·천계　모원의茅元儀의 《무비지武備志》·숭정본 《임오평해기壬午平海記》 등이 있는데 역시 모두 해외에서 떠돌고 있다.

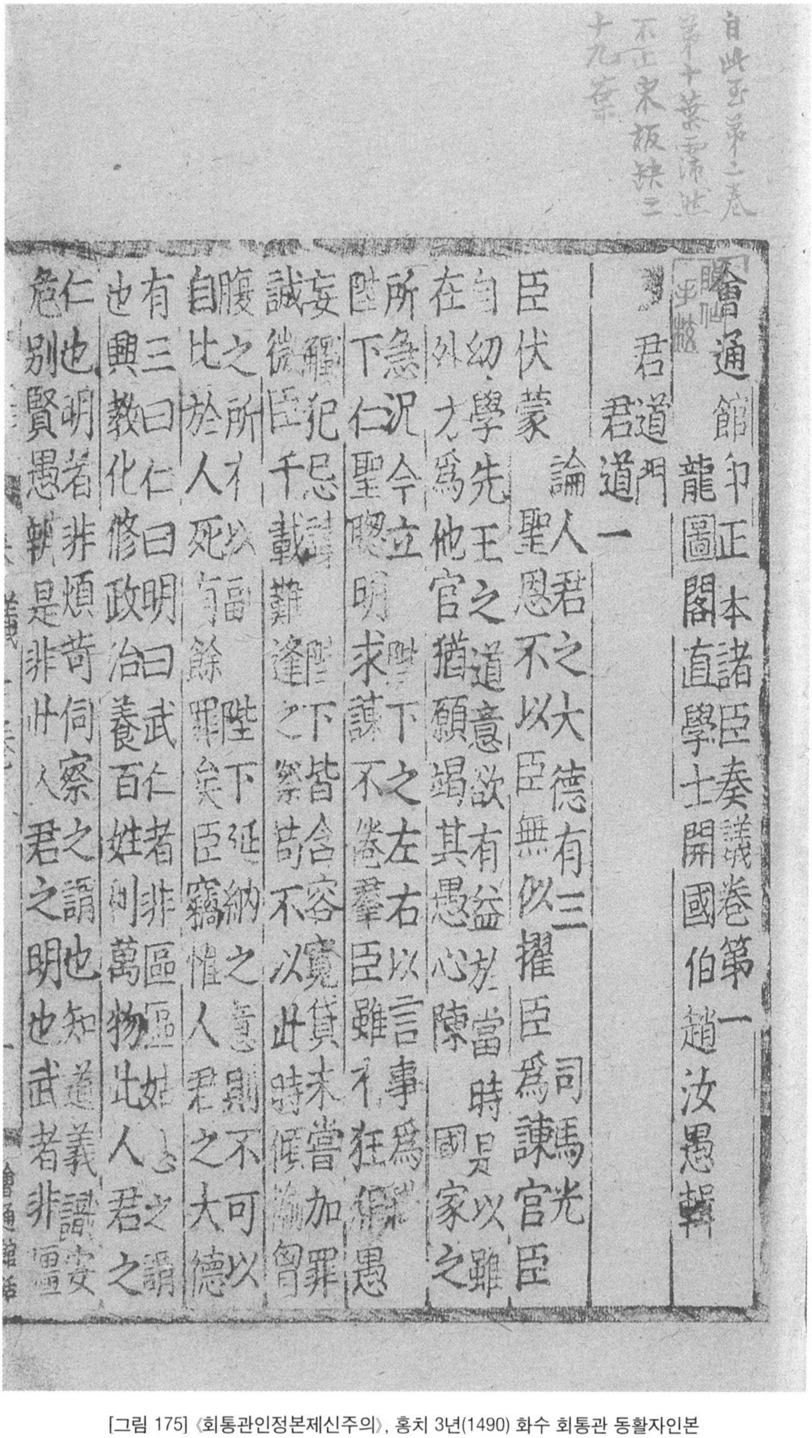

會通館印正本諸臣奏議卷第一
龍圖閣直學士開國伯趙汝愚輯
君道門
君道一
論人君之大德有三　司馬光
臣伏蒙聖恩不以臣無似擢臣爲諫官臣
自幼學先王之道意欲有益於當時是以雖
在外乞爲他官猶願竭其愚心陳國家之
所急況今立陛下之左右以言事爲職
陛下仁聖聰明求諫不倦羣臣雖狂愚
妄觸犯忌諱陛下皆含容寬貸未嘗加罪
誠微臣千載難逢之際苟不以此時傾瀝胸
腹之所有以副陛下延納之意則不可以
自比於人死有餘罪矣臣竊惟人君之大德
有三曰仁曰明曰武仁者非嫗嫗姁姁之謂
也興教化修政治養百姓利萬物此人君之
仁也明者非煩苛伺察之謂也知道義識安
危別賢愚辨是非此人君之明也武者非彊

[그림 175] 《회통관인정본제신주의》, 홍치 3년(1490) 화수 회통관 동활자인본

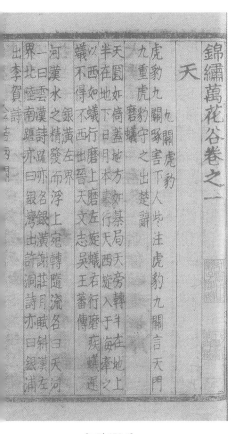 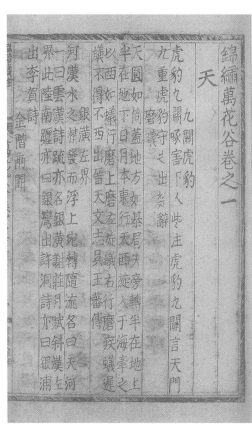

[그림 176-1]   [그림 176-2]

[그림 176] 《금수만화곡》40권, 홍치 5년(1492) 화수 회통관 동활자인본

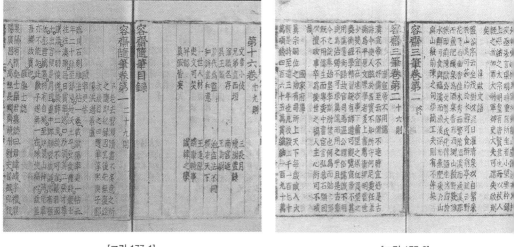

[그림 177-1]   [그림 177-2]

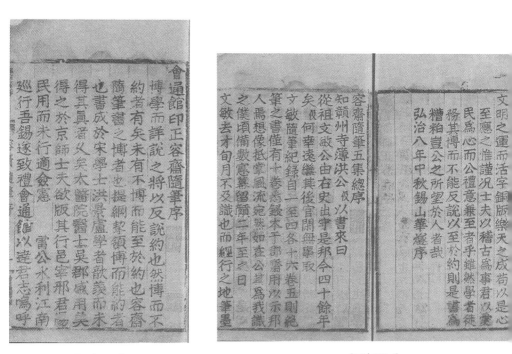

[그림 177-3]   [그림 177-4]

[그림 177] 《용재수필》, 홍치 8년(1495), 화수 회통관 동활자인본

[그림 178-1]

[그림 178-2]

[그림 178] 《회통관집구경운람》, 홍치 11년(1498) 화수 회통관 동활자인본

[그림 179] 명 화수 편찬 《회통관교정음석시
경》 20권, 홍치 10년 동활자인본, 콜롬비아
대학도서관 소장. Edgren, Chinese Rare
Books in American Collections, 1984 참조.

활자인쇄가
주도적 지위가
되지 못한 원인

서양에서는 15세기 중엽에 활자를 이용하여 인쇄하게 되자 인쇄의 원가는 내려갔으며 15세기 말과 16세기 초기에 인쇄품의 대량출현은 문화보급과 종교개혁에 있어 촉진역할을 했다. 또한 유럽의 사상과 사회에 있어서도 깊은 영향을 주었다. 활자인쇄는 목판 인쇄처럼 중국문화의 전파와 보존의 장구적인 연속성에 있어 몹시 중요한 역할을 했다. 활자인쇄는 그 특수성이 있음으로 문화에 대한 전파 역시 목판 인쇄와는 또 다른 표현 형식이다.

활자본의 장점은 책의 간행이 빠르고 자유롭게 조합할 수 있어 각종 서적을 인쇄할 수 있다는 점이다. 강희《무석현지無錫縣志》에서 화정華珵에 대해 말하길 "활판을 제조한 것이 몹시 정밀하고 비서秘書를 얻게 되면 며칠 지나지 않아 인쇄본이 나온다"고 했다. 왕정王幀은 스스로 목활자를 만들어 1개월이 안되어 《정덕현지旌德縣志》1백부를 인쇄했다. 청나라 이조락李兆洛은 《양일재문집養一齋文集》20권, 보유補遺 1권을 26일 만에 사후책四厚冊으로 간행했다. 한양漢陽의 섭씨葉氏는 호씨胡氏가 조판한 것을 빌려서 섭풍葉灃의 《돈숙호재시속편敦夙好齋詩續編》을 반달 만에 완성했다. 이러한 속도는 판각인쇄에서는 도저히 따라잡을 수 없는 일이다. 활자인쇄의 특징은 천하고금의 서적을 인쇄하지 못할 것이 없고 이로움이 광범위하다. 《수업당집修業堂集》안에서 적정진翟廷珍이 적금생의 니활자에 대해서 말하길 "저작 등 간행하고자 한다면 누구라도 판각을 하여 만 장을 인쇄할 수 있지만, 활자를 준비하여 계획한다면 더욱 민첩하여 대체로 마음먹은 대로 추진할 수 있을 것이다"라고 했다.

명대 사대부들은 책을 소장하는 것을 좋아하여 매번 선본善本을 얻으면 교정을 보고 간행하는 것이 이때의 풍속이었다. 명대의 화씨華氏와 안씨安氏는 많은 책을 간행하려고만 생각했지 재판을 고려하지 않았는데 이것이 명대에 동활자인 서적이 성행하게 된 중요 원인

이다. 대형서적처럼 편폭이 큰 책은 명대에는 동활자를 이용해 유서類
書라든지 문집 같은 책을 간행했고, 또 청대에는 권질이 수백 권에서
수천 권에 이르는《고금도서집성》·《무영전취진판총서》를 인쇄했는
데 이는 바로 활자인쇄의 특징을 보여준다.《무영전취진판총서》134
종은 대부분 이미 실전된 고서들로 그중《주비산경周牌算経》·《구장
산술》등 7종의 고 산서算書를 취진판을 이용하여 인쇄했는데 중국
전통문화의 보존에 있어 몹시 중요한 역할을 하고 있다.

　활자인쇄는 과거제에 있어서도 얼마만큼 역할을 했다. 서원에서
활자 인쇄로 책을 간행하기 시작한 것은 명대였으며 각지에 서원과
학교를 설립하고 학생들을 육성하여 과거시험에 대처했다. 청대 서
원도 명대 서원처럼 역시 활자를 이용해 책을 간행했다. 과거시험은
정부에서 인재를 선발하는 제도로 명청 양대에서 선발한 진사들을
볼 때 그들은 대부분 강소·절강·복건 등 판각인쇄와 활자인쇄가
번영했던 지역 출신자다. 이는 인쇄가 교육과 학술번영 보급에 공헌
한다는 것을 충분히 설명해 준다.

　활자인쇄의 중요한 특징의 하나는 활자판을 자유롭게 이용할 수
있고 또 다른 사람이 사용하도록 빌려줄 수 있으니 이는 판각판에서
는 할 수 없는 일이다. 활자인쇄는 족보의 성행을 촉진시켜서 족보
장인들이 목활자를 어깨에 메고 각지를 돌아다니면서 족보를 만들
었다. 지금까지 보존된 족보는 민족의 이동과 인구통계를 연구하는
데 있어 귀중한 자료를 제공해주고 있다. 족보를 목활자로 인쇄한
중요 원인은 일반적으로 족보는 인쇄 수가 많지 않고 또한 재인쇄할
가능성도 크지 않으니 30년에 한번 편찬해야 하여 또 다시 조판을
해야 하기 때문이다. 이외에 강남일대에는 족보를 만드는 직업적인
족보장들이 형성되어 있어 족보 만들기에 편했기 때문이다.

　비록 일찍이 북송시기에 이미 활자인쇄가 발명되었지만 활자인쇄

는 줄곧 목판 인쇄를 대신하여 중국인쇄의 주류가 되지 못했고 활자
본의 수량은 겨우 목판본의 백분의 1~2에 불과하다. 15세기 이래의
서양인본이 거의 전부가 활자인이고 조선의 활자본이 목판본을 누
른 것과는 모두 다른 현상이다. 현재 수많은 송판서가 지금까지 보
존되고 있지만 그러나 활자본은 발견되지 않고 있다. 그 원인은 학
자들이 생각해 봐야 할 가치가 있다. 인쇄의 기술·원가·질량·속
도는 반드시 고려해야 할 요소이고 이외에 인쇄와 당시의 사회·경
제·학술·수공업의 발전 역시 밀접한 관계가 있다.

　활자인쇄의 성행여부는 정부의 중시와도 관계가 있다. 과거에 어
떤 사람은 한자의 자체 필획이 너무 번잡하여 라틴 자모처럼 간단치
가 않아 쉽게 조판 인쇄가 안 된다고 했다. 그러나 사실 조선본 역시
소수의 언문諺文[84] 외에는 모두 한자인본이 아니던가? 그 중요 원인
은 이씨왕조가 활자인쇄를 중시했기 때문이며 공적 또는 사적으로
28차례 목활자를 새기었다. 정부는 주자소鑄字所를 설립하고 매번
주자한 글자 수는 10만을 넘었으며, 34차례나 동·철鐵·연활자를
주조했다. 그러나 중국은 겨우 강희 연간에만 동활자를 새겨《고금
도서집성》을 인쇄했고, 건륭은 무영전 목활자 취진판을 제조했을 뿐
이며 민간에서는 동이나 주석을 이용해 활자를 제조한 일은 아주 드
물다.《흠정무영전취진판정식欽定武英殿聚珍版程式》(건륭 41년)에서 간
단하고 쉬운 도서 간행법을 소개한 후부터 각지의 관아와 사가私家
에서는 분분히 이를 모방했으니 소위 "위에서 좋아하면 아래에서는
반드시 더욱 성행한다"는 말과 같다. 그리하여 수많은 지역의 관아
에서 모두 활자를 이용해 도서를 간행했다. 동치·광서 연간에는 각
성에서 차례로 관서국官書局을 설립하고 경전과 역사서를 판각했으

84_ 한글이라고 하고 싶지만 원서대로 언문이라고 했다.

니 그중에 활자본도 적지 않다. 정부의 역할이 큼을 알 수 있다. 중국 도서의 생산량은 청초 이전은 세계의 첫 번째였으니 도서수량으로 볼 때 판각 인쇄는 이미 수요를 만족시켰으나 활자인쇄는 겨우 보조적인 수단에 불과했다. 그러나 영락시기에 조선은 해외에 있고, 중국 책은 드물게 들어오고 판각본도 쉽게 훼손되고 게다가 천하의 책을 다 간행한다는 일은 어려웠다. 이리하여 거푸집으로 동활자를 만들고 언제라도 책을 손에 넣기만 하면 반드시 그것을 인쇄하여 널리 전했으니 실로 무궁한 이로움이 있었다. 조선정부의 제창은 조선 활자인쇄가 목판 인쇄를 압도한 중요 원인이다.

기술적인 각도에서 볼 때, 활자 제조 공예는 목판 인쇄에 비해 복잡하다. 서양의 활자인쇄는 자모로 되어 있고 한자의 자수처럼 많지 않기 때문에 그 활자제조법은 조각한 강철 거푸집을 만들어서 끓는 것을 부어 글자틀을 만들고 다시 활자를 만들어 인쇄에 사용하면 된다. 그러나 중국 활자 인쇄 채택 방법은 달라서 조선에서처럼 그렇게 대규모의 활자를 주조하지 않고 서툴게 금속활자를 조각했다. 그다음 조판組版 역시 간편하게 행하기가 어려웠다. 최초의 니활자는 반드시 송진과 초를 철판 위에 칠하고 불로 녹여 활자를 고정시켜야만 하여 몹시 불편했고 게다가 이동도 할 수 없었다. 이외에 활자인쇄는 일반적으로 활자 고르기, 판짜기, 활자 제자리 놓기 등 일의 순서를 거쳐야 해서 목판본보다 복잡하다. 금속활자의 착묵著墨 기술 역시 해결되지 않았다. 이런 기술적인 문제는 19세기에 서양의 연인술이 들어온 후에야 면모를 일신할 수 있었다.

활자제조에 있어 1회성의 원가가 높은 것 역시 중요한 원인이다. 중국문자의 최대특징은 자수가 많다는 것으로 전체 수만 개의 한자가 있는데 보통 서적의 인쇄에 필요한 한자는 수천에서 1만 개 이상으로 이를 조각하고 제작해야 한다. 일반 정황 아래서 상용자는 몇 개, 심지어는 몇십 개를 준비해야 하고 게다가 조판인쇄를 위해서는 서로 다른 글자체, 즉 본문과 주해가 있어서 동일한 글자라도 종종 두 종류 이상이 있어야 하며 이리하여 한 세트의 활자는 대략 20만 개 활자를 넘어야 한다.[105] 이런 활자들을 조각하는 원가는 일반적으로 인쇄업에 종사하는 사람들이 감당하기 어려운 것이다. 큰 투자를 하여 한 세트의 활자를 제조하는 사람은 드물었다. 만일 니활자를 이용하면 비록 원가는 높지 않지만 그러나 시간이 너무 들었으니 청나라 적금생은 고심 끝에 30년의 세월을 들여 10만여 개의 니활자를 만들었다. 원나라 왕정은 2년의 세월을 소비하여 목활자 3만 개를 조각했다. 만일 정부가 득실을 따지지 않고 투자한다면 활자인쇄는 그 특징이 있다. 활자인쇄의 우수점을 발휘하려면 반드시 경제적으로 대량으로 주조하거나 혹은 강철 거푸집에 부어서 활자를 만들어야 한다. 강철 거푸집을 이용하여 제조한 활자의 기술은 19세기에서야 비로소 서양에서 전래되었다. 원가라는 각도에서 보면 금속활자를 주조하는 것은 판각활자에 비하여 훨씬 경제적이다. 그러나 중국에서 대규모로 금속활자를 제조하는 것은 주로 수공 조각의 방법을 이용했다. 예를 들면《고금도서집성》과 임춘기의 동활자는 모두 조각한 것으로 주조한 것이 아니다.

활자를 이용해 인쇄하려면 인쇄하는 숫자가 많아야 비로소 그 장점이 나타난다. 심괄이《몽계필담》에서 "만일 2~3본 인쇄에 그친다면 간편한 것이 아니고, 만일 인쇄의 수가 몇십, 몇백, 몇천 본이라면 아주 신속하다"고 했다. 활자인쇄에 대해 말하자면 조판에 사용되는 시간이 많아 건륭 연간에 무영전취진판의 책을 조판할 때 "대자서大字書를 만나면 한 사람이 하루에 2판밖에 배열할 수 없고, 소자서小字書라면 겨우 1판만 할 수 있다"고 했다. 여무呂撫는 니판활자를 사용할 때 "한 사람이 잡고 두 사람이 인쇄하고 매일 4쪽밖에 할 수 없었다"고 했다. 처음 배우는 식자공이라면 글자를 찾는 일도 몹시 시간이 걸려 반드시 문화적 소양이 있는 사람을 고용하여 종사하도록 하니 조판하는 것도 음운 지식에 밝아야만 신속하게 필요한 글자를 찾을 수 있었다. 무영전은 목활자를 사용해 조판할 때 6명의 서리書吏를 조달하여 글자를 고르는 일에 충당했다. 더구나 조판이 끝나면 다시 판을 헤쳐 원래대로 돌려놓아야 하는데 이것도 꽤 시간이 든다. 인쇄업에 종사하는 사람은 일반적으로 많이 인쇄하려고 하지 않는데 활자본의 인쇄수량은 대체적으로 1백부 안팎이었다. 그렇지 않으면 팔 수 없어 사장되기 때문이다. 만일 재판인쇄가 필요하다면 다시 조판을 해야하는데 시간이 들고, 일꾼이 필요하여 채산이 맞지 않았다. 그러나 목판이라면 장기적으로 보존할 수도 있고 언제라도 다시 인쇄할 수도 있으며 조판이 필요하지도 않다. 그러므로 인쇄의 수가 적은 상황에서는 활자 인쇄의 특징이 나올 수가 없었다. 이런 문제는 근대에 지형을 사용하고 연판을 주조한 후에야 겨우 해결할 수 있었다. 사회적 각도에서 볼 때 어떤 때는 서적시장의 판매가 그다지 좋지 않으니 이런 것도 활자인쇄 발전에 영향을 준 한 요소이다.

인쇄의 질적인 면으로 볼 때 초기의 활자본은 조판이 몹시 불규칙했고 먹색의 농담도 균일하지 않고 풀칠도 엉망이어서 책에 손만 대면 검은 먹이 묻어나왔고 글자도 반만 인쇄된 것이 많았다. 금속활자는 먹이 착색하기 어렵고 니활자도 같은 문제가 있으며, 목활자는 쉽게 팽창되어 높이가 같지 않아 조판이 어려운 점이 있으니 왕정이 《농서》에서 말한 바와 같다. 즉 그는 "(나무)결에 엉성함과 조밀함이 있어 물에 젖게 되면 곧 높이가 다르게 된다"고 했는데 이는 인쇄품의 아름다움을 감소시킨다. 만일 조판공이 침착하지 않다면 바쁜 중에 잘못이 나오게 마련이고 착오가 비교적 많으면 비록 두세 번 교정을 본다 해도 여전히 수많은 오자를 면하기 어렵고 심지어는 읽어

낼 수가 없을 지경이 된다. 그러나 목판 인쇄는 이런 결점을 피할 수가 있다. 적금생이 그의 친구 황작자를 위해 인쇄한 시집 《선병서옥초집仙屏書屋初集》은 비록 두 차례의 교정을 거쳤지만 교감이 정확하지 않아 틀린 글자 역시 적지 않다. 후에 황작자가 또 목판에 새기었는데 "(이 책을) 보는 사람은 마땅히 지금 새기는 것으로 정해야 한다"고 했다. 이는 당시 문인들은 여전히 판각 인쇄를 즐겨했음을 설명하는데 이는 착오가 적게 나오고 활자에 비해 아름답기 때문이다.

이외에 또 하나의 원인은 중국 출판업은 전문성이 강하지 않기 때문이다. 활자 인쇄에 종사했던 대부분은 부자들인데 명대의 화가華家·안가安家에서 출판한 저서들은 영리를 목적으로 한 것이 아니었다. 인쇄업은 연속성이 없었는데 안국安國의 활자 같은 경우 그가 사망한 후에 아들들이 나눠가지게 되어 다시는 서적을 인쇄할 수 없게 되었으니 정말 애석한 일이 아닐 수 없다.

당시 학술 배경으로 볼 때 유가경전은 줄곧 주도적인 지위에 있었으며 이런 서적들은 목판 인쇄를 사용하여 늘 인쇄의 수요를 만족시켜주었다. 중요한 책은 판편版片을 남겨 두었다가 여러 차례 인쇄할 수 있어 비교적 경제적이었다. 이외에 유명인들의 원고는 곧장 판에 새길 수 있으니 활자는 감당할 수 없는 것이었고, 송원본을 번각할 때도 역시 목판이 유리했다.

이상 몇몇 원인으로 인하여 목판 인쇄는 줄곧 중국인쇄의 주류가 되었고 활자인쇄는 중국에서 대규모로 사용될 수 없었다.

활자본 목록

설 명

1. 니泥 · 자瓷 · 동銅 · 석활자錫活字라고 주를 명기하지 않은 것은 모두 목활자본이다. 민국 이후 것은 수록하지 않았다.
2. 연대 · 사람 · 지역을 표명하지 않은 것은 모두 청활자 인본이고, 연호 아래 '년'자는 생략했다.
3. 족보는 '문혁文革' 이후 승현嵊縣에만 520부가 남아 있어 수록하지 않았다.
4. 청말의 서양 연인본鉛印本은 수가 너무 많은 관계로 수록하지 않았다.

경부經部

《오경설五經說》동銅, 명明 가정, 무석 안국인印(이하 '印' 생략).

《신간교정음석역경新刊校正音釋易經》, 동, 명 홍치, 무석 화수 회통관.

명:* 황잠옹黃潛翁《독역비지讀易備志》,[85] 가정.

청: *《주역절중周易折中》, 광서, 강남서국.

　* 장이지張爾岐《주역설략周易說略》, 강희 58년, 태안 서지정徐志定, 자판瓷版. 미제괘未濟卦[86]에서 '불不'자 하나를 재배열함.

　* 장본蔣本《주역준술周易遵述》, 도광 10년, 취리檇李(가흥) 왕씨王氏 신방각信芳閣.

　* 요배중姚配中《주역요씨학周易姚氏學》, 도광, 왕수성汪守成.

　* 왕훤汪烜《역경여화易經如話》 또한 《역경전의易經詮義》, 모두 동치 12년, 상주 곡수서국曲水書局.

　* 정서충丁敍忠《독역초고讀易初稿》, 동치 2년, 백부당白芙堂.

85_ 《독역비망讀易備忘》을 잘못 쓴 것 같다.
86_ 미제괘는 주역 64괘 중 마지막 괘다.

* 여정반黎定攀《여씨학역黎氏學易》, 동치 3년.

* 진수웅陳壽熊《진씨역설陳氏易說》, 광서 21년.

명: *《서경백문書經白文》, 동, 명 회통관.

*《회통관교정음석서경會通館校正音譯書經》[그림 180], 동, 홍치 18년, 회통관.

청: * 오가빈吳嘉賓《구자득지실독서설求自得之室讀書說》, 함풍 11년.

* 호사운胡嗣運《침조재서경문답枕葄齋書經問答》, 광서 34년, 붕남서옥鵬南書屋.

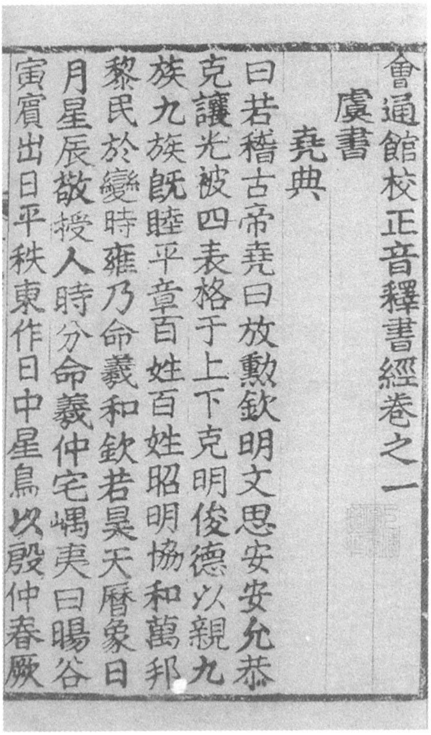
會通館校正音釋書經卷之一
虞書
堯典
曰若稽古帝堯曰放勳欽明文思安安允恭
克讓光被四表格于上下克明俊德以親九
族九族既睦平章百姓百姓昭明協和萬邦
黎民於變時雍乃命羲和欽若昊天曆象日
月星辰敬授人時分命羲仲宅嵎夷曰暘谷
寅賓出日平秩東作日中星鳥以殷仲春厥

[그림 180-1]《회통관교정음석서경》 홍치 18년(1505) 회통관 동활자인본, 상해도서관 소장

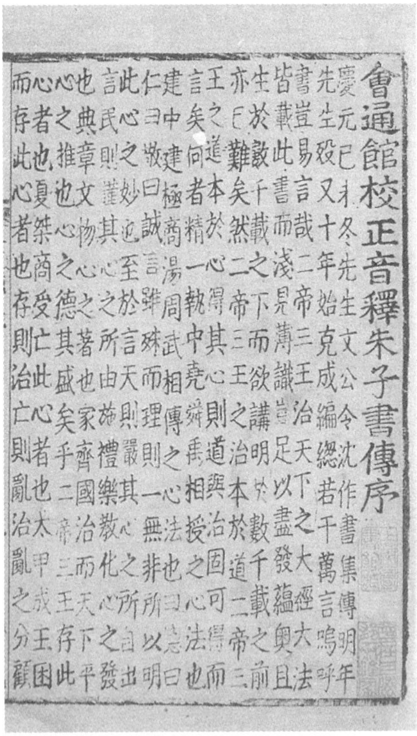
會通館校正音釋朱子書傳序
慶元己未冬先生文公令沈作書集傳明年
先生歿又十年始克成編總若干萬言嗚呼
書豈易言哉二帝三王治天下之大經大法
皆載此書而淺見薄識豈足以盡發蘊奧且
生於數千載之下而欲講明於數千載之前
亦已難矣然二帝三王之治本於道二帝三
王之道本於心得其心則道與治固可得而
言矣何者精一執中堯舜禹相授之心法也
建中建極商湯周武相傳之心法也曰德曰
仁曰敬曰誠言雖殊而理則一無非所以明
此心之妙也至於言天則嚴其心之所自出
言民則謹其心之所由施禮樂教化心之發
也典章文物心之著也家齊國治而天下平
心之推也心之德其盛矣乎二帝三王存此
心者也夏桀商受亡此心者也太甲成王困
而存此心者也存則治亡則亂治亂之分顧

[그림 180-2]《회통관교정음석주자서전서會通館校正音釋朱子書傳序》

* 정대방鄭大邦《우공역해禹貢易解》, 도광 26년, 매화서옥.

* 왕헌우汪獻玗《우공추지절요禹貢錐指節要》, 동치 9년, 군옥재群玉齋.

* 후정侯楨《우공고금주통석禹貢古今注通釋》, 광서.

명: *《시경백문詩經白文》, 동, 명 회통관.

* 《교정음석시경》, 동, 홍치 10년, 회통관.

* 《모시》, 명 남인, '자自'자는 횡배열, 이전에는 송활자인본으로 알려짐.

* 조학전曹學佺《시경질의詩經質疑》, 명, '질質'자는 횡배열.

청: * 고수연高樹然《시음詩音》, 가경 17년.

* 성선成僎《시설고략詩說考略》, 도광 10년, 왕씨 신방각.

* 장여림張汝霖《학시모정이동전學詩毛鄭異同箋》, 도광.

* 오가빈吳嘉賓《시설詩說》, 함풍 11년.

* 진천학陳遷鶴《모시국풍역毛詩國風繹》, 동치 13년, 진강晉江 황씨 매석산방梅石山房.

* 진근陳僅《시송詩誦》, 광서 11년, 사명四明 문즉루文則樓 진정陳鼎 취진판聚珍版으로 약간 부를 조판 간행, 승읍嵊邑 정로봉丁魯峯 수정.

* 왕개운王闓運《모시보전毛詩補箋》, 광서 31년, 강서관서국.

한: * 한영韓嬰《한시외전韓詩外傳》, 동, 명.

청: * 왕훤《예기장구혹문禮記章句或問》, 동치.

명: *《음석춘추音釋春秋》, 동, 홍치 10년, 회통관.

* 엄눌嚴訥《준주국화春秋國華》, 만력 3년, 저자가 오군吳郡에서 간행.

청: * 마숙馬驌《좌전사위左傳事緯》, 함풍·동치 연간, 강하江夏 동화예童和豫 조종서옥朝宗書屋.

* 상무래常茂徠《독좌만필讀左漫筆》, 동치 6년.

* 강여순強汝詢《춘추측의春秋測義》, 광서 15년, 유방각流芳閣.

* 호사운《침조재춘추문답枕葄齋春秋問答》, 광서 34년, 붕남서옥.

한: * 동중서董仲舒《춘추번로春秋繁露》, 동, 명 정덕 11년, 무석 화견華堅 난설당蘭雪堂.

청: * 왕훤《효경장구혹문孝經章句或問》, 동치, 곡수서국.

* 섭승저葉繩翥《효경고미孝經古微》, 광서 34년.

* 반임潘任《효경집주孝經集注》, 광서, 강남고등학당.

* 조원필曹元弼《효경학》, 광서 34년, 강소 존고학당存古學堂.

* 육문주陸文擒《사서경전통고四書經典通考》, 가경 12년, 주오헌鑄吾軒.

* 송상봉宋翔鳳《사서찬언四書纂言》, 광서, 고오古吳 작악산방崋崿山房.

* 오국렴吳國濂《사서질의四書質疑》, 광서 11년, 구가헌舊可軒.

* 황식삼黃式三《논어후안論語後案》, 도광 23년, 노기봉魯岐峰.

* 정견선丁見善《전서논어篆書論語》, 함풍 7년, 활자집인活字集印.

* 고성장顧成章《논어발의論語發疑》, 광서.

* 성선成僎《향당비고鄕黨備考》, 도광 신방각.

* 왕수단王樹枏《중용정주이동설中庸鄭朱異同說》, 광서.

위: * 정소동鄭小同《정지鄭志》, 건륭 취진聚珍.

명: * 화수華燧《구경운람九經韻覽》, 동, 홍치 11년, 화수회통관.

청: * 주패朱霈《경학질의經學質疑》, 가경 6년, 망악루望岳樓.

* 엄원조嚴元照《오친아언娛親雅言》, 광서 11년, 왕씨 도원건상본弢園巾箱本.

* 이본낭易本烺《일속재잡저一粟齋雜著》, 함풍 10년.
* 진근《군경질群經質》, 광서 11년, 사명 문즉루, 승읍 정로봉 수정.
* 정염程炎《도향루잡저稻香樓雜著》, 모두 경학.
* 손보전孫葆田《한인경해집존서목漢人經解輯存序目》, 즉《산정옥함산방집일서刪定玉函山房輯佚書》, 동치 13년.
* 양정분梁鼎芬·조원필曹元弼《경학문초經學文鈔》, 선통 강소존고학당.

명: * 손곡孫穀《고미서古微書》, 가경, 고위서古緯書 중에서 상서위尚書緯 등 편찬.

청: * 고염무顧炎武《음론音論》《시본음詩本音》, 동, 도광 26년, 복주 임춘기林春祺 복전서해福田書海.
* 구대유邱大猷《시부제전아詩賦題典雅》, 가경 17년.
* 고순顧淳《모시고음술毛詩古音述》, 광서 25년.
* 정선갑程先甲《광속방언廣續方言》, 광서 23년.

당: * 이한李翰《몽구집주蒙求集注》, 명, 종송서옥種松書屋, 영당루映棠樓 보충 간행.

사부史部

한: * 사마천司馬遷《사기》, 정덕, 건녕부. 48권의 'ハ'는 횡배열.
* 《편집사기編輯史記》17권, 명 활자, 명나라 강음江陰 이씨李氏《득월루서목得月樓書目》.

송: * 임월林鉞《한준漢雋》, 동, 명.
* 오인걸吳仁傑《양한간오보유兩漢刊誤補遺》, 동치, 금릉서국金陵書局 배자판排字版.

진晉: * 진수陳壽《삼국지》, 송 배송지裴松之 주, 동치 6년, 금릉서국

취진판 재판.

청: * 오증근吳曾僅《삼국군현표三國郡縣表》, 광서 22년.

　* 정국균丁國鈞《진서교문晉書校文》·《보진서예문지補晉書藝文志》, 광서 20년, 석산錫山 문원각文苑閣.

　* 문정식文廷式《속진서예문지續晉書藝文志》, 선통 2년, 호남.

　* 정동丁桐《진서잡영晉書雜詠》, 광서 18년, 정씨 조판 인쇄.

양梁: * 소자현蕭子顯《남제서南齊書》, 심씨沈氏 소원활자판嘯園活字版.

청: * 주가유周嘉猷《남북사저화南北史咀華》, 동치 11년.

진晉: * 유구劉昫 등《구당서舊唐書》, 청.

송: * 왕부王溥《오대회요五代會要》, 도광 11년, 수주秀州 왕씨 백화만권초당百華萬卷草堂, 신방각 소장판.

송: * 마령馬令《남당서南唐書》, 가경 18년, 심씨 소원嘯園.

명: * 등원석鄧元錫《함사函史》, 명 무림武林 곽상규郭相奎, 만력 31년 전, 길안吉安 진가모陳嘉謨 염초당念初堂.

　* 위현국魏顯國《역대사서대전歷代史書大全》, 명말, 무림활자판으로 1백여 부 인쇄.

　*《십칠사절요十七史節要》, 동, 홍치 18년 전, 회통관.

송: * 이도李燾《속자치통감장편》, 가경 24년, 해우海虞 장금오張金吾 애일정로愛日精廬, 장금오는 석산에서 10만 남짓의 활자를 얻음.

명: * 엄연嚴衍《자치통감보》, 함풍 원년, 강하 동화예童和豫 조종서옥에서 1백여 부 인쇄, 틀린 곳이 매우 많아 광서 2년에 상주 성씨盛氏 사보루思補樓에서 재판.

송: * 여조겸呂祖謙《대사기大事記》, 도광 4년, 제성諸城 왕씨 활자판으로 등상鄧上 등화사藤花榭[87]에서 간행.

* 서몽신徐夢莘《삼조북맹회편三朝北盟會編》, 청.

　　* 원구袁樞《통감기사본말通鑑紀事本末》

명: * 진방첨陳邦瞻《송사기사본말宋史紀事本末》·《원사기사본말》.

　　* 곡응태谷應泰《명사기사본말》, 이상 4종본말本末은 함풍·동
　　치 연간의 동씨 조종서옥.

　　*《두씨통전찬요杜氏通典纂要》, 동, 명, 상주常州 간행, 명《조씨
　　보문당서목晁氏寶文堂書目》참조.

원: * 마단림馬端臨《문헌통고》, 석석, 함풍 원년, 불산 당씨唐氏.

한: * 환관桓寬《염철론鹽鐵論》, 동, 홍치 14년, 회통관.

명:《복건차정전서福建鹾政全書》, 천계 7년.

청: *《직례안평현광서14년정수지량은량민흠정신책直隸安平縣光緒
　　十四年征收地糧銀兩民欠征信冊》, 포정사布政使를 지낸 장조영張祖
　　詠이 인쇄.

명:《군신정요君臣政要》, 동, 정덕 원년, 회통관.

명: * 이비李備《신각사강역대군단新刻史綱歷代君斷》, 만력 4년, 복건
　　주인경朱仁儆.

　　* 서학모徐學謨《세묘지여록世廟識餘錄》, 만력 초, 가정嘉定 서조
　　직徐兆稷이 활자판을 빌려 인쇄.

　　* 심덕부沈德符《만력야획편萬曆野獲編》, 강희.

　　* 정순程峋《임오평해기壬午平海記》, 숭정.

청: * 시랑施琅《정해기靖海紀》, 강희.

　　* 팽손이彭孫貽《평구지平寇志》, 강희.

　　* 강일승江日升《대만외기臺灣外記》, 도광 13년, 구무불획재求無
　　不獲齋.

87_ 등화사는 만주 정홍기 사람 액륵포額勒布의 재명齋名으로 금릉에 있었다. 액
　륵포의 자는 이봉履丰, 호는 약재이다.

* 하섭夏燮《중서기사中西紀事》, 광서 11년, 강상초당江上草堂.
* 이손지李遜之《삼조야기三朝野記》, 도광 4년, 이조락李兆洛.
* 계육기計六奇《명계북략明季北略》《명계남략明季南略》, 도광, 북경 유리창 반송거사半松居士 활자.
* 남사南沙 삼여씨三余氏《명계오번실록明季五藩實錄》(일명 명말 오소사五小史), 도광 유리창.
*《명계패사휘편 16종明季稗史彙編十六種》, 유운거사留雲居士, 유리창 인쇄판.

청: * 온예림溫睿臨 원본·이요李瑤 교정《남강역사감본南疆繹史勘本》, 니泥, 도광 10년, 오군吳郡의 이요李瑤가 항주에서 80부, 11년 2판 1백 부 인쇄, 자칭 칠보전륜장七寶轉輪藏으로 교니 인본을 모방함.
*《흠정평묘기략欽定平苗紀略》, 가경, 무영전취진판.
* 두문란杜文瀾《평정월비기요平定粵匪紀要》, 동치 10년, 경도 취진재검자판聚珍齋擺子版.
* 사란생謝蘭生《군흥본말기략軍興本末紀略》, 동치 10년.
*《건륭팔순만수성전乾隆八旬萬壽盛典》, 건륭 57년.
*《만수구가악장萬壽衢歌樂章》, 건륭 55년, 취진판 주묵투인.
*《흠정중거천수연시欽定重舉千叟宴詩》, 가경 원년.
* 동고董誥 등《서순성전西巡盛典》, 가경 17년, 이상 3종은 모두 무영전취진판.
*《세종흠반마감간명조례世宗欽頒磨勘簡明條例》, 건륭.
*《예부칙례禮部則例》, 건륭·가경 연간.
* 하추도何秋濤《대청율례근원大淸律例根源》, 도광 27년.
* 오곤수吳坤修《대청율례근원大淸律例根源》, 동치 5년, 안휘 부문서국敷文書局.

* 《속증형부율례관설첩제요續增刑部律例館說帖提要》, 도광 11년.

* 《성유광훈주聖諭廣訓注》, 동, 가경 12년, 대만 무륭아武隆阿.

* 《옹정주비유지雍正朱批諭旨》, 건륭 초, 주묵투인.

* 진홍모陳弘謀 《천장휘록天章彙錄》, 진씨 배원당培遠堂.

송: * 조여우趙汝愚 《제신주의諸臣奏議》, 동, 홍치 3년, 회통관 대동 판·소동판.

청: * 《건륭어선명신주의乾隆御選明臣奏議》, 건륭 46년, 무영전 취진 판.

* 《황청주의皇淸奏議》, 도성 국사관國史館 금천거사琴川居士 인 쇄본.

* 《송효숙포공[포증]주의宋孝肅包公(拯)奏議》, 만력, 윤주潤州 문경 당問經堂.

명: * 도비塗棐 《위암주소韋庵奏疏》, 정덕 8년.

* 엄숭嚴嵩 《검산당남궁주의鈐山堂南宮奏議》

청: * 《원상추경경청죄초권비소고袁爽秋京卿請罪剿拳匪疏稿》, 광서 26년.

* 손보전孫葆田 《맹지편략孟志編略》, 광서 14년, 환원취진소자皖 垣聚珍小字.

* 《안자춘추晏子春秋》, 동, 정덕, 화씨.

* 전매錢玫 《전씨삼세오왕집錢氏三世五王集》, 가경 14년.

* 《소흥무진동년소록紹興戊辰同年小錄》, 송 왕좌방王佐榜[88] 진사 시험 합격자.

* 《보구병진등과록寶口丙辰登科錄》, 송 문천상文天祥 진사시험 합격자, 모두 건륭 48년.

88_ 왕좌王佐는 왕을 보좌하고 군왕을 보좌하여 왕업을 이루도록 한다는 뜻으로 현신방賢臣榜과 같은 뜻이다.

* 《양양기구전襄陽耆舊傳》, 동, 명 오운계관五雲溪館.
* 명성조明成祖 《신승전神僧傳》, 명, 대활자, 거꾸로 배열된 글
  자도 있음.

청: * 노홍휴路鴻休 《제리명대인물략帝里明代人物略》, 도광 31년, 금
  릉 감씨 진체루津逮樓 집인集印.
* 왕유전汪有典 《전명충의별전前明忠義別傳》, 가경.
* 《이신전貳臣傳》 《역신전逆臣傳》, 도광 청분관淸芬館.
* 김문전金文田 《국조천태기구전國朝天台耆舊傳》, 광서 28년, 제
  품형당齊品亨堂.
* 주흥제朱興悌 《송문헌공[송렴]연보宋文憲公(濂)年譜》, 동치 9년.
* 《도문충공[도윤석]연보堵文忠公(允錫)年譜》, 동치 13년, 촉산서원
  蜀山書院.
* 《김정희[김성]연보金正希(聲)年譜》, 광서 23년, 양호서원兩湖書
  院.
* 《전음광[전병등]연보錢飮光(秉鐙)年譜》, 선통 2년.
* 《장문정공[장옥서]연보張文貞公(玉書)年譜》, 광서.
* 《초남포[초원희]연보焦南浦(袁熹)年譜》, 광서 23년, 운간집자판
  본雲間集字版本.
* 《시중명[시경]연보是仲明(鏡)年譜》, 광서 13년.
* 《손문정공[손이준]연보孫文靖公(爾准)年譜》, 광서 28년.
* 《이신기년보李申耆年譜》, 도광 22년, 세심완이지실洗心玩易之
  室, 광서 13년 가흥 김씨.
* 《사산향응록四山響應錄》, 광서 22년, 승현 지현 석치당石治堂
  을 애도하는 시.
* 《이괴제성씨족보합편李魁第姓氏族譜合編》, 광서 5년, 취월헌醉
  月軒.

* 왕휘조汪輝祖《사성운편史姓韻編》, 동치 9년, 금릉서국 취진판.

송: * 악사樂史《태평환우기太平寰宇記》, 청.

청: *《대청일통지》, 도광 29년, 양호 설자유薛子瑜가 1백 부 인쇄.

* 서건학徐乾學《일통지안설一統志按說》, 도광 7년, 청분각.

* 고염무《천하군국리병서天下郡國利病書》, 가경 14년, 성도의 용만육龍萬育 부문각 취진판 1백 20부는 도광 10년에 용씨가 재판함. 광서 5년에 촉남 설씨 동화서옥桐華書屋에서 용씨 활자를 사용해 재판함. 호남 나씨羅氏가 섬서에서 간행함. 도광 14년 산동성 아감재雅鑒齋 취진판聚珍版.

*《흠정황여서역비지欽定皇輿西域備志》, 청.

* 이광정李光庭《한서역도고漢西域圖考》, 광서 8년, 양호 조씨趙氏 수훤당壽萱堂.

* 이조락《역대지리운편금석歷代地理韻編今釋》, 도광 17년, 배학재輩學齋.

* 고조우顧祖禹《독사방여기요讀史方輿紀要》, 가경 16년, 용만육龍萬育이 감숙에서 간행.

* 제곤齊鯤 등《속유구국지략續琉球國志略》, 가경, 내부취진판.

*《박해번역록薄海番域錄》, 도광 9년.

* 위원魏源《해국도지海國圖志》, 도광 24년, 비릉의 설자유薛子瑜 양승업楊承業 출판.

송: *《원풍오군도경속기元豐吳郡圖經續記》, 함풍 3년, 광서.

* 공명지龔明之《중오기문中吳紀聞》, 가경 17년, 고오古吳 백록산방白鹿山房.

*《송남지淞南志》·《속지續志》·《이속송남지二續淞南志》, 가경 18년.

* 강희《상주부지常州府志》, 광서 12년.
* 도광《무진양호현합지武進陽湖縣合志》, 광서 12년.
* 광서《무양지여武陽志餘》, 광서 14년.
* 주유임周有壬《석금고승錫金考乘》, 가경, 동치 9년, 세서당世瑞堂.
* 《석금향토지리錫金鄕土地理》, 광서 32년, 무석 예문재藝文齋; 광서 34년, 양계문원각梁溪文苑閣.
* 황공黃邛《석금지소록錫金識小錄》, 광서 34년, 왕념조王念祖.
* 광서《상소합지고常昭合志稿》, 광서 30년.
* 황정감黃廷鑒《금천삼지보기琴川三志補記》, 광서 24년.
* 《양금보성지고楊金堡城志稿》, 광서 9년, 강음江陰 섭씨葉氏.
* 광서《금단현지金壇縣志》, 광서 11년.
* 가경《증수의흥현구지增修宜興縣舊志》, 동치 8년.
* 가경《신수의흥현지新修宜興縣志》, 동치 8년.
* 가경《신수형계현지新修荊溪縣志》, 동치 8년.
* 도광 재판《속찬의형현지續纂宜荊縣志》, 동치 8년.
* 광서《율양현지溧陽縣志》, 광서 25년.
* 함풍《정강현지靖江縣志》, 함풍 7년.
* 조표曹鑣《회성신금록淮城信今錄》, 도광 11년, 감백재甘白齋 1백 부, 즉 산양현지보.
* 《중수보응현지변重修寶應縣志辨》, 함풍 원년.
* 광서《증수감천현지增修甘泉縣志》, 광서 7년.
원: * 왕정王禎《대덕정덕현지大德旌德縣志》, 원 대덕 2년, 저자는 목활자인을 창조함.
* 《무원향토지婺源鄕土志》, 광서 34년.
* 도광《휘주부지변증徽州府志辨證》, 동치.

* 광서 《귀지현지貴池縣志》, 광서 9년.
* 광서 《봉양부지鳳陽府志》, 광서 34년.
* 가경 《여강현지廬江縣志》, 동치 7년.
* 가경 《회원현지懷遠縣志》, 가경 24년.
* 동치 《곽구현지霍邱縣志》, 동치 9년.
* 광서 《남릉소지南陵小志》, 광서 25년.
* 광서 《청양현지青陽縣志》, 광서 17년.
* 광서 《의성현지宣城縣志》, 광서 14년.
* 강희 《태평부지太平府志》, 광서 29년.
* 광서 《직례화주지直隸和州志》, 광서 27년.
* 동치 《회녕현지懷寧縣志》, 동치 9년.
* 광서 《수주지壽州志》, 광서 15년.
* 광서 《속수서성현지續修舒城縣志》, 광서 33년.
* 광서 《봉태현지鳳台縣志》, 광서 18년.
* 광서 《저주지滁州志》, 광서 22년.
* 광서 《곽산현지霍山縣志》, 광서 31년.
* 광서 《박주지亳州志》, 광서 20년.

송: * 고사손高似孫 가정 《섬록剡錄》, 광서 14년, 영승당永承堂. 최초
　　의 승현지嵊縣志.
* 《섬원향지剡源鄉志》, 광서 28년, 봉화 조씨趙氏 섬곡초당剡曲
　　草堂에서 신창 석미광石美光이 새로 제작한 3호 취진판을 이
　　용하여 70부 인쇄.
* 고고高杲 《호산지滸山志》, 도광 11년, 여요에 속함.
* 장렴張廉 《효감리지孝感里志》, 가경 24년, 소산蕭山에 속함.
* 석소병石昭炳 《기양풍속부暨陽風俗賦》, 도광 23년, 철초음관鐵
　　焦吟館.

* 서조병徐兆昺《사명담조四明談助》, 도광 8년, 승현에서 관직에 있을 때 2백 부 인쇄.
*《초보산지招寶山志》, 도광, 진해鎭海에 속함.
* 만력《선거현지仙居縣志》, 도광 18년, 왕위승王魏勝 활자본.
* 광서《포강현지浦江縣志》, 광서 31년.
* 건륭《임안현지臨安縣志》, 광서 11년.
* 선통《임안현지》, 선통 2년.
* 가경《여항현지余杭縣志》, 광서 6년, 왕숭진王崧辰.
* 가경《어잠현지於潛縣志》, 가경 17년.
* 건륭《수안현지遂安縣志》, 광서 16년, 1백 부.
* 도광《정안현속지靖安縣續志》, 동치 9년.
* 동치《정안현지靖安縣志》, 동치 9년.
* 동치《속찬정안현지續纂靖安縣志》, 동치 9년.
* 도광《중수상고현지重修上高縣志》, 도광 7년.
* 동치《안의현지安義縣志》, 동치 10년.
* 강희《염수지림斂水志林》, 동치, 흥국현興國縣.
*《동향현향토지東鄕縣鄕土志》, 청말.
* 광서《장녕현지長寧縣志》, 광서 27년, 또 광서 33년, 심오현尋烏縣.
* 동치《신감현지新淦縣志》, 동치 11년.
* 동치《신창현지新昌縣志》, 동치 11년.
명: * 가정《대야현지大冶縣志》, 청활자.
* 동치《통성현지通城縣志》, 동치 6년.
* 동치《통산현지通山縣志》, 동치 7년, 심전국心田局 활자본.
* 동치《광제현지廣濟縣志》, 동치 11년.
* 동치《중수영산현지重修英山縣志》, 동치 9년.

* 동치 《보정지고집요保靖志稿輯要》, 동치 8년, 다문당多文堂.

* 가경 《부주총지鄜州總志》, 광서 19년.

* 《무강주향토지武岡州鄕土志》, 광서 34년.

* 《뇌양현향토지耒陽縣鄕土志》, 광서 32년.

* 《계양현향토지桂陽縣鄕土志》

* 광서 《천주현지天柱縣志》, 광서 29년.

* 건륭 《봉절현지奉節縣志》, 건륭 10년.

* 도광 《청류현지清流縣志》, 도광 9년.

명: * 정덕正德 《동광현지東光縣志》, 동, 정덕 16년, 안국安國.

* 《부주지》, 광서, 노계순勞啓恂 간행.

* 건륭 《성경통지盛京通志》, 건륭 44년, 북경 간행으로 의심됨.

* 건륭 《흠정황여서역도지欽定皇輿西域圖志》, 청활자.

* 선통 《신강도지新疆圖志》, 선통 2년.

* 함풍 《화림격이청지和林格爾廳志》, 함풍 2년.

* 《오중수리통지吳中水利通志》, 동, 가정 3년, 안국安國.

청: * 왕리태王履泰 《기보안란지畿輔安瀾志》, 가경 14년, 무영전 취진판.

* 《하방요람河防要覽》, 광서 14년, 연북산방硯北山房.

* 주도준周道遵 《용상수리지甬上水利志》, 도광 28년.

명: * 능지淩志 《동안백영東安百詠》, 신성新城의 명승지를 기록, 청 능씨사당 인쇄.

청: * 여석황呂錫煌 《녹문명승鹿門名勝》, 승현의 귀문산貴門山을 기록, 도광 6년.

* 주형재周衡齋 등 《개원팔경도영開元八景圖詠》, 승현의 개원 팔경을 기록, 도광 22년.

후위後魏: * 양현지楊玄之 《낙양가람기洛陽伽藍記》, 가경 황천璜川 오씨吳氏.

원: * 내현迺賢《하삭방고기河朔訪古記》, 가경 16년, 황천 오씨.

명: * 서굉조徐宏祖《서하객유기徐霞客遊記》, 건륭 활자.

청: * 주학周鶴《무원산수유기婺源山水游記》, 건륭 55년, 자양서원紫
陽書院.

   * 오광패吳光霈《남행일기南行日記》, 광서 16년, 왕씨도원王氏韜
園.

명: * 하자양夏子陽 · 왕사진王士禛《사유구록使琉球錄》, 명, 하씨, 서
구書口에 회계하씨종보會稽夏氏宗譜라고 되어 있음.

청: * 노숭광勞崇光《봉사월남시고奉使越南詩稿》, 광서 노계순勞啟恂
간행, 도광 29년, 완복시사덕阮福時嗣德[89]이 월남국왕으로 책
봉될 때 노씨가 부춘富春[90]에 사신으로 감.

   * 《사감史鑒》, 동, 홍정弘正 연간, 화가華家, 《보문당서목寶文堂書
目》 참조.

   * 《통감론通鑒論》, 상소배인국常昭排印局.

   * 양이임楊以任《독사사집讀史四集》, 건륭.

   * 섭기葉驥《비자독서기㸃子讀書記》, 건륭 애일당愛日堂.

   * 노절盧浙《삼지산방독사수필三芝山房讀史隨筆》, 가경 22년.

   * 장금오張金吾《애일정려장서지愛日精廬藏書志》, 가경 25년, 저
자는 4권본을 인쇄. 도광 7년 소문昭文 장씨가 36권본을 간
행. 광서 10년 오현의 영분각靈芬閣에서 3차 간행.

   * 고수顧修《휘각서목초편彙刻書目初編》, 동치 9년, 군옥재群玉齋.

   * 《백호통의인서표白虎通義引書表》, 광서 14년, 강소 존고학당存
古學堂.

89_ 완복시가 즉위하여 연호를 사덕이라고 정했다.
90_ 현재의 월남 중부 지역인 탄호아.

* 손성연孫星衍《경기금석고京畿金石考》, 건륭 57년.
* 이요李瑤《교보금석례4종校補金石例四種》, 니, 도광 13년, 저자
  가 항주에서 간행.

자부子部

《십자十子》, 명, 상숙常熟 조용현趙用賢.

청: * 송단宋枬《관자기언管子寄言》, 광서 11년, 촉동蜀東 송씨宋氏.

　　* 《노자》, 명, 방체대자方體大字, 주注가 없음.

송: * 임희일林希逸《장자권재구의莊子鬳齋口義》, 정덕 13년, 남경 제
  생諸生 호민胡旻 활자를 사용해 간행.

　　* 《묵자》, 동, 가정 31년, 지성芝城(건녕) 남인藍印.

청: * 손이양孫詒讓《묵자간고墨子間詁》, 광서 21년, 소주 모상진毛上
  珍.

　　* 《회남자》, 명.

　　* 《갈관자鶡冠子》, 홍치 벽운관碧雲館, 사고四庫 원본.

　　* 《유자劉子》, 명.

당: * 마총馬總《의림意林》, 동, 대략 정덕, 화씨華氏 난설당蘭雪堂.

오대: * 구광정邱光庭《겸명서兼明書》, 가경 16년, 황천 오씨 진의당
  眞意堂.

송: * 주희《소학》, 니泥.

　　* 주희·여조겸《근사록近思錄》, 니.

　　* 여조겸《동래경사잡설東萊經史雜說》, 니.

이상 3종은 모두 몽골 태종 13년 이후 양고가 니활자로 간행했
는데 사방으로 흩어짐.

　　* 진덕수眞德秀《대학연의大學衍義》, 원元, 봉화지주奉化知州, 마
  칭덕馬稱德.

원: * 사응방謝應芳《변혹편辨惑篇》.

명: * 고종덕顧從德《변혹속편》, 모두 만력 2년, 건창 익번益藩 세손 주익인朱翊鈏이 간행.

　　* 설선薛瑄《설문청독서록薛文淸讀書錄》, 청.

　　* 주여등周汝登《동월증학록東越證學錄》, 대략 강희.

청: * 이조락《기양답문曁陽答問》, 도광 22년, 세심완이지실.

　　* 손덕겸孫德謙 · 장채전張采田《신학상태新學商兌》, 광서 34년, 다가라향관多伽羅香館. 강량康梁91을 몰아내고 개혁.

청: * 고복당顧福棠《손자집해孫子集解》, 광서 26년.

　　* 촉蜀《제갈공명심서諸葛孔明心書》, 동, 정덕 12년, 경원교유慶元教諭 한습방韓襲芳, 호관滬館 소장본의 서근제書根題92를 성화동자成化銅字라고 한 것은 잘못임.

명: * 모원의茅元儀《무비지武備志》, 천계 원년, 청 도광 상주.

　　* 《무편武編》, 청.

　　* 《수륙공수전략비서水陸攻守戰略秘書》, 7종, 동, 함풍 3년, 인계麟桂가 항주에서 간행, 북경대학에 4종이 있음.

청: * 부단傅端《무예발규武藝發竅》, 동치 12년, 오자가 많음.

　　* 혜록주민惠麓酒民《병벽백금방洴澼百金方》, 건륭 말.

　　* 명말 심씨《보농서補農書》, 광서 22년, 연려각然藜閣.

청: * 조경여趙敬如《잠상설蠶桑說》, 광서 22년.

　　* 동원량董元亮《작잠휘지柞蠶彙志》, 선통 2년, 절강 관지국官紙局.

91_ 강량은 강유위와 양계초를 말한다. 《신학상태》에서는 양계초의 《지나종교개혁론支那宗教改革論》을 비판했다.

92_ 서근(책 아랫면)에도 책 제목을 붙이는 경우가 있다. 이를 서근제書根題라고 한다.

* 저화褚華 《수밀도보水蜜桃譜》, 광서 9년.

* 《예국신편藝菊新編》, 광서 5년, 경도 취진당서방.

* 《대관증류본초大觀證類本草》, 명활자.

명: * 왕새王璽 《의림류증집요醫林類證集要》, 성화 18년, 활자.

* 설기薛己 《입재외과발휘立齋外科發揮》, 가정 7년.

청: * 풍조장馮兆張 《풍씨금낭비록馮氏錦囊秘錄》, 강희.

* 《제인입효濟人立效》, 옹정.

* 《반주집盤珠集》, 건륭 소미산관小眉山館(의서).

* 진태초陳太初 《낭현청낭요瑯嬛青囊要》, 가경 8년, 포난헌抱蘭軒.

* 장예張叡 《수사지남修事指南》, 대략 가경.

* 《산과비서產科秘書》, 도광 왕씨 신방각信芳閣.

* 장요손張曜孫 《산잉집產孕集》, 동치 4년, 비릉 양씨 재판.

* 주순하朱純嘏 《두증정론痘症定論》, 도광 9년, 왕씨 신방각.

* 마관군馬冠群 《의오醫悟》, 광서 19년.

* 《군중의방비요軍中醫方備要》, 동, 후관侯官 임춘기林春祺 동인 쇄본.

* 《어정성력고원御定星曆考原》, 동, 강희 52년, 내부.

* 《어정수리정온御定數理精蘊》, 동, 옹정 원년, 내부.

* 《어정율려정의御定律呂正義》, 동, 옹정 2년, 내부.

명: * 《통서류취극택대전通書類聚尅擇大全》, 동, 가정 30년, 지성芝城 (건녕).

명: * 주상형朱象衡 《필두통회筆涜通會》, 명말.

청: * 반증영潘曾瑩 《소구파관화지小鷗波館畫識》, 광서 14년, 열지재 悅止齋.

* 육시화陸時化 《오월소견서화록吳越所見書畫錄》, 광서 22년, 회 연각懷煙閣.

* 주조렴朱照廉《명첩기문名帖紀聞》, 가경 17년, 소운곡小雲谷.

* 《궁실도설宮室圖說》, 가경 동양東陽 하씨何氏.

명: * 왕운정汪雲程《유현집猶賢集》, 가정, 기보棋譜.

청: * 이세웅李世熊《전신지錢神志》, 도광 6년, 영화寧化 판각장 음유신陰維新이 취진판을 새겨서 몇 부를 인쇄. 동치 10년, 영화현 서명, 취진판.

* 《실솔보蟋蟀譜》, 광서.

* 관회도인觀頮道人(양준楊浚)《소연아小演雅》, 광서 5년, 송분당誦芬堂.

* 《감주집紺珠集》, 명.

송: * 구양문충공歐陽文忠公《귀전록歸田景》, 명.

* 오증吳曾《능개재만록能改齋漫錄》, 건륭 40년, 임소서옥臨嘯書屋.

* 홍매洪邁《용재수필容齋隨筆》, 동, 홍치 8년, 화수 회통관, 화견華堅 난설당蘭雪堂.

* 주필대周必大《옥당잡기玉堂雜記》, 니, 송 소희 4년, 저자는 담주(현재의 장사長沙)에서 간행, 현재 세계 최초의 활자본으로 알려져 있음.[93]

* 고사손高似孫《위략緯略》, 약 가경, 백록산방.

* 나대경羅大經《학림옥로鶴林玉露》, 명초, '공空'자가 빠지고 '필駆'자는 거꾸로 됨.

원: * 선우구鮮于樞《곤학재잡록困學齋雜錄》, 동치 말년, 탕병원湯炳元이 강녕에서 간행.

명: * 섭성葉盛《수동일기水東日記》, 정덕.

93_ 원서의 내용대로 번역하였다.

* 왕세정王世貞《봉주필기鳳洲筆記》, 융경 3년, 해우海虞 황미중黃美中, 권17 서명에 '주洲'자가 빠짐.

청: * 장이기張爾岐《호암한화蒿庵閑話》, 자옹瓷, 강희 58년, 태안泰安 서지정徐志定 진합재자판眞合齋瓷版.

* 여사홍黎士弘《인서당필기仁恕堂筆記》, 도광 16년, 유희해劉喜海가 금사金沙에서 간행, 정주汀州 동벽헌東壁軒 활자인서국.

* 이이경李詒經《두언蠹言》, 가경 24년, 신방각.

* 완규생阮葵生《다여객화茶餘客話》, 광서 14년.

* 공현증龔顯曾《역원좌독亦園脞牘》, 광서 4년, 송분당.

* 진근陳僅《문촉좌존捫燭脞存》, 광서 계아당繼雅堂.

* 육문형陸文衡《색암수필嗇庵隨筆》, 광서 23년, 육동수陸同壽.

* 전찬황錢贊黃《인주잡저麟洲雜著》, 광서 24년.

당: * 우세남《북당서초北堂書鈔》, 광서 15년, 호주 요근원姚覲元 집복회검재集福懷儉齋.

* 구양순歐陽詢《예문류취藝文類聚》, 동, 상주인, 정덕 10년, 무석 화씨 난설당인.

* 서견徐堅《초학기初學記》, 동, 명, 안국安國.

송: * 이방李昉 등《태평어람太平御覽》, 동, 만력 2년, 건양 유씨游氏·요씨饒氏가 1백여 부 간행, '사死'자가 가로로 배열됨. 가경 11년, 오문 왕씨汪氏 목활자 1백 20부 간행.

* 반자목潘自牧《기찬연해記纂淵海》[그림 181], 동, 명, 화씨회통관.

*《금수만화곡》, 동, 홍치 5년, 화씨 회통관 대동판大銅版, 소동판.

* 사유신謝維新《고금합벽사류비요古今合璧事類備要》, 홍치 8년, 화씨 회통관, 가정 13년 전, 안국安國.

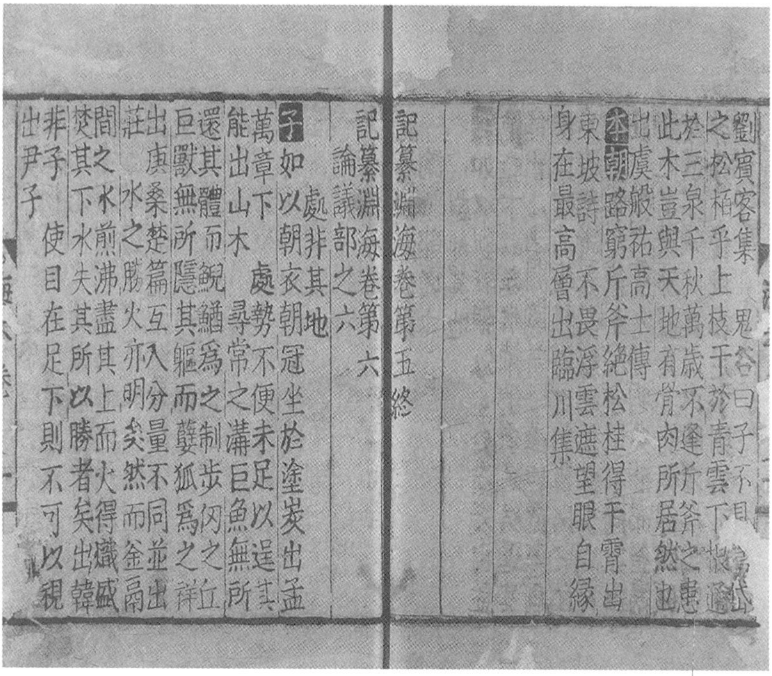

[그림 181] 《기찬연해》 2백 권, 홍치 화수 회통관 동활자인본

* 《벽수군영대문회원壁水群英待問會元》, 명, 여택당麗澤堂, 고소
  姑蘇 호승선胡升繕이 글을 쓰고 장봉章鳳이 새기고 조앙趙昂이
  인쇄. 이전에는 송순우宋淳祐 활자본이라고 잘못 알아 '순우
  淳祐' 두 글자를 보충하여 넣었음.

명: * 문진閔文振 《이물휘원異物彙苑》, 명 가정 15년.

청: * 진몽뢰陳夢雷 《고금도서집성古今圖書集成》, 동, 강희 59년~옹
  정 3년, 내부에서 66부 인쇄.

집부集部

한: * 채옹蔡邕 《채중랑집蔡中郎集》, 동, 명 정덕 10년, 무석 화견 난
  설당.

위: * 조식《조자건집曹子建集》, 동, 명 장주長洲 한씨韓氏 목활자, 동
　　활자 조집曹集, 북경대학 소장.

　　* 《진사왕집陳思王集》, 함풍·동치 연간, 동씨童氏 조종서옥朝宗
　　書屋.

진晉: * 완적阮籍《영회시詠懷詩》, 명.

　　* 도잠陶潛《도연명집陶淵明集》, 건륭 후, 활자 사색투인본으로
　　가장 아름다움.

송: * 포조鮑昭《포참군집鮑參軍集》, 정덕 5년, 주응등朱應登.

　　* 《음하시陰何詩》, 홍치 15년, 오군 손봉孫鳳.

　　* 《당태종시집唐太宗詩集》, 동, 명.

청: * 만준萬俊《두시설부杜詩說膚》, 가경 24년, 수죽산방搜竹山房.

당: * 수계선생비점須溪先生批點《맹호연집》, 정덕 원년, 해서체로
　　아름다움, 호관滬館.

　　* 《안노공문집顏魯公文集》[그림 182], 동, 가정 3년~13년, 무석 안

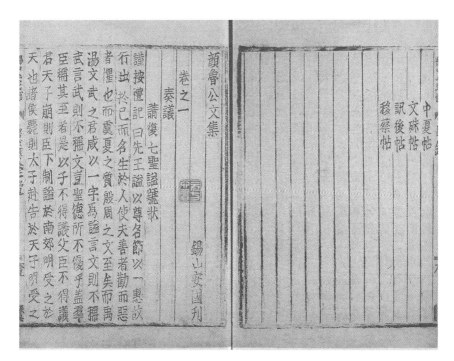

[그림 182] 《안노공문집》 명 가정 안국安國 '석산안씨관錫山安氏館' 동활자인본

국 인, 천일각 소장.

* 유장경劉長卿《유수주집劉隨州集》, 동, 명, 북경대학 소장.

* 《이교집李嶠集》, 명 필씨畢氏활자, 앞에 나온 필씨활자와 더불어 모두 청나라 조종건趙宗建《구산루서목舊山樓書目》 참조.

* 원진元稹《원씨장경집元氏長慶集》, 동, 정덕 8년, 화씨 난설당.

* 백거이《백씨장경집白氏長慶集》[그림 183], 동, 정덕 8년, 난설당.

오대: * 두광정杜光庭《광성집廣成集》, 동, 난설당.

송: * 소철蘇轍《혁성집欒城集》, 명, 가정 20년, 촉번蜀藩 주양허朱讓栩.

* 원제原題 소과蘇過《사천시집斜川詩集》, 청 중엽 활자, 실은 송나라 유과劉過의 《용주시집龍州詩集》을 위탁한 것임.

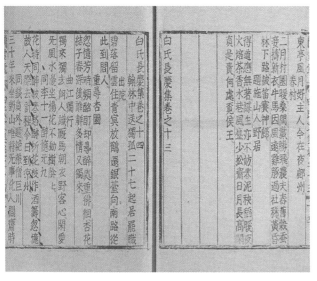

[그림 183-1]

[그림 183-2]

[그림 183] 《백씨장경집》 정덕 8년(1513) 화견의 난설당 동활자인본

* 진사도陳師道《후산거사시집後山居士詩集》, 옹정 활자 인, 몹시 아름다움.
* 당경唐庚《당미산집唐眉山集》, 옹정 3년, 호주 왕양채汪亮采 남해초당南陔草堂 호성湖城 반대유潘大有 간행, 필기체가 가장 아름다움.
* 오불吳芾《호산집湖山集》, 동치 9년, 선거仙居 오씨吳氏가 종보宗譜를 재판, 앞서 활판으로 1백여 부를 간행.
* 예박倪朴《예석릉서倪石陵書》, 도광 13년, 보강浦江 인.
* 육구연陸九淵《상산선생전집象山先生全集》, 명활자, 아름다움.
* 범성대范成大《석호거사집石湖居士集》, 동, 홍치 16년, 소주 금난관인金蘭館印, 북경대학 소장.
* 육유陸游《검남시고劍南詩稿》《위남문집渭南文集》[그림 184], 동, 홍치 15년, 무석 화정華珵 인印.
* 유재劉宰《만당유선생문집漫堂劉先生文集》, 명 홍치 대자활판, 송대에는 完 · 竟 · 鏡 · 敬 · 讓 · 殷 자 등을 피휘하여 필획

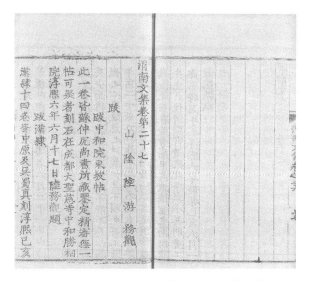

[그림 184] 《위남문집》, 홍치 15년(1502) 화정 동활자인본

을 생략함.

* 진량陳亮 《진동포집陳同甫集》, 청초 영남嶺南 수경당壽經堂.

* 《중교위료옹학산선생대전집重校魏了翁鶴山先生大全集》, 동, 가정 3년, 무석 안국 인.

* 방악方岳 《추애집秋崖集》, 옹정. 방악은 《추애소고秋崖小稿》도 있음. 활자가 아름다워 책이 아닌가 생각됨.

* 악뢰발樂雷發 《설기총고雪磯叢稿》, 명활자.

* 방봉진方逢辰 《교봉선생문집蛟峰先生文集》, 명.

* 방봉方鳳 《존아당유고存雅堂遺稿》, 도광 14년, 포강 신덕당慎德堂.

* 왕규王珪 《왕기공궁사王岐公宮詞》, 동, 명 오천정사五川精舍.

* 《매정사륙梅亭四六》, 명활자.

금: * 왕적王寂 《졸헌집拙軒集》, 취진판.

원: * 오징吳澄 《오문정공집吳文正公集》, 청.

* 송윤희宋胤僖 《용암집庸庵集》, 가경 13년, 여요餘姚 송씨.

* 《웅붕래집熊朋來集》, 동, 가정 13년 전, 안국安國 인.

원: * 《어시책御試策》, 원 원통元統 후에 몽고·색목·한인·남인의 전시책殿試策 13편을 수록, 현존하는 최초의 한문활자본.[94]

명: * 손비孫賁 《서암집西庵集》, 동, 홍치 16년, 소주 금난관金蘭館.

* 장방신張邦信 《백산시고白山詩稿》, 첨산瞻山 장씨張氏 종보宗譜 안에 있음.

* 석보石珤 《석웅봉집石熊峰集》, 가정 전.

* 임지林誌 《속각부재공문집續刻葍齋公文集》, 만력 복주 임씨林氏.

94_ 한국에서는 정설로 받아들이지 않고 있다.

* 양순길楊循吉《송주당집松籌堂集》, 만력 원년, 상해 고종덕顧從德 운각활자芸閣活字, 호관滬館.
* 반은潘恩《현람당속초玄覽堂續鈔》, 가정 6년.
* 조구생趙樞生《함현선생집含玄先生集》, 명 융경·만력 연간 활자.
* 설응기薛應旂《회괴시권會魁試卷》, 명, 동호서원 활자.
* 원개袁凱《해수집海叟集》, 융경 4년, 하현지何玄之 인印.
* 포대가包大柯《월음越吟》, 만력 원년, 옥수재남玉樹齋藍 인.
* 장가윤張佳胤《동순잡영東巡雜詠》, 만력 초.
* 상열桑悅《사현집思玄集》, 만력 2년, 상대협桑大協 활자인.
* 첨래詹萊《초요지관집招搖池館集》, 복건서방 첨불미詹佛美.
* 《섭쌍강선생문집聶雙江先生文集》, 청초, 운구서원雲丘書院 활자.
* 등징鄧澄《등동원집鄧東垣集》, 등씨鄧氏 6세손 돈숙당敦夙堂.
* 진선陳善《검남류편黔南類編》, 융경 5년, 운남 인.
* 이등李登《야성진우존고冶城眞寓存稿》, 만력, 집안에 소장된 것을 합자해서 수십 본 간행.
* 저요儲耀《시허문집柴墟文集》, 만력 42년.
* 조정길趙貞吉《조문숙공유집趙文肅公遺集》, 동치 3년, 조판 인쇄로 1백여 부 간행.
* 이방화李邦華《이충숙공집李忠肅公集》, 동치 4년, 정기당正氣堂.
* 진용정陳龍正《기정전서幾亭全書》, 강희 4년, 운각활자雲閣活字.
* 낙상현駱象賢《계원시고溪園詩稿》, 청.
* 조사춘趙士春《보한당집保閑堂集》, 광서 9년, 상숙 조씨趙氏.
* 오응기吳應箕《누산당집樓山堂集》, 가경 봉원각逢源閣.
* 양정린楊廷麟《양충절공유집楊忠節公遺集》, 동치 3년, 식자판

으로 1백여 부 간행.

* 경여기耿如杞《세독당고世篤堂稿》.

* 장국유張國維《충민공유문忠敏公遺文》, 순치.

* 노상승盧象升《노충숙공집盧忠肅公集》, 가경 18년.

* 《차재초고此齋初稿》, 명.

청: * 대잠허戴潛虛《남산전집南山全集》, 도광 30년, 수야헌秀野軒.

* 전징지錢澄之《전간문집田間文集》, 선통 2년, 전씨 진풍당振風
堂.

* 연성벽連城璧《건우집謇愚集》, 대략 옹정.

* 이덕건李德騫《은단문고闇斷文稿》, 함풍 5년, 백과산방百果山
房.

* 장민구張敏求《문화정시초집問花亭詩初集》, 동치 12년.

* 진홍수陳洪綬《보륜당집寶綸堂集》, 광서 4년, 회계會稽 동씨董
氏 취사당取斯堂.

* 강신영姜宸英《위간시집葦間詩集》, 도광, 자계慈溪 섭원개葉元
塏.

* 김숭겸金崇謙《관복암시고觀復庵詩稿》, 강희 운각芸閣.

* 진몽뢰陳夢雷《송학산방시집松鶴山房詩集》《문집》, 동, 강희 52
년, 내부, 혹 목활자로 만들었다고도 하지만 이는 틀림.

* 채문부蔡文溥《사본당시문집四本堂詩文集》, 건륭, 채씨는 유구
사람으로 강희 연간에 북경 국자감에 들어와 수학함.

* 이세웅李世熊《한지초집寒支初集》, 도광 7년~8년. 초집은 취
진판으로 약간 부만 인쇄.

* 유대괴劉大櫆《유해봉문집劉海峰文集》, 동성桐城 오대유吳大有
당서국활자堂書局活字 건상본巾箱本.

* 여사홍黎士弘《탁소재문집托素齋文集》, 정주汀州 동벽헌東壁軒

활자인서국.

* 육미陸楣《철장문집鐵莊文集·시집》, 광서 21년, 조씨曹氏 낙선당樂善堂.

* 황경인黃景仁《양당헌집兩當軒集》, 동치 12년, 집진재集珍齋.

* 이여민李茹旻《이로주문집李鷺洲文集》, 건륭 13년, 이씨.

* 원제는 사산謝山 몽린夢麟 저《대곡산당집大谷山堂集》, 대략 도광.

* 등석여鄧石如《철연산방고鐵硯山房稿》, 가경.

* 한시승韓是升《흡은원문초洽隱園文鈔》, 도광 28년, 보철재寶鐵齋.

* 왕중汪中《왕용보유시집汪容甫遺詩集》, 광서, 유양維揚 술고재述古齋.

* 호번胡璠《담화일현집曇花一現集》, 가경 난설재蘭雪齋, 자계慈溪의 9세 신동이 지은 시詩·대과對課[95] 및 이에 당시 사람들이 증정한 글.

* 완종원阮鍾瑗《수응재집修凝齋集》, 도광 11년, 저자는 필승의 활자판을 이용하여 약간 부를 인쇄함.

* 장동蔣彤《단릉문초丹棱文鈔》, 도광 21년.

* 유법현猶法賢《유초산방문집酉樵山房文集》, 도광 15년, 아들이 비자나무 활자로 처주處州에서 간행.

* 진경환陳庚煥《양원초고楊園初稿》, 대략 도광, "가취진판이수세假聚珍板以壽世", 장락長樂 사람.

* 요배중姚配中《일경여문초一經廬文鈔》, 도광 왕수성汪守成.

* 임조정任朝楨《임오교존고任午橋存稿》, 동치 8년.

95_ 이전에 서당의 학과 중의 하나로 대련을 짓는 것.

* 사금란謝金鑾《이물재문집二勿齋文集》, 도광.
* 요춘姚椿《통지각문집通芝閣文集》, 도광 20년.
* 적금생翟金生《니판시인초편泥版試印初編》, 니, 도광 24년, 저자 스스로 인쇄, 28년에《속편》간행.
* 황작자黃爵滋《선병서옥초집仙屏書屋初集》, 니, 도광 28년, 경현涇縣 적금생 인.
* 적정진翟廷珍《수업당초집修業堂初集》, 니, 도광 28년, 적금생.
* 방성규方成珪《보연재음초寶研齋吟草》, 도광 26년, 해창海昌 취진판 인.
* 이조락《양일재문집養一齋文集》, 도광 23년, 예풍당藝風堂.
* 좌미左眉《정암유집靜庵遺集》, 약 동치, 동성桐城 방씨方氏.
* 진렴陳廉《경설당유고耕雪堂遺稿》, 도광 20년.
* 장경성張景星《신여헌고愼餘軒稿》, 승현 대목자大木字, 회원會元, 팔고문.
* 섭명풍葉名澧《돈숙호재시속편敦夙好齋詩續編》, 한양漢陽 섭씨가 호씨의 판을 빌려 간행.
* 손운계孫雲桂《묘향각문고시고妙香閣文稿詩稿》, 동, 함풍 2년, 항주 취진동판.
* 서희徐僖《설번산방시집雪煩山房詩集》, 함풍 3년.
* 정리항丁履恒《사현각시집思賢閣詩集》, 함풍 4년, 정소기丁紹基.
* 시섭施燮《남영시고南榮詩稿》, 함풍 7년, 승현 세수당世壽堂.
* 이조증李肇增《금어당문술琴語堂文述》, 함풍 7년, 오문吳門.
* 유역劉繹《존오춘재시초存吾春齋詩鈔》, 동치 2년.
* 후정侯楨《고저추관유고古杼秋館遺稿》, 동치 12년.
* 진경용陳慶鏞《주경당집籀經堂集》, 동치 13년, 송분당誦芬堂.
* 전훈錢熏《이곡당시존眙穀堂詩存》, 광서 8년, 승현.

* 손단문孫端文《포슬음려시문집抱膝吟廬詩文集》, 광서, 승현.
* 《둔옹문록鈍翁文錄》, 광서 13년, 서월종매실鋤月種梅室, 처음으로 집면集錦을 제조하여 시험 인쇄.
* 육불은陸黻恩《독추수재문집讀秋水齋文集》, 광서 16년.
* 손동강孫同康《사정당집師鄭堂集》, 광서 17년.
* 추문상鄒文相《빈향서옥전집蘋香書屋全集》, 광서.
* 연성連城 동씨童氏《관치산당전집冠豸山堂全集》, 청.
* 진근《진여산선생소저서陳余山先生所著書》, 광서 11년, 사명四明 문측루文則樓, 진씨.
* 이초경李超瓊《석선거잡저승고石船居雜著媵稿》, 광서 21년, 비릉집자판.
* 《부용산관전집芙蓉山館全集》, 광서 17년, 무석 광보재匡寶才 조판 간행.
* 주한周閑《범호초당유고范湖草堂遺稿》, 광서 19년.
* 《습시당문집習是堂文集》, 광서 20년, 상숙 증씨의장曾氏義莊.
* 이은수李恩綬《눌암병체문존訥庵騈體文存》, 광서 24년.
* 《연평산인집燕平山人集》, 광서 28년, 사천제서四川提署 목활자, 교정 인쇄.
* 호수우胡修佑《은시산장유저蘟時山莊遺著》, 광서.
* 주호周鎬《독산류고犢山類稿》, 광서.
* 화유무華幼武《황양집黃楊集》
* 하진무夏震武《영봉존고靈峰存稿》, 광서 27년.
* 요휘제姚輝第《국수암사고菊壽盦詞稿》, 함풍.
* 황형黃衡《벽운추로사碧雲秋露詞》, 광서 2년.
* 손채부孫采芙(여성)《총필헌유고叢筆軒遺稿》, 광서 13년, 호씨胡氏 세택루世澤樓.

　　　　*　양오균梁吳均《서경잡기西京雜記》, 명, 저자는 사고목제四庫目
　　　　　題에 의거.

오대: *　왕인유王仁裕《개원천보유사開元天寶遺事》, 동, 명 건업建鄴
　　　　　장씨동판 인.

송: *　이방李昉 등《태평광기太平廣記》, 융경, 가정 담개본談愷本에
　　　　의거하여 조판 인쇄.

　　　*　황휴복黃休復《모정객화茅亭客話》, 함풍 2년, 인화仁和 호씨.

　　　*《분류이견지分類夷堅志》[그림 185], 동, 명.

명: *《우소보췌충전于少保萃忠傳》, 명말.

[그림 185-1]

[그림 185-2]

[그림 185] 《분류이견지갑집分類夷堅志甲集》, 명 동활자본. 상해도서관 소장

청: * 죽물산석도인竹勿山石道人《소길잡기瑣蛣雜記》, 건륭 58년.

* 섭등양葉騰驤《증체산인잡지證諦山人雜志》, 도광.

* 하경거夏敬渠《야수폭언野叟曝言》, 광서 7년, 비릉 휘진루彙珍樓 목활자.

* 허기許起《산호설조담초필珊珊舌雕談初筆》, 광서 11년, 왕씨 도원목자韜園木字.

* 여무呂撫《정정강람이십일사통속연의精訂綱鑒二十一史通俗演義》, 활자니판, 건륭 원년, 저자가 7천 개의 니자를 만들어 절강 신창에서 인쇄.

* 조점曹霑《홍루몽》, 건륭 신해(56년) · 임자(57년), 정위원程偉元이 두 차례 인쇄.

* 《속홍루몽續紅樓夢》.

* 《홍루몽영紅樓夢影》.

* 《홍루몽부紅樓夢賦》 이상 3종은 모두 광서, 북경 취진당.

* 하용何鏞《도부산방홍루몽사琭玿山房紅樓夢詞》, 광서 11년.

* 오경재吳敬梓《유림외사儒林外史》, 동치 8년, 군옥재群玉齋.

* 유만춘俞萬春《결수호전전結水滸全傳(탕구지蕩寇志)》, 함풍 원년.

* 《제공전濟公傳》.

* 《충렬협의전忠烈俠義傳》.

* 《아녀영웅전兒女英雄傳》 이상 3종은 모두 광서, 취진당.

* 계복桂馥《후사성원後四聲猿》, 도광 29년, 미진헌味塵軒.

* 《극락세계極樂世界》, 광서 7년, 북경 취진당.

* 요강姚康《태백검太白劍》, 광서.

* 《오훤초탄사娛萱草彈詞》, 광서 20년.

* 《육미도탄사六美圖彈詞》, 동치 9년, '열閱'자가 거꾸로 배열,

대부분 간체자임.

 * 《문호文虎》, 광서 6년.

 * 주죽타朱竹坨 《조옥집琱玉集》, 광서 14년, 진주군서陳州郡署(모
   두 대련對聯임).

총집總集

호소영胡紹煐 《문선전증文選箋證》, 광서 13년, 세택루世澤樓.

진陳:* 서릉徐陵 《옥대신영玉台新詠》, 동, 명 오운계관五雲溪館.

송: * 팽숙하彭叔夏 《문원영화변증文苑英華辨證》, 동, 명 정덕 원년,
    회통관.

 * 《문원영화찬요文苑英華纂要》, 동, 명 홍치 8년, 회통관.

 * 《문원영화율부선文苑英華律賦選》, 동, 강희 25년, 취려각吹藜閣.

송:* 《왕장원표목당문수王狀元標目唐文粹》, 동, 명 기동祁東 이씨.

명: * 탁명경卓明卿 《당시류원唐詩類苑》, 명 만력 14년, 숭재崧齋.

 *《송시록頌詩錄》, 명, 조자건曹子建 · 이백 · 두보 · 맹호연 · 왕
   유 시를 수록.

 * 《무명노유교활판초성중당시절구無名老儒校活板初盛中唐詩絶
   句》, 명 천계 이전.

 * 《조야신성태평악부朝野新聲太平樂府》, 명 만력, 글자체가 거칠
   고 졸렬함.

명: * 장부張溥 《한위육조백삼명가집漢魏六朝百三名家集》, 편저 인.

 * 황희무黃希武 《고문회편古文會編》, 전번錢璠 속편, 정덕 5년,
   가정 16년, 동호서원.

 * 오종선吳從先 《소창염기小窗艷記》, 명, 모두 고문선집.

 * 장사약張士淪 《국조문찬國朝文纂》, 융경 6년, 무석, 호관滬館.

청: * 조조웅趙兆熊 《고시평림古詩評林》, 도광 원년.

* 《국초십대가시초國初十大家詩鈔》, 도광 10년, 수수秀水 왕씨 신방각信芳閣.

* 《국조문경초편國朝文警初編》, 함풍 원년.

송: * 정호신鄭虎臣 《오도문수吳都文粹》, 옹정, 누동婁東 시씨施氏.

청: * 허충許翀 《보리일시甫里逸詩》, 건륭 58년, 주병감周秉鑒 이안서옥易安書屋 1백 부 간행.

* 《섬중집剡中集》, 건륭 28년, 대목자大木字, 승현 사람과 그곳에 기거했던 사람들의 시, 항주시관杭州市館 소장.

* 《온릉시기溫陵詩記》, 광서.

* 《도화담문증桃花潭文證》, 청.

* 《시현제영모란시時賢題詠牡丹詩》, 금릉 감씨보국甘氏譜局.

* 성교집盛翹輯 《성씨시초盛氏詩鈔》, 가경 16년.

* 《빙어시집冰魚詩集》, 광서 5년, 주씨 집안의 시 모음집, 승현 목활자인.

* 전진굉錢振鍠 《양호전씨가집陽湖錢氏家集》, 광서.

* 조희찬曹希璨 《조씨전방집曹氏傳芳集》

* 조종건趙宗建 《조씨삼집趙氏三集》, 광서.

* 왕상진王尚辰 《합비왕씨가집合肥王氏家集》, 광서.

양梁: * 유협劉勰 《문심조룡文心雕龍》, 홍치 17년, 오문吳門.

명: * 서사증徐師曾 《문체명변文體明辨》, 동, 명 만력 원년, 건양建陽 유용游榕.

* 허학이許學夷 《시원변체詩原辨體》, 명.

* 동전신董傳信 《시사詩史》, 명 만력 2년, 삼여재三餘齋.

동활자본 《당오십가시집唐五十家詩集》

당태종황제집2권唐太宗皇帝集二卷 · 우세남집1권虞世南集一卷 · 허경

종집1권許敬宗集一卷・왕발집2권王勃集二卷・양형집2권楊炯集二卷・노조린집2권盧照鄰集二卷・낙빈왕집2권駱賓王集二卷・이교집3권李嶠集三卷・두심언집2권杜審言集二卷・심전기집4권沈佺期集四卷・진자앙집2권陳子昂集二卷・당현종황제집2권唐玄宗皇帝集二卷・장열지집8권張說之集八卷・소정석집2권蘇廷碩集二卷・장구령집6권張九齡集六卷・맹호연집3권孟浩然集三卷・이기집3권李頎集三卷・손영집1권孫詠集一卷・왕창령집2권王昌齡集二卷・조적집1권祖逖集一卷・왕마힐집6권王摩詰集六卷・고상시집8권高常侍集八卷・최서집1권崔曙集一卷・최호집1권崔顥集一卷・저광희집5권儲光義集五卷・상건집2권常建集二卷・진은군집1권秦隱君集一卷・엄유집2권嚴維集二卷・이가우집2권李嘉祐集二卷・잠가주집8권岑嘉州集八卷・포하집1권包何集一卷・포길집1권包佶集一卷・황보염집3권皇甫冉集三卷・황보증집2권皇甫曾集二卷・고황집2권顧況集二卷・엄무집1권嚴武集一卷・낭사원집2권郎士元集二卷・대숙륜집2권戴叔倫集二卷・전고공집10권錢考功集十卷・유수주집10권劉隨州集十卷・한군평집3권韓君平集三卷・경위집3권耿湋集三卷・위소주집10권韋蘇州集十卷・사공서집2권司空曙集二卷・이단집4권李端集四卷・이익집2권李益集二卷・노륜집6권盧綸集六卷・양사악집2권羊士諤集二卷・무원형집3권武元衡集三卷・권덕여집2권權德興集二卷.

제3장 | 역대 필사공·각자공·인쇄공의 생활과 생애

인본서적의 탄생은 저자가 원고를 공급하는 일 외에도 주로 필사공·각자공·인쇄공·제본공들의 힘든 노동에 의지해야 했다. 이들은 인본서적의 직접 생산자로 지식을 전파하고 문화를 유통하는 데 있어 영원히 지워지지 않을 공적이 있다. 그러나 봉건 전제시대에는 그들의 지위가 없어서 보통의 노동자로 간주하여 통치계급들에게 멸시를 당하고 역사서에서 그들의 이름을 찾아보기는 무척 어렵다. 지금 역대의 필사공·각자공·제본공의 성명이나 사적을 간단히 서술해 보려고 한다.

오 대

필사공

이악李鶚·곽계郭嶠 등은 감본監本《구경九經》을 썼다. 주연희朱延熙가 쓰고 전민田敏이 상세히 교감한 현덕본顯德本《경전석문經典釋文》은 자획이 단정한 해서체며 오류가 없다. 화응和凝은 자신이 쓰고 자신이 저술한 시집 백 권이 있는데 본인의 책에 이름을 올린 최초의 작가다.

각자공

각자공으로 성명을 알 수 있는 최초의 사람은 오대의 뇌연미雷延美라고 할 수 있다. 후진後晉 개운開運 4년(947)에 관세음보살상을 조각하고 자칭 '장인뇌연미匠人雷延美'라고 썼다. 그는 조원충曹元忠을 위해 불상을 조각했으니 아마도 돈황 현지 조각공이었을 것이다.

송 대

필사공

송대는 인쇄업이 발달했기 때문에 필사공·각자공·인쇄공·제본공이 모두 명확하게 분업을 했다. 송대 필사공으로 그 이름을 알 수 있는 사람은 북송 조안인趙安仁으로 그는 감본 경서를 썼다. 함평 4년(1001)에 "진사곽종맹서進士郭宗孟書", "항주조종패杭州趙宗霸"라는 글이 있으며《대수구다라니경大隨求陀羅尼經》큰 장을 펼치면 소주성 내의 단광탑瑞光塔이 보인다. 사경생寫經生 장월선張月仙과 낭야琅琊 왕수량王遂良은《묘법연화경妙法蓮華經》을 썼다. 남송의《문선오신주文選五臣注》(소흥) 및《심부주心賦注》(소흥 30년, 이도李度 판각)에는 "전당포순서자錢塘鮑洵書字"라고 되어 있다. 부치자傅穉子는《시주소시施注蘇詩》를 필사했다. 증일曾一은 구양민歐陽忞《여지광기輿地廣記》(순우 10년)를 썼고 유유劉瑜 등은 원주본袁州本《군재독서지郡齋讀書志》를 해서체로 썼다. 시종원時宗源은 불경(소정紹定)을 썼다.《적사장磧砂藏》을 사경한 사람은 비구니 청만清滿·청앙清仰과 거사 왕초王初·주원朱元·장씨천육랑張氏千六娘 등 53명이 있다. 시찰원時察源은《불설무량청정평등각경佛說無量清淨平等覺經》(소정 5년) 평강平江적사장을 썼고, 심기종沈起宗과 장진張鎮이 새겼다.《적사장》에 그림을 그린 이는 진승陳昇・양덕춘楊德春 두 사람이다. 가태嘉泰 연간에 왕사공王思恭은《문원영화》1천 권을 손으로 쓰고 중복하여 교정을 봤다. 일본에서 판각한 불경 중에 '대송인노사랑서大宋人盧四郎書[96]'라는 글귀가 있다. 송판《난정속고蘭亭續考》2책 중 하책은 손으로 필사하여 맞추어 놓았는데 저자 유송兪松 자신이 판에 쓴 것이라고 보는 사람도 있다. 송판 중에서는 보기 드물며 대자에 행서와 해서로 가장 아름답게 쓰고 조각되었다. 송간본 전당 오열吳說《고금절구古今絶句》3권이 있는데 스스로 발문에 "1권을 필사하고 판목을 전하게 한다"고 했다. 소흥 23년의 일이다. 악비의 손자 악가岳珂도《옥저시고玉楮詩稿》8권을 손수 썼으니 모두 107판이다. 양차산楊次山의《역대고사歷代故事》(가정 5년) 12권은 송나라 때 간행하고 인쇄한 것으로 양차산이 손수 쓰고 간행했는데 글씨가 아름다워 즐거움을 준다. 시원지施元之 등이 주를 단《동파선생시東坡先生詩》142권은 가태嘉泰 연간에 회동창사淮東倉司 부치자傳穉子가 손수 썼다.

각자공

송대 각자공은 자신들을 '조자雕字' 혹은 '간자刊字' '간생刊生' '전수鐫手'라고 했으며 또 '조인인雕印人'이나 '조경작두雕經作頭'라고도 했다. 공임 계산을 편하게 하기 위하여 종종 판각한 모든 판의 자수를 판심에 새겨 넣고 그 아래에 자신의 이름도 새겨 넣었고 또 다른 한편으로는 업무의 책임을 표시하기도 했다. 이리하여 송판서에는 수많은 각자공의 이름이 남겨져 있다. 그들은 해서로 서명을 하기도 했지만 행서나 초서 혹은 전서로도 서명을 했고 양각 외에 어쩌다가 음각으로도 했다. 이름 전체를 새기는가 하면 성만 새기거나 이름만

96_ '대송 사람 노사랑이 쓰다'는 의미이다.

새기기도 했다. 이름은 한 자로 된 이름이 가장 많고 어쩌다가 한 판 속에 두 명의 각자공 이름이 나타나기도 하는데 그중에는 아명을 쓰는 경우도 있다. 예를 들면 장아구張阿狗[97]는 촉대자본《한서漢書》에 자신의 아명을 썼다. 개별적으로 자字나 호號를 쓰기도 했으니 무강武康에서 간행한《오등회원五燈會元》(보우 원년)에는 "적재섭춘년積齋葉椿年"이라고 했으며 또는 적재간積齋刊이라고도 썼다. 그들은 일가족인 경우가 적지 않다. 예를 들면 무주撫州 각자공인 고안국高安國·고안도高安道·고안부高安富·고안례高安禮·고안녕高安寧과 사천의 각자공인 장소사張小四·장소오張小五·장소팔張小八·장소십張小十은 한 가족이다. 어떤 책은 몇 사람이 합각合刻을 했는데 가령 모용毛用과 황헌黃憲 두 사람은 고숙姑孰에서《홍씨집험방洪氏集驗方》·《상한요지약방傷寒安旨藥方》(건도 6~7년)을 함께 판각했다. 큰책[大書]은 수십 명 혹은 백여 명이 참가했으니 성도본《태평어람》(경원)같은 경우다. 여기에는 왕아철王阿鐵·손아승孫阿剩 등 140명이 참가했다. 임안부에서 간행한《의례소儀禮疏》는 각자공이 160여 명이나 되었다. 한 부를 새기는데 동시에 1백여 명이 모였으니 각자공이 얼마나 많았는지를 알 수 있다.

　북송에는 왕문조王文詔라는 각자공이 있었는데 태평흥국 5년에 시주 이지순李知順을 위하여《대수구다라니大隨求陀羅尼》를 판각했다. 판각인쇄자 조우趙寓는 옹희 3년에 강주絳州에서 송수진宋守眞을 위하여《불설북두칠성경佛說北斗七星經》(산서성에서 발견) 두루마리 1권을 새겼다. 우숭虞崇은《군경음변群經音辨》을 간행했고, 희녕 2년에 오검吳鈐과 섭세葉桂는 항수에서 불경을 새기고, 탁면卓免은 복주에서 불경을 새겼다. 북송의 각공들 이름은 많이 볼 수 없다. 남송은 글자를

───────────────

97_ 우리나라의 '개똥이'와 같은 의미이다.

새겨서 먹고 사는 사람들이 수만 명은 되었지만 이전에는 이를 눈여겨 보는 사람이 없었다. 일본의 유명한 판본 목록학자인 나가사와 키쿠야[長沢規矩也]는 일본에서 소장하고 있는 송본서 130종(중복된 것을 제외하면 94종임)에 의거하여 송대 각자공의 이름 약 1천 7백여 명을 찾아내었지만(한 자 성과 혹은 성이 없는 것은 제외함) 실은 1천 3백 명이다. 필자는 국가도서관에 소장된 송본 355종과 상해도서관, 절강도서관, 영파의 천일각 등에 소장된 송본 수십 종에 근거하여 또 약 7백 명을 찾아냈는데[106] 그중 대부분은 나가사와 키쿠야의 부족함을 채울 수 있었다. 송본은 호접장인 관계로 수많은 성명이 판심 속으로 붙어버려 찾기가 쉽지 않았고 그래서 숫자는 완전하지 않다. 만약 《적사장》속의 경을 새긴 손인孫仁 등 423명을 더한다면 송대 각자공의 총수는 고증할 수 있는 사람만도 근 3천 명에 가까울 것이나 이름이 없어진 사람이 많고 남아 있는 사람은 아주 적다. 세이카도[靜嘉堂] 문고 송본에는 복본도 많은데 122부 안에 각자공 성명이 있는 것은 57부다.

덕수전본德壽殿本 유구劉球 《예운隸韻》10권의 마지막 행에 "□전응봉심형간□ 前應奉沈亨刊"이라는 일곱 글자가 있는데 빠져 있는 □안의 글자는 '御'자가 아닌가 생각되므로 심형沈亨은 틀림없이 황실에 속한 각자공이었을 것이다.

송대의 관서官書는 대부분 임시로 장인들을 모아서 일을 시작했는데 글씨를 새기는 일이 끝나면 각자공들은 곧 흩어졌다. 서방書坊 각자공들은 대개 서방에 장기간 고용되었다. 아마도 연봉이나 월급을 받았을 것이다. 그래서 책이 간행될 때 판각한 사람들의 이름이 아주 적다. 임안의 진씨서적포에서만 유상劉尙·유종劉宗·여동보余同甫·여사余士·오재吳才·범선촌范仙村 및 자문子文 등의 이름이 나올 뿐이다. 태묘 앞 윤가서적포에는 오승吳升·여민余敏·임청任淸 등의 이름이 있다. 항주는 오월국 때부터 수많은 숙련된 장인들이 있었으며 남송 때 수도가 된 후에는 더욱 많은 각자공들이 운집했다. 절강의 각자공으로 이름을 알 수 있는 사람은 전당 이사정李師正으로 《가태보등록嘉泰普燈錄》과 《대혜보각선사보설大慧普覺禪師普說》을 새겼고, 전당의 정충丁忠은 《묘법연화경》을 새겼고, 홍선洪先은 《사분율비구함주계본四分律比丘含注戒本》을 새겼다. 무림의 각자공으로는 엄신嚴信이 《사분율비구니초》를 간행했는데 그 책에 "무림경생왕덕명조武林經生王德明造"라는 글이 있다. 사명의 진충陳忠은 《대방광불화엄경大方廣佛華嚴經》을 새기고, 홍거洪擧는 설두雪竇 지방의 승려 명각대사明覺大師의 《폭천집瀑泉集》·《조영집祖英集》(도서관 소장 송본은 '廓'자의 필획이 생략됨)을 판각했다. 절강의 각자공들은 솜씨가 좋아 어떤 때는 외지로 불려나가기도 했다. 가령 정주汀州 영화寧化에서 《군경음변》을 간행했는데 "각자공은 동양東陽에서 불렀고 1개월 만에 비로소 끝났다"(소흥 12년)는 귀절이 있는데 그중 황칠黃七·황전黃戩 등이 절강 사람들이다. 홍매洪邁는 파양鄱陽으로 돌아와 무주 장인을 고용하여 용재容齋에서 《만수당인절구萬首唐人絶句》를 계속하여 간행했는데 10일 만에 작업이 끝났다(소희). 또 송나라 소흥부 남명南明의 손원孫源은 섬천剡川의 석계石磎와 《대각선사어록大覺禪師語錄》(경정 5년)을 간행했다. 여기서 말하는 남명은 남명산南明山을 가리키며 사실은 신창新昌에 있고, 섬천은 즉 승현嵊縣을 말한다. 월각越刻은 항각杭刻과 수준이 거의 같으며 이 경판은 일본 승려가 일본으로 가져갔다.

긴인의 각사공 여량余良과 유희遊熙는 호주에 가서 《대자본논어집설大字本論語集說》을 새겼고 건안의 주상周祥은 강서 조태槽台에 가서 《여씨가숙독시기呂氏家塾讀詩記》를 새겼다. 복주와 건주의 각자공도 서주舒州에 가서 고용되어 의서를 판각했다.

영국부寧國府의 반휘潘輝·신안의 하의夏義는 신안군재에서 《황조문감皇朝文鑒》을 새겼다. 남창의 엄성嚴誠 등 57명은 무주撫州에서 《예기석문禮記釋文》을 판각했다. 장사의 섭춘葉春과 장래張來 등 15명은 《집운集韻》[107]을 새겼다. 파주巴州의 추욱鄒郁은 《주역왕필주周易王弼注》를 새겼다. 미산眉山의 문중文中은 《회해선생한거집淮海先生閑居集》을 새겼고, 은주恩州의 극안郄安은 《동래선생음주당감東萊先生音注唐鑒》을 새겼다. 소무昭武의 추주鄒株는 불경을 판각했고 평강平江의 장준張俊은 조양潮陽에서 《통감총류通鑒總類》를 판각했다.

송 각자공 중에는 스스로 자신의 본적을 밝힌 사람이 있으니 바로 위에 상술한 바와 같다. 그들은 현지에서 일했을 뿐만 아니라 외지에 가서도 판각을 하는 등 유동성이 매우 컸음을 알 수 있다. 과거에 판본을 연구한 사람들은 이미 기존에 나와 있던 한두 명의 각자공의 이름을 들면서 "어느 책은 어느 곳에서 어느 해의 각본이다"라며 각주구검식으로 입에 침이 마르도록 말하는 것을 좋아했는데 이는 그다지 믿을 수 없는 말이다. 송판서는 대부분 뽑아서 바꾸기도 하고 판을 보충하기도 하여 한날 한시에 판각하는 것이 아니기 때문에 각지의 각자공 성명이 어떤 것은 아마도 같을 수 있다. 예를 들면 마량馬良 등은 건도乾道 연간에 평강에서 《위소주집韋蘇州集》을 새기고, 또 보우 5년에 《대자통감기사본말大字通鑒紀事本末》을 새기고, 함순 개원에는 조맹규趙孟奎의 《분문류찬당가시分門類纂唐歌詩》를 새겼는데 모두 마량의 이름이 있다. 동일인의 마량이 1백 년 후에도 계속하여 글자를 새겼다는 것은 당연히 불가능한 일이다.

송대 각자공들은 문자를 새기는 일 외에 어떤 때는 판화를 파기도 했으니 이런 예로 '장진각, 진승화張鎭刻·陳昇畫'라고 쓰인 불경의 속표지가 있다. 능장凌璋은 가관인賈官人 경서포經書鋪의 불경 권두의 불상을 판각했고, 가화嘉禾 심자沈滋는 《묘법연화경》 중의 《석가모니

설법도》를 판각했다. 조주越州의 승려 지례知禮가 판각하고 고문진高
文進이 그린 아름다운 불상이 있는데 아마도 아마추어 조각가였을 것
이다. 그는 뇌연미와 함께 중국 최초의 판화가이다. 소흥紹興 2년 호주
귀안현 사계思溪《운각장圓覺藏》은 불경을 새긴 책임자 이자李孜·이
민李敏 외에도 또 불경 새기는 데 재주가 있는 승려 법조法祖가 있다.
후에 소주에서《적석대장》을 간행했는데 각자공이 4백여 명으로 그
중에는 단대사瑞大師·충대사忠大師·지상인持上人·기대사玘大師 등
의 승려가 있으며 함께 판각에 참가했다. 북방의 금나라는 적지 않
은 승려들이 이미 전문적으로 불경을 조각하는 조경승雕經僧 혹은 조
자승雕字僧이 되어 있었다. 고대에 일본과 조선의 승려들이 불경을
판각하는 것은 더욱 보편적인 일이었다.

송대는 장씨천육랑張氏千六娘이 불경을 써서 출판을 했을 뿐만 아니
라 여자 각자공이 출현하기도 했다. 즉 이씨 십랑十娘은 조주에서 이자
李孜 등과 함께《신당서》의 보충 간행에 참가했다. '어모당삼랑魚母唐三
娘'이라고 적사장《화엄경》에 새겨져 있고 그녀가 가장 많이 새겼으니
모두 7권이다. 또 '모당삼랑母唐三娘'이라고도 새겨 넣었다.[108]

남송의 기문祁門 사람 방악方岳은《제간자채생시題刊字蔡生詩》에서
말하길 "내가 독서를 하지 않는다고 말하지 마라, 마사 견본책 검열
을 기다리노라"고 했다. 일반 문인들이 각자공을 언급한 경우는 더
욱 찾기 어렵다. 그래서 각자공의 생활 사적事跡을 문헌에서 찾아 고
증하는 것은 더더욱 어려운데 아래에 몇 사람만 약술한다.

이중녕李仲寧　북송 숭녕崇寧 초(1102)에 어느 태수가 구강九江
비석공인 이중녕에게 원우당元祐黨의 본적과 성명을 새겨 넣으라고
했다. 그러자 이중녕이 말하길 "소인의 집은 원래 가난했는데 소내
한蘇內翰·황학사黃學士[98]의 문장을 판각해 드리고 드디어 배부르고
등따습게 되었습니다. 지금 억지로 그들을 간신이라고 하라고 하시

면 정말 저는 할 수가 없습니다"고 했다. 이에 태수는 그의 의리에 감동받아서 결국은 "어질도다, 사대부도 할 수 없는 일이로다"하고는 그에게 술을 내리고 그의 마음대로 하게 했다.[109] 소동파와 황산곡黃山谷 두 문학가는 사마광처럼 당시 백성들의 존경을 받고 있었으므로 이중녕과 장안 석공인 안민安民은 차마 그들 이름을 간신당이라고 비석에 새겨 넣을 수가 없었다. 이중녕은 글 새기는 것이 몹시 정교하여 황산곡은 그가 거처하는 곳을 '탁옥방琢玉坊'이라고 써주었다. 구강의 비석공이라고 불리고 소동파와 황산곡의 문장을 새겨주어 의식이 풍족해진 것을 보면 그도 또한 각서공刻書工이었음을 알 수 있다. 청대 소주의 목근문穆近文도 도서를 판각하기도 하고 비석을 새기기도 했다. 남경의 비석공 사도문고司徒文膏 또한 《정판교집鄭板橋集》을 새기기도 했다.

주량周亮과 기타 사람　　남송 소흥 16년(1146), 회남전운사淮南轉運司에서 《태평성혜방太平聖惠方》을 간행했는데 그중 반은 서주舒州에서 판각했다. 서주는 수십 명의 장인들을 모집하여 호천우胡天祐를 작업 책임자로 하여 학내에 국局을 설치했다. 전하는 바로는 그들이 하루 종일 술을 마시고 떠들어대므로 선비들이 힘들어하여 성남의 계문루癸門樓로 옮겼다고 한다. 장인들 중에는 각자공인 기주蘄州의 주량周亮, 건주의 섭준葉濬과 양통楊通, 복주의 정영鄭英, 여주廬州의 이승李勝 등이 있었는데 한날에 벼락을 맞아 죽었다.[110] 이는 분명히 우연히 번개를 맞아 죽은 것인데도 당시 사람들은 그들이 술마시기를 좋아하고 게으름 부리며 일을 안 하고, 약처방의 약성분을 마음대로 바꾸었기 때문에 하늘이 노하여 이들에게 천벌을 내렸다고 여겼다. 이는 분명히 미신이지만 그러나 이런 미신이 있기 때문

98_ 소내한蘇內翰은 소동파이고 황학사黃學士는 황산곡을 말한다.

에 홍매와 왕명청은 이를 기록해 두었다.

장휘蔣輝　　즉 장념칠蔣念七을 말한다. 무주婺州 사람(혹은 명주사람이라고도 함)이다. 순희 4년 6월에 이미 외지로 나가 부역하라는 판결을 받은 죄인 방백이方百二 등과 함께 관회官會[99]를 위조하다가 발각되어 태주台州의 감옥으로 보내져 도주무都酒務[100]에서 부역을 하였다. 그는 대역을 고용하고 자신은 매일 서적을 새겨가면서 생활했다. 8년(1181) 지태주군주사知台州軍州事 금화 사람 당중우唐仲友가 그에게 공사고公使庫에 가서 《순자》·《양자揚子》 등을 새기도록 명령했다. 장휘는 왕정王定·이충李忠 등 18명과 함께 판각을 시작했다. 후에 의오현義烏縣의 궁수弓手가 태주에 와서 범인인 장휘를 데리고 가 공무에 대하여 추궁했는데 당중우가 심부름꾼이라 하여 되찾아 왔다. 당중우는 그를 핍박하여 배나무판에 회자會子[101]를 판각하도록 하고 "네가 만약 따르지 않으면 너를 감옥에 보내서 죽이겠다"고 협박했다. 장휘는 핍박 때문에 하는 수 없이 그의 말을 따랐다. 당중우는 그에게 회자 배나무판 1편을 판각하도록 했다. 장휘는 10일간 판각을 하여 붉은색, 푸른색, 진갈색 등을 사용하여 모두 가짜 회자를 약 20차례 2,600여 판을 인쇄했다. 당중우는 그가 한가해서 일이 없을까 봐 또 《후전려부後典麗賦》를 판각하도록 시켰다. 제거관提擧官이 태주부 창고를 조사하고 봉하게 되자 장휘는 또 잡히게 되고 소흥부로 압송되어 감금되었다. 그의 아들 장아덕蔣亞德은 자신의 부친이 "일찍이 의오현 궁수에게 맞아서 사람 목숨을 보전하기 어렵다"[111]는 말을 했다. 당중우는 탐관오리로 불법을 일삼고 공금을 동원하여 서적을 판각 인쇄하여 고향으로 가지고 가서 팔았을 뿐만 아니라 또

99_ 송대에 발행한 일종의 지폐.

100_ 송대에 주나 부에 설치된 누룩을 빚어 팔고 주세를 징수하던 기관.

101_ 남송에서 발행했던 화폐다. 앞에 자세한 내용이 있다.

직권을 남용하여 장휘를 핍박하여 그에게 위조지폐를 인쇄하도록
하여 장휘를 또 한 차례 감옥에 가도록 했다. 장휘와 같은 이런 억울
함을 당하는 일은 당연히 당시 불합리한 사회가 만들어 낸 것이다.

인쇄공

송나라의 각자공들은 많지만 그러나 인쇄공으로 알 수 있는 사람
은 32명에 불과하다. 송대에는 인쇄공을 '인서印書', 또는 '인장印匠',
'경생經生', '인경작두印經作頭'라고 칭했다.

송《개보장開寶藏》은 개보 5년에 칙명을 받들어《대반야바라밀다
경大般若波羅密多經》권206을 판각했고, 원부元符 3년에 '육영인陸永印'
이라는 장방형 묵인墨印이 있다. 다음 해에《불설아유월치차경佛說阿
惟越致遮經》을 판각했으니 대관大觀 2년이고 역시 육영의 이름이 있
다.《불본행집경佛本行集經》(희녕 신해년에 인쇄 제작되었고 개보 7년에 판각
제작되었음. 권19는 일본에 소장)에는 손청孫淸의 이름이 있다. 일본 소장
《십송니율十誦尼律》권46은 개보 7년 갑술년에 칙명을 받들어 판각
제작되었고 대관 2년에 끝마쳤는데 육영의 이름이 있으니 이 사람
은 인쇄공이지 각자공은 아니다.

북송 복주 동선등각원東禪等覺院《만수대장萬壽大藏》은 남송 초에
인쇄되었는데 재물을 권하는 권연勸緣[102]시주와 북송의 각자공을 기
록한 이외에도 종종 인쇄공의 장방형 목도장 흑색소인이 있다. 예를
들면 다음과 같다.

왕총인조王聰印造　　　《존파수밀보살소집론尊婆須蜜菩薩所集論》

102_ '권연'은 시주를 권하는 사람의 직무상의 호칭으로 특히 불경을 간행할 때 시
주를 회사하도록 권하는 자를 말한다. 예를 들면 남송 호주 사계원각선원판
대장경의 맨 처음 아함경 권22 간기에 '권연주지원각선원전법사문회심勸緣住
持圓覺禪院傳法沙門懷深'이라고 쓴 글이 있다.

소목인小木印이 권말에 있다.

임언인林彦印 **임언인조**林彦印造　　'임언인'은《보살영락경菩薩瓔珞經》권말에 있고 원우 5년에 판각되었으며 융흥隆興 원년에 권연주산필추勸緣住山苾蒭의 제題가 있다. '임언이조'는《종경록宗鏡錄》에 있는데 연수집延壽集으로 대관 원년 탁면卓免이 판각했다. 양면에 글자를 인쇄했다. 임언조林彦造《대반야경大般若經》권57이 있고, 임언인林彦印《대반야경》권55가 있는데 각자공은 채집蔡楫 등이다.

임수인조林受印造　　《종경록》권75에 "복주동선경생임수인조福州東禪經生林受印造"라는 소목인이 권말(대관 3년 판각)에 있다. 미국 소장.

이의인조李意印造　　《대반열반경》, 백순伯順이 판각했고 권말에 있다.

소강인蕭康印　　《대반야바라밀다경》, 임경林卿·왕보王保·진방陳方이 판각했다.

정연인조鄭永印造　　소강과 함께 인쇄했다.

이상의 송본은 모두 국가도서관에 소장되어 있다.

정녕인조鄭寧印造　　《대당서역기》, 고인이 된 벗 상달向達 교수의《현존하는 몇 개의 고본 대당서역기를 기록한다》참조, 북경대학도서관 소장.

정경인조丁慶印造　　《대반야바라밀다경》권193, 소보邵保·정사丁思가 판각했고 미국의회도서관 소장. 권195는 소흥 32 봉화왕씨사당奉化王氏祠堂에서 인쇄했다. 근대의 고승 홍일법사弘一法師[103]가

103_ 이숙동李叔同(1880~1942)을 말한다. 다른 이름으로는 이식상李息霜·이안李岸·이량李良 등으로 쓰기도 한다. 이숙동은 저명한 음악가, 미술교육가, 서예가이자 희극가로 중국 연극 개척자의 한 사람이다. 그는 일본 유학에서 귀국한 후 교사와 편집자의 직업을 가졌다. 후에 출가하였다. 법명은 연음演音, 호는 홍일弘一이고 만년의 호는 만청노인晚晴老人이다. 후에 사람들은 그

일본으로부터 청하여 가지고 왔다. 천주 개원사 소장.

　무림武林의 경생經生 왕덕명王德明은《사분율비구니초四分律比丘尼鈔》(개희開禧 3년)를 제작했다. "복주동선경생임수인조福州東禪經生林受印造"(《종경록》권75)의 예에 의거하면 경생은 바로 인쇄공이다. 양진楊震은 동선사 원풍元豐 8년의《육도집경六度集經》을 인쇄 제작했다. 임장林璋은 동선사본東洋寺本 소성紹聖 4년《십송률》을 인쇄 제작했다. 임종林從과 진화陳和는 개원사開元寺 비로대장毘盧大藏《대반야경》(정화 2년과 7년)을 인쇄 제작했다. 한춘韓椿은《대반야경》권46을 인쇄 제작했으며 각자공은 여대呂大 등이었다. 정현鄭顯은《대반야경》권322를 인쇄 제작했고 각자공은 왕유王宥와 진정陳正이었다. 진실陳實은《대반야경》권351을 인쇄 제작했고 각자공은 정구鄭求 등이었다. 하문何文은《대반야경》권451을 인쇄 제작했고 각자공은 여중余中이었다. 왕홍王興은《대반야경》권383을 인쇄 제작했다.

　이외에도 진신陳伸·왕홍·왕혜王惠 등은《동선대장東禪大藏》·《법원주림法苑珠林》등 7종을 인쇄했는데 지금은 산서성도서관에 소장되어 있다. '갈동인조葛同印造'라는 넉자의 목기木記가《대보적경大寶積經》에 있다. 또 진선陳宣·추보鄒寶라는 이름도 있다.

　소흥 2년에 호주湖州 사계思溪《원각장圓覺藏》에는 조경작두雕經作頭[104] 이자李孜·이민李敏 외에도 인경작두印經作頭[105] 김소金紹와 밀영密榮의 이름이 있다. 그들의 지도하에 당연히 다른 인쇄공들이 있었을 것이다.

　보통서적을 인쇄한 인쇄공들로는 다음과 같다.

　　를 존경하여 홍일법사라고 부른다.
104_ 즉 각자공의 우두머리를 말한다.
105_ 즉 인쇄공의 우두머리를 말한다.

인서성신印書盛新　　순희淳熙 2년에 엄주본《통감기사본말通鑑紀事本末》을 판각했고 소목인이 권말에 찍혀 있다. 각자공의 이름은 방충方忠 등이다.

서창조인徐昌朝印　　송본으로 한나라 유향劉向의《신서新序》권5와 권10 마지막 페이지 아래에 인쇄되어 있다. 각자공의 이름은 홍신洪新이다. 이상 두 종류의 송본은 모두 국가도서관에 소장되어 있다. 홍신은 또《논형論衡》·《상서정의尚書正義》·《수경주水經注》·《제유명도諸儒鳴道》를 판각했다.

인장진선印匠陳先　　주희의《안당중우장按唐仲友狀》에 보인다. 당중우는 태주지사로 재직할 때 각자공 장휘蔣輝 등에게《순자》·《양자揚子》등을 판각하도록 명령했으며 진선陳先이 전문적으로 인쇄를 했다. 그래서 '인장印匠'이라고 칭한다.

인장제성印匠諸成　　경원慶元 6년 화정현華亭縣에서 진晉《이준문집二俊文集》을 판각했다. '인장 제성'이 작성한 인쇄용지, 책표지 표구의 부엽지의 장수, 공임과 먹값, 판 임대료, 제본공과 풀값 등의 명세서가 열거되어 있다.

제본공

　서적을 인쇄 제작하는 데는 각자공·인쇄공 외에 또 제본공이 책이 되도록 장정하는 일이 필요하고 이래야만 비로소 읽을 수 있게 된다. 서양의 인본은 유명한 제본사의 손을 거치면 그 가격이 10배나 올라갔으니 제본공의 중요함을 알 수 있다. 그러나 중국에서는 제본공이 평소에 사람들의 관심을 받지 못했으므로 고대의 제본공의 성명을 알 수 있는 것은 겨우 수 명에 불과하다. 고서는 권축으로 되어 있고, 송본은 호접장이라서 제본공들을 당나라에서는 '장황수裝潢手'라고 했고 송대에는 '표배장表背匠' 또는 '장배장裝背匠'이라고 했다.

송나라 요관姚寬의 《서계총어西溪叢語》에서는 "나에게 옛 불경 1권이 있는데 당 영태 원년(765) 조서를 받들어 대명궁大明宮[106]에서 번역하였고 번역본에는 어조은魚朝恩[107]의 서명이 있고, 또 경생과 장황수의 성명이 있다" 또 "당 비서성에는 숙련된 종이 장인[紙匠] 10명이 있고 장황장裝潢匠 6명이 있다"고 말하고 있다. 소위 '황潢'이란 황벽黃蘗 나무즙을 말하며 종이에 이 물을 들이면 좀벌레를 막을 수 있다. '장裝'이란 권축을 꾸민다는 뜻이다. 그래서 장황장의 직무는 글을 다 쓴 종이에 먼저 물감을 들이고[潢] 그 후에 꾸미는[裝] 것이다. 요관이 소장한 영태 불경을 제본한 사람의 이름은 모른다고 했는데 필자가 고궁에서 이 영태보다 1백여 년이나 앞선 제본공 보문개輔文開의 이름을 본 적이 있다. 이 이름은 정관 22년 국전國詮이 쓴 《선견율善見律》에서 볼 수 있는데 거기에 "장황수보문개장裝潢手輔文開裝"이라는 글이 있다.[112] 기왕에 장裝이라고 표기했으니 이 불경은 당연히 그가 표구한 것임을 알 수 있다.

보문개輔文開는 현재 알 수 있는 최초의 제본공이다. 또 제본공 해선집解善集은 당 함순 3년(672)의 필사본 《묘법연화경》을 제본했다.[113]

송대에는 호접장이 성행했는데 인쇄된 뒷면의 판심에 연이어 풀을 붙여야 하기 때문에 장배裝背 혹은 표배表背라고 한다. 송대의 표배장의 이름을 알 수 있는 것은 인쇄공보다도 더욱 드물다.

여수余綏   효종 때에 제본공 여수는 주희의 《안당중우장按唐仲友狀》에 보인다. 당중우는 일찍이 여수에게 "인쇄를 마친 서적 1백

106_ 장안성의 황제의 정원[금원禁苑]으로 당시 정치중심지였다.
107_ 당나라 때의 환관으로 전권을 휘둘렀다. 노주瀘州 노천瀘川(지금의 사천성 노현) 사람이다. 당 현종 때에 입궁하여 태감이 되었다. 안사의 난이 발생하자 현종을 따라 도피했고 태자 이형李亨을 시봉하여 무척 신임을 받았다. 삼궁검책사三宮檢責使·좌감문위장군左監門衛將軍 등을 역임했다.

부를 잘 묶어 일곱 짐으로 만들어 대 광주리에 가득 채워서 심부름
꾼을 시켜 본댁으로 보내라"고 명령했다. 여수는 당중우가 고용한
제본공으로 서적을 포장하는 일도 했다.

왕윤王潤   송대에 인쇄하고 제본한 《문원영화》는 노란 비단
표지 안에 먹으로 "경정景定 원년(1260) 10월 25일 신하 제본공 왕윤
이 관리를 끝마쳤다"라는 1행이 쓰여 있다([그림 186] 潤을 潤로 쓰기
도 하고 11월 초하루라고도 함, 먹으로 써서 넣었음). 왕윤은 송 내부에 소속
된 제본공이었기 때문에 그래서 스스로 '신臣'이라고 했다. 노란 비단
으로 제본하고 검은 비단에 검은 붓으로 서명을 하여 화려하고 아름다
우며 송 '집희전서적인緝熙殿書籍印' · '내전문새內殿文璽' · '어부도서御

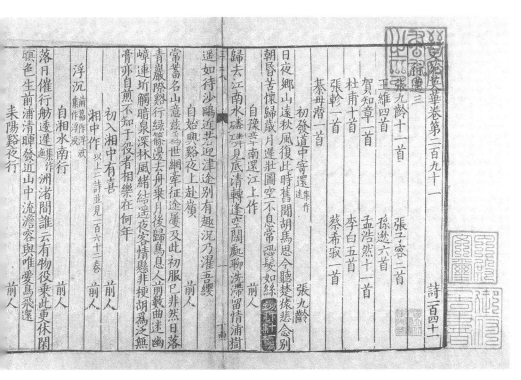

[그림 186] 남송 제본공 왕윤이 경정 원년(1260)에 제본한 《문원영화》. '집희전서적인'이라는 옥새가 찍혀 있다.

府圖書'등의 옥새가 찍혀 있다. 집희전緝熙殿은 임안 경성 황궁의 후전後殿으로 소정紹定 6년(1236) 6월에 건설되었다. 이 책은 집희전 건설 후 얼마되지 않아 소장되었으나 아쉽게도 국가도서관에는 단지 백지 잔본 13책만이 남아 있을 뿐이다.[114]

요대遼代

필사공

섭대정부문학攝大定府文學 방가승龐可昇이 쓴《묘법연화경》은 "훌륭한 장인이 글을 쓰고 판각하였다"고 칭해진다. 홍업사弘業寺 석가불 사리탑의 주인인 사문 지운智雲은《칭찬대승공덕경稱贊大乘功德經》을 썼으니 즉 승려들이 목판 위에 글을 썼음을 알 수 있다.

각자공

요나라의 각자공으로 이름을 알 수 있는 사람은《거란장契丹藏》을 새기고 여진족 글자로《칭찬대승공덕경稱贊大乘功德經》을 새겼는데 목함녕穆咸寧·조수준趙守俊·이존양李存讓·번준樊遵 등 네 사람이 공동으로 판각했다. 조수준은 또한 장남과 동생이 함께《묘법연화경》을 판각했고 번소균樊紹筠 역시 이 경을 판각했다. 손수의孫壽宜·권사진權司辰·조종업趙從業 및 그 아우 조종선趙從善도 서예가 방가승이 쓴《묘법연화경》을 판각했다. 또 손수절孫守節 등 47명은 공동으로《법화경현찬회고통금신초法華經玄贊會古通今新抄》권 제2를 판각했고, 조준趙俊 등 45명은 함께 이 경의 권 제6을 판각했다. 경전 하나를 판각하는데 92명이 동시에 참가했으니 요나라의 각자공이 얼마나 많았는지를 알 수 있다.

금 대

각자공

금나라의 필사공은 고증할 수가 없고 각자공 역시 송나라의 각자공 숫자에 미치지 못하여 이전에는 사람들의 주의를 끌지 못했다. 이름을 알 수 있는 사람은 소수에 불과하다. 예를 들면《공씨조정광기孔氏祖庭廣記》에는 금나라의 화공 태학생 마천장馬天章의 초상화가 있는데 장일張一·부광계연浮光季涓이 조각했으며 장일은 몽골초기에도 여전히 책을 판각했다.《숭경신조개병오음집운崇慶新雕改並五音集韻》목록의 서명 뒤에 '운중이옥간雲中李玉刊'이라는 글이 있고, 제2책 말미에도 '운중후습이옥전조차책雲中後習李玉全雕此策'(책策은 책册과 같음)이라는 글이 있다. 이 산서성 각자공인 이옥은 형가서방荊家書坊에 고용된 사람이었다. 판심 안에 또 '후학소조조後學小曹雕', 또 '가이賈二'라는 글이 있다. 각자공 왕이王二 등은 창주滄州 청지현淸池縣의 형준邢準이 편찬한《옥편》30권이 있다. 금나라《조성장趙城藏》의 각자공으로는 유성담劉性湛·유선복劉繕福·유해경劉海慶·이홍지李洪智·조원영趙圓榮·왕보자王普慈·임선任瑄이 있다. 곽포郭浦·홍심洪深·홍원洪元은 태원부 기현 후성 사람들이고 장복우張福佑·양곡현陽谷縣의 번명정樊明政·장칠거사張七居士 등이 있는데 장칠거사는 불교신자여서 거사라고 칭했다.

　오대에 항주의 연수화상延壽和尚은 일찍이 친히 《미타경彌陀經》을 인쇄했는데 승려가 실제로 글자를 새기고 경전을 판각하는 업무에 참여한 것은 금나라에서 처음으로 보인다. 이는 금나라 판각의 특징으로 고대의 고려와 일본의 승려들도 이처럼 경전을 판각했다. 금나라에서는 경전을 판각하는 승려를 자칭 '조경승雕經僧' 또는 '조조승雕造僧'이라고 하여 불경을 판각한 위에 자신의 이름을 새겨 넣었다. 가령 "태원부 조경승雕經僧 원제元濟 · 광정廣定이 판각했다"는 것을 어느 때는 "태원부 조자승雕字僧 원제 · 광정이 판각했다"라고도 했다. 노주潞州 노성현 상촌常村의 홍제원洪濟院의 조자승 홍종洪宗도 판각을 했다. 분주汾州 서하현西河縣 석탑 숭진원崇眞院에는 조자승 원랑圓朗이 있고, 심주深州에는 조경승 광초廣超가 있고, 내주萊州 액현掖縣 장팔불사丈八佛寺의 조자승 덕흥德興, 영해주寧海州 조장경 장인 승려 법랑法朗 · 승려 지정智政이 있는데 이들은 아마도 이미 직업이 되어 버린 것 같다. 그래서 어떤 때는 자칭 장인匠人이라고 했다. 또 승선정학자僧善定學者라고도 썼는데 이는 마땅히 처음으로 글자 새기는 법을 배우는 승려들일 것이다. 이외에도 그저 모처 모절의 모 승려, 혹은 모승조某僧雕, 혹은 모승조간某僧雕刊이라는 글이 있다. 가령 노주승각상조潞州僧覺祥雕를 노주조자승각상潞州雕字僧覺祥이라고도 했는데 모두 각경刻經하는 승려를 말한다. 이런 경전을 판각하는 승려중 승명을 알 수 있는 사람은 약 20여 명이 있다. 하동로 외에도 막주莫州(지금의 하북동로에 속함) · 등주滕州 · 임치臨淄 · 복산福山 · 즉묵即墨 · 수광壽光 · 교수膠水(모두 산동농로) 등은 각 현의 사원에 있던 승려들이다.[115] 대장경 1부를 판각 제작하는 것은 각 로路에 있는 사원의 승려 자신들의 고생스러운 노동에 의지하는 것으로 중국 판각 역사에 있어서 확실히 보기 드문 일이다.

서하西夏

각자공

서하는 한 번에 5만 권, 10만 권의 불경을 간행했으니 각자공, 인쇄공, 제본공이 반드시 많았을 텐데 이름을 모두 알 수가 없다. 오로지 《삼세속명언집문三世屬明言集文》에 발원인인 사문 혜명慧明과 도혜道惠라는 이름만이 있을 뿐이다. 또 판각한 사람은 양금楊金이라는 이름만이 있는데 이 양금은 서하국에 있던 한족의 각자공이었을 것이다.

원대元代

필사공

원대의 필사공인 조량趙良은 광덕로廣德路에서 간행한《남사南史》에 글자를 썼는데 자칭 "동학유생조량근서桐學儒生趙良謹書"라고 썼으며 글씨를 마친 것은 10월이라고 했다. 경원로유학慶元路儒學에서 간행한《옥해玉海》에는 "글은 왕겸王兼·왕승王陞·양덕재楊德載가 쓰다"고 되어 있다. 심황沈璜은《송설재집松雪齋集》을 썼다. 또 주백기周伯琦·양환楊桓 등은 서예가들로 자신의 글을 판목에 새겼다. 가흥의 공단례龔端禮는 자신이 세자細字로《오복도해五服圖解》(지치至治 2년)를 썼다.

각자공

원대 각본刻本 중에는 각자공의 성명을 기록한 경우는 비교적 적으며 또한 전해 내려오는 원본도 송본만큼 많지 않다. 나가사와 키쿠아는 원본 73종(중복된 것을 제외하면 실제로는 47종임)에 근거하여 원나라의 각자공 성명 8백여 명을 기록했다. 만일 이름만 있고 성이 없는 경우를 제외하면 실제로는 6백여 명이다. 하괴창何槐昌 선생은 송각원수본宋刻元修本 11종과 원간본 36종 총 47종에 의거하여 원나라의 각자공 표를 만들었는데 근 7백 명(油印稿)에 이른다. 기본적으로 나가사와 기쿠야가 수록하지 못했던 것으로 그중에도 성은 있고 이름은 없거나, 이름은 있는데 성이 없거나 하고 출신지는 더욱 알 수 없는 사람들이 적지 않다.

원대 항주의 각자공은 여전히 이름이 나 있었기 때문에 태평로太平路에서 《한서》를 간행할 때 무림의 장인을 청했다. 진천의陳天義 · 진영陳榮 등은 서호서원의 《국조문류國朝文類》를 판각했다. 또 고항古杭의 각자공 첨덕윤詹德潤 · 등태초滕泰初 등이 있다. 각자공 동제董濟는 홍문서興文署 조자장雕字匠 40명 가운데 책임자였고 각자공 섭극명葉克明 · 여자공余子共 · 왕인보王仁甫는 홍문서본 《통감通鑑》을 판각했다. 오홍吳興 · 사성지謝盛之 등은 가흥에서 《여씨춘추》를 판각했다. 간자생刊字生 장주사張周士 등 30명은 경원에서 《옥해玉海》를 판각했다. 오군의 주반경朱頒卿은 《불조역대통재佛祖歷代通載》(지정 7년)를 판각했다. 신연信鉛[108] 창숙인暢叔仁은 《가헌장단구稼軒長短句》를 판각했다. 또 승려들이 《대장경판》의 보수 판각에 참가했는데 비호현飛狐縣(지금의 하북 내원현萊源縣) 가산사家山寺 승려 지승智昇, 연경의 홍법사弘法寺 조승雕僧 보륜普輪 등이 있다. 원나라 각자공으로 비교적 유명한 사람은 장경지張敬之와 진맹영陳孟榮 등이 있다.

장경지　　원나라 사응방謝應芳의 《귀소고龜巢稿》 권14 《증간자장생서贈刊字張生序》의 기록에는 금사金沙(지금의 강소성 금단현金壇縣)의 장경지는 글을 잘 새겼으며 본래 유교집안으로 전서와 예서의 경위를 잘 알아 글을 새길 때 편방이나 점획 등에 "한 치의 잘못도 없었다"고 되어 있다. 당시 어떤 사람들이 낱말의 어귀를 잘라내고 문장을 자르고 구절을 벌려놓아 후학들을 잘못 배우게 했는데 그는 이렇

108_ 신연信鉛은 신주信州 연산현鉛山縣의 간칭이다.

게 하지 않아서 선비들은 모두 그를 칭찬했다고 한다.

　　진맹영 등　　　원나라는 문화를 중시하지 않아 출판서적이 비교적 적었기 때문에 절강 복건 일대의 각자공들은 고향을 떠나 바다를 건너 멀리 일본으로 가서 생활을 영위했다. 마침 당시에 일본 사원에서는 대량으로 불경의 번역사업과 고승들의 어록을 판각했기 때문에 이런 기회에 그들의 뛰어난 손재주를 펼칠 수 있었다. 현재 성명을 알 수 있는 사람은 약 50여 명이 된다(어떤 사람은 이름이나 성만 있음). 원나라 초기에 일본에 간 사명四明 사람 서여주徐汝舟와 홍거洪擧는 일본 쇼오[正應] 2년(원나라 지원 26년, 1289)에 《설독명각대사어록雪竇明覺大師語錄》을 판각했고, 홍거는 《조영집祖英集》을 판각했다. 원말에 건너간 복주 남태교南台橋 사람 진맹천陳孟千 · 진백수陳伯壽가 있는데 진맹천은 능히 시를 지을 수 있었다고 하니 이런 경우는 흔히 볼 수 없는 각자공이다. 후자는 자칭 대당 진백수라고 했으며 일본 사람들은 그를 당인괄자공唐人刮字工이라 불렀다. 이외에 또 천태의 주호周浩 · 복당福唐(복청)의 채행蔡行 · 대당강남大唐江南 · 진중陳仲 · 진요陳堯 · 왕영王榮 · 이포李褒 · 정재鄭才 · 조안曹安 · 소문邵文 · 도수陶秀 · 전량錢良 · 진맹영陳孟榮 등이 있다. 그들 중 어떤 사람은 명나라 초기에도 계속 서판을 새겼으며 단독으로 새기기도 했다. 《종경록宗鏡錄》은 30여 명이 합각했다.

　　강남의 진맹영陳孟榮은 다른 사람들과 《종경록》 · 《두공부시杜工部詩》 · 《옥편》 등을 합각한 외에도 또 단독으로 《중신점교부음증주몽구重新點校附音增注蒙求》 · 《창려선생연구집昌黎先生聯句集》 · 《천동평석화상어록天童平石和尚語錄》 · 《선림유취禪林類聚》 등을 판각했다. 《선림유취》는 일본 죠지[貞治] 6년(원나라 지정 27년, 1367)에 판각한 것으로 자칭 '맹영묘도孟榮妙刀'라고 했으니 그의 손재주의 정교함을 알 수 있다. 이 책은 일본 1백여 명의 승려들이 시주를 하여서 판목을 기증했는데 '맹영간시孟榮刊施'라는 글도 있으니 그 역시 순수하게 자원하여 작업했고 보수를 받지 않았음을 알 수 있다. 그래서 '간시刊施'라고 했다.[116]

인쇄공

방화龐和　　원대 인쇄공으로 이름을 알 수 있는 사람은 방화뿐이다. 그는 분서현汾西縣 방가경방龐家經坊의 주인이다. 원나라 초기에 금《조성장趙城藏》중 중통中統 3년(1262)에 간행한《중음경中陰經》을 인쇄 제작했으며 붓으로 "분서현방가조汾西縣龐家造"라고 썼거나 혹은 "분서현조대경방방가조汾西縣祖代經坊龐家造"라는 나무 도장이 찍혀 있다. 그리고 방화라는 이름은《증일아함경增壹阿含經》권46 말에 보인다.[117] 이 장경이 비록 금대(일부는 대몽골 고국古國에서 보충 판각했음)에 판각되었다고 해도 인쇄는 원나라 초기에 했음을 알 수 있다. 방가경방은 또 조대경방祖代經坊이라고 하는데 금나라에 이미 이런 오래된 점포가 있었다.

제본공

초경안焦慶安　　원나라 초기에 서적을 제본하는 약의 비방을 폭로했다(제본 참조).

곽성郭成　　원각元刻《송사宋史》를 제본했다.

명 대

필사공

명대의 필사공은 자칭 '사자인寫字人', '사서인寫書人', 혹은 '서사書 寫', '등록리謄錄吏' · '등사리謄寫吏'[109]라고 했다.

명 각본 중에 필사공의 성명이 표기된 사람은 소주 사람들이 가장 많다. 고소의 양봉선楊鳳繕은 《문심조룡》과 양주揚州 정의서원正誼書 院의 《양철애문집楊鐵崖文集》(홍치 14년)을 썼다. 장주長洲의 주자周慈 는 《육자전서六子全書》 · 《한시외전韓詩外傳》 · 통진초당본通津草堂本 《논형》을 썼다. 주자周慈는 또 오문의 오응룡吳應龍 · 장사章仕 · 하륜 何倫 · 서면徐冕과 더불어 《집록진서산문장정종集錄眞西山文章正宗》(가 정 23년)을 썼다. 장주의 오응룡은 풍천어馮天馭 각본 《문헌통고》(가 정)를 써서 기록했고, 또 무석 고씨顧氏 기자재본奇字齋本 《왕우승시 집王右丞詩集》을 썼다. 장주의 오요吳耀는 《수사지남修辭指南》(가정 36 년) · 《야객총화野客叢書》(가정) · 《빙천시식冰川詩式》(만력)을 썼다. 고 소의 전세걸錢世傑은 《산곡노인노필山谷老人刀筆》(가정 만력 연간)을 썼

109_ 아래 문장에 필사공의 이름을 거론하면서 다양한 필사공의 용어를 사용했는
데 이는 고서에 나오는 것을 그대로 사용했기 때문에 번역도 일괄적으로 필사
공이라고 하지 않고 상황에 따라 본래의 용어를 따랐다.

고 또 《우아友雅》(융경 3년)·《함빈록咸賓錄》(만력 19년)을 썼고 또 사서인 장주 사람 고환顧梡과 함께 누영樓英의 《의학강목》(가정 44년)을 썼다. 고환은 또 《문선금자집文選錦字集》(만력 5년)·능씨凌氏의 《사기평림史記評林》(만력 4년)을 썼다. 고소의 육상충陸尚忠은 왕치등王穉登의 《모야집謀野集》을 썼다. 고소의 유시승劉時昇은 《운학집성韻學集成》(만력)을 썼고 서보徐普는 불경(만력 29년)을 썼다. 주조周潮는 황씨 문시당본文始堂本 《신감申鑒》을 썼고 오시용吳時用은 《방맥거요方脈舉要》(가정 30년)를 썼다.

항주 욱문서郁文瑞는 《초사장구》(만력)를 썼고 전당 곽지학郭志學은 《육사룡문집陸士龍文集》과 《아상재존생팔전雅尚齋遵生八箋》(만력 19년)을 썼다. 필사공 범정상范正祥과 황단黃瑞은 범흠范欽이 판각한 《천일각기서天一閣奇書》를 썼고 황단은 또 길안본 《문산선생문집文山先生文集》(가정 39년)을 썼다. 개화현開化縣의 상생庠生[110] 방위方衛는 《속박물지續博物志》를 썼다. '서사書寫'인 귀계貴溪 강보주姜輔周는 회부淮府를 위하여 《시화총귀詩話總龜》(가정 20년)를 썼고 등록리謄錄吏 손사명孫思明 등은 《대학연의통략大學衍義通略》을 썼다. 각자공으로는 곽방녕郭邦寧 등 50여 명(가정 41년)이 있다. 등사리謄寫吏의 임용을 대기하고 있던 최어崔語·장춘張椿은 왕삼빙王三聘의 《사물고事物考》(가정 42년)를 썼다. 가정 《태원현지太原縣志》에는 서사생원 공괴鞏槐의 이름이 있다. 주가순周可順은 당윤唐尹이 판각한 《곤산잡영昆山雜詠》(융경 4년)을 썼다. 사자인寫字人 오광현吳光賢 등은 정번鄭藩을 위하여 《가량산경嘉量算經》(만력 38년)을 썼다. 장가모張嘉謨·동방치董邦治는 《신간명세문종新刊名世文宗》을 쓰고 흡읍歙邑의 황곤黃錕은 《설이說頤》를

110_ 고대에 학교를 상庠이라고 했으며 그래서 학생을 상생庠生이라고 했다. 명청 과거제도에서 부府·주州·현縣 학생들의 별칭이기도 하다. 상생은 본래 수재의 뜻이다.

썼다.

유기劉基가 선별한 《소학사문수宋學士文粹》는 송렴宋濂을 위하여 학생 방효유方孝儒 및 정제鄭濟・유강劉剛・임정林靜・누련樓璉 다섯 사람이 쓴 것을 포강의 정제鄭濟가 판각했다(홍무 10년). 《문온주집文溫州集》은 그의 아들인 서예가 문징명文徵明이 친히 쓴 것이라고 전해지므로 사람들이 몹시 중시한다. 왕세무王世懋는 그의 형 왕세정王世貞의 《척독청재尺牘淸裁》(융경 5년)를 친히 썼다. 섭성葉盛은 녹죽당菉竹堂이 간행한 《운산잡기雲山雜記》(역시 융경 5년)를 그의 친구였던 각자공 유윤문兪允文을 청하여 글을 쓰고 새겼는데 그 행서가 아름답다. 이런 종류는 유명 유학자가 직접 쓴 것이기 때문에 당연히 소수일 뿐이다.

각자공

명대 각자공들은 자칭 '간자인刊字人', 혹은 '기궐씨剞劂氏'・'재장梓匠'・'장씨匠氏'라고 하거나 또는 간단히 '장匠'이라고도 하고 '각서인刻書人'이라고도 했으며 또한 자칭 '철필장鐵筆匠'이라고도 했다.[118] 명판의 책 속에 각자공의 이름을 기록한 것은 30분의 1에도 못미치므로 명대 각자공 성명을 알 수 있는 것은 송본만큼 많지 않다. 경창본經廠本・금릉방본金陵坊本에는 대부분 각자공의 이름이 없고 건양본에는 어쩌다가 있고 번부본藩府本에는 각자공의 이름을 알 수 있는 것이 수십 명에 불과하다. 명대에 글자를 새긴 사람의 총수는 지금까지 통계가 없었는데 기숙영冀淑英 선생은 50종 휘본徽本에 의거하여 130명을 찾아내었고, 50종 소주본과 무석본에서는 380여 명을 찾아내었으나 당연히 완전한 것은 아니다.

명대 각자공 중에서 출생지를 알 수 있는 사람은 약 70~80명이고 서울에 살던 각자공 남대례藍大禮는 《마서馬書》(만력 20년)를 판각했다. 하현夏縣 각자공 위수衛守는 사마광의 《가범家範》(천계)을 판각했고, 고향의 비유강費有綱은 《장서葬書》를 새겼고, 여요餘姚의 하성夏城과 사명의 모순민茅順民과 모육민茅育民은 《표진문집鏢津文集》(홍치 12년)을 새겼다. 요강姚江의 하서夏恕는 《월절서越絶書》(가정 24년)를 새겼고 여요의 왕이남王以南·왕이도王以道는 천일각의 《관씨역전關氏易傳》을 새겼다. 왕이도는 또 만력 《소흥부지》(만력 15년)를 판각했다. 오홍의 장례蔣禮는 동사장董斯張의 《광박물지廣博物志》를, 남경의 양예정楊藝挺은 《초사집주》(만력)를 새겼다. 상원上元 단휘段輝 등은 가정 《영국부지寧國府志》를 새겼고 상원 도몽신陶夢信은 경산徑山에서 장경藏經을 새겼다. 금릉 위길魏吉은 진우모陳禹謨의 《설저說儲》를 판각했고, 상원의 이무지李茂枝·여릉盧陵의 안종환晏宗還은 불서(모두 만력)를 판각했다. 백문白門의 이문효李文孝는 정원훈鄭元勳의 《미유객문오媚幽閣文娛》(숭정)를 새겼다. 복건 여생余生과 주경朱京은 《문장정종초文章正宗鈔》를, 건읍의 양재楊材는 은현鄞縣 여인余寅의 《농장인집農丈人集》을 판각했다. 마사의 강보江甫는 《개병오음류취사성편改並五音類聚四聲篇》(만력)을, 복건 사람 유홍재劉弘宰와 여금수余錦繡는 휘주 황여청黃汝淸과 더불어 만력 《금화부지金華府志》를 판각했다. 신안의 왕존덕王存德·진현進賢의 만기萬祈는 만력 《용유현지龍遊縣志》를 판각했다. 고흡古歙의 황응조黃應湖는 항주에서 《전적편람典籍便覽》(만력 31년)을, 흡읍歙邑의 황수야黃秀野는 《제감도설帝鑒圖說》(만력 32년)을, 신안의 황국黃國은 능씨淩氏 투인套印 《서상기》를, 육안六安의 최계요崔繼堯는 《문부골계文府滑稽》(만력 37년)를 판각했다.

오추吳趨의 이청李淸 등은 《당문수唐文粹》(가정)를 판각했고, 오군의 장기張箕·구오勾吳의 장계인張繼寅과 남창의 진빈陳斌은 《우아友雅》를 판각했다. 오군의 왕백재王伯才는 능씨의 《문선금자집文選錦字集》(만력 5년)을, 오문의 마능운馬淩雲은 육수성陸樹聲의 《육학사제발陸學

土題跋》(만력 18년)을, 장주의 유정헌劉廷憲은 《운학집성韻學集成》(만력 34년)을, 고오古吳의 장용章鏞은 《오유췌아吳歈萃雅》를 판각했다. 장형章亨 · 장사章仕 · 오시용吳時用 · 황주현黃周賢 · 황금현黃金賢 등은 모두 소주의 명장들이다. 곤산의 당주唐周는 《세설신어보世說新語補》를 판각했다.

무석의 고기경顧起經 기자재奇字齋에서는 《유전당왕우승시집類箋唐王右丞詩集》(가정 34년 · 35년)을 각자공 24인이 판각했는데 하서何瑞 · 하조종何朝宗 등 17명의 무석 사람 외에도 소주 사람 장형章亨 · 이환李煥 · 원신袁宸 · 고겸顧廉과 무진武進 사람 진절陳節, 강음 사람 진문陳汶, 금화 사람 응종應鍾 등이 있다. 상숙 사람 모진毛晉 급고각汲古閣의 각자공들은 주로 남경 부근의 도오陶吳 · 호숙湖熟 · 방산方山 · 율수溧水 출신으로 명말에는 각공들에 의해 그 집안을 보위할 수 있었다. 오현吳縣의 각자공 구붕仇鵬은 산서성 오대산으로 가서 경전을 판각했으니 명대 각자공은 송나라처럼 유동성이 컸음을 알 수 있다. 어떤 책은 현지의 각자공 외에 종종 외성이나 외현의 각자공들이 공동으로 참가하기도 했다. 어떤 각자공들은 작업의 편의를 위하여 아예 타지로 이사를 가기도 했으니 가령 유명한 휘파의 황씨성을 가진 판화가는 소주와 항주로 이사해서 사는 사람들이 많았다. 활자공 역시 비슷한 정황으로 강우江右에 거주하던 무석의 오몽주吳夢珠는 《국조문찬國朝文纂》 55권을 혼자서 조판했다.

명나라의 각자공 중에는 동시에 글자를 잘 쓰는 사람도 있었으니 소본小本 《세설신어》에 "장주의 장한이 쓰고 새겼다[長洲章扝寫刻]"라는 글이 있다. 고식顧植 역시 글도 잘 쓰고 판각도 잘했다. 항주의 각자공 유소명劉素明은 자신의 그림을 동시에 판각하기도 했으니 이처럼 한 사람이 동시에 글도 쓰고 판각도 하거나, 그림도 그리고 판화를 하는 훌륭한 장인은 당연히 비교적 찾기가 힘들다.

화씨난설당華氏蘭雪堂 동활자인《원씨장경집元氏長慶集》은 아래 서구書口에 왕규王奎·추천鄒泉·노관蘆寬·시명時明 등의 이름이 있는데 이들은 글자배열공이다. 또 복건의 요세인饒世仁·유정계游廷桂는 동자본《태평어람》을 배열했다.

명대 각자공은 임금이 저렴했을 뿐만 아니라 사회에서도 경시를 받았다. 그래서 장주의 각자공 마여용馬如龍과 전당의 필사공 곽천민郭天民은 자리다툼으로 입씨름을 했는데 마여용이 나이가 많고 곽천민이 어려 곽천민이 '늙은 도둑'이라고 욕을 하면서도 끝내는 자리를 양보했다.[119] 각자공은 지위가 비천하기 때문에 기록에서 찾아보기 힘들다.

아래에 명대의 판각 공임과 각자공의 생활에 대해 간략히 소개하고자 한다.

명나라의 판각 공임을 기록한 것으로는 성화 연간에 간행된《예장나선생문집豫章羅先生文集》각판 83편으로 161쪽에 정교한 인쇄 공임은 24냥으로 쪽당 약 1전 5푼이었다. 정덕 5년에 간행한《명문형明文衡》98권이 있는데 그 서에 "총 비용은 합계 20만 남짓이 된다"는 말이 있다. 소씨邵氏《홍간록弘簡錄》의 판각비용은 9백여 금이고 전체 자수는 340만 남짓이었으니 1백자당 은 2푼 7리로 전 20문이었다.[120] 만력 29년 판각한《방책장方冊藏》은 매 자에 1백으로 필사공은 은 4리, 각자공은 3푼 5리로 계산했고 매 판의 두면마다 가득 새겼는데 비용의 통계는 은 3전 6푼(매 판 한 장 두 면은 모두 20행이고 1행은 20자로 모두 8백자)이었다. 동시에 북감에서 간행한《이십일사》는 6만 금 남짓을 썼다.[121] 숭정 말에 모진의 급고각에서 널리 각자공을 모집했는데 당시 은꾸러미는 매 량이 7백 문에 못 미쳤고 은 3푼이면 1백자를 새길 수 있었으니 즉 1백자당 겨우 20문의 삯을 받았다.[122] 만력 때에 "매 1백자당 시가는 4푼"이었다. 명나라에서 각서의 공임이 비교적 저렴하다는 것을 알 수 있고 1백자당 언제나 은 3~4푼 정도였다. 각자공들은 하루종일 힘들게 일하면 겨우 1백10여 자를 새길 수 있었는데 은 4~5푼을 받았다. "만력 33년에 모든 승려의 하루 밥값과 부식비는 은 1푼으로 계산"했다[123]는 기록이 있다. 각자공들의 하루 임금은 승려들보다 조금 나은 끼니를 먹을 수 있는 돈이었으니 만일 집안을 부양해야 한다면 곤란을 면키 어려웠다.

명대 각자공 중에서 가장 주의할 만한 인물로는 안휘성 휘주 각자공으로 그들은 보통의 각자공이 아니라 걸출한 판화가이기도 하기 때문이다. 만력 초년에 휘파徽派 판화가 세상에 나온 후부터 중국의 판화예술은 전대미문의 최고봉에 도달했다. 휘판 판화가에는 황성黃姓·왕성汪姓·유성劉姓 등이 있는데 10에 8~9의 작품은 대부분 황씨들의 손에서 나왔고 이들을 신안황씨新安黃氏라고 한다. 소위 신안황씨는 사실 흡현 규촌虯村에 사는 황씨 일족이다. 규촌虯村은 구촌仇村이라고도 쓰고 또는 규천虯川이라고도 쓰는데 흡현 서쪽에 있는 마을이다. 성화·홍치 연간에 구촌에는 소수의 구씨仇氏의 각자공이 살았었다. 그 후에 구씨가 쇠락하고 황씨가 흥했다. 당나라 말년에 황씨의 시조가 규촌으로 옮겨왔는데 이를 1세조로 하며 부족의 취락이 형성되었고 황씨가 번성했다. 명대에는 대부분 판각을 업으로 했으며 명에서 청말까지 5백여 년 역사의 각서 집안으로는 중국 내에서 첫손에 꼽힌다.

황씨 각자공의 이름은 도광 10년《규천황씨종보虯川黃氏宗譜》에 1백 수십 명의 이름이 보이는데 그중에 판화가는 31명(앞의 판화 참조)이나. 시금 그늘에 관한 사적을 기록하겠다.

황문경黃文敬　　문경文敬과 문선文善 형제는 황씨 중에서 가장 먼저 각서한 사람들로 천순 4년에《신안문수新安文粹》를 판각했다. 문경은 또 문한文漢 등과 함께 성화 18년에《정씨이범집程氏貽範集》을 판각했다. 문경의 호는 졸암拙菴이다. 그는 각서만 한 것이 아니라 의학도 알고 서법에도 일가견이 있었다. 당시 군수였던 팽공彭公은 예로서 그를 대우했다.

황월黃鉞　　각자공 사향仕珦(즉 황향黃珦)의 아들이다. 황월의 자는 자위子威이고 호는 소곤少昆이다. "글을 잘 썼으며 특히 초서 전서에 정통하고 육의六義・팔체八體가 훌륭하지 않은 것이 없다. 국내의 시인묵객들은 모두 그와 어깨를 겨루는 것을 원하며 즐거워했다"고 한다. 같은 현의 유명한 문학가인 왕도곤汪道昆이 그를 초청하여 황산黃山에서 놀고 음식을 먹고 밤에 잤는데 호랑이가 울부짖어서 깜짝 놀라 혼절했다. 해를 넘겨 죽었다.

황린黃鏻(**황월의 동생**)　　자는 약우若愚이고 자칭 '기궐씨'라고 했다. 사람됨이 정직하고 글씨를 잘 썼으며 마을의 사당 편액은 모두 그의 친필이다. 정씨의 《묵원墨苑》(약 만력 44년)・《양정도해養正圖解》(만력)를 판각했다.

황갱黃鏗(**황사구**黃仕球**의 아들**)　　자는 자옥子玉이고 호는 명천明川으로 '처사 명천 황선생'이라고 칭한다. 몸집이 크고 어렸을 때에 큰 뜻을 품었다. 평생 각서 이외에 공익사업 하는 것을 좋아했다. 사당 수리, 길 고치기, 우물 파기, 학교 설립 같은 공익사업을 했다. 만년에는 여러 조카들에게 나머지 재산을 주고 날마다 산수를 주유했다.

황응제黃應濟(1565~1640, **황월의 아들**)　　자는 군집君楫, 호는 황곡黃谷이고 마을에서는 도학의 칭호가 있었다. 본종세계보本宗世系譜를 수정 보수했으며 《여범편女範編》(만력 30년)을 판각했다. 그는 스스로 문장을 잘 지어서 현재 그가 만력 33년에 쓴 보서譜序 한 편이 보존되어 있는데 서문 중에 "역량이 없어서 여러 판각을 하지 못하는 것이 유감이다"라고 했다. 그는 종종 다른 사람에게 도서를 간행해 주었으며 자신이 쓴 것은 도리어 판각하지 않았다. 아우인 응순應

淳・응위應渭・응도應道 역시 모두 판화의 명수들이다.

황응징黃應澄　　자는 조성兆聖이고 호는 창오滄吾이다. 저서로는 시집이 있고 글씨를 잘 쓰고 그림을 잘 그렸으며 특히 인물 초상화를 잘 그렸다. 그는 일찍이 당형인 황덕신黃德新을 위하여 고희도古稀圖 한 폭을 그려주었는데 실제 모습과 몹시 닮았다. 《명장원도고明狀元圖考》(만력 37년)의 화상은 황응징이 그린 것이다

황덕신黃德新(1574~1658)　　자는 원명原明이고 약속을 소중히 여기고 일을 할 때는 주도면밀했다. 마을에 제방을 쌓아 행인들을 편하게 하자고 처음으로 주장했다. 《고곡재원인잡극顧曲齋元人雜劇》(약 만력 47년)을 판각했고 아들을 다섯 명 낳았는데 모두 아버지 사업을 계승했다.

황근黃瑾　　수관壽官에 임명되었다. 명나라 제도에는 백성이 나이 80~90 이상이고 평소에 마을에서 존경을 받는 자에게는 관대冠帶를 하사했는데 이것이 수관이다. 황씨 각자공들은 솜씨가 좋고 장사도 잘하며 근검절약하게 집안을 다스려 집안에 의식이 풍족했다. 문인학사들과 교류하면서 산수를 유람하고 사당을 중건하고 가숙을 설립하고, 마을의 제방을 수리하고 우물을 파고 길을 만들고 부학에 기부를 했다. 이는 그들의 생활이 비교적 부유함을 증명하며 그래서 여력이 있으면 곧 집안과 마을의 공익사업을 했다.

주규朱圭　　"스스로 글자를 새기고 스스로 책을 편집하는 것은 고금에서 극히 보기 드문 것이다"[124]라는 주규에 대한 기록이 있다. 주규의 생애와 출생지는 자신이 편집 판각한 서명과 함께 좀 더 조사 검토가 필요하다. 서양의 인쇄공 중 소수는 본인이 바로 인쇄공이거나 또는 작가였다. 그래서 글을 쓰면서 자신의 작품을 조판 인쇄했다. 중국에서는 주규와 청나라 적금생, 양아발 등 서너 사람만이 이러했다. 명나라 사람인 주규는 청 강희 52년에도 여전히 소주에서 판화를

새기던 주규와 비록 성명은 완전히 같지만 동일인은 아닐 것이다.

서승혜徐承惠　　　"글자를 모르는 졸장拙匠"이라고 칭해지는데 일찍이 《괴석헌집怪石軒集》을 판각했다. 만력 31년 매 1백자에 시세 4푼 외에 은 5리를 더 받기 위하여 외진 곳에서 비밀을 지키고 사람들에게 보이지 않겠다는 승낙을 하고 당시의 요서妖書(《국본유관國本收關》을 지칭)를 판각했다. 결국 3전 4푼의 공임 때문에 범죄를 저지르고 감옥에 갇히고 되었는데 실은 그가 받은 것은 1백 30문으로 그나마 1전 4푼은 미지급되었다.[125]

주용周用　　　본래 강서 무주부 동향현東鄕縣 사람인데 남경으로 가서 거주하며 서점을 개설하고 도서 간행으로 생활했다. 만력 38년 정월에 이탈리아 사람 알퐁소 바그뇽(Alfonso Vagnon)[111]은 그를 고용하여 천주당 안에서 성서를 인쇄하도록 했고 입교하도록 권유했다. 44년(1616) 8월 4일 아침에 탕홍湯洪이 그 집에 와서 벽보 원고를 내놓으며 함께 간행하자고 요청했다. 주용은 나이가 이미 너무 많아 역부족이라고 생각하니 즉 오남吳南을 고용하여 함께 갔다.

오남吳南　　　우림좌위羽林左衛 사람으로 인쇄를 업으로 살았다. 만력 44년에 주용이 그에게 모처에서 책 여러 본을 급히 간행해야 하므로 그에게 조금만 도와달라고 청했다. 이에 이르러 벽보를 간행하기 위하여 전 20문을 허락했음을 알 수 있는데 그날 밤에 발각되어 체포되었다. 또 반명潘明·반화潘華는 순순히 고용된 자들로 교회와는 무관하여 곧 석방되었다. 또 진문秦文이 도주했는데 잡지를 못했다.[126] 당시 남경에는 천주교를 전도하는 서양인들이 교회세력을 확장하기 위하여 현지 노동자들과 백성을 속여 입교하도록 했다. 또 특별히 남경보의 직공들에게 식비 수당을 지급하면서 명대 정부의

111_ 중국어 표기는 왕풍숙王豐肅(후에 고일지高一志로 개명)이다.

정보기관에 진입하여 소식을 정탐하고 기록을 공개적으로 간행함으로써 그들에게 반항하는 사람들을 공격했다. 이리 되자 명나라 관리들의 주의를 끌지 않을 수 없었고 주용 등도 연루되었다. 주용은 책을 인쇄하고 책을 판매한 점포를 관장했으므로 체포되었는데 당시 나이는 68세였다. 오남은 즉 순수하게 속아 넘어간 젊은 인쇄공으로 나이 겨우 24세였고 천주교를 믿지 않았다. 그는 20문의 품삯 때문에 돈도 받지 못하고 무고하게 재앙을 만나게 된 것이다.

왕해汪楷　　명나라의 각자공 중에는 우연한 행운도 있었다. 명말 남경 호씨 십죽재十竹齋에서는 늘 각자공 10여 명을 고용했다. 《십죽재화보十竹齋畵譜》·《전보箋譜》의 판매는 십죽재에 있던 훌륭한 장인인 왕해의 손길을 거쳤기 때문이다. "왕해는 거부가 되었다"고 말하는데 소위 '거부'라고 말은 해도 그저 먹고 살 만한 정도에 불과했다.

유량보俞良甫　　원래는 복건 도흥화로道興化路 보전현莆田縣 인덕리仁德里 대간방台諫坊 사람으로 명초에 일본에 살았던 저명한 각자공이다. 일본의 오우안[應安] 3년에서 오에이[應永] 2년까지(명 홍무 3년에서 홍무 28년까지, 1370~1395) 12종의 서적을 판각하여 '유량보판俞良甫板'이라 불렸다. 그 스스로 '대명국유량보大明國俞良甫'라고 칭했으며 또 자칭 '중화대당유량보학사中華大唐俞良甫學士'라고 했으니 비록 일본에서 오래 살았어도 여전히 조국을 잊지는 못했다. 그가 판각한 《종경록宗鏡錄》·《반야심경소般若心經疏》는 다른 사람과 합각한 것이고 이선李善 주注 《문선》·《당유선생문집唐柳先生文集》은 모두 몇 년간의 힘든 작업 끝에 혼자서 손수 판각한 것이다. 《전법정종기傳法正宗紀》는 "일본의 사가[嵯峨]에서 우거寓居하면서 자신의 재물에 기대여 판板을 놓는 것이 유행"이라고 했다. 그는 이미 여웃돈으로 불경을 간행하여 시주했음을 알 수 있고 생활면에서는 부족하지 않았음을 알 수 있다. 그는 불서를 간행했을 뿐만 아니라 동시에 또 적지

않은 중국의 우수한 고전문학작품을 번역하여 판각했으니 《문선》·
《한집韓集》·《류집柳集》 등이 있다. 《육방옹시집陸放翁詩集》선본도
그가 가져온 것이고 진백수陳伯壽가 간행했다. 이는 일본의 문학과
도서간행 사업을 촉진하여 양호한 역할을 만들어 내었고 그래서 지
금까지도 일본인은 그의 공적을 잊지 않고 있다.[127]

　　요한 베라約翰·維拉(Juan de Vera)　　요한 베라는 중국인 천주
교도의 교명으로 원래의 중국이름이 무엇이었는지 알 수가 없으며
1603년에 사망했는데 필리핀 최초의 유명한 각자공이다. 만력 21년
에 그는 중문 《무극천주정교진전실록無極天主正敎眞傳實錄》[그림 187]을

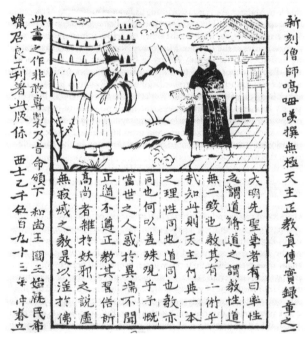

[그림187] 필리핀 최초의 인본: 1593년 중국 각자공이 판각한 《무극천주정교
진전실록無極天主正敎眞傳實錄》이다. 그림은 천주교 선교사가 중국학자에
게 책을 보여주고 있다. Tsuen-Hsuin, Science and Civilisation in China.
Vol.5, Part I, Paper and Printing. Cambridge University Press, 1985.

목각하고 마닐라에서 출판했다. 책 난欄 밖에 "이 판은 서기 1593년 중춘仲春에 만들었다", "이 글은 감히 독단으로 한 것이 아니며 명령에 의해 반포한다"고 쓰여 있다. 저자는 코보(P.I.Cobo)다. 그는 동시에 또 필리핀 따갈로그어 토속어본(현재 필리핀 국어)도 판각했다. 중문본은 로마 바티칸 교황청 도서관에서 1951년에 영인 출판되었다. 방호方豪 신부는 스페인 마드리드 도서관에서 역시 중문본을 발견했다. 전체 62쪽으로 책 속에는 아름다운 삽화가 있다. 미국 국회도서관에는 따갈로그어 번역본이 소장되어 있는데 1957년에 영인출판된 것이다. 과거에 필자는 《중국인쇄술의 발명 및 그 영향》에서 그 책에 원래 중문서명이 있는지 모르고 Cristian Doctrine을 《기독교의 基督教義》로 번역하고 또한 이 두 권이 가장 최초의 인본으로 이미 실전했다고 하였는데 이는 필자가 틀린 것이다.[128]

명대 아마추어 각자공 중에는 적지 않은 감생監生이 있었다. 남경 국자감에서는 정사正史를 보충 간행했을 뿐만 아니라 근 백 명의 감생들이 글자를 쓰고 교정을 보았다. 감생 왕감汪鑒이 글자를 쓰고 감생 정기鄭琦가 《신당서》를 대조하여 성화 18년에 증보판을 내었다. 또 학생들이 친히 글자를 새겼는데 감생 진소온陳所蘊·하소夏昭·왕극근汪克勤 등은 《진서晉書》를 판각했다. 감생 도약陶鑰·호숭귀胡崇貴·장패張沛·오선화吳善和는 가정·만력 연간에 잇달아 《신당서》를 보충 판각했다. 감생 유응기劉應琦와 왕운붕汪雲鵬 등은 《송서宋書》(만력 22년)를 간행했다. 또 감생 황가정黃家禎은 《송서》 판각을 도왔다[助刊]고 하는데 아마도 황씨가 돈을 출자하여 도왔거나 혹은 의부를 다하고 공임은 받지 않았기 때문에 판각을 도왔다고 했을 것이다. 이처럼 학생들이 실제로 서적 생산에 참가한 것은 송대와 청대의 국자감에서는 없는 일이었다.

인쇄공

송대의 인쇄공으로 이름을 알 수 있는 사람은 성신盛新 등 32명의 기록만이 있는데 명대는 겨우 몇 사람 만 있을 뿐이다. 기읍성서祁邑城西의 황앙걸黃昂乞, 성남城南의 황영黃榮, 흡읍歙邑 암진岩鎭의 사서謝恕 3인이 가정 연간에《장씨통종세보張氏統宗世譜》를 인쇄했다. 조앙趙昻은 활자본《벽수군영대문회원壁水群英待問會元》을 인쇄했다. 이태李太는 자칭 '인인리印人李'라고 했고 왕괴王槐는 스스로 '인인왕印人王'이라 했는데 두 사람은 모두 무석 안가安家의 동활자본으로 인쇄했다. 동자본《태평어람》(만력 2년)에 "민지역에 요세인饒世仁 · 유정계游廷桂가 배열을 정리하고 석산錫山의 조병의趙秉義와 유관劉冠이 인쇄 간행했다"는 글귀가 있는데 이는 복건의 식자공과 무석의 인쇄공들의 합작품이다. 이외에도 이언량李彦良 · 왕병이王秉彝 · 하덕夏德 · 오본吳本 등의 인쇄공이 있다. 화씨 난설당의 인쇄공으로는 추창鄒昶 · 시명時明 · 왕규王奎 · 노관蘆寬 · 광廣 · 원員(혹은 圓으로도 씀) · 괴魁 · 경慶 · 예예倪 등이 있다. 안씨관安氏館의 인쇄공으로는 장의張矣 · 장숭張嵩 · 육세陸細 · 이태李太(혹은 인태人太로도 씀) · 왕정王鼎 · 왕정王頂 · 왕괴王槐 · 허녕許寧 · 영녕永寧 · 조등趙等 10명이 있다.

제본공

명대 제본공으로 이름을 알 수 있는 사람은 홍무 31년의 표구장 조관曹觀이 있는데 선풍장본旋風裝本인 당나라 오채란吳彩鸞의《당운唐韻》을 다시 장정했으며 유일한 선풍장인으로 알려져 있다. 소주 사람 유관劉觀 · 무석 사람 조경趙經과 양금楊金 세 사람은 무석의 고씨顧氏 기자재奇字齋를 위해《왕우승집王右丞集》을 제본했다. 기읍성동祁邑城東의 사사謝泗 · 사수謝壽 · 호사胡四 세 사람은 가정 연간에《장씨통종세보張氏統宗世譜》를 제본했다.

청 대

필사공

청초에 도서 간행을 할 때는 주로 해서를 잘 쓰는 명수名手를 청했다. 《서림청화》에 10여 명이 열거되어 있는데 예휼倪鬻은 설희薛熙를 위해 《명문재明文在》를 썼고, 임길林佶은 왕사정의 《어양정화록漁洋精華錄》, 왕완汪琬의 《요봉문초堯峰文鈔》, 진정경陳廷敬의 《오정문편午亭文編》을 썼다. 여집余集은 송나라 주밀周密의 《지아당잡초志雅堂雜鈔》, 원호문元好問의 《속이견지續夷堅志》를 썼다. 허련許槤은 《육조문헐六朝文絜》과 원나라 이문중李文仲의 《자감字鑒》을 썼다. 고순顧純은 전대 흔전大昕을 위해 《원사元史·예문지》를 썼다. 장주長洲의 이복李福은 사례거士禮居를 위하여 《명도본국어明道本國語》를 썼다. 오현吳縣의 육손지陸損之도 《왕본예석간오汪本隸釋刊誤》를 썼다. 황비열黃丕烈은 스스로 《계창위서목季滄葦書目》을 썼다. 왕의王儀는 어양漁洋을 위해 《시속집詩續集》을 썼고, 강원문江元文은 왕기손王芑孫의 《비판광례碑板廣例》를 썼다. 건릉·가정 연간에 허한병許翰屛이라는 사람은 서예로 문단에 이름이 높았다. 당시 판각 간행으로 이름이 높은 곳은 사례거士禮居 황씨, 석연재石研齋 진씨秦氏, 평진관平津館 손씨孫氏, 예운서사藝芸書舍 왕씨汪氏 및 호씨[112] 등이 있는데 이들이 판각 간행한

《문선》은 모두 허한병許翰屛이 송나라 글씨체를 모방하여 쓴 것이다. 이외에도 고오古吳 범가암范稼庵은 《탕자유서湯子遺書》를, 장정준張亭俊은 《독두심득讀杜心得》을, 장역신張力臣은 《음악오서音樂五書》를, 화육거華育渠는 《설검說鈐》을, 호개지胡介祉는 《도집陶集》을, 황성黃晟은 《수경주》를 썼다. 흡현 정철程哲은 《대경당전집帶經堂全集》을 쓰고 판각했다. 그러나 일반 필사공들은 거의 이름을 기록하지 않고 개중에는 저자 본인이 판목에 글을 쓰기도 했다.

각자공

청나라 전영錢泳은 《이원총화履園叢話》에서 "판각공들은 도처에 있었으니 영국寧國·휘주徽州·소주가 가장 많고 또한 가장 정교하다"고 했다. 남경 부근의 도오진陶吳鎭 사람들도 판각을 아주 잘했다. 양산주梁山舟가 노문초盧文弨에게 보낸 편지에 남경의 판각공들은 항주를 따라가지 못한다고 언급했고 또 "산서 직산에는 배나무 대추나무가 많아서 판각을 잘하는 사람은 모두 직산에서 나온다"[129]고 했다. 다른 각 성省에도 유명한 각자공이 있다. 청대 사가각본私家刻本·서방판書坊版은 주로 각자공의 성명을 기록하지 안 했는데 아마도 필화사건이 두려워서 각자공은 감히 책 속에 자신의 이름을 노출할 수 없었던 것 같다. 가정·도광 이래로 법률로 금하는 것이 점차 느슨해지자 비로소 어쩌다가 새겨 넣었다. 전판殿版·국판局版 역시 각자공의 이름은 거의 없기 때문에 청대는 비록 지금과 역사적으로 가깝지만 오히려 각자공의 성명을 알 수 있는 경우는 많지 않다. 각자공의 출생지를 기록한 것으로는 남경사도南京司徒 문고文膏로 그는 《정판교집鄭板橋集》을 판각했고 또 비석도 새길 수 있었다. 강녕의

112_ 이 문장에서 황씨는 황비열, 진씨는 진은복, 손씨는 손성연, 왕씨는 왕사종, 호씨는 호극가를 말한다.

황자준黃子俊은 명나라 심계沈啓[113] 《남선기南船記》의 배[船]를 판각했고, 강녕의 유문규劉文奎, 동생인 유문해劉文楷와 유문모劉文模는 함께 송 우씨본尤氏本 《문선》을 번각했다. 양성羊城의 판목장이 진방여陳邦予·황구주黃丘周는 《오문정공집吳文正公集》을 중각했다. 강녕 정양旌陽에 사는 탕병남湯炳南은 《도학재잡록圖學齋雜錄》을 판각하고 인쇄했다. 무석의 계자량季子良은 소주에서 《평강성씨가승고平江盛氏家乘稿》를 조판 인쇄했다. 여성蠡城(소흥)의 장정상張廷相은 《산음주씨종보山陰朱氏宗譜》화상을 판각했다. 승읍의 정로봉丁魯峰은 인현鄞縣 사람 진근陳僅의 《군경질群經質》을 판각했다. 신창新昌의 석미광石美光은 신제 3호 취진판 목자를 이용하여 《섬원향지剡源鄕志》를 판각 인쇄했다. 양호陽湖의 양춘남楊春南은 《임랑비실총서琳琅秘室叢書》를 판각 인쇄했다.

역대 각자공은 남성위주였지만 그러나 송대에 이미 여성이 각자에 참가했고 청대에 이르러는 남북의 여성들이 판각이나 인쇄에 참가하는 일이 비교적 보편적이었다. 어떤 지방에서는 심지어 여성이 주가 되고 남성이 보조를 하는 경우도 있었다. 강서성 금계현金谿縣의 허만許灣, 광동 순덕현順德縣의 마강馬岡 지역에서는 모두 서판書版을 재산으로 삼아 서판이 많으면 부자였다. 시집갈 때 서판을 혼수품으로 했는데 이 특별한 혼수품은 일반적으로 십몇 살의 아가씨가 시집가기 전에 자신이 직접 판각을 한 것이다.[130] 마강의 여성과 어린이들은 모두 판각을 할 수 있었는데 남자는 먹을 따라 계선만 파는 보조역할을 하고 글자를 새기는 것은 주로 여성들에 의지했다. 여공들은 공임이 저렴했기 때문에 그녀들이 만든 상품은 먼 곳까지

113_《남선기南船記》의 저자 심계의 이름이 확실치 않다. 啓, 棨로도 나와 있고 또 원서에서는 唘로 나와 있어서 정확한 한자가 무엇인지는 알 길이 없다. 심계의 자는 자유子由이다.

팔려나갔다. 도광·함풍 연간에 소주 서상書商들은 광동으로 가서 책을 팔고 받은 물건값으로 마강에서 판각을 하고 판각이 다된 서판을 가지고 소주로 돌아왔다. 다시 소주에서 남지南紙를 사용해서 인쇄하고 제본을 한 후에 각 지역으로 나누어 팔았으니 보는 사람은 소주판이라고 여겼지만 사실은 많은 서판들이 마강 여성들이 판각한 것이다.[131]

　호남 영주永州는 주로 판각을 하여 책을 간행하는 일을 업으로 했는데 부녀자나 어린이, 소를 치는 목동들도 소를 치면서 판각을 했다.[132] 함풍·동치 연간에는 복건 천주의 한 마을의 남녀는 모두 판각하는 것을 업으로 삼았다고 한다. 여성과 어린이들의 손에서 나왔기 때문에 가격이 싸고 작업이 빨랐지만 글자는 모두 엉성하고 잘못이 많아 순덕 마강 판목의 잘못됨은 영주보다도 심했다. 광서 말에 천진 양류청楊柳靑 부근의 초미점炒米店의 연화年畵 작업장에서는 남녀노소가 모두 그림을 그리고 인쇄하는 데 참여했으며 이곳의 상품은 원가가 저렴하여 판로가 컸다. 몇몇 성省의 여성 각자공과 인쇄공은 청대의 보통 남성 각자공처럼 모두 이름이 기록되지 않았기 때문에 이름이 전해오는 경우가 적다. 건륭 연간에 송강에 글자를 잘 새기는 마씨 부인이 있었는데 일찍이 《학사시집鶴沙詩集》을 판각했다. 저자인 허모許某는 감사를 표시하기 위하여 그녀에게 준 시가 있는데 거기에 "가치 없는 책을 새기느라 홍녀紅女[114]가 너무나 고생했다"[133]라는 구절이 있다. 이것이 알 수 있는 청대의 유일한 여성 각자공의 판본이다. 그러나 그녀의 이름과 생애는 알 수가 없다.

　청초 각자의 공임은 명말에 비해 조금 높은데 순치 원년(1644)에 북경에서는 "각자의 공임은 1백자당 약 은 6푼"[134]이었다. 강희 연

114_ 고대에는 방직이나 재봉에 종사하는 여성을 홍녀라고 했는데 그런 의미로 쓴 것 같다.

간에 또 2푼이 8푼으로 올랐으니 명 만력 때에 비하면 1배가 오른 셈
이다. 건륭 38년에 북경은 배나무 작은 판의 가격에 따르면 1백자당
품삯은 은 1전이다. 다음 해에 무영전 취진판 대추나무 활자를 판각
하는 데 송자宋字 1백자를 쓰는 공임은 은 2푼이고 각자 공임은 1백
자당 은 4전 5푼이고, 동자를 새기는 것은 1자당 은 2푼 5리였다. 또
《대청회전사례大淸會典事例》의 기록에 의하면 송자판을 쓰는 데는 1
백자당의 공임이 은 2푼에서 4푼까지로 똑같지 않았고 연자軟字는
백자당 공임이 1전 4푼에서 1전 6푼까지 있어 균등치 않았다. 만일
대추나무 판이라면 가격은 배가 되었다. 각자는 그 판목의 재료와
글자체의 다름에 따라 공임 역시 높고 낮음이 있음을 알 수 있다. 동
자銅字를 새기는 것이 가장 비싸고 대추나무 판이 다음이고 배나무
판이 가장 쌌다. 글자체는 어필御筆을 본떠 쓰는 것이 가장 비싸고
연자가 그 다음이고 송자가 또 그 다음이었다. 왕휘조汪輝祖는 "건륭
말엽에 판각을 하는데 1백자를 판편에 새겨 제작하는 데에는 모두
전 56문이 들고 계속하여 7문이 증가하고 또 17문이 증가한다. 가경
초에 항주와 소주에서는 이미 110문까지 증가했다"[135]고 말했다.
광서 초원初元에 호남에서 판각하여 책을 간행할 때는 "1백자당 목
판에 쓰고 새기는 공임은 50~60문이었고 중엽 이후에는 점점 증가
하여 80~90문까지 되었으며 원체자元體字는 소자는 150문, 대자는
200문, 전서나 예서자는 5문이었다. 선통 초에 이르면 이미 130문까
지 증가했다. 1장당 5백자 정도였으므로 은 1전은 160문 정도되고 1
장은 은 3전 남짓이 되니 명말에 판각하던 것에 비해 이미 배가 올랐
다. 그러나 호남 영주 한 곳만 이런 것이다. 영주는 각자하는 사람이
주로 여성 각자공이라 글을 새기는 가격은 1백자당 겨우 20~30문이
고, 강서 광동도 역시 그렇다. 가격은 비록 저렴하지만 오류가 많아
수습할 길이 없다."[136]

내부內府 각자공이나 인쇄공의 생활 처우에 관한 관방 기록을 보면 내부 어서처御書處에는 각자공·묵장墨匠·표구장·탁본장이 있었다. 강희 29년(1690)에 상주한 것을 비준하기를 "음식을 구비하여 매일 매번 양고기 2냥, 묵은쌀(즉 나라 창고에 쌓여 있는 오래된 쌀) 9합合, 장醬 1냥, 청장淸醬 5전, 두부 4냥, 콩나물 2냥, 장작 1근, 숯 1냥을 급여한다"라고 되었다. 44년(1705)년의 비준에는 "나라에서 장인에게 지급하는 식량을 이후로 정지하며 헤아려서 돈과 양식을 지급한다"고 되어 있다. 건륭 38년(1768)의 비준에는 "두부, 콩나물을 매번 절은折銀 3리三厘 이호二毫 9사九絲 2홀二忽 사미四微로 하여 광저사廣儲司로부터 수령한다. 나머지 물품은 이전대로 행하여 취한다"[137]고 되어 있다. 이로써 장인들에게 정부에서 지급하는 식사는 비록 한번 정지된 적은 있으나 건륭 중엽에 다시 회복되어 비록 두부와 콩나물이 절은량折銀兩으로 바뀌었지만 나머지 물품은 이전대로 수령할 수 있게 되었음을 알 수 있다. 또 인쇄일로 밥을 먹는 인쇄공 40명은 정부의 음식배급이 중단된 후에는 1천번을 인쇄하면 음식값으로 은1전이 지급되었다. 무영전 인쇄소에서는 연사지連四紙 1천번 인쇄에 공임은 은 1전 6푼, 죽지서竹紙書 1천번 공임은 은 1전 2푼이었다. 매년 음력 11월 초하루부터 시작하여 정월에 끝나는데 일하는 곳에는 장인들이 쉬는 8일 외에 석탄 난로 2개가 있는데 1개 당 매일 석탄 10근, 숯 1근을 지급했다. 여름에는 천막 2칸을 주었고 초복부터 시작하여 처서까지는 매일 얼음 두 덩어리를 지급했다.[138]

북경의 날씨가 추워지면 민간 풍속에서는 음력 10월 초하루부터 실내에 석탄난로가 필요하고 2월초에 불을 한번 끄면 11월이 되어서야 비로소 불을 넣게 된다. 오로지 여름에만 천막과 얼음이 있고 날씨가 더우면 온도를 내려주는 용으로 사용했는데 이는 민간이 운영하는 각자포에는 아마 없었을 것이다. 무영전 동자고銅字庫에는 글자를 배열하는 파자공擺字工도 고용했는데 매월 1인당 식비는 은 3량 5전이었다. 대추나무 글자 취진판을 조판 인쇄하는 사람은 당시에 '공사供事'(파판공사擺版供事와 관운공사管韻供事로 나뉨)로 불리었으며 작업을 지연시켜 일을 그르치지 않으면 조판 인쇄한 근무 날짜도 에에 따라서 음식을 급여했다.[139]

무영전 각자刻字 공임은 강희부터 가경까지 1백 년간 늘 1백자당 8푼이었고 매일 1인당 1백여 자를 새겼으나 쌀값이 폭등하자 각자공이 받는 품삯으로는 생활을 유지할 수가 없었다. 가경 15년(1810) 무영전 각자공 책임자 호패화胡佩和 등은 부득이 가격인상을 요구하기에 이르렀다. 이 요구의 결과 각자공은 1백자당 반은飯銀 2푼을 더해주고 필사공은 1백자당 은 1푼을 더하기로 했으며 장인들의 책임자가 일거리가 있으면 출장의 예에 따라서 각자에게 하루에 반은飯銀 6푼을 주도록 했다. 소위 반은이란 송대에 각자공에게 주던 좌식전佐食錢에 해당된다. 또 영무전에는 하나의 나쁜 규칙이 있었는데 잘못 새긴 필획이 있으면 원래 판각했던 사람이 보충하여야만 했다. 이는 본래 각자공의 세심하지 못한 것을 방지하여 잘못을 적게 하기 위함이었다. 그러나 수정한 어떤 곳은 반복적으로 수십 차례 오갔기 때문에 행이 더해지거나 빠지고, 판이 한두 개에서 여러 개를 바꾸어 똑같지 않아 각서한 사람이 이 때문에 변상하느라 빚이 쌓이고, 또한 책임자마저 변상하느라 빚이 쌓여 체납하니 황실의 각자공 노릇 하기가 얼마나 어려운지를 알 수 있다. 각자공 책임자인 호패화의 호소가 있은 후에야 필획을 틀리게 새기면 여전히 원래 새긴 사람이 보중 수정하도록 하고 만일 정말 다른 글자를 첨가하거나 삭제하게 된다면 비용 지출을 허락하는 것으로 바꾸었다.[140] 옛 규약을 버리고 반은을 증가한 일은 각자공들에게 어찌되었든 좋게 된 것이다. 그러나 이 후에 무영전의 각서는 오히려 내리막길로 치달아 건룽 시기의 흥성함만 못했다.

　남방의 족보장[譜匠]들은 비록 전문적인 직업이었지만 그러나 농촌이 바쁠 때는 일반적으로 농사에 힘쓰고 농한기에 활자짐을 메고서 다른 마을이나 다른 현으로 가서 일을 했으므로 유동성이 강하여 마치 15세기 중엽 유럽 초기의 이동 인쇄공과 비슷했다. 그들의 공임은 달로 계산하는데 청말에는 대략 매달 은원銀元 10원이고, 페이지 수대로 계산하면 장당 약 2원이다. 또 소위 '판값'이라고 하여 자판으로도 계산했으며 한 판의 가격은 약 12문이었다. 어떤 족보국에서는 음식을 제공하기도 했고, 어떤 족보장들은 스스로 취사를 해결하기도 했는데 차·담배·불쏘시개 종이·기름 등을 제공했다. 새 족보가 완성되면 또 종종 소위 화홍花紅이라고 하는 팁을 받기도 했다. 사당에 족보를 고할 적에는 연회나 연극에 초대되기도 했다.

　청대 각자공들은 장역匠役이라 하여 사회지위도 낮고 사람들에게 업신여김을 당했다. 도광 연간에 광주의 어떤 집안의 자제가 거인에 합격되자 어떤 각자공에게 《주권朱卷》을 판각하도록 시켰다. 기일이 되었지만 판각이 끝나지 않자 그 거인은 화가 나서 돌로 각자공의 이마를 내리쳤다. 각자공 역시 화가 나서 소송을 걸었고 다른 사람에게 공소장을 써달라고 했는데 "아뢰옵니다. 억지로 판각을 시키고 나쁘다고 돌멩이를 이마에 던져서 이마가 찢어지고 피가 났습니다. 청컨대 그에게 면직을 내려주옵소서"[141]라고 썼는데 그 공소장에 쌍성雙聲과 첩운을 사용했다. 각자공이나 인쇄공의 사적도 사람들이 그다지 주의를 하지 않았고 어쩌다 기록이 있으면 대개는 불행한 일이고 소수만 의식이 풍족한 생활을 할 뿐이었다.

　탕달보湯達甫 **등**　　강희·옹정·건륭 3대에는 연속적으로 크고 작은 문자옥文字獄이 발생하여 연좌죄는 어쩔 수 없었으니 각자공과 인쇄공도 피할 수 없는 때가 있었다. 그중 가장 깜짝놀랄 만한 일은 각자공인 정덕 사람 탕달보 등 10여 명이 호주 남심진南潯鎭의 원통암圓通庵에서 장정롱莊廷鑨에게 《명서明書》(혹은 《明史》로도 씀)를 판각해 준 일이다. 5년 동안 판각하여 순치 17년(1660)에 완성하여 40여 부를 인쇄했다. 후에 이 책이 고발 당하여 항주감옥에 갇힌 사람이 2천 명이나 되었는데 그중에는 친척이나 친구에게 세배한 사람도 있고, 결혼식에 참석했던 남녀노소도 있었다. 장정롱 본인은 무덤이 파헤쳐져서 시체가 태워졌고 편집에 참가했던 명사 모원명茅元銘·오염吳炎·반성장潘聖章 등 21명은 모두 능지처참되었다. 소주서방의 책장사 육덕유陸德儒·왕운교王雲蛟(혹 王起蛟으로도 씀), 책을 산 이상백李尚白(혹 李繼白으로도 씀), 각자공 탕달보湯達甫, 인쇄공 이상보李祥甫 및 제본공, 판을 보낸 사람 등 70여 명(일설에는 2백여 명)이 모두 강희 2년 같은 날에 항주 필교방弼敎坊에서 처형되었다. 그중의 한 각자공은 사형이 집행될 때 "위로는 80 노모가 계시고 아래로는 18세 된 아내가 있습니다. 내가 죽고 나면 아내는 반드시 개가를 할 텐데 노모는 누가 모신단 말이오?"라고 하면서 큰 소리로 울부짖었다.[142] 각자공과 인쇄공은 책 내용이 금기에 '저촉'되는 것이 있는지 없는지도 모른 채 그저 열심히 힘들게 노동한 결과가 목이 땅에 떨어지는 것이라니 정말 상상도 할 수 없는 일이다. 청대 문자옥이 얼마나 잔혹한 광풍이었는지를 알 수 있다.

유영일劉永日　　　강희 10년 문학가인 영도 사람 위희魏禧가 소주에서 자신의 시집을 간행했다. 각자공 유영일은 판각이 정교하였다. 비록 나이가 60이 되었지만 기력이 강성하여 매일 창문閭門 밖에서 위희의 집까지 와서 일을 했는데 무더운 날씨나 비바람이 불어도 쉬지를 않았다. 그는 위희에게 자신의 전傳을 지어 남겨달라고 요구했다. 위희는 그를 위하여 〈기궐씨유영일60수서剞劂氏劉永日六十壽序〉를 지어주고 문집에 수록했다.

주규朱圭　　판화가 주규의 자는 상여上如이고 소주성 전제항專
諸巷 사람으로 글을 잘 새겼으니 그보다 더 잘하는 사람은 없었다고
한다. 그는 스스로 "나는 대대로 유학자의 집안인데 집안이 가난하
여 성공하지 못했다. 열심히 판각을 하여 부족한 재주를 팔아 당대
의 좋은 책과 그림에 기탁한다"[143]고 했다. 그는 뜻을 이루지 못한
선비로 직업을 바꾸어 전문적으로 판화를 조각했다. 강희 7년에 그
는 화가 유원劉源이 그린《능연각공신도凌煙閣功臣圖》와 김사金史가
편집한《무쌍보無雙譜》를 판각했다. 후에 궁에서 선발하여 양심전에
서 일하게 되었고 내부內府의《어제경직도御製耕織圖》《만수성전萬壽
盛典》은 모두 그가 섬세하게 조각한 것이다.《경직도》위에 "홍려시
서반신주규전鴻臚寺序班臣朱圭鑴"이라고 제題를 했는데 하찮은 판화가
신분으로 북경에서 하급관리가 되었다는 것은 정말로 어려운 일이
다. 그는 강희 초부터 강희 52년까지 줄곧 판화를 조각했다. 그래서
이 주규는 명대에 글을 쓰고 저서도 지은 각자공 주규朱圭와는 다른
사람이다.

황리중黃利中　　명대 흡현의 규촌 황씨 판화는 청대에 이르러
쇠락했으나 황씨 집안 사람들은 여전히 계속하여 각서刻書에 종사하
고 있었다. 황리중(1652~1738)의 자는 의선義先으로 명대 판화가 황덕
신黃德新의 손자다. 7세 때 고아가 되어 집안이 몹시 가난했다. 밭을
갈고 남는 시간에 판각을 배웠다. 처음에 동몽서를 판각했고 계속
판각하면서 이를 팔았다. 후에 판각 솜씨가 좋아져서 판로가 더욱
넓어졌고 경經・사史・고문・시・부賦・시예試藝 등 판각하지 않은
것이 없다. 이웃 중에 관에서 빌린 양식을 갚지 못해 곤장을 맞고 아
들을 팔아 이를 상환한 사람이 있었는데 황리중은 자신의 돈을 내어
이웃의 아들을 되찾아주었다. 강희 말에 홍수가 나 쌀값이 수배로
폭등하자 저장했던 백여 금과 곡식을 내어 사람들에게 나누어 주었

다. 또 마을의 취원교聚源橋를 보수하는 데 돈을 기부하여 행인들이
편히 지나가도록 했다. 순치 임진년에 태어나 건륭 3년에 아무런 병
없이 생을 마감하니 향년 87세였다.[144] 손자인 황계재黃啓梓의 자는
경사敬斯로 어렸을 적에 절서浙西에서 장사를 배웠다. 마을에서는 이
전부터 판각공들이 많았기 때문에 역시 이를 배워서 생활을 했다.
84세에 생을 마감했다. 아들 국희國熙, 손자 정풍鼎豐도 모두 대대로
이를 업으로 삼았다.

부아유傅阿有 **등**　　각자공은 임금이 저렴해 생활이 곤란하여서
어떤 사람은 얼마되지 않는 판각금을 벌기 위해 종종 체포되고 벌을
받는 일이 발생했다. 건륭 연간에 원적이 절강이고 복건 복정현福鼎
縣으로 이사와 글자를 새겨서 생계를 유지하는 부아유傅阿有라는 사
람이 있었는데 이름을 알 수 없는 사람의 《안량도安良圖》석 장, 《공
명비기孔明碑記》한 장을 부탁받았다. 320문의 공임을 준다고 하면서
그에게 판각하라고 하고는 판각이 다 끝나자 그를 체포하여 조사를
받게 했다. 또 각자공 시후삼施侯三·관칠關七 등도 《안량도》·《공명
비기》를 인쇄한 죄로 체포당하여 복건독신福建督臣으로 보내져 조사
를 받았다.[145]

주경문周景文　　항주의 각자공 주경문은 천태 사람 제주화齊周
華에게 상주문의 초고를 판각해 주고는 곤장 1백대의 형벌을 40판版
으로 맞고 또 한 달 동안 칼을 쓰는 처벌을 받았다.[146]

목근문穆近文　　자는 대전大展, 또 다른 자는 공성孔成이고 금
릉 사람으로 벼슬을 하지 않았다. 어려서부터 시인 심덕잠沈德潛과
교유했으며 시와 고문을 잘짓고 구류九流 칠략七略 등 옛 서적들을
좋아하고 감별에 정통했으며 삼대에 걸쳐 청동기와 제기를 많이 수
집했다. 전각을 잘했고 진나라와 한나라의 전각품들을 만지면서 진
품을 알아내었으며 특히 비석문에 정통했다. 그가 영각影刻[115]한 《진

우군장군왕부인묘지晉右軍將軍王夫人墓志》는 진본과 거의 같다. 저잣
거리에 은거하며 서국을 세워 자급하며 몸소 판각을 했다. 그의 각
서는 교정이 정밀하여 전국에서 성행했고 그의 명성은 급고각과 동
등했다. 판각한 것으로는 《소대사선昭代詞選》이 있는데 권 뒤에 "금
릉목대전각자金陵穆大展刻字"라는 한 줄이 쓰여 있으며 몹시 아름답
다. 《금강경》서발序跋에는 "오문제자목대전목수각吳門弟子穆大展沐手
刻"이라는 두 줄이 있다.[147] 또 《추수당쌍취원전기秋水堂雙翠園傳奇》
의 정교한 그림 8폭을 새겼다. 73세 때에는 또 《서한책요西漢策要》를
판각했으니 그의 정력이 다른 사람을 넘어섰음을 알 수 있다. 목근
문은 비록 남경 사람이지만 원적은 원화元和이고 서국書局 역시 소주
에서 개설했으므로 자칭 소주 사람이라고 했다. 상술한 유영일·주
규와 더불어 청대의 유명한 소주 각자공이다. 목근문은 도서판각을
잘 했을 뿐만 아니라 전각, 도장, 비문에도 조예가 깊었으며 시와 고
문을 잘하고 문물의 감별에도 정통했으니 다재다능한 사람이었다고
할 수 있다. 남경 서하산棲霞山 송백松柏의 빼어남을 사랑하여 만년에
는 그곳에서 은거했으며 화가를 청하여 《섭산완송도攝山翫松圖》두루
마리를 그리도록 했다. 목근문은 다른 사람들과 달리 큰 키에 눈빛
은 형형했다. 원매袁枚·필완畢玩·전대흔錢大昕·유용劉墉 등 81명
의 명사 고관 귀인들에게 한꺼번에 제자題字를 받으니 그의 교제의
폭이 넓음을 알 수 있다.[148] 강희 60년에 태어나서 가경 17년에 졸

115_ 영각影刻이란 선본 고적(일반적으로 판본가치와 문물가치가 높은 송대 각본
이나 당대 필사본)을 원 모양대로 번각 조판하는 것이다. 송대 각서는 선본 진
본을 채용하여 교감이 정밀하고 상세했기 때문에 명대에는 송판의 모습대로
영각하는 기풍이 있었고 판각한 것은 거의 원본이나 다름없었다. 청대에도 이
런 기풍은 계속되었으나 영각할 때 원서에 대해 교감을 가하고 고치고, 심지
어 어떤 것은 마음대로 빼거나 첨가하여 영각서影刻書는 원래의 모습을 잃게
되었다.

하니(1721~1812) 향년 91세였다. 아들 목군도穆君度 역시 판각을 잘했는데[116] 《관성제군경적도지關聖帝君聖跡圖志》를 판각했다.

호패화胡佩和　　무영전의 각자공 책임자였다(앞의 글 참조).

황국달黃國達　　자는 감천鑑泉이고 황리중 집안 사람으로 출신이 가난한 고아였다. 그는 열심히 글을 새기고 시간이 있을 때면 농사를 지었다. 비록 가난했지만 마을의 의로운 일에는 반드시 분연히 일어나 참가했다.[149] 황국달黃國達은 집안 사람인 황국감黃國淦·황정희黃鼎熙 등 13명과 함께 공동으로 신강新疆의 역사와 지리를 강의한 《서수총통사략西陲總統事略》을 판각하여 간행했다(가정 16년). 도광 《흡현지》그림 역시 황국달이 판각한 것이다. 규촌 황씨는 명나라 천순·성화부터 도서를 판각하기 시작했으니 청말이 되어서는 이미 5백 년의 역사를 갖고 있었다.

양아발梁阿發 (梁亞發**로도 씀**)　　통칭 양발梁發이라고 하며 필명은 학선자學善者, 또는 학선거사學善居士라고 한다. 건륭 54년(1789)에 광동성 고명현高明縣에서 태어났다. 빈농에서 태어나 열한 살이 되어서야 겨우 서당에 들어가 《삼자경》과 《사서》·《오경》을 배울 수 있었다. 15세에 광주성 성내로 들어가 생활을 영위했다. 처음에 붓 만드는 일을 배웠고 후에 판각을 배우게 되어 스승에게 4년간 배웠는데 솜씨가 나이와 함께 진보했다. 일찍이 영국 선교사 로버트 모리슨(Robert Morrison)에게 《누가복음》을 판각하고 인쇄해 주었는데, 모리슨이 윌리엄 밀른(William Milne)을 말라카로 파견하여 복음당을 설립할 때에 양아발 등 몇몇 인쇄공들도 그와 함께 갔다. 그들은 가경 20년(1815) 5월에 말라카에 도착하여 양아발은 윌리엄 밀른의 저서 《구세자언행진사기救世者言行眞史記》를 판각했다. 다음 해에 밀른은

116_ 원서에는 이곳에 앞 줄의 미주가 있었으나 잘못 표시된 것 같아 앞으로 미주의 위치를 바꾸었다.

양아발에게 세례를 주었고 두 사람은 함께 3년간 일했다. 가경 24년에 양아발은 고향으로 돌아와 결혼을 했고 포교서적인 소책자《구세록촬요략救世錄撮要略》을 썼다. 전체 37쪽으로 인쇄하여 친구들에게 나누어주었다. 사적私的으로 외국에 갔다고 고발당하여 혹독하게 30대의 매를 받고 게다가 벌금까지 내고 광주에서 일을 하지 않겠다는 서약서를 관청에 제출했다. 석방 후에 또 두 차례 말라카에 갔으며 마카오에 도착하여서는 모리슨에게 종교를 배웠다. 도광 10년(1830)에 양아발은 자신이 소책자《진도심원眞道尋源》·《영혼편靈魂篇》등을 저술하고 또 스스로 판각하여 그의 제자인 굴아앙屆亞昂과 함께 집에서 인쇄하여 고주高州에 와서 시험 보는 생도들에게 나누어 주었다. 후에 상자를 메고서 광주 공원貢院 앞에 가서 광주에 부시府試를 보러 온 각 현의 생도 2만 5천 명에게 3일간 작은 책자를 나누어 주었다. 도광 갑오(1834), 마침 광동에서 향시를 치르게 되자 전 성省의 수재들이 모두 시험을 보러 성에 집합했다. 8월 20일에 양아발 등 3~4명은 또 서적을 휴대하고 파송되어 날마다 양아발이 번역한《성경일과聖經日課》약 1천 부(전체 5천 부)를 나누어 주었다. 4일째 되는 날 양아발은 또 체포되었고 도중에 도망쳤다. 미국 선교사 브리지먼(Elijah Coleman Bridgman)이 그를 데리고 영국함선에 태워 피신시키고 후에 싱가포르에 노착했나. 1839닌에 광주로 돌아왔다. 아편전쟁이 발발하자 양아발은 당시 광주 영사인 요한에게 "만일 영국정부가 군대를 파견해 중국에 와서 중국인을 죽인다면 그렇다면 중국인은 이후에 다시는《성경》을 받아들이지 않고 영국 선교사의 설교를 듣지 않을 것입니다"고 말했다. 도광 22년(1842)에 남경조약이 체결되고 홍콩이 할양되자 교회와 영화서원英華書院은 모두 말라카에서 홍콩으로 이전되었다. 다음 해에 양아발은 광주에서 홍콩으로 왔고 여전히 선교사업에 종사했다. 1823년 이후부터 죽을 때까지 양아발 선교사의 월급은 런던 포교회에서 지불했으니 그는 시종일관 영국제국주의를 위해서 일한 셈이다. 양아발은 중국어와 영어를 학습하여 친히 《권세양언勸世良言》등 10여 종을 저술하고 판각했다.[150] 또한 《기도문》은 그가 번역했다. 그처럼 글도 쓸 줄 알고 번역도 할 줄 아는 인쇄공은 보기 드물다. 미국의 사무엘 윌리엄이 광주에 도착했을 때 일찍이 양아발과 만났는데 "현재 힘껏 저서에 힘을 쏟고 있는 몸가짐이 단정하고 존경할 만한 노인"이라고 그를 평했다. 양아발은 함풍 5년(1855) 4월 12일에 죽었다. 아들 양진덕梁進德은 임칙서의 영어통역사가 되었다.

굴아앙屆亞昂 **부자**父子　　굴아앙은 굴앙屆昂이라고도 하며 양아발의 제자로 마카오에서 모리슨에게서 세례를 받았다. 1831년부터 런던회에 고용되었다. 서양서적들을 판각했기 때문에 청 정부에서 그를 체포하려고 하자 말라카로 도주했다. 1835년에 양아발과 함께 말라카에서 선교사를 위해 여러 해 동안 인쇄작업을 했다. 1844년 그는 영화서원 교장 제임스 레그(James Legge, 1815~1897)[117]와 함께 홍콩으로 돌아왔다. 굴아앙은 중국 최초의 석인공石印工으로 종종 마카오에서 포교책자를 인쇄하여 친척들에게 나누어 주었다. 아들 굴아희屆亞熙 역시 각자공이었으며 부친 굴아앙 및 양아발과 함께 서양인들을 위해 서양책을 간행했다. 도광 15년에 광동총독 등정정鄧廷楨에게 체포되어 법률에 의거해 곤장의 처벌을 받았다. 그의 부친 굴아앙과 양아발을 체포한다는 소식을 듣고는 곧 피신했다.[151]

오아청吳亞淸　　광주에서 향시를 볼 때 양아발과 함께 《성경일과》를 수험생들에게 나누어 주었고 이를 판각하여 체포되었으며 인쇄공 오영태吳英泰·오아집吳亞集 역시 체포되었다. 오아청은 후에

117_ 중국어 표기는 理雅各이라고 한다.

싱가포르로 도주했고 그곳의 미국 선교사가 있는 곳에서 인쇄공으로 일했다.

조진삭曹震鑠　　섬서성 포성蒲城 사람이고 삼원三原에서 몇십 년간 각자를 했는데 기술이 정교하고 부모에게 효도했다. 하서린賀瑞麟이 광서 연간에 조월경曹月卿(조진삭의 아버지)을 위해 쓴 묘지명을 보면 "나는 제자백가 및 여러 선비들의 시서를 교감하고 판각했는데 포성의 조진삭도 그중의 하나이다"고 했다. [152]

인쇄공

이상보李祥甫(위의 각자공 탕달보 참조)

서로삼徐老三 등　　소주는 명청시대에 상공업이 몹시 발달했고 또 인쇄업 중심지의 한 곳이기도 하다. 방직업과 염색업의 노동자들은 자신의 이익을 위하여 일찍이 강희 옹정 연간에 여러 차례 파업투쟁을 스스로 벌이곤 했는데 당시에는 이를 '규헐叫歇' 또는 '제행파지齊行把持'라고 했다. 인쇄공들을 '인수印手'라고도 하는데 역시 예외는 아니었다. 이들은 거듭하여 임금을 올려주기를 요구했고 매번 서점주인들과 관방이 결탁한 반대에 부딪혔으며 이를 주도한 사람은 원래 출신지로 압송되었다. 인쇄공 허회순許懷順·주량방朱良邦은 모두 소주성에서 빌을 붙일 수가 없었으며 그들을 중상 모략힌 죄명은 "억지로 인쇄비를 올렸다" "억지로 명절 선물을 더했다" "인쇄가 조잡하다" 등이었다. 그러나 주량방과 한패였던 서노삼徐老三·왕멸단汪篾簟·원해리袁鬌鬎·임계任桂 등은 도광 연간에도 여전히 거듭 연합하여 군중들을 모아 판각 공임을 올려달라고 공개적으로 투쟁했다. 후에 오현 관방의 진압을 받았지만 인쇄값은 여전히 이전과 같았고 명절 선물돈은 모두 각각의 상점의 규칙대로 하기로 하니 석원장席元章 서점 한곳만 제외하고는 명절마다 모든 사람에게 술값으로 전 30문을 주기로 했다.[153] 이런 투쟁은 이로써 종결이 되었다. 그들은 무영전 각자공 두목인 호패화胡佩和처럼 "대왕님의 넓은 은혜를 간청"하는 상소문을 올리지 않고 파업 투쟁하는 방식을 채택하여 소주 노동자들의 혁명정신을 나타내었다.

굴아앙屈亞昂　　중국 첫 번째의 석인공(앞 참조)

위근복魏根福　　　현재 알려진 바로는 북경의 유일한 석인공이다. 선통 원년에 《북경백화화도일보北京白話畫圖日報》를 석인했고 신문면에 발행인 양긍부楊兢夫, 편집인 양록삼楊錄三, 인쇄인 위근복魏根福이라고 명기했으며 한 장당 동원銅元 1매라는 글이 있다.[154]

제본공

청대 제본공으로 이름이 있는 자는 가경 연간의 전반암錢半嵒과 허패창許沛蒼 두 사람이다.

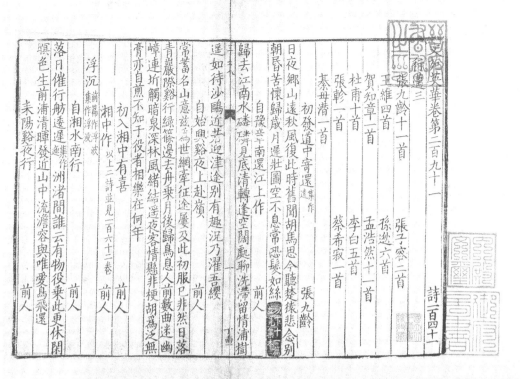

제4장 | 아시아 각국과 아프리카·유럽에 미친 중국 인쇄술의 영향

조선·일본·월남·유구는 중국의 인근 국가로 중국과 유구한 전통 우의를 간직하고 있다. 경제·정치·문화상의 관계는 더욱 밀접하다. 각국의 사절이 왕래하여 역사기록에 자주 나타나고 상선이 교통한 것은 통계를 낼 수 없을 정도로 많다. 수당 이래로 조선과 일본에서는 종종 유학생과 승려를 중국으로 파견하여 공부하고 불경을 구하도록 했다. 이들 국가는 과거에 한문이 통용되었고 중국의 과거 제도를 모방했기 때문에 그래서 경서·교과서·문학·의서 등은 상품이 되어 대량으로 수출되었고 환영을 받았다. 그들은 유학을 존중했을 뿐만 아니라 공자 사당을 건립하고 또 불교를 믿었기 때문에 인본《대장경》은 각국에서 애타게 구하는 대상이 되었다. 이들 국가에서는 단지 중국 수입에만 의존하는 것은 본국 국민들의 수요를 만족시킬 수 없다고 생각하여 번각 인쇄를 하기에 이르렀다. 원말명초에 대량의 절강 복건의 각자공들이 일본에 가서 판각했다. 필리핀 최초의 각자공은 모두 중국사람이다. 태국·말레이시아·싱가포르 역시 중국 노동자들이 책을 판각하고 간행하는 일에 종사했다. 이란·이집트 초기의 판각 인쇄 역시 중국을 모방했다. 심지어 서양의 인쇄 역시 중국과 관계가 있다. 이리하여 중국의 판각과 활자판 인쇄 역시 제지술처럼 직접적으로 아시아 각국에 전파되었을 뿐만 아니라 전 세계에 영향을 주었다.

아시아

한 국[118]

양무제梁武帝(503~548) 때 육후陸詡는 백제에 가서 강학을 했고 양나라의 장인, 화가들 역시 백제의 요청을 받아 갔다. 진陳나라 (557~589)에서는 신라에 불교 경론 1700권을 보냈다. 당나라 때 고구려 유민 고선지高仙芝 장군은 천보天寶 10년(751)에 번한군蕃漢軍 3만 명을 이끌고 탈라스(Talas)성으로 가서 대식大食(아랍)국과 전투를 벌였으나 패전했다. 최치원崔致遠은 12세에 수나라 상선을 타고 중국에 와서 18세에 당나라 진사에 급제하고 후에 고병高騈의 장서기掌書記가 되어 모든 표장表狀·공문서가 그의 손에서 나왔다. 신라의 승려와 유학생이 당나라에 와서 경을 구하거나 혹은 학습한 자들이 때로는 1백여 명에 달하기도 하여 장안에서 빈공賓貢에 급제한 사람도 적지 않다. 어떤 자는 정부의 위탁을 받아 책을 사가지고 돌아갔는데 신라승은 당나라 초기에 있었고 후에는 당나라의 민부閩府와 오

118_ 원서에는 조선이라고 되어 있지만 백제, 신라, 고려, 조선을 모두 포괄하고 있으므로 한국으로 번역한다. 내용과 문맥에 따라 그에 맞는 왕조를 사용하였고, 원서의 '신라사람 고선지' 같은 경우는 오기로 판단되어 '고구려 유민 고선지'로 역자가 수정하였다.

월로부터 배에 《대장경》을 싣고 귀국했다.

왕씨 고려는 신라처럼 불교가 여전히 국교였다. 북송 초 30년 동안 차례로 3부 인본《대장경》을 청해 가지고 갔다. 요나라는 또 고려에 4부《거란장》을 주었다. 혜초慧昭 국사는 한 차례 또《거란장》3부를 사가지고 돌아갔다.

현종顯宗 왕순王詢 때에 거란이 대대적으로 고려를 침범하고 송악성(개경, 지금의 개성)에 주둔하고 물러가지 않았다. 현종과 군신들은 《대장경》판을 판각하여 불력의 신통력을 빌어 적병을 물리치고자 발원하니 이것이 바로 대장경大藏經을 판각하는 동기가 되었다. 문종에 이르기까지 약 71년(1011~1082)에 걸쳐 비로소 완성되니 전체 6천 권으로 주로 송《개보장開寶藏》및 《거란장》에 의거하여 번각했고 그 판은 부인사符仁寺[119]에 보관하니 '고려국의 대보'라 칭했다.

고려국 왕자 왕후王煦(승려 의천義天 · 대각국사大覺國師, 1055~1101)는 1084년에 제자 30명을 데리고 송나라 상선을 타고 중국에 왔다가 귀국할 때는 불경 및 경서 1천 권을 가지고 가 헌상했고 게다가 《청량소淸涼疏》판편版片도 가지고 갔다. 또 남쪽을 주유하면서 얻고자 하는 책 대략 4천 권을 찾았고 또한 요나라와 일본에서도 책을 구매했다. 또 자신이 거주하던 홍왕사興王寺[120]에서 판각한 것은 《의천속장義天續藏》이라고 하는데 그가 세상을 뜬 1101년에 완성되었다. 어떤 사람은 《의천속장》이 전부 완간된 것은 아니라고 한다.

1232년 달단達旦(몽골)병이 또 북방에서 고려를 침입했는데 부인사에 소장했던 《대장경》판이 전부 소실되었다. 고종 왕철王皞과 군신들은 속수무책일 수밖에 없었다. 이에 또 현종의 방법을 본받아서

---

[119]_ 대구의 팔공산八公山 남쪽 중턱에 있는 사찰로 夫人寺라고도 쓴다. 현재 대한불교 조계종 제9교구 본사 동화사의 말사에 속해 있다.

[120]_ 경기도 개풍군에 있던 절이다.

《대장경》을 중각하여 '여러 부처님 성현 33천'의 역량으로 적군을 멀리 쫓아내기를 희망하고 발원했다. 피난을 간 강화도에 대장도감大藏都監을 설립하고 판각을 시작했다. 15년간(1237~1251)[121]을 거쳐 작업이 끝나니 전체 6791권이다. 자작나무 판에 양면으로 각자를 했는데 총 81,218장(또는 81,240장이라고도 함)으로 모든 장은 세로 8촌 내외고 가로는 2척 2~3촌 내외, 두께는 8~9푼에서 1촌 2~3푼으로[122] 지금까지도 경상남도 해인사에 보존되어 있는데 이것이 바로 유명한 《고려장高麗藏》이다. 원 세조는 일찍이 장경을 보수하도록 특사를 파견해 주었고 또 명나라 천순·홍치 연간에도 얼마간 판각을 보수했다. 고려 스스로도 몇 차례 3부 장경을 판각했고 또한 복건 상인 서전徐戩에게 부탁하여 항주에서 대신 《협주화엄경夾注華嚴經》판을 판각하여 배를 통해 보냈다.

송나라 강남 상인 이문통李文通 등은 고려에 갈 때 6백 권에 달하는 책을 가지고 갔다. 원나라 초기 고려박사 유연柳衍은 1만여 권을 사가지고 돌아갔다. 원 인종은 고려에 책 4300여 책冊을 선물했는데 송 비각祕閣 구장본舊藏本이었다. 11세기 고려는 《대장경》 전부를 판각했을 뿐만 아니라 또한 적지 않은 유교에 관한 책도 간행했다. 정종靖宗 8년(1042) 최옹崔顒 등은 칙명을 받들어 《양한서兩漢書》와 《당서唐書》를 새롭게 간행하여 강의를 했다. 3년 후에 비서성에서 간행한 《예기》·《모시정의毛詩正義》는 고려 최초의 유교서적 각본으로 일본이 간행한 《논어》보다 2백 년이 앞선다. 후에 비서성의 문서 판본

121_ 실제로는 고종 23년(1236)~고종 38년(1251)까지 16년간이다.
122_ 이 단락에 관해서 한국측 자료를 보면 대장경의 전체 판은 81,258판 1511부 6802권이며 1면은 23행, 1행은 14자로 양판이며 길이는 68cm, 혹은 78cm, 폭 24cm, 두께 2.7~3.3cm, 무게는 보통 4.4kg 나가는 것도 있으나 일반적으로는 3~3.5kg이다. 또한 전자현미경으로 확인해본 결과 자작나무가 아니라 산벚나무와 돌배나무라고 한다.

의 누적이 너무 많게 되고 또한 훼손되어 국자감으로 옮겨 보관하도록 명령했다. 조선은 송대의 이학을 제창했으므로 정자程子·주자朱子·진덕수眞德秀 등의 저서는 번각하지 않은 것이 없고 심지어는 주자《소학小學》을 순장품으로 할 정도였다. 성종成宗(1470~1494) 때에는 제자백가 중에 판각하지 않은 책이 없으니 널리 세상에 유포했다. 또한 여러 도道에서 서책을 간행하도록 하고 관찰사에게 인쇄하여서 여러 읍邑에 나누어 주도록 했다.

중국 의서 역시 번각되었는데 일찍이 고려 문종 12년(1058)에 충주목忠州牧은 새로 판각한 《황제팔십일난黃帝八十一難》·《상한론傷寒論》·《본초격요本草格要》·《장중경오장론張仲景五臟論》등을 진상했다. 또한 새롭게 《주후방肘後方》을 판각했다. 조선에서 저술한 의서도 출판했는데 유명한 3대 의서가 있다. 즉 《향약집성방鄕約集成方》85권은 약처방문 1만여 방을 수록했다. 선덕宣德 6년 간본이 있다. 또한 성화 13년 활자본도 있다. 노중례盧仲禮 등이 편찬한 《의방유취醫方類聚》365권은 '의서지수醫書之首'라고 칭해지는데 조선의학의 귀중한 유산이다. 의서 150종을 인용했는데 그중 40여종 원본은 이미 실전되었다. 부인과 등 90여 과로 분류했으며 양생과 7권이 있다. 일본 에도江戶(동경) 축소판이 있다. 또 숭정崇禎 7년 조선 내의원 목각본이 있다. 허준許浚《동의보감東醫寶鑑》25책도 있다. 《동의보감》은 후에 중국에 전래되었다.

한국 사람들은 자신들의 저서도 출판했다. 《고려사高麗史》·《삼국사》·《증보문헌비고增補文獻備考》·《대전회통大典會通》·《경국대전經國大典》·《동국통감東國通鑑》·《조선역대사략朝鮮歷代史略》·《동국여지승람東國輿地勝覽》· 정조 이산李祘《어정무예도보통지御定武藝圖譜通志》[123]·《규장각지奎章閣志》·《동국정운東國正韻》·《기아箕雅》· 최치원의 《계원필경집桂苑筆耕集》· 이규보의 《동국이상국전집東國李相

國全集》·《동인지문東人之文》·《동문선東文選》 등이 있고 그중에는 판각판도 있고 활자판도 있다.

조선은 한문이 통용되기도 했지만 1446년에 세종 이도李祹가 자모 28자를 창제하고[124] 이를 '어제훈민정음御製訓民正音' 또는 '언문諺文'이라 하는데 현재 한국에서 통용되고 있다. 1448년에 갑인동자甲寅銅字 및 목활자로 합인合印한 《월인천강지곡月印千江之曲》이 있고[125] 1463년에는 언문으로 바꾼 《법화경》[126]이 있는데 비교적 초기의 조선 언문본이다.

한국 출판의 특징은 활자가 판각을 압도한다는 점이다. 조선의 서유구徐有榘[127]는 관과 민간에서 소장하고 있는 것은 태반이 활판본이며 "대추나무에 판각을 한 것은 천에 하나뿐이다"라고 했다. 이는 중국이 목판위주고 활자가 보조였던 것과는 정반대다. 조선의 활자 역시 필승의 활판에 그 기원을 두고 있다. 조선 김종직金宗直은 "활판의 방법은 심괄에게서 시작되었고 양유중楊惟中이 성행시켰다"(楊惟中을 楊古로 씀)라고 했다. 서유구는 《누판고鏤板考》에서 "활판의 방식은 처

123_ 《무예도보통지武藝圖譜通志》는 규장각 검서관인 이덕무, 박제가와 장용영 장교인 백동수 등이 정조의 명으로 1790년(정조 14년)에 편찬한 훈련용 병서이다. 임금의 명으로 만들어졌다 하여 《어제무예도보통지御製武藝圖譜通志》라고 했다. 원서에서 장수민은 正宗 李算으로 썼는데 이를 정조 이산李祘으로 바로잡는다. 祘은 算의 이체자이다. 본 '한국' 부분에서는 검토해야 할 부분이 많지만 원서대로 번역하였고 명백한 오류 및 오자가 간혹 나오는데 최대한 잡으려고 노력했지만 힘이 못미친 부분도 많이 있을 것으로 생각된다.

124_ 한글 창제는 1443년이고 반포한 해는 1446년이다.

125_ 한국측 자료에는 1447년에 간행한 것으로 되어 있다.

126_ 《법화경》에 세조가 구결을 달고 간경도감에서 번역을 붙혀 간행한 책이다. 모두 7권이 있다. 책의 체제와 번역은 목판본 《능엄경언해》와 일치한다.

127_ 서유구(1764~1845)는 조선 후기의 실학자이다. 정약용과 함께 18, 19세기 실학계열의 농업개혁론을 대표하는 학자로 본관은 달성, 자는 준평準平, 호는 풍석楓石이다. 현재 파주시에 있는 '임원경제연구소'에서 그의 전집을 번역 출간하고 있다.

음에 심괄의 《몽계필담》에서 시작되었고 동본서적東本書籍에서 가장 많이 그 방법을 사용했으니 공력을 줄일 수 있고 일의 진척이 빠르다"고 했다. 조선의 노동자들은 필승 활판의 원리를 이용하여 새롭게 옛 것을 바꾸어 각양각종의 활자를 만들어 내었으니 청출어람이라고 할 수 있겠다.

조선은 필승의 교니활자를 모방하여 일종의 도자陶字를 구어냈는데 1722년 도자로 명나라 유인劉寅의 병서 《삼략직해三略直解》를 인쇄한 것이 현재 전해온다. 또 독특한 표활자瓢活字를 창조했는데 이를 호로활자葫蘆活字라고도 하며 현존하는 《경사집설經史集說》이 표활자본이라고 한다.[128]

1376~1895년 한국은 목활자를 전부 28차례 제작했는데 어떤 때는 1년에 두 차례나 제작한 적도 있다. 《강희자전》체體, 전겸익의 《초학집初學集》체, 필서체筆書體, 인서체印書體 등이 있다. 1376년 《통감강목通鑑綱目》을 목활자로 간행했고 후에 《인조실록》《효종실록》을 목활자로 인쇄했다. 현존하는 최초의 목활자판은 1395년의 《공신도감功臣都監》이 있다.

한국 인쇄사에 있어 가장 탁월한 성과는 가장 먼저 대량의 금속활자를 제작했다는 점인데 주로 동활자다. 동활자를 주조하기 전에 먼저 황양목에 글자를 새기고 해변에서 채취한 고운모래 위에 찍고 음각문 흙모형을 만든다. 이런 후에 동을 녹여 모형의 구멍에 부어 넣어 하나 하나 글자를 만들었다. 그 주조 시기가 빠르고 수량의 많음은 세상에 필적할 것이 없다. 고려 고종 21년(1234)에 최이崔怡는 주조자를 이용하여 《상정예문詳定禮文》 50권을 인쇄했다. 또 1239년에 장인들을 모집하여 다시 주자본鑄字本 《남명증도가南明證道歌》를

128_ 한국에서는 포활자匏活字라고도 한다. 도주자본陶鑄字本 《경사집설經史集說》도 있다.

만들었으니 원래 주자본은 이전에 이미 있었음을 알 수 있다. 조선 동활자는 동합금으로 일본사람 가모 기이치[加茂儀一][129]는 1455년 을 해 동활자를 동이 79%, 주석이 13% 포함되어 있고 나머지는 소량의 아연, 철, 납 등이 포함되었다고 분석했다.

이태종李太宗(방원)은 중국서적이 모두 조선에 전해질 수도 없고, 목판 역시 천하의 책을 다 새길 수도 없고 더구나 오래되면 글씨가 희미하여지는 단점이 있음을 알았다. 이리하여 동을 주조하여 글자를 만들고자 주자소를 설립하니 몇 개월 만에 글자 수십만 자를 주조했고 그때가 영락 원년 계미년(1403)이라서 이를 '계미자癸未字'라고 한다. 그의 아들 세종이 1420년에 '경자자庚子字'를 제작했다. 1434년 선덕 9년 갑인년에 또 이천李蔵에게 '갑인자甲寅字'를 제조하도록 명하여 무릇 20여만 자를 만드니 보석같이 아름답고 하나하나가 모두 균일하고 글자체도 아름다워 '전국지부서傳國之符瑞' '조선만세지보朝鮮萬世之寶'라 불리었다. 속칭 '위부인자衛夫人字'라고도 하는데 사실은 명 영락 연간의 한림학사가 쓴 《위선음즐爲善陰騭》·《효순사실孝順事實》에 근거하여 자본字本을 만든 것으로 왕희지王羲之의 스승인 위부인(이충李充의 어머니)과는 전혀 상관이 없다. 갑인자가 나온 지 3백 년 동안 5차례에 걸쳐 갑인자를 모방한 주조가 있었는데 그 안에 철鐵갑인자가 한 번 있다. 세종 18년 병진년(정통正統 원년, 1436)에 또 '병진자丙辰字'를 주조했는데 특대特大 연활자로 세계에서 제일 먼저 출현한 연활자다. 이 연활자를 이용하여 본문을 쓰고 갑인자를 이용하여 주문注文을 써서 연활자 동활자가 혼합배열된 《통감강목通

129_ 가모 기이치加茂儀一(1899~1977)는 과학사 학자이다. 도쿄 상과대학 졸업, 중앙기상대 기상기술관양성소 교수, 도쿄공업대학 교수, 도쿄사회과학연구소 이사장, 오타루(小樽) 상과대학 학장, 관동학원대학 교수 등을 역임했다. 일본과학학회 회장(1964~1970)을 역임했다.

魏

魏南兗州民刼刺史舉州降梁梁主以世

明為征西大將軍不受固請北歸至洛陽

以節歸鄉里不仕

芳之族子也世居彭城

四年魏普泰二中 春正月梁

孝武帝脩永熙元年

以袁昂為司空○梁封西豐侯

正德為臨賀王 正德自結於朱异异言

正德失職故王之

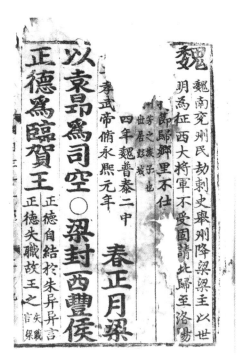

[그림 188] 세계최초의 연활자본. 정통 원년(1436) 조선에서 간행한 《통감강목》, 글은 특대자인 연활자이고 그 속의 작은 주는 갑인자다.

西坡集卷之九

疏

辭兼世子侍講院說書疏 顯宗甲寅

伏以臣於千萬夢寐之外伏聞有新除之命兢惶隕

越罔知置身之所也第竊伏念春坊兼任素稱極選

苟非名論所歸莫宜居之而顧臣空疎鹵莽最居人

西坡集

辭賦五詩千三百六十 絶句三百十四近體九百九十三排律七古詩

二十七 句十九 文三百四十七幷雜識因得編上下

附錄二編合爲千一百七板

上之五年己酉季春以鐵字始印役百四十餘日

而告訖凡印三百本 子遂燁蒙恩宰永柔捐俸餘就工

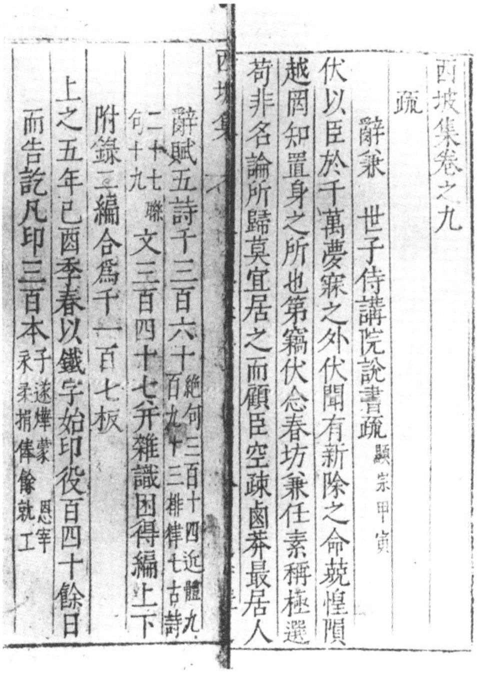

[그림 189] 조선 특유의 철활자鐵活字, 영조 5년(1729) 《서파집西坡集》, 글 속의 '철자鐵字'에 주의.

鑑綱目》[그림 188]을 인쇄했다. 조선에서는 또 독특한 철활자를 창제했는데 1729년에 철활자를 이용하여《서파집西坡集》[그림 189]을 인쇄했고, 1741년에는《노릉지魯陵志》, 1808년에는《순암집醇庵集》등 6~7종을 간행했다.

이전에 필자가 쓴《조선주조금속활자년표朝鮮鑄造金屬活字年表》에서는 1403년부터 1863년까지 12차례라고 했다. 그런데 스웨덴 에즈런(S. Edgren)이 보내온《조선인쇄》에는 금속활자 부록 영문표에서 22차례, 한문표에서는 32차례인데 그중 1452년 '임신자壬申字'와 1471년 '신묘자辛卯字'는 에즈런에게는 없었다. 중복된 것을 제외하면 34차례나 된다. 그 안에 연활자가 2번, 철활자가 6번이고 나머지는 모두 동활자다. 그중 15세기에는 12차례로 가장 많이 주조했고 16세기는 4번이고 그 후에는 각각 5번, 6번, 7번을 했다. 글자를 주조할 때에 30만자가 두 번이고 다음으로는 20만자, 또는 15~6만자가 있었고 적어도 8만 혹은 6만자였으므로 주조한 글자수는 총 약 4~5백만 개에 달한다. 한국국립중앙박물관에 현재 동활자, 철활자, 목활자, 도활자가 약 60만 개가 보관되어 있는데 대개는 18, 19세기 물건이다. 그중 세 차례의 개인 주조를 제외하면 나머지는 모두 관에서 주조했으니 정부에서 이처럼 글자주조를 중시한 것은 중국의 명청 양대에서도 따를 수 없는 일이었다. 매번 주자鑄字할 때마다 반드시 대량의 서적을 인쇄 간행했다. 15세기 말에 성현成俔의《용재총화慵齋叢話》에서 "성묘成廟의 학문이 깊고 넓으니 또 교서관에 명하여 간행하지 않은 책이 없다.《사기》·《좌전》·전후《한서》·《진서晉書》·《당서唐書》·《송사宋史》·《원사元史》·《강목綱目》·《통감通鑑》·《대학연의大學衍義》·《고문선古文選》·《문한류선文翰類選》·《사문류취事文類聚》·《자경편自警編》·《구양수문집》·《소식문집》·《주자성서朱子成書》·《두시杜詩》·《형공집荊公集》·《진간재집陳簡齋集》…

등이 있다"라고 했다. 김종직金宗直도 "주자鑄字를 이용해 책을 간행하니 경·사·자·집集 없는 것이 없다"고 했다. 조선이 흥성할 때 교서관은 하루에도 책을 인쇄하지 않는 날이 없었다. 매번 북경에 갔던 사신들이 돌아올 때는 중국서적 중에서 국내에서 귀하다고 생각되면 구입하여 반드시 가지고 와서 인쇄하여 널리 유포했다. 그러므로 관이나 개인 서적이 많아 다 읽을 수가 없었다. 정원용鄭元容은 "운각芸閣[130]에서 인쇄를 하니 인쇄하지 않은 책이 없다"고 했다. 17세기 전 조선이 글자를 주조하여 책을 간행한 성황을 엿볼 수 있다. 17세기 말에 국가에 여러 일이 있게 되자 1년이 지나도록 한 권도 인쇄를 못한 경우도 있다. 18, 19세기에 이르러 주자鑄字하여 책을 간행하는 것이 또 성행했다.

조선의 주자 도서 간행은 정밀하게 분업을 했다. 교서관 안에 6명의 야장冶匠이 있어 구리와 쇠의 금속재료를 제련했다. 주장鑄匠은 8명이 있었는데 이들은 활자를 주조했다. 각자장은 14명이 있었으며 전문으로 나무 모형을 새겼다. 균자장均字匠은 40명이 있었고 이들은 전문으로 글자를 배열했다. 인출장은 20명이 있었고 이들은 전적으로 인쇄를 맡았다. 또한 판각장, 목장, 지장紙匠이 있었다. 창준인唱准人[131]이 있어 전문으로 교정대조를 관리했고 감인관監印官·감교관監校官·보자관補字官 등 모두 1백여 명이 있었다. 정부는 교서관

130_ 경서의 인쇄나 교정, 향축香祝, 인전印篆 등을 맡아보던 관아로 태조 원년(1392)에 창설한 교서감을 태종 원년(1401)년에 개칭했다. 정조 6년(1782)에 규장각에 편입되었다.

131_ 교서관 소속의 잡직으로 본래 사준司準으로 불렸으나 영조 때에 창준으로 개칭되었다. 인원은 14인으로 생도 중에서 선발하여 충당했다. 주된 업무는 서책 간행이었다. 서책 간행 후 책에서 발견되는 착오에 따라 감인관(監印官: 교서관 소속)으로부터 상벌을 받았는데, 착오가 없으면 별사(別仕: 元仕 이외에 특별히 근무한 일수)를 받고, 권당 3자 이상의 오자가 있으면 근무일수를 삭제당했다.

이 조판組版하여 인쇄한 서적에 대하여 반드시 상벌을 주었다. 잘못이 없으면 감인관이 상을 내리도록 임금께 주청하였고, 권마다 글자가 한 자 틀리면 감인관과 균자장은 태형 30대를 맞았다. 권당 한 글자라도 너무 짙거나 너무 흐려도 인출장이 태형 30대를 맞았다. 그래서 이광李洸은 "절대 틀린 글자가 없다"고 했다. 세종은 주자를 중시했기 때문에 주자장에게는 특별히 우대하여 대장·부대장의 직함을 수여하고 그 처자식에게 월급을 지급했으니 다른 장인들에게는 없는 처우였다. 이런 커다란 상이 있었기 때문에 당시에 아름다운 갑인자를 만들어 낼 수 있었고 세계에서 최초로 연활자를 만들어 낼 수 있었다. 이천李蕆은 경자자와 갑인자 두 차례 주조에 있어서 배자법排字法을 개량하여 더욱 공이 크다.

한국에서 근자에 1298년 고려 때에 간행한 《청량답순종심요법문清涼答順宗心要法門》을 발견했는데 현존 세계에서 가장 오래된 금속활자본이라고 들었다. 12년 전[132]에 파리 박람회에 출품했던 흥덕사에서 주조 인쇄한 백운화상白雲和尚이 초록한 《불조직지심체요절佛祖直指心體要節》보다 70~80년이 앞선 것이다. 또 1420년 경자庚子 동자본銅字本 《진문충공문장정종眞文忠公文章正宗》·《자치통감강목資治通鑑綱目》, 1434년 갑인 동자본 《당유선생집唐柳先生集》이 있다.

조선은 명나라의 《대통력》을 계속하여 사용했으며 이외에도 관상감觀象監과 교서관에서도 책력을 간행했다. 해마다 책력을 반포했는데 관상감에서는 4천 건을 인쇄했고 여러 사司, 여러 읍邑 및 종친 문무당관 이상에게 지급했다. 중국 동전이 통용된 것을 제외하고도 스

132_ 아마도 1972년 5월 프랑스 국립도서관에서 개최된 '세계도서의 해' 기념전에서 재불박사 박병선 씨가 세계최초의 금속활자본이라는 연구를 발표한 것을 말하는 것 같다. 이 책 《중국인쇄사》 초판본을 1985년 6월에 탈고했다는 것으로 이를 짐작할 수 있다.

스로 '상평통보常平通寶' 등의 돈을 주조했고 또 중국에서 행해지고 있는 지폐를 모방하기도 했다. 저화楮貨 1장에 쌀 1승이었으며 당시 사첨시司贍寺에도 인출장과 저폐장楮幣匠이 각 2명씩 있었다.

《고려장高麗藏》중 태조 왕건王建을 피휘하느라 '建'자는 전권에 걸쳐서 필을 생략했다. 조선에서는 피휘하지 않았다. 고려에서 판각할 때는 요나라와 금나라의 연호를 사용하기도 했으나 조선에서는 완전히 명나라의 여러 황제 연호를 사용했다. 명나라가 망한 후에도 습관적으로 숭정을 기원으로 하여 사용했는데 가령 숭정재갑자崇禎再甲子(1744), 숭정후삼도계해崇禎後三度癸亥(1803), 숭정기원崇禎紀元 201년 술자戊子(1828)라고 했다. 또 만력을 기원으로 한 것도 있으니 만력임진후재임진萬曆壬辰後再壬辰(1712)이라고 했다. 이는 만력제가 조선을 원조하여 왜구를 물리쳤기 때문에 조선백성들이 그에 대한 감사로 청나라의 연호는 적게 사용했기 때문이다. 어떤 때는 간지만 쓰고 후에는 기자箕子가 한국으로 온 후 몇 년이라고도 쓰고 혹은 대조선개국 몇 년이라고도 썼다.

남송 장서가 우무尤袤는 《고려역일高麗曆日》·《고려행정록高麗行程錄》·《해동삼국통록海東三國通錄》을 소장하고 있었다. 송나라 장단의張端義는 《귀이집貴耳集》에

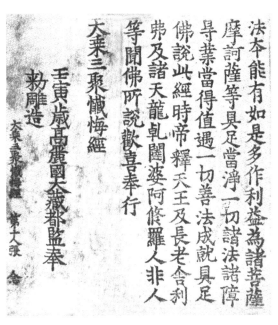

[그림 190] 《고려장경高麗藏經》고려 고종 29년 임인년(1242)에 간행한 《대승삼취참회경大乘三聚懺悔經》, 행관行款이나 자체는 송 《개보장開寶藏》을 모방했다.

서 "고려는 고대의 기이한 책이 많다"고 했다. 국가도서관에《대승삼취참회경大乘三聚懺悔經》1책[그림 190]이 있는데 "임인세고려국대장도감봉칙조조壬寅歲高麗國大藏都監奉敕雕造"라고 적혀 있으며 1242년 간행된《고려장》영본零本[133]이다. 또한 조선의 주자본鑄字本·목판본이 약 5백 종이 있다. 절강성도서관에는 조선판이 근 220종이 소장되어 있으며 명 선덕 3년 동활자본 43책,《문선오신주文選五臣注》(천순 원년),《창진집瘡珍集》,《본조경험방本朝經驗方》이 있으며 다른 도서관까지 합하면 약 1천 수백 종이 소장되어 있다. 주로 중국도서를 번각한 것으로 조선인 저작은 약 10분의 2~3이다. 중국에서는 조선본에 대하여 줄곧 호평을 해왔는데 내용이 완전하고 틀린 글자가 적기 때문이다. 간혹 일서佚書와 이본異本도 있다. 희고도 견고하기가 비단같은 고려지를 사용하여 인쇄했는데 먹색의 농담이 균일하고 굵은 실로 장정을 한 것이 튼실하며 대자대본大字大本으로 좋지 않은 것이 하나도 없다. 과거에 관이나 개인들의 저서에는 모든 조선본을 고려본이라고 칭했지만 실상은 주로 조선 인본이고 진정한 고려시대의 인본은 아주 적다. 고려장에서 "建"자의 필획을 생략한 것은 고려 태조 왕건을 피휘했기 때문이다.

일 본

나이토 도라지로[內藤虎次郎] 박사는 "일본의 문화는 사실상 중국문화의 연장으로 중국 고대문화가 줄곧 연속하여 지금에 이른 것이다"고 말했다. 일찍이 동한 건문建武 중원中元 2년(57)에 왜국은 사신을

133_ 영본은 완전하지 않은 총서를 말한다. 총서는 모두 한 벌(세트)로 되어 있는데 만일 총서 중에 없어진 것이 있으면 이 총서는 완전하다고 할 수 없다. 이런 총서를 영본이라고 한다.

낙양에 파견했다. 광무제는 '한위노국왕漢委奴國王'(委는 즉 倭) 5자의 글자가 있는 황금인을 주었다. 《논어》 역시 일찍이 일본에 전해졌다. 후에 중국과 한국 두 나라를 거쳐서 불교가 전래되었다. 6세기 말에는 불교가 점차 일본의 국교가 되었다. 다이카[大化] 혁신 646년 후, 전국에서는 대당문화를 학습하자는 열기가 고조되어 견당사를 10여 차례나 파견했고 장안에 와서 공부하는 유학생과 승려들이 아주 많았다. 예를 들면 조형晁衡(혹은 朝衡으로도 씀, 즉 아베노 나카마로[阿倍仲麻呂])는 16세에 유학을 와서 관직이 비서감秘書監에 이르렀고 후에 당나라의 진남도호鎭南都護가 되어 이백·왕유 등과 우정을 쌓았다. 종예宗叡 역시 일본에서 당에 온 승려 중 하나로 865년에 귀국할 때 경권 이외에 인본《당운唐韻》·《옥편》 등의 자전류를 가지고 갔다. 북송 초에 죠넨[奝然]은 중국에 와서 인본《대장경》을 청하여 가지고 갔다. 남송 때 슌죠[俊芿]화상은 귀국할 때에 불경 이외에 유교 서적과 잡서 7백여 권을 가지고 갔다. 일본 승려가 송 경정景定 5년 (1264)에 송나라 승려 도륭道隆(일본 겐쿄지[建長寺]의 초대 주지)[134]의 《대각선사어록大覺禪師語錄》을 가지고 갔는데 승현嵊縣과 신창新昌의 각자공들이 판각한 판이다.

일본사람들이 스스로 판각을 했다는 설에는 여러 가지가 있다. 시마다 칸[島田翰]은 "판각한 일은 6조六朝에서 처음 시작되었고 우리에게 전해진 것은 실로 호우키[寶龜][135]보다 먼저다"고 했다. 양주의

134_ 겐쿄지[建長寺]는 가나가와 현 가마쿠라[鎌倉] 시의 산에 있는 선종 사원으로 임제종臨済宗 겐쿄지 파의 대본산이다. 싱세힌 졀외 이름은 켄쿄고코쿠젠지 [建長興国禅寺]다. 가마쿠라 시대인 겐쿄[建長] 5년(1253)에 창건되었고 본존 은 지장보살이며 창립자는 가마쿠라 막부 제5대 집권자였던 호죠 토키요리 [北条時頼]이다. 초대 주지는 남송의 선승 도륭道隆이고 제2대 주지 역시 남송 의 올암보녕兀庵普寧이었다. 원서에는 1264년도에 도륭의 책을 일본으로 가 지고 갔다 하고 도륭은 초대 주지였다고 하니 아마도 사람이 먼저 가고 책이 나중에 간 것이 아닌가 생각된다.

고승 감진鑑眞(763년 입적)이 754년에 일본에 도착하여 두부와 미소(일본식 된장)의 제조법을 전해 주었다. 감진화상은 왕희지의 행서진적行書眞跡 1권과 불경 및 본초학을 가지고 가서 일본 율종의 시조가 되었다. 일본 승려 겐도[玄棟]는 그를 "율삼대부律三大部를 처음으로 판각 인쇄했다"고 했는데 이는 아마도 잘못 전해진 것 같다. 이전에는 호우키(770)본《무구정광경근본다라니無垢淨光經根本陀羅尼》등 4종에 대해 소위《백만탑다라니百萬塔陀羅尼》(일본 도다이지[東大寺]에 3백여 부가 있음)가 세계 최고의 인쇄품이라고 하는 것에 대해 필자는 의심을 품었다. 지금 한국에서 이것보다 몇십 년이 더 빠른 불경이 발견되었다는 설이 있으니 호우키본 역시 믿을 만하다. 겐지[寬治] 2년(1088)에 이르러 승려 한분이《성유식론成唯識論》을 판각했다.

일본 승려의 풍속도 당시 중국처럼 불경을 인쇄하여 보시하는 것이 큰 공덕으로 재난을 없애고 장수하며 중생들을 구제하고 망자들을 제도濟度하여 왕생극락한다고 여겼다. 12세기 후에 불경판각 사업이 잇달아 일어나니 소위 '가스가판[春日板]'·'고야판[高野板]'·'고산판[五山板]' 등의 명칭이 생기게 되었다. 철안선사鐵眼禪師는 복건 은원隱元(이름은 융기隆琦) 선사의 도움으로 그의 스승이 일본에서 황벽종黃檗宗[136]을 창립한다는 것을 알고 보시를 발원하여 1669년부터 1681

135_ 일본 연호의 하나로 770~780년 사이다.
136_ 불교 선종의 한 파로 복건성 복청福淸의 황벽산黃檗山에서 그 이름을 취했다. 당 정원貞元 5년에 정간正干선사가 6조 홍인弘忍의 법을 전수받아 황벽산에서 창립했다. 희운希運이 거주하며 대대적으로 종법을 흥성하게 했다. 희운이 입적 후에 임제臨濟 의현義玄 등의 승려들이 번성을 주도했다. 황벽의 도량과 임제의 종풍宗風이 성쇠를 거듭했다. 송대에는 성하고 원대에는 폐했다가 명대에 이르러 부흥했다. 숭정 9년에 은원이 이 산으로 와서 황벽도를 다시 한번 중흥시켰다. 후에 일본승려의 청에 의해 남명 영력永曆 8년에 일본으로 건너가 교토에 황벽산 만불사를 건립했고 후에 일본 황벽종의 시조가 되었다.

년까지 명 만력《경산방책대장徑山方冊大藏》을 번각했는데 이를 '황벽판黃檗板'이라 하며 두 판의 판식과 글자체는 완전히 같다.

송대 유학자들은 대부분 참선을 했는데 일본에 간 송·원의 선승들이 적지 않았고 이리하여 일본 선종은 몹시 성행했다. 일반 사원에서 승려들은 불경어록 이외에도 또한 속세의 책을 좋아하여 다른 경전의 번각도 많아졌다. 일본에서 첫 번째로 간행된 유교경전으로는 호우지[宝治] 원년(1247) 뒷골목에서 송나라 무주본에 의거하여 번각한《논어집주論語集注》가 있다. 후에 승려 소경素慶이 각자공에게 명하여《고문상서공씨전古文尙書孔氏傳》을 판각했는데 그는 승려가 유학서적을 간행하는 것이 자신의 직무 범위를 넘어선 간섭이라고는 생각하지 않았으니 의를 보고 용감히 뛰어들었다고 할 수 있겠다. 일본사람이 가장 중시한 것은 중국 의서로 봤다 하면 반드시 구입했다. 센난[泉南][137]의 아사이노 가단[阿佐井野家瑞][138]은 명나라 웅종립熊宗立의 성화成化 3년본《명방류증의서대전名方類證醫書大全》24권을 보고는 '의서의 보배'라고 생각하고 사재를 털어서 이를 간행했으니 이것이 바로 다이에이[大永] 8년(1528)본《의서대전醫書大全》으로 일본에서 스스로 간행한 비교적 이른 시기의 의서이다.

일본 초기에는 불경·유학서적·의서와 기타 잡서를 막론하고 모두 한문이었지만 그 읽는 법이 같지 않았다. 그래서 판각할 때에 '훈점訓點'·'화점和點' 혹은 '왜점倭點'을 새겨야 했다. 겐코[元亨] 원년(1321)에 처음으로 히라가나[平假]를 부기한《흑곡상인어등록黑谷上人語燈錄》이 출현했다. 20여 년이 지나서 가타가나[片假]가 있는《몽중문답집夢中問答集》이 출현했다. 중국의 승려 범선梵仙 역시 가나 글자

137_ 현재 오사카의 남서부 지역.
138_ 아사이노 집안에 관한 자료 중에 阿佐井野宗瑞는 찾아볼 수 있었지만 阿佐井野家瑞에 관해서는 자료를 찾을 수 없었고 그의 이름도 확실한 발음을 알 수 없다.

[假字]를 제창했으나 17세기 전에는 이런 일문판은 아주 소수일 뿐이다.

중국 승려들은 일본에 가서 불법을 선양하면서 일본인들을 격려하여 불서를 판각하고 또한 자신의 저서도 간행했다. 송말의 선승 정념正念(호는 대휴大休)은 영파의 천동산天童山을 떠나 일본 관동으로 갔는데 세 곳에서 주지를 했다. 후에 자신의 저서《불원선사어록佛源禪師語錄》을 친히 번거로운 곳을 삭제하여 고안[弘安] 7년(1284)에 각자공에게 명하여 간행했다. 중국 승려들은 목판을 새기는 데 돈을 출자했을 뿐만 아니라 어떤 이는 친히 판목위에 글을 쓰기도 했다. 즉 대휴가 책을 간행한 그 해에 송나라 요일了一은 10여 권의《법화삼대부法華三大部》와 주소注疏를 썼으며 같은 책에 "대송인노사랑서大宋人盧四郎書"라는 글이 있다. 이로써 송나라의 승려나 속인들 모두 이 서판의 글자를 쓰는 일에 참가했음을 알 수 있다. 이뿐만이 아니라 원·명 양대의 각자공 약 50여 명이 멀리 일본까지 가서 직접 판각을 했으니 그중 가장 유명한 사람이 바로 강남의 진맹영陳孟榮과 보전莆田의 유량보俞良甫 두 사람이다.[155] 그들은 불경만을 판각한 것이 아니라 또 수많은 당·송 유명작가들의 작품도 번각하여서 일본문학에 대한 공헌이 크다. 그들의 높은 솜씨의 지도하에 자연히 현지의 우수한 각자공 몇 명을 배출할 수 있었다.

일본에서는 활자판을 '일자판一字版' '식자판植字版'이라 부르거나 혹은 중국을 모방하여 '취진판聚珍版'이라고도 불렀다. 그 유래는 두 가지가 있다. 하나의 유래는 1590년 이탈리아 예수회 선교사 범리안[139] 이 인도의 고아[140]에서 일본으로 올 때 서양활자 인쇄기를 가지고 왔

139_ 중국어 표기는 范利安, 본명은 확인되지 않는다.
140_ 고아(Goa). 인도 서해안의 봄베이 남쪽에 있는 옛 포르투갈 영토. 수도는 판짐.

다. 그 다음 해에 《성자지어작업聖者之御作業》을 간행했는데 이는 일본에서 인쇄한 첫 번째 서양서적이다. 후에 규슈 서부의 아마쿠사시마[天草島]와 나가사키[長崎] 두 곳에서 계속하여 간행을 했으며 통칭 '절지단본切支丹本' 혹은 '절리지단본切利支丹本'이라고 하는데 즉 Christian edition의 음역(기독교본)이다. 교회 홍보용으로 만들었는데 현재 약 20여 종이 남아 있다. 일본은 자칭 '신국神國'이라고 하며 엄격히 이교를 금했기 때문에 그래서 서양언어로 인쇄된 것은 그저 한 번 나타났지만 일본 문화에 대해 그다지 영향을 주지 못했다.

또 하나의 유래는 조선이다. 시마다 칸은 "우리가 말하는 황국활자법은 조선에서 전해졌다"고 했다. 그러므로 게이쵸 2년(1597) 목활자본 《권학문》에는 "이 방법은 조선에서 왔다"는 말이 있다[그림 191]. 1592년에 도요토미 히네요시[豊臣秀吉]가 조선을 침략했는데 조선의 활자를 빼앗아 가지고 가서 비로소 활자인쇄술이 있다는 것을 알게 되었다.

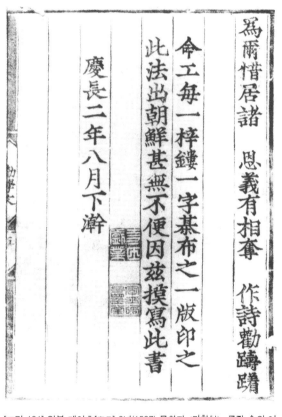

[그림 191] 일본 게이쵸[慶長] 2년(1597) 목활자 《권학문》. 문장 속의 이 구에 주의할 것.

일본은 이 새로운 방법을 배우고 나서 경제적으로 간편했으므로 관이나 개인이 모두 이를 채용하는 것을 좋아했다. 가장 최대의 공사는 목활자를 이용하여 전체 《대장경》6323권을 인쇄한 것이다. 승정僧正 덴카이[天海, 1536~1643]가 발기하여 간에이[寬永] 14년(1637)부터 시작하여 게이안[慶安] 원년(1648)까지 12년을 거쳐서 비로소 마치니 그 시간은 상술한 《황벽판장경》보다도 30여 년이나 이르다. 중국과 조선은 비록 수차례 《대장경》을 판각했으나 활자를 이용한 적은 없는데 일본이 먼저 조판인쇄에 성공했다. 목활자가 유행한 후부터는 일본 인쇄사업 역시 사원의 승려들 손을 떠났으며 그 범위 역시 불교문화에 국한되지 않았다. 이를테면 《사기》·《후한서》·《정관정요貞觀政要》·《동파·산곡시》·《태평어람》 등 제자백가와 각종 의서·필기筆記·소설 등 모두 중국이나 조선의 원본에 근거하여 인쇄하였다. 동시에 일본어로 쓴 문학서 《이세 모노가타리[伊勢物語]》[141]·《다이헤이키[太平記]》·《겐지 모노가타리[源氏物語]》등을 출판했다.

　일본 활자에는 목활자와 동활자 두 종류만 있는데 동활자는 즉 조선에서 주조한 것이다. 시마다 칸은 또 "처음에 게이쵸 활자인줄 알았지만 실은 조선에서 주조한 것으로 도요토미 히데요시가 조선을 침략했을 때 도서와 활자를 우리 병졸들이 몰수한 것이다"고 했다. 야마노이 시게아키[山井重章][142]는 《군서치요群書治要》의 발문跋文에서 "겐나[元和] 2년(1616)에 곤치인스덴[金地院崇傳][143]과 하야시 도[林道春]에게 한국 정벌시 획득한 동활자로 인쇄하도록 명했다. 글자가 부족하여 한족인 임오관林五官에게 명하여 주조를 더하도록 했다. 또 인쇄공을 수도에서 모집하여 고산[五山][144]의 승려들이 교정을 책임지도록

141_ 원서에는 《伊氏物語》라고 되어 있으나 아마도 《伊勢物語》의 오기인 듯하여 바로잡는다. 《源氏物語》가 있으니 저자 장수민이 잘못 이해한 듯하다.

142_ 山井清渓(やまのい せいけい, 1846~1907)로 더 알려져 있으며 이름이 重章이다.

143_ 金地院崇傳(1792~1857), 에도 전기의 임제종臨濟宗의 승려이다.

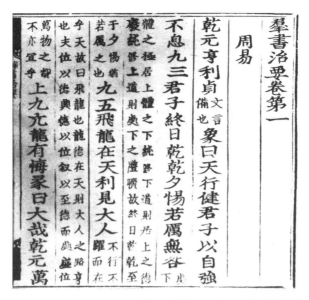

[그림 192] 《군서치요群書治要》일본 동활자본, 스루가[駿河]판,* 겐나 2년
(1616) 간행, 여기에 쓰인 활자는 조선에서 강탈해온 것이고 부족할 때
는 중국사람 임오관에게 더 주조하도록 했다.

했다"고 했다. 이상 두 학자는 모두 일본의 동활자는 조선에서 강탈
해 온 것이라고 거리낌 없이 말하고 있다. 한족 임오관은 동활자
대·소 1만 3천 개를 더 주조했으니 이 책은 한국·일본·중국 세
나라의 승려와 민간이 합작한 작품이다[그림 192]. 그러나 7년에 또
동활자로 송 마사본麻沙本《황송류원皇宋類苑》을 간행했다. 일본 동활
자본은 비교적 적다. 메이지 유신 때까지 일본의 도서간행의 주류는
목판으로 소위 '정판整板'이다.

  일본 인쇄방면에서 비교적 두드러진 것은 채색의 '니시키에[錦
繪]'[145]이다. 메이와[明和] 2년(1765)에 우키요에 발명자인 스즈키 하루

144_ 일본에서 중국의 제도를 모방한 선사禪寺 격식의 하나로 정부가 주지를 임
    명했다. 아시카가 요시미츠[足利義滿] 시대에는 교토고산[京都五山]·가마쿠
    라고산[鎌倉五山]이 정해졌다.
 * 원서에는 《伊氏物語》라고 되어 있으나 일본 문학작품에 이런 작품은 없다. 아
   마도 《伊勢物語》의 오기인 듯 하여 바로잡는다. 《源氏物語》가 있으니 저자 장
   수민이 잘못 이해한 듯하다.

노부[鈴木春信]와 판화공 김육金六[146]은 당산唐山(중국)의 색채 투인본을 모방했다. 미인이나 풍경을 막론하고 모두 농후하게 일본민족의 특색을 표현했으며 찬란하고 화려하며 풍부한 색채는 사회적으로 광범위한 환영을 받았다.

일본은 1천여 년간 중국 역법을 사용했는데 자신들의 책력은 겐코[元弘] 2년(1332)에 최초로 히라가나의 책력을 간행했다. 지폐도 발행했는데 겐오[元應][147]·가랴쿠[嘉曆][148] 연간이라고 한다. 일본 출판품은 모두 자신들의 연호를 사용했으며 습관적으로 '년'자를 생략했다. 즉 '貞和丙戌'(1346), '慶長十七壬子'(1612) 이런 식이다. 서적상들은 자신의 출판물을 보호하기 위하여 명대 사람들이 "번각을 불허하며 천리까지 가서라도 반드시 추궁한다"라고 했던 경고식 어구를 습용했다.

일본에서는 판목에 새길 때는 주로 벚나무판을 사용했고 또 좋은 종이도 1백여 종류나 나왔다. 미노가미[美濃紙]·고야가미[高野紙]·스키하라가미[杉原紙]가 가장 유명하다. 녹모필鹿毛筆·송연묵松煙墨은 송대에서는 조공품이었다. 일본의 장정 역시 중국불경을 모방하여 권축장, 절장, 호접장이 있었고 대부분은 선장線裝이었는데 이를 '철본綴本'이라고 한다. 그 형식은 중국과 조선 양국의 중간으로 책은 조선의 크기를 따라가지 못하고 노끈 역시 조선처럼 굵지 않지만 그러나 상당히 견고하다. 책표지는 대체로 남자색의 은은한 꽃무늬가 새겨진 두꺼운 종이를 사용했고 아름답게 인쇄한 서첨書籤을 표지에 붙여 보기만 하면 그것이 일본식 장정이란 것을 알 수 있다. 일본책의 특징은 피휘를 하지 않은 점이다. 또 중국에서는 이미 실전된 수

145_ 일반적으로 말하는 '우키요에[浮世繪]'이다. 여러 색채가 있을 경우 특별히 '니시키에[錦繪]'라고 부른다.
146_ 인적 사항에 대해 알 수가 없어 한국 발음으로 했다.
147_ 일본의 연호로 1319~1320년간이다.
148_ 일본의 연호로 1326~1328년간이다.

많은 고서가 있는데 위에서 상술한 《군서치요群書治要》·《황송류원皇宋類苑》등 수백 종의 인본이 일본에 남아 있다. 중국에서 이전에 칭하던 '동양판東洋板' '화판和版' 혹은 '왜판倭板'은 일본의 간에이[寬永]돈과 함께 중국에 들어왔으며 지금 약 천 종 가까이 남아 있다. 국가도서관에는 고古 고야[高野]판 《반야심경비건般若心經秘鍵》, 고산[五山]판 죠와[貞和] 《감산운와기담感山雲臥記談》, 게이쵸[慶長] 목활자 《정토종요淨土宗要》등이 소장되어 있다.

월 남

월남도 조선이나 일본처럼 모두 중국서적을 좋아했다. 15세기에 여문로黎文老[149]는 "본국은 자고이래로 매번 중국서적, 약재에 의하여 도의를 밝히고 사람마다 천년의 성세를 누려왔다"고 했다. 19세기 말에 북월北越 일대에서는 중국의 약재인 천궁川芎·백술白術·당귀當歸 등을 매년 약 1만 담擔씩 수입했다. 역대로 사신을 중국 수도에 파견했으며 비싼 값을 아까워하지 않고 여러 가지 책들을 두루 구입하여 상자 가득, 낙타 가득 싣고 돌아갔으며 특히 《삼국연의》등의 소설을 좋아했다. 청나라 정부에서는 그들에게 《패문운부佩文韻府》·《고문연감古文淵鑒》·《연감류함淵鑒炎函》·《강희자전》등을 보냈는데 앞의 세 책은 옹정 4년에 보냈다.

일찍이 여조黎朝의 여용정黎龍鋌은 송 진종에게 《구경九經》과 《대장경》을 요구했다. 이조李朝 대조 이공온李公蘊우 또 송 진종에게 《대장경》및 《도장경道藏經》을 구하여 갔다. 이건덕李乾德은 또 두 차례 《석장釋藏》을 요구했다.[156] 송 신종은 인경원印經院에 명하여 이를

인쇄하여 보내도록 했다. 진조陳朝 초기에 병화로 장경이 불에 타 훼손되었으므로 다시 원나라에 청했다. 1295년에 진陳 영종英宗은 사신을 파견하여 원나라에서 《대장경》을 구하도록 했고 귀국하여 천장부天長府(지금의 남딘[南定])[150]에서 부본을 간행했다. 이는 월남 초기의 판각본이다. 4년이 지나서 또 불교 법사와 도량의 새로운 문장과 공문 격식을 인쇄 간행하여 국내에 널리 반포했다. 동시에 장원狀元 이도재李道載가 출가하여 북녕 영복사寧福寺의 주지가 되어 여러 경판을 판각하도록 했다. 월남은 비록 전체 《대장경》을 판각하진 않았지만 그러나 민간에서 엉성하게 간행한 불경은 적지 않다. 월남사학가 진문갑陳文玾 선생의 말에 의하면 하노이 원동고고학원遠東考古學院에 현재 《월남불전략편越南佛典略編》이 소장되어 있다고 하는데 약 4백여 종으로 판장版藏은 하노이와 북녕北寧·하남河南·해양海陽·순화順化 등 70곳의 사원 안에 있다고 한다. 그중 하노이 선법사闡法寺에서 판 20종을 소장하고 있으며 소치紹治·사덕嗣德 간본이 가장 많다고 한다. 비교적 이른 것은 여경덕黎慶德 4년(1652)에 간행한 《위산경책潙山警策》이고 가장 늦은 것은 계정啟定 9년(1924)이다. 그중 월남 승려의 저술은 약 20여 종이 있다.

월남정부는 유교경전을 출판했는데 처음 것은 여조黎朝 태종 여린黎麟이 소평紹平 2년(1435)에 간행한 《사서대전四書大全》판이다. 여호黎灝 광순光順 8년(1467)에 국자감의 《오경》관판官版을 반포했다. 여호는 성종聖宗으로 칭해지는데 당시 서판이 아주 많았으며 특히 문묘文廟(즉 공자묘, 《월남화보越南畫報》에는 문장묘文章廟로 오역되었음)에서 저장고를 만들었다. 여순종黎純宗(유상維祥) 용덕龍德 3년(1734)에 또 북판北版(즉 중국판)에 의거해 《오경》을 중각했다. 판이 완성되자 국

150_ 월남어로 지명을 알 수가 없어 원서대로 한자로 표기했다. 우리가 익히 아는 지명은 우리 습관대로 하였다. 예를 들면 사이공 같은 경우다.

학에 보관하도록 명하고 인쇄하여 반포시행하고 학자들에게 전수하도록 하고 북서北書 사는 것을 금지했다. 이 목적은 월판으로 북판을 대체하도록 함이었다. 또 완경阮儆·범겸익范謙益 등에게 《사서》·여러 역사·시림詩林·《자휘字彙》등을 나누어 판각토록 한 후 나누어 주고 시행했다. 여귀돈黎貴惇(1728~1784)은 《문견소록聞見小錄》에서 "매년 각 부府에서 반포하는 책은 《사서》·《오경》·마씨馬氏의 《문헌통고文獻通考》·《소명문선昭明文選》및 《통감강목通鑑綱目》등이다. 학관들은 이에 의하여 공부를 하고 과거 역시 이에 의하여 사람을 선발한다"고 했다. 서산신완西山新阮 완광찬阮光纘은 경성景盛 6년(1798)에 북성北城(즉 하노이) 관에서 《오경》·《사서》· 전체 월남에 관한 여러 역사를 간행했는데 이를 '서산판西山板'이라고 한다. 가륭嘉隆 원년(1802)에 완문성阮文誠이 《정관정요》10권을 헌상했다. 가륭 8년(1809)에 북성총진北城總鎮 완문성이 《대학연의》를 헌상하며 "신은 앙망하건대 덕의를 체득하기 위하여 잠시 그 책 한 권의 간행이 완성되어 임금께 올리니 보십시오. 엎드려 바라옵건대 인쇄 간행을 허락하여 반포해 주십시오"라고 했다(《대남실록大南實錄》권38). 완阮 시대 소치 연간(1841~1847)에 내각에 유시하여 《무경武經》41부를 간행하여 부대의 병사들이 학습하도록 나누어 주었다. 사덕 연간(1848~1883)에는 《농상의복農桑衣服》·《주현제강州縣提綱》·《포황고捕煌考》를 남북 여러 곳에 하사했다. 월남에서 번각한 중국서적으로는 또 《정관정요》·《대학연의》(가륭 8년 판각)·《수역주자록殊域周咨錄》·《무경직해武經直解》·《통감집람通鑑輯覽》·《치가격언治家格言》·《48효시화四十八孝詩畫》·《주매신전朱買臣傳》등이 있다.

월남에서는 중국판 번각 이외에도 또 그들 자신들의 저서도 간행했다. 이조李朝·진조陳朝에서는 시문이 아직 성지聖旨를 얻지 못해 감히 간행할 수 없었기에 그래서 전해져 오는 것이 적다. 황신부黃莘

夫가 편찬한 《군현부집群賢賦集》은 진조陳朝와 여조黎朝 초기에 지은 부부賦 1백여 편이 있고, 여黎나라 연녕延寧 4년(1458)의 서방각본이 있고, 보태保泰 9년(1728)에 중각본이 있다. 여나라 성종은 또 정치풍속과 관련된 전장들을 취하여 《치평보범治平寶範》을 만들었고 홍순 3년에 전국에 반포했다. 《제문制文》은 국자감 인본이다. 《대월사기전편大越史記前編》에 북성학당판北城學堂版이 있다. 《북사신간전편北史新刊全編》·《국조율례촬요國朝律例撮要》는 모두 하노이 유문당판柳文堂版이다. 《황월지여지皇越地輿志》는 관문당觀文堂 판이 있다. 순화판順化版《군서고변群書考辨》의 저자 여귀돈黎貴惇은 "안남의 왕안석"이라고 불리며 건륭 연간에 사신으로 북경에 왔었으며 책 속에는 중국의 주패련朱佩蓮과 조선의 홍계희洪啓禧가 쓴 서문이 있다.

문집 방면에는 여나라 초기 공신으로 월남의 민족영웅이라고 불리는 완천阮薦(1380~1442)의 《억재집抑齋集》이 있다. 이전 완조阮朝 명명제明命帝의 큰아들 소치제紹治帝의 《소치어제명승도회시집紹治御題名勝圖繪詩集》은 소치 4년의 각본이다. 부춘富春 경성 안팎의 명승지 12경치를 그린 것으로 그 안에는 궁궐담과 북호의 풍경이 있으며 그림과 글자가 정교하게 판각되어 있다. 소치의 동생 10번째 왕자(명명제明命帝에게는 자녀가 142명이 있었음) 완면심阮綿審의 저서 《창산시고倉山詩稿》가 있다. 11번째 왕자 완면정阮綿貞의 저서 《위야합집葦野合集》이 있는데 광서 7년 장사長沙의 왕선겸王先謙의 서가 있으며 창산倉山·위야葦野라고 불리는 형제의 시문이다. 14번째 왕자 완금거阮綿寯는 《공초원집貢草園集》이 있다. 사덕嗣德 《어제월사총영御製越史總詠》7언절구 220수가 있다. 이상 셋은 모두 사덕 각본이다. 장등계張登桂 《장광계선생시집張廣溪先生詩集》, 배벽裴璧 《황월문선皇越文選》 역시 모두 간본이 있다. 또 《신조류세청쌍악어전가新造柳世淸雙鼉魚全歌》10권은 모두 7언 시구 장회체章回體로 의안부전가義安府前街 만리

생기장판萬利生記藏版이고 주로 간체자이다.

번안진藩安鎭의 시곤포柴棍鋪[151]는《가정통지嘉定通志 · 성지지城池志》번안진의 기록에 의하면 "중국인들이 섞여 사는 곳에는 점포가 큰 거리 3리에 뻗쳐 있는데 비단 · 자기瓷器 · 종이 · 보석장식 · 책방 · 약국 · 찻집 등의 점포가 남북으로 연해 있으며 없는 물건이 없다"고 되어 있다. 명명明命 원년(1820)에 옛 전적典籍을 요구하여 이부상서인 화교 정회덕鄭懷德이《가정통지嘉定通志》3권을 헌상했으며 (1863) 불어 번역본이 있다.

광동 뇌주雷州 사람 막천석莫天錫(족보에는 鄭天賜로 되어 있고, 번휘潘輝의 주에서는 또 鄭天錫으로 했음)은 하띠엔(Ha Tien)[152](이전에는 캄보디아에 속했음)을 개척하여 황무지를 옥토로 바꾸어 하띠엔 일대를 곡창지대로 만들어서 '항구국왕港口國王'이라고 불리웠다. '안법원보安法元寶'라는 동전을 스스로 주조하여 유통시켰다. 건륭 2년(1737)에 중국과 월남 사람 26명의 창화시唱和詩 320수를《하선십영河仙十詠》2권으로 간행했다. 그 안에는 아름다운 섬의 파도와 첩첩히 둘러싸인 산들의 10경을 묘사했으니 해국海國의 생생함이 드러날 뿐만 아니라 하띠엔의 지서志書가 되기도 한다. 태국왕은 월왕(가륭嘉隆)에게 편지를 보내 "막천석 부자는 하띠엔에 큰 공이 있습니다"고 했다.

월남의 참파(Champa) 의학은 한국과 일본처럼 모두 중국의학의 지류다. 월남 역사상 명의인 추손鄒孫 · 추경鄒庚 부자는 바로 북인北人 (중국인으로 원나라 때 월남으로 이주함)이다. 월남 의사는 중의와 중국약을 더욱 발진시켜 많은 책을 썼는데《중월약성합편中越藥性合編》·

151_ 사이공(중국어 표기는 西貢)으로 현재는 호치민으로 바뀌었다. 이곳에 차이나 타운인 촐롱(cholon, 중국어 표기는 提岸)이 있으며 촐롱은 베트남 경제를 좌지우지한다고 한다.

152_ 중국어 표기는 河仙이다.

《남약고변南藥考辨》·《남약신효南藥神效》 같은 책이 있으며 《남약신효》는 인본이다. 그러나 가장 유명한 것은 《나옹심령懶翁心領》이다. 여유탁黎有卓(1720~1791)은 "월남의 의성"이라 불리며 30년간 마음과 힘을 다해 《나옹심령》을 저술했는데 혹은 《해상의종심령海上醫宗心領》이라고도 하며 전질이 66권이나 된다. 내용이 풍부한 개인 의학 총서로서 그 안에는 내과·외과·산부인과·소아과 등이 있다. 또한 월남 약물을 논술한 《영남본초嶺南本草》가 있다. 그의 의학에서 가장 유용한 것은 청초 해염海鹽 사람 풍조장馮兆張의 《풍씨금낭비록馮氏錦囊秘錄》을 더욱 발전시킨 점이다. 청고淸高 화상이 출판을 책임 지고 사덕 32년에 시작하여 함의咸宜 원년(1879~1885)에 이르러 간행이 완성되었다. 매 권말에는 기부한 사람의 성명이 새겨져 있는데 그중에는 명향明鄉의 수재 석유성石裕誠이 돈 5관, 종이 3백 장을 기부했고, 청객淸客 진소陳紹가 돈 3관, 청객 임유귀林有貴가 2관을 기부했다는 기록이 있다. 소위 '명향明鄉'이란 월남 호적 중에 명대에 월남으로 넘어와 사는 유민을 말하고 '청객淸客'이란 '북객北客', 즉 당시의 화교를 지칭한다.

월남 남자喃字는 이조李朝 비문에 이미 나타나는데 한자를 모방하여 만들어 한쪽은 소리를 표시하고 한쪽은 뜻을 표시하는 새로운 글자이다. 만일 이음합二音哈이면 合자를 만들고 삼음파三音巴라면 吧자를 만들었다. 진조陳朝의 완전阮詮 및 호계리胡季犛는 일찍이 남자를 사용해 시문을 썼다. 《자치통감》·《대학연의》·《집사찬요集史纂要》·《주역국음결周易國音訣》·《시경월음주석詩經越音注釋》은 모두 남자를 이용해 역주했다. 그래서 월남판본은 4종류로 분류된다.

(1) 순수한문으로 번각한 북판 경서 및 불경이다. 완유阮攸의 《북행잡록北行雜錄》은 모두 한문시이다. 등태매鄧泰梅가 북경도서관에 필사본 1책을 보내주었다.

(2) 한문과 남자喃字 대조인 《삼자경》같은 책은 매 행 매 구 옆에 한자와 남자의 작은 주가 있다. 《대남국사연가大南國史演歌》는 상단은 한문이고 하단은 남자다.

(3) 순수한 남자喃字로 계정啟定 6년(1921)에 취문당본聚文堂本으로 유명한 월남소설 《금운교신전金雲翹新傳》이 있는데 하노이의 각 서점에서 출판을 가장 많이 했다.

(4) 국어, 즉 현재 라틴화된 월남문이다. 프랑스 제국주의의 대대적인 제창하에서 이전의 역사를 단절하고 중국문화와의 연계도 단절했다. 1883년에서 1912년간 소위 국어로 《삼국지》·《수호전》·《봉신연의》·《동·서한잔당연의漢殘唐演義》·《수당전》·《소홍포해서小紅袍海瑞》·《건륭하강남乾隆下江南》·《백사연의白蛇演義》 등 수백종이 주로 사이공에서 다량으로 연인鉛印되었다.

월남 판각사와 관련된 중요인물로는 장진현長津縣 홍료紅蓼(지금의 월남 해양성海陽省 가록현嘉祿縣) 사람으로 여조黎朝 대보大寶 3년(1442) 탐화探花[153] 양여곡梁如鵠이다. 그는 정통 1443년과 천순 1459년, 두 차례에 걸쳐 사신으로 명나라에 왔었는데 명나라 사람들이 책을 간행하는 방법을 보고 귀국하여 그 마을 사람들에게 판각하는 법을 가르쳐 주었다. 그래서 이 현의 각자공들은 그를 스승으로 모셔 제사를 지내고 있다. 후에 하노이·남딩[南定][154]·순화 등의 각자공들은 주로 가록 홍료(피휘로 인해 청류青柳로 지명을 바꿈)와 같은 현인 유당柳幢 사람들로 간본 속에 종종 "재인홍료梓人紅蓼·유당등사인봉간柳幢等社人奉刊"이라 글귀가 있다. 하노이 회문당會文堂·광성당廣盛堂·관문당觀文堂·복문당福文堂·복안당福安堂(또는 복안호福安號라고도

153_ 탐화랑探花郎을 말한다. 명청 시대 과거의 '전시殿試'에서 일갑一甲 중 3등으로 합격하여 '진사'가 된 사람.

154_ 하노이 남쪽 90km 지점에 있는 도시이다. 남정은 모두 남딩으로 표기한다.

함)·낙선당樂善堂·취문당聚文堂·금문당錦文堂·성문당盛文堂·유
문당柳文堂·가류당嘉柳堂 등 서방주인들 역시 출신지는 대부분 가록
이다. 그들은 하노이와 남딩 등으로 이주하여 책방을 열었고 어떤
이는 심지어 20세기 초까지 계속 책을 간행했다.

명나라 전부錢溥가 천순天順 6년(1462)에 사신으로 안남에 갔다가
재상 등과 창화를 했고 다음날에는 시집을 인쇄했다. 어떤 사람은
이처럼 신속한 것은 활자판이기 때문이라고 한다. 현재 비교적 초기
의 목활자본으로는 영성永盛 8년(1712) 완여阮嶼의 《전기만록傳奇漫
錄》4권 2책(국가도서관 동양문고에 소장)이 있다. 명명明命·소치紹治·
사덕 세 황제는 모두 어제시문집이 있다.[157] 소치 연간에는 일찍이
중국에서 목활자 한 세트를 사왔으며, 사덕 8년(1855)에는 이를 이용
하여 《흠정대남회전사례欽定大南會典事例》96책을 인쇄했고 후에 또
《사덕어제문집시집》68책을 인쇄했다. 이는 중국 인쇄 도구가 월남
에서 직접적으로 역할을 한 것이다.

진문갑陳文玾이 필자에게 알려주었는데 월남의 옛날 종이는 네 가
지가 있다고 한다. 칙지敕紙(황색)·영지令紙(백색)·시지示紙(포고용,
백색)·본지本紙(황색, 글자를 쓰거나 인쇄하는 종이)로 모두 관목의 나무
껍질로 만들었다. 근래에는 대나무를 원료로 하거나 뽕나무 껍질을
이용하여 기기를 개량하여 생산하는데 모두 안태현에서 나온다. 순
광順廣 지역에서는 대지大紙(상륙商陸나무[155] 껍질 사용)·중소지中小紙
(닥나무 껍질 사용)를 생산한다. 국청지國青紙·내심지內心紙·광지廣
紙·중지中紙·금지金紙·황색지·백색지·시지示紙·정결지貞潔
紙·본일지本一紙·본이지本二紙·청양지青楊紙·니지泥紙·인관력지
印官曆紙는 모두 《역조헌장류지曆朝憲章類志》국용지國用志에 보인다.

155_ 영어로는 pokeberry라고 하고 당육이라고도 한다. 한약재로도 쓰인다.

월남의 채색투인의 연화年畵는 호촌湖村·하노이 행고가行鼓街 두
곳이 유명한데 판각방법이 중국과 동일할 뿐만 아니라 제재 내용도
거의 비슷하다. 빙열憑烈이 새롭게 판각한 《노서취친도老鼠娶親圖》를
보면 예물 보내기·나팔불기·가마 메기·말 탄 신랑 등 모두 쥐로
분장을 한 것이 완전히 중국 연화의 번각이다. 그러나 미녀가 야자
를 따는 그림 등은 남국의 정취가 녹아 있다.

월남은 명대의 《대통력大統曆》이나 청대의 《시헌서時憲書》를 계속
사용했을 뿐만 아니라 자신들도 책력을 간행했는데 필자가 소장하
고 있는 《대남유신십년세차병진협기력大南維新十年(1916)歲次丙辰協紀
曆》[그림 193]의 내용은 매일 매일의 길흉을 적어 놓은 것으로 중국의

[그림 193] 월남의 역서曆書 각본, 《대남유신십년세차병진협
기력大南維新十年歲次丙辰協紀曆》

이전 달력과 거의 같다. 월남의 율령은 개인적인 책력을 엄금했으니 시헌서를 처음에 판각한 사람은 감옥에 넣어 형집행을 기다리도록 했다.

호계리胡季犛(그의 선조는 절강성 영강永康 사람)가 진陳나라의 실권을 잡은 후인 1396년에 화폐제도를 개혁하여 동전을 금하고 개인이 숨겨 놓은 것은 쓰지 못하게 하고 홍무보초를 모방하여 '통보회초通寶會鈔'를 만들어 사용했다. 지폐 표면은 10문・30문・일맥一陌・2맥二陌・삼맥・오맥・일민一緡 등 7종류로 매 종의 표면에는 수초・파도・구름・거북이・기린・봉・용 등 다른 도안이 그려져 있다. 위조한 자는 사형에 처했지만 여전히 위조하는 사람이 있었다.

월남 인본의 표지는 구 완말阮末 기간에는 가로쓰기를 했다. 예를 들면《월사요越史要》・《월사경越史鏡》등이 그렇다. 월남은 또 일본처럼 자신들의 연호를 사용했다. 그러나《중학월사촬요교과中學越史撮要教科》에는 대남유신오년신해大南維新五年辛亥라고 쓰고 또 서기 1911년이라고 명기했다.《운교서별雲翹敍別》에는 "서력 1931년"이라고 되어 있다. 특징 중 하나는 송판・청판처럼 피휘를 몹시 엄하게 했다. 완세조阮世祖 완복영阮福映을 피휘하기 위하여, 映자를 照자로 바꾸었고, 복영福映의 아명兒名이 種이었기 때문에 宗을 宗로, 혹은 尊으로 바꾸었으며 宗室은 尊室로 바꾸었다. 재상 本無種을 本焦系로 바꾸고 달력에 있는 망종芒種은 망식芒植으로 바꾸었다. 소치 완복선阮福曋의 이름은 綿宗이므로 綿을 绵로 바꾸었다. 사덕 완복시홍임阮福蒔洪任은 時를 寺로 혹은 辰으로 고쳐 쓰고 洪은 洪으로 任은 仁으로 荏은 芢로 고쳐 썼고 연자본鉛字本에서도 필획을 생략했다. 어떤 글자위에는 〃를 더했는데 예를 들면 巐, 濘 등은 몹시 특별하다. 월남 인본 역시 간체자를 즐겨 사용했는데 어떤 것은 중국과 같다. 이를 테면 国・条・报・灵・会・礼・梦・难・阳・医・尽・

头[156] 등과 같은 글자다. 어떤 것은 그들이 스스로 만들었는데 이를 테면 馹(驗)·荸(舉)·乥(飛)·苏(蘇)·孛(學)·伏(佛)·咭(聽)·无(無)·劳(勢)·玘(起)·凨(風) 등 수십 자다. 절강도서관에는 《어제월사총영御製越史總詠》·《월남사요越南史要》·《월사신약전편越史新約全編》 등의 책이 소장되어 있다.

유구琉球

유구는 작은 섬들이 연해 있는 것이 마치 교룡이 떠 있는 것과 같다. 대만 동북쪽 바다 가운데 있으며 명청 양대에는 중국의 번속藩屬이었다. 청 광서 5년(1879)에 일본이 점령한 후에는 오키나와현으로 명칭을 바꾸었다. 명 홍무 7년(1374)에 유구왕에게 《대통력》, 화려한 견직물·비단·도기 7만 점과 철기 등을 하사했다. 태조는 또 복건성에 살던 채蔡·정鄭 등 항해를 잘 하는 36개 성씨 사람들을 유구의 구메무라[久米村](당영唐營)로 이주시켜 양국의 교류를 원활하게 했다. 그들의 후예는 유구의 유명 인사들이 되었다. 홍무 25년(1592)부터 청말에 이르기까지 근 5백 년간 그들 유학생들은 남경과 북경 국자감에 와서 공부를 했다. 청정부는 모든 학생들에게 매일 닭 1마리, 고기 2근, 찻잎, 황주黃酒·두부·기름·장醬·채소 등을 지급했고 겨울에는 또 비단에 양피 마고자·담비 모자를 지급하고 매월 주묵朱墨·종이·붓·은 각 1냥 5전을 지급하여 물질적으로 충분히 우대했다. 명 가정 연간에 진간陳侃이 유구 사신으로 왔을 때 '대명가大明街'가 있었는데 큰 사원에 장경藏經 수천 권이 있는 것을 보았다. 아마도 조선 성종 이혈李娎이 한 부를 보낸 것이 아닌가 생각된다. 유

156_ 이들 간체자의 정체자는 國·聖·報·靈·會·禮·夢·難·陽·醫·盡·頭이다.

구 국학은 구메무라의 공자 사당에 《대명회전大明會典》·《대청회전
大淸會典》 등의 서적을 소장하고 있다.

그들 스스로 책을 간행한 것은 대략 쇼신오왕[尚眞王]¹⁵⁷ 때 시작되
었으며 명 정덕 연간(1506~1521)에 이미 《사서》를 판각했다. 후대의
국왕들은 또 《사서》·《오경》·《소학》·《근사록집해편몽상설近思錄集
解便蒙詳說》·《고문진보》·《천가시千家詩》를 판각하여 판을 왕부에 소
장했다가 합당한 이유로 청구하면 곧 얻을 수 있었다. 또 자금대부紫金
大夫 정순칙程順則에게 명하여 《성유십육조연의聖諭十六條演義》·《월
령강해月令講解》 등을 간행하도록 했다.

유구는 중국도서를 번각했을 뿐만 아니라 또 자신들의 저서를 간행
하기도 했다. 정순칙·채온蔡溫, 채온의 아버지 채탁蔡鐸, 같은 일가의
채응서蔡應瑞·채문부蔡文溥 부자와 채대정蔡大鼎·정국광鄭國光·증
익曾益 등의 문학작품은 모두 인본이다. 그중 유명한 학자는 정순칙
으로 그의 저서 《민유초閩遊草》·《중산시휘집中山詩彙集》·《중산관제
고中山官制考》 등이 있다. 또 항해전문서적인 《지남광의指南廣義》가
있는데 나침판, 폭풍우 날짜, 썰물과 밀물 등이 기록되어 있으며 강
희 47년(1708)에 판각되었다. 일본 내각문고에 소장본이 있다. 채온
蔡溫은 전문적으로 송대 유학인 이학을 강의했는데 저서로는 《담원
집澹園集》이 있다. 허자虛字나 어조사 등은 문법에 맞지 않지만 건륭
정묘년丁卯年(1747)에 판각했고 또 《요무휘편要務彙編》도 저술했다.
채문부蔡文溥는 강희 연간에 북경에 유학을 왔다가 귀국 후에는 백성
들을 교육시켰는데 그 영향이 아주 크다. 저서로는 《사본당집四本堂
集》이 있다.

유구판 《대괴사서大魁四書》는 겉표지에 '문자훈점文字訓點'이라는

157_ 쇼신오(1465~1527). 유구국왕 제2 상씨尚氏 왕통의 제3대 국왕이다.

넉자가 있고, 《서경》 본문 옆에는 유구 글자로 그 뜻을 적어놓았다. 《근사록편몽상설近思錄便蒙詳說》은 상하로 나뉘어져 있고 하단에는 유구사람이 해석한 것을 판각해 넣었다. 청나라의 반상潘相은 그들 이 "판각한 책은 본문 작은 주 옆에 유구글자를 새겨 넣어 본문이 끝 나는 곳에 표시를 하거나 나머지 소리의 글자를 적어 놓는다. 즉 중 국책을 구매하면 역시 유구식대로 주를 첨가하여 판각한다"고 했다. 소위 '유구글자'라는 것은 실은 일본글자를 말하며 이로써 유구판 서 적은 일본판 서적과 혼동하기 쉽다.

유구 인쇄품 중에서 가장 보편적인 것은 임시 달력이었다. 유구에 서는 명청의 정삭正朔[158]을 봉행했는데 바다가 격해 있어 반드시 계 절풍을 이용해야 되었기 때문에 반년이 지나서야 겨우 도달했다. 그 래서 그들은 나라에 특별히 사헌서관司憲書官을 설립하여 먼저 《만년 서萬年書》에 의거해 추산하여 날짜를 선택하여 책력을 인쇄한 후에 나라에서 행하게 하고 이후에 천조天朝(중국)에서 헌서憲書를 반포하 여 하사하였다. 반포가 도착하는 날에 나라에서는 헌서를 사용했다. 이로써 청나라의 정삭 봉행이 아주 엄격했음을 알 수 있다.

청나라의 사신선이 유구에 갈 때는 관례에 따라 반드시 옷짓는 사람, 머리 깎는 사람, 각자공을 데리고 갔다. 사신선이 정박하는 기간이 비교적 길었기 때문에 자연히 얼마간의 서적을 간행할 수 있었다.

유구는 지역이 좁고 저서는 많지 않아 중국에 전해 온 유구판은 아주 적다. 《유구시록琉球詩錄》은 중국 선생들이 유구 유학생을 위해 판각한 시집이다.

158_ 제왕에 새롭게 반포하는 역법을 말한다.

필 리 핀

　필리핀은 7천여 개의 작은 섬으로 구성되었으며 대만의 남쪽에
있다. 송 태평흥국 7년(982)년에 마일국麻逸國[159]의 해상선이 광주에
와서 무역을 했다. 명 홍무 5년에 루손섬[160]에서 사신을 파견해 조공
을 했다. 영락 3년(1405)에 루손섬과 브리아스[161]섬에서 또 사신을 파
견해 조공을 했다. 15년(1417)에 소록국蘇祿國[162] 동東 · 서西의 국왕들
이 부하들을 이끌고 내조하고서는 특산물을 헌상했다. 귀국 도중 덕
주德州에 도달했을 때 동왕이 병사하자 왕의 예로 장례를 치루도록
명하고 비를 세워주었다. 그의 맏아들을 왕에 봉하고 일찍이 커다란
진주 한 알을 헌상했는데 그 무게가 7냥 5전이나 되었다. 둘째 아들
과 셋째아들은 덕주에 살면서 묘를 지켰다. 청 옹정 4년(1726)이 되
어서 덕주 소록왕자들의 손자들인 안씨安氏성姓과 온씨溫氏성姓의 자
손들은 193명으로 늘어났으며 현재 20대까지 내려왔다. 영락어비永
樂御碑가 여전히 덕주 북쪽 교외 소록왕 묘 앞에 있다. 필리핀 사람들
은 중국인을 '당인唐人'이라고 불렀다. 당인들은 주로 복건 사람들로
명대에 복건인들의 거류자는 셀 수가 없을 정도로 많이 취락을 이루
어 살았고 무역에 종사했는데 스페인 식민주의자들이 2만여 명을
살상했다. 이 일은《해증사씨족보海澄謝氏族譜》에서 볼 수 있다. 옹정
연간에 소록국 사신의 안내자는 공정채龔廷綏로 복건성 진강晉江사
람이다.[158]

　명나라 상인들은 비단, 자기, 솥단지, 동라 등의 수공예품을 가져

159_ 필리핀의 고대 왕국 이름.
160_ 중국어 표기는 呂宋이다.
161_ 중국어 표기는 貓里務며 지금 루손 섬의 남쪽에 있는 섬이라고 한다.
162_ 고대에 필리핀 소록군도 상에 있던 국가로 이슬람교를 믿었다고 한다. 영어
　　표기는 Saltanah Sulu다.

갔다. 복건 장락長樂 화교 진진룡陳振龍은 만력 21년(1593)에 고구마를 중국에 들여왔다(일설에는 고구마는 월남에서 전래했다고도 함). 1575년에 필리핀 천주교 선교자가 복건성에 도착하고는 중국서적을 수집하여 무창에서 인쇄한 것도 가지고 갔는데 그중에는 역사지, 법률, 의학, 종교서 등이 있었다.

필리핀은 1590년대에 인쇄가 출현했다. 1590년 6월 24일에 사라사[沙拉薩] 주교가 스페인 국왕에게 보낸 보고서에 다음과 같이 썼다.

제가 이 보고서를 쓸 때 제 손에는 라틴어의 Latin Version Nabaro가 있습니다. 즉 중국인들이 인쇄하고 장정한 것입니다.[159]

이는 일찍이 1590년 이전에 중국인들이 이미 필리핀에서 서적을 인쇄했음을 설명하고 있다. 필리핀 총독 다스마리냐스(G. P. Dasmarinas)가 1593년 6월 20일에 마닐라에서 스페인 국왕 필립 2세에게 보내는 편지에는 다음과 같이 썼다.

폐하: 급한 관계로 폐하의 명의를 사용하여 이번에 특별히 《기독교의基督教義》(Christian Doctrine)를 인쇄하도록 허락했습니다. 이에 인본을 편지와 함께 올려드립니다. 한 권은 섬에서 가장 아름다운 언어인 따갈로그어 토속어이고 또 다른 한 권은 중국어입니다.[160]

당시 수많은 중국화교들은 스페인 선교사가 중국어로 전도서적을 사용했기 때문에 중국의 전통 방법으로 출판을 했다. 이래서 중국 인쇄술은 화교를 통해서 필리핀에 전해지게 되었다. 그러나 필리핀의 첫 번째 인쇄공은 도대체 누구였을까? 1640년 Aduarte[163]는 명백히 다음과 같이 말했다.

섬의 첫 번째 인쇄공은 마닐라 천주 정교 도미니크파 교회의 중국 교도로 이름은 Juan de Vera입니다. 더구나 그는 이 파의 수도자 Francisco de San Joseph의 격려하에 이 일을 했습니다.

필리핀 원동대학 교수 Gregorio F. Zaide는 다음과 같이 말했다.

1593년 두 권의 책을 출판했다. 모두 기독교 교의에 관한 것으로 한 권은 따갈로그어이고 또 다른 한 권은 중국어이다. 이 두 책 모두는 마닐라의 중국 신도로 교명이 요한 베라(1603년 졸)가 인쇄한 것이다. 그는 필리핀의 첫 번째로 유명한 인쇄공이었다.[161]

필리핀 총독은 교회서적을 간행하는 데 있어 필리핀으로 귀화한 사람과 화교가 유효한 수단임을 깊이 알고 있었다. 이리하여 스페인 국왕 필립 2세의 명의를 이용하여 《무극천주정교진전실록無極天主正教眞傳實錄》을 간행하니 1권은 중국어로, 1권은 필리핀 토속어인 따갈로그어였다. 총독은 이 두 권의 인본을 편지와 함께 국왕에게 보내니 그때가 1593년으로 스페인이 마닐라를 점령한 후 22년이 된 해다.

C. R. Boxer는 다음과 같이 말했다.

이 사람은 중국사람으로 필리핀에서 인쇄소를 경영했다. 이 인쇄공으로 말하자면 1593년에 필리핀에 Binondoc 을 설립한 이후 이 사업은 줄곧 중국인들이 독점하고 있다. 대략 15년 후에 비로소 필리핀 사람이 참가했다. W. E. Retana는 1593에서 1604년까지 8명의 중국 인쇄공의 이름

163_ Diego Aduarte(1570~1637).

을 기록했는데 아쉽게도 스페인화된 이름이다. 중국 인쇄공이 인쇄한 책은 스페인어, 중국어를 포함하여 따갈로그어 등의 현지어도 있다. 도미니크파의 수도자가 화교사회에서 열심히 선교를 했다. 그러나 효과는 그다지 크지 않았다. 그러나 Juan Baptista Vera[164]를 우두머리로 하는 인쇄공들은 모두 신자가 되었다.[162]

필리핀 초기의 인쇄사업은 거의 중국인이 경영했고 1608년 이후에야 비로소 현지인이 참가했다. 그중에서 가장 유명한 사람이 바로 마닐라 천주교 도미니크파 교회의 중국 신도인 Juan Baptista Vera였다.[163] 그의 첫 번째 생산품이 바로 앞에서 언급한 두 가지 문자로 만든 인본《무극천주정교진전실록無極天主正教眞傳實錄》이다. 현재 초기 필리핀 인쇄품으로는 6종이 남아 있다.[164]

(1) Doctrina Christiana (기독교의): 스페인어와 따갈로그어. 1593년, 목판 인쇄.

(2)《기독교의》: 속표지는 스페인어로 되어 있으나 책표지는 Doctrina Christiana라고 되어 있다. 본문은 중국어이다. 1593년경에 목판 인쇄되었다. 중국어본은 속표지에 이 책은 화교 인쇄공인 Kengyong(龔容)[165]이 허가를 받아서 파련巴連 시장에서 인쇄한 것이라고 되어 있다.

(3)《무극천주교진전실록無極天主教眞傳實錄》: 1593년 목판 인쇄.

(4)《매괴교구규장玫瑰教區規章》: 1604년 출판. 이 책은 지금까지 현존하는 필리핀 첫 번째 활자 인쇄 서적이다. 이 책은 Vera가 인쇄했는데 그는 원래 중국상인으로 필리핀에 온 뒤에 마닐라에서 세례를 받고 경건한 천주교도가 되었다. 선교를 더욱 잘하기 위하여 그

164_ 중국어 표기는 約翰 · 維拉이다.

는 섬에서 첫 번째의 유명한 인쇄공이 되었다. 그는 또한 스페인 신부의 지도하에 1602년에 첫 번째 인쇄기를 제작했다. 연구에 의하면 이 책은 동 거푸집을 주조하여 나온 활자로 배열하여 인쇄되었다고 여겨지는데 필리핀 인쇄사에 커다란 공헌을 했다.

(5)《신간요씨정교편람新刊僚氏正敎便覽》: 표지와 서문 3페이지는 스페인어로 조판 인쇄되었으며 본문은 한문으로 소위 '대명자어大明字語'로 되어 있다. 원서는 22면으로 한 면에 9행, 1행에 15자로 대부분 간체자며 권두의 제목은《파레라명오려석마신간료씨정교편람巴禮羅明放黎石媽新刊僚氏正敎便覽》이라고 되어 있으며 중국 인쇄공이 1606년에 마닐라에서 목각했거나 혹은 팔단八丹에서 간행한 것이다.

(6)《신간격물궁리편람新刊格物窮理便覽》[그림 194]: 1607년 인쇄품. 이 책은 포르투갈 저서의 중국어 번역본이다. 중국인이 목판 인쇄하였다.

[그림 194]《신간격물궁리편람新刊格物窮理便覽》, 1607년 필리핀 목각 인쇄. 오스트리아 국립도서관 소장.

이들 필리핀의 화교는 인쇄업이 극히 발달했던 복건성에서 온 사람들로 그들은 중국전통의 목판 인쇄술을 필리핀에 도입했다. 그들은 또한 필리핀에서 먼저 서양의 활자기술 조판인쇄를 이용하여 서양 언어의 서적 인쇄를 시작하여 필리편의 인쇄사에 있어 중요한 지위를 점하고 있다. 중국인 임오관林五官은 일본에서 활자를 주조했고 또 중국인 베르는 필리핀에서 활자 주조법을 사용했으니 활자인쇄술의 반발명자라고 할 수 있으며 당시 중국인의 금속활자 주조기술이 상당히 높았음을 알 수 있다. 중국 각자공이 판각한 약 15년 후에 비로소 필리핀 현지인들도 인쇄업무에 종사하기 시작했다.

명초에 일찍이 《대통력大統曆》과 지폐를 진랍국왕眞臘國王,[165] 조왜국왕爪哇國王,[166] 구항국왕舊港國王[167](후자 둘은 지금의 인도네시아) 및 서양쇄리(西洋瑣里, 남인도의 촐론)왕에게 선물했다. 정화鄭和가 7차례 서양으로 항해했는데 거대한 함선에는 관병 2만 7천 명이 타고 있었고 그 안에 의사도 180명이 있었다. 아마도 청대에 유구로 사신선이 갈 때처럼 관례에 따라 반드시 옷짓는 사람, 각자공을 데려간 것은 방문榜文이나 유시를 각국에 보낼 때 편하게 하기 위해서다. 정화가 서양에 간 후에 복건과 광동성의 화교들은 남양 각국에 가는 사람이 더욱 많아졌으니 만일 일본이나 필리핀의 화교들의 예에 비추어 본다면 당연히 도서 간행에 종사한 사람도 있을 것이다.

태 국

태국泰國(이전에는 섬라暹羅라고 했음)은 명홍明洪·영초永初 전후로 역서曆書·보초寶鈔 및 《고금열녀전古今列女傳》 1백 본을 중국에서 얻어 갔다. 태국 학생들이 또 남경 국자감에 와서 공부를 했다. 사신 내필奈必은 중국에 '도량형'을 요구했는데 귀국해 이를 모방하여 표

165_ 지금의 캄보디아이다.
166_ 지금의 자바를 말한다.
167_ 지금의 인도네시아 팔람방이다.

준으로 삼아 편리하게 하고자 했다. 그 나라에서 성장한 중국 사람이 많았고 관리를 한 사람으로는 정주汀州 사람 사문빈謝文彬이 섬라의 곤악坤岳(대관)을 지냈다. 1536년에 '내가奶街'는 중국인들의 거류지가 되어 자손들이 번성했다. 1767년에 아버지는 화교이고 어머니는 태국인인 화교 정신鄭信이 왕이 되어 전국을 통일했다.[166] 역사에서는 이를 톤부리Thon Buri 왕조[168]라고 한다. 정신은 1782년 피살되었다. 또 화교 오양吳陽이 송카에서 왕을 칭했는데 그때 성벽 유적이 아직까지 남아 있으며 이는 청나라 중엽 때의 일이다. 이와 같은 때에 광동의 무명茂名 사람 임林 아무개가 태국에서 책을 간행했다고 들었는데 간행한 책에 대해서는 확실치 않다.[167]

말레이시아

명나라 사람들은 말레이시아를 만랄가滿剌加 혹은 마육갑㕭六甲이라 불렀고 청나라 사람들은 마랄격碼剌格 혹은 마육갑馬六甲[169]이라고 했다. 영락 때에는 만랄가 국왕이 중국에 오기도 했다. 16세기 초에 이 지역은 포르투갈이 점령하고 있었고 후에는 영국의 식민지가 되었다. 영국 선교사 모리슨이 광주에 있을 때 윌리암 밀른 목사를 말라카[170]로 파견하여 복음성당을 설립하기 위해 《신약》목판 여러 개와 인쇄공 수명을 고용하여 함께 갔는데 그중에 유명한 각자공 양아발梁阿發(梁發)이 있었다. 그들은 1815년에 말라카에 도착했다. 양아발은 밀른의 저서 《구세자언행진사기救世者言行眞史記》를 판각했다.

168_ 톤부리 왕조(1769~1782)는 태국 역사상 세 번째 왕조이다.
169_ 앞의 번역에서는 이를 모두 말라카로 했다. 엄밀히 말하면 말라카는 말레이시아에 있는 한 주州의 지명이다.
170_ 馬六甲을 여기서는 말라카로 번역한다.

당시 밀른은 말라카에서 비록 인쇄기 하나를 장만했지만 그러나 영어와 말레이시아어 두 벌의 연활자만 있고 한문 연활자는 없었기 때문에 한문《성경》은 여전히 목판을 사용했다. 밀른이 주편한《찰세속매월통계전察世俗每月統計傳》은 표지에 가로로 "가경을해년칠월嘉慶乙亥年(1815)七月"이라고 쓰여 있는 첫 번째 한문잡지로 목판 판각을 이용하여 인쇄하고 말라카에서 출판했다. 양아발은 자신의 필명을 '학선자學善者' 혹은 '학선거사學善居士'라고 자주 썼는데 이 잡지에 수많은 문장을 발표했다. 그는 수차례 말라카로 도망갔으며 1823년 말라카에서 출판된 모리슨과 밀른이 번역한《성경》은 양아발 등이 판각한 것이다. 1828년에 양아발은 이미 자신의 저서로 포교용 소책자가 12종이나 있었다. 모리슨은 홍보가치가 있다고 여기고 좋아하여 이 소책자의 원고를 말라카 영화서원英華書院으로 보내어 교정을 보고 인쇄했다. 1829년에 양아발은 말라카에서《진도문답천해眞道問答淺解》14쪽을 저술했다. 1832년에는 현지에서 자신의 저서《권세양언勸世良言》9종의 작은 책자를 저술하고 이를 단행본으로 인쇄했다.

양아발의 종제徒弟 굴아앙屈亞昂도 말라카로 도망을 갔다. 그는 양아발과 함께 말라카에서 교회를 위해 수년간 인쇄 일을 했다.

영화서원의 출판물은 일찍이 중국으로 도입되었다. 도광 21년 황작자黃爵滋의 작은 상소문 속에 "신이 절강에 갔을 때《동서화합사기東西和合史記》라는 책을 보았는데 위에는 중국연대가 서술되어 있고 아래에는 저쪽나라의 연대가 있었습니다. 도광 10년 전에 판각한 것이고 '영화서원장판英華書院藏板'이라고 쓰여 있는데 이 책은 매국노가 한 것입니다"라는 말이 있다. 영화서원은 1819년에 말라카에서 성대하게 준공식을 거행했고 1842년에 이 영화서원과 영국교회는 모두 말라카에서 홍콩으로 이전했다. 초기 영화서원판본은 지금 이미 보기가 어렵다.

싱가포르

싱가포르 역시 원래 영국 식민지였다. 1959년 싱가포르 자치방自治邦이 성립되었고 1965년 싱가포르 공화국이 성립되어 영연방국가가 되었다. 250만 인구 중에서 근 80%는 화교다. 1835~1839년에 양아발이 말라카와 싱가포르에서 열심히 일을 했다. 1837년 양아발은 미국 목사가 번역한 작은 책을 도와주었는데 그 책 이름은《싱가포르 재종회栽種會가 중국 농무에 하는 경고》이고 그는 또한《아편속개문鴉片速改文》을 썼다. 그가 저술한《권세양언勸世良言》은 싱가포르에서 출판되었고 제목은《구복면화요론求福免禍要論》이라고 했다.

각자공 오아청吳亞淸은 양아발이 번역한《성경일과聖經日課》를 판각하여서 체포되었고 후에 싱가포르로 도망가 인쇄공을 했다.[168]

이 란

이란은 중국 역사에서는 안식安息 혹은 파사波斯[페르시아]라고 불렀다. 페르시아의 천교祆教·마니교摩尼教가 중국에 전래되었다. 페르시아 사람 이원량李元諒은 성당盛唐 때의 장군이다. 오대 전촉의 이순李珣은 페르시아 후예로 이파사李波斯라고 불렀다. 시사詩詞를 잘했고 그의 누이동생 이순현李舜弦 역시 시를 잘했으며 그 시편이 전해온다. 이순은 대대로 의업에 종사했는데《해약본초海藥本草》를 저술했으며 수많은 페르시아 약재를 소개해 명대 이시진이 인용하게 되었다. 페르시아어와 한문 대조의《회회약방回回藥房》은 지금도 명대의 필사본으로 전해온다. 남한南漢에 페르시아 왕비가 있었다. 명나라 이지李贄의 윗대에서는 페르시아만 지역인 호르무즈(Hormuz)의 여인을 아내로 맞이하기도 했다. 당대에 성행한 마구馬球(즉 polo)와 생황·호루라기 같은 악기도 페르시아에서 전해왔다. 당대에는 광주와 양주에 페르시아 상인이 경영하는 '페르시아점'이 있었으며 보석과 향료를 판매했다. 우리가 일상에서 식용하는 호두·참깨·당근·수박·석류·오이·회향茴香·무화과·거여목·자스민 역시 페르시아에서 왔다고 한다. 포도·밀타승密陀僧(일산화납으로 약용)·녹보석은 아직까지도 페르시아의 원음을 보존하고 있다. 근년에 발견된 당대 페르시아 사람 소량蘇諒의 처 마씨馬氏의 묘지에는 한문과 페르시아 두 언어로 쓰여 있다. 또 사산왕조(226~642)의 은화 30여 기가 발견되었는데 1천여 매에 달했다.

중국에서 페르시아로 간 물건으로는 비단·차·복숭아·살구·비자나무·사탕수수·대황大黃·황련黃連·육계肉桂(중국 수피樹皮라 함) 및 다량의 명대 자기瓷器가 있고 또한 중국의 공필화 예술과 종이와 지폐가 들어갔다.

페르시아의 몽골 통치자였던 욱렬올旭烈兀의 손자 개가도凱嘉圖 칸[汗]은 술과 여자에 빠져 돈을 물쓰듯하여 국고가 텅 비자 어떤 사람이 중국을 본받아 지폐를 유통시키자고 계책을 올렸다. 그리하여 직접 후빌라이의 보초를 모방하여 위에는 중국의 '초鈔'자를 인쇄했다. 장방형 종이의 테두리에는 몇 개의 중국 글자를 쓰고 양변의 꼭대기에는 이슬람교의 신조인 "일체의 주 중에서 오로지 알라신만 있을 뿐이고 모하마드는 알라의 사자다"라고 쓰여 있다. 종이의 중앙 원 안에는 화폐의 액면가가 쓰여 있는데 반 디란에서부터 10디나르(Dinar, 1디나르는 약 빈 피운드에 가까움)까지 있다. 회력 693년(1294) 타브리즈(Tabriz)에서 인쇄 제작하여 발행했다. 8일 후 성 안에서는 아무것도 살 수 없었고 2개월 간 상업교역은 실제로 정지되었으며 점포마다 텅 비어 있었다. 국왕이 마지막으로 그 지겨운 지폐를 없애겠다는 일에 동의를 하자 시장에서는 또 금속화폐가 유통되기 시작했다. 이 화폐제도의 개혁은 당시 곤란한 재정을 개선하지 못했을 뿐만 아니라 오히려 백성들에게 노동력만 가중시키고 재물을 손해 보게 만들어 전국적인 대혼란이 일어났다. 그러나 그것의 중요한 의의는 페르시아에서 첫 번째로 중국의 목판 인쇄가 실행되었다는 점이다. 타브리즈는 당시 일칸국의 수도로 서남아시아의 상업중심지이자 중국·인도·회흘·터키·아랍과 유럽 사람들이 모여 있는 곳으로 국제적인 도시였다. 이러한 국제적인 뉴스는 서양의 사절 상인들이 귀국하여 홍보하지 않을 리가 없었다. 1294년에 마르코 폴로는 마침 타브리즈에 있었는데 이리하여 어떤 사람은 혹시 그가 이 일과 관련이 있지 않나 하고 의심하기도 한다.

페르시아의 유명한 사학자이자 카잔 칸(Ghazan Khan)[171]의 수상이었던 라시드 앗 딘(Rashid ad-Din)이 1310년에 완성한 《세계사》 안에 중국의 목판 인쇄를 하는 방법을 자세하게 묘사했다.

그들이 한 권의 가치 있는 책을 원할 때면 정확하고 틀림없이 글을 쓴 후 정확하고 오류가 없으면 글씨를 잘쓰는 고수를 불러서 먼저 책의 한 페이지를 정확하게 목판 위에 쓴다. 그런 후에 학문이 높은 사람이 자세하게 교감을 하고 또한 그 판 위에 서명을 한다. 다시 솜씨가 좋은 각자공을 불러서 그것을 새긴다. 전부 판목에 새긴 후에는 차례대로 순서를 매겨서 … 만일 어떤 사람이 이 책을 원하면 그는 관방에서 정한 비용만 지불하면 된다. 이리하여 그들은 이런 목판을 가지고 종이를 목판 위에 올려놓는데 마치 돈을 인쇄하는 듯하다. 그런 후에 인쇄가 다 된 종이를 그 책을 원했던 사람에게 준다. 이리하여 그들의 책은 어떠한 증감도 없어서 그들은 이에 대해 완전히 신뢰한다. 그들의 역사 서적이 전해올 수 있

---

[171]_ Ghazan Khan Mahmud, 1271~1304, 중국어 표기는 加贊汗, 혹은 合贊汗으로 쓴다.

었던 것은 바로 이렇기 때문이다.

이는 외국사람이 최초로 중국 목판 인쇄법에 대해 소개한 것이다. 7년 후에 바나카티의 《철학자의 정원》에서도 이와 같은 서술을 했는데 이는 바로 이 《세계사》에서 베껴 쓴 것이다.

전하기로는 라시드가 책을 쓸 때에 두 사람의 중국 학자를 청하여 도움을 받았다고 하는데 그들이 갈 때 수많은 서적과 자료를 가지고 갔다고 한다. 그의 목판 인쇄에 대한 기록은 아마도 중국인의 손에서 나온 듯하다. 그는 임종시에 그의 《세계사》를 매년 2부씩 베껴서 1부는 아랍어로 1부는 페르시아어로 하여 각 도시의 청진사에 소장하도록 유언을 했다고 하는데 지금까지 20여 부의 고 필사본이 각국 도서관에 있다. 그가 중국 인쇄를 소개한 것은 14세기 초기로 14세기 말에 유럽에서 목판 인쇄가 출현했으니 이는 우연이 아니다.

이 집 트

아프리카에 있는 이집트는 중국과의 거리가 상당히 멀다. 당나라 단성식段成式과 송나라의 조여적趙汝適은 모두 이 나라를 '물사리국勿斯離國'이라 했고, 원나라 유욱劉郁은 '밀석이국密昔爾國'이라 칭했다. 《명사明史》에서는 '미석아米昔兒'라 했고 일명 '밀사아密思兒'라고도 했다. 아랍인들은 아랍을 Misr라고 하기 때문에 이런 번역 이름이 붙게 된 것이다. 영락·정통 연간에는 사신을 중국에 파견하여 정식으로 외교관계가 성립되었다. 중국의 그림자 인형극[피영희皮影戲]이 12세기에 들어가 환영을 받았다. 13세기에 이집트 시인인 a1-Budsiri (1213~1296)의 아랍어 송찬시를 운남의 마안례馬安禮가 한문으로 번역하여 《천방시경天方詩經》이라는 제목으로 광서 연간에 출판했다.

19세기 말에 이집트의 파이윰(Fayoum)[172] 지역에서 다량의 종이·

---

[172]_ 이집부 중북부의 나일 강 좌측에 있는 지역으로 중국어로는 발옹發雍이다. 여기서 19세기 말이라 하는 것은 1880년에 대대적으로 발굴된 때를 말한다. 파이윰에서 는 1915년에도 파피루스 문건이 발견되었다고 한다. 1988년에는

파피루스·양피 문건이 발견되었는데 그중에 50장의 목판 인쇄 종이쪽지가 있었으며 모두 아랍문으로 쓰여 있고 그 안에 《코란경》이 있었다. 서양학자들은 이 인쇄품이 대략 900년에서 1350년 사이의 물건으로 중국방법으로 인쇄한 것으로 보았다.

1338년 전에 이집트의 어떤 학자가 중국의 뽕나무껍질 종이로 만든 장방형의 지폐를 거론했다. 모로코의 Ibn Battutah(1304~1377)는 1347년 전후에 중국에 와서 직접 원대의 지폐를 보았는데 "지폐는 손바닥만하며 그 종이면에 황제의 옥새가 인쇄되어 있다. 만일 종이가 찢어지면 이를 가지고 지폐인쇄소로 가면 새로운 지폐로 바꾸어 주는데 돈을 지불할 필요는 없다. 반드시 금은을 지폐로 바꾼 후에야 비로소 마음대로 물건을 살 수 있다"고 했다. 그는 또 다른 지면에 이제껏 항주처럼 그렇게 큰 도시는 없다고 말했다. 그가 항주에 왔을 때 이집트의 대상인이었던 오스만 후예의 집에 머물렀다. 오스만 자손은 가난한 사람들을 도와주어 항주사람들의 존경을 받고 있었다. 이집트에서 발견된 인본 《코란경》은 혹 오스만 집안에서 인쇄하여 보시한 것이 아닐까 생각되는데 항주에서 인쇄를 한 후에 상인들에게 부탁하여 이집트로 가져간 것은 아닐까 생각된다. 이는 그들이 출판중심지였던 항주에 오래 살았기에 현지의 불교도들이 불경을 인쇄하여 보시하는 것이 습관화되어 있는 것을 보아왔기에 그들 역시 이런 것을 본받아 행한 것이 아닐까 싶다. 이외에도 페르시아의 지폐풍조와 사학가인 라시드 앗 딘이 중국목판법을 소개하며 이슬람 세계에 큰 영향을 주었다. 이리하여 이집트는 중국 도자기를 모방한 것처럼 자신들도 인쇄를 시작했으니 그 시기는 응당 14세기다.

이집트 테베에서도 파피루스 문서가 발견되었다.

유럽

　유럽인이 최초로 중국 인쇄품을 본 것은 원대의 지폐와 지패紙牌였다. 그들은 종이가 금은을 대신해 사용된다는 것이 몹시 이상한 일이라고 생각했다. 13, 14세기에 중국에 온 여행가들, 프랑스 사람 윌리엄 루브릭(William Rubrick),[173] 이탈리아 사람 마르코 폴로(Marco Polo, 1254~1323), 아메니아의 친왕 하이든, 이탈리아 수도사 오도리쿠스(odoricus, 1285~1311),[174] 페르시아 주재 이탈리아 총주교 요한 커라[175] 등은 원나라 지폐의 종이질과 형태의 크고 작음, 지폐의 가치, 글자. 어새御璽의 인쇄, 환율의 유통 정황에 대하여 모두 서술했는데 상당히 정확하다. 그러나 사람들에게 널리 알려진《마르코 폴로 여행기》에서는 더욱 구체적으로 묘사하여 영향이 더욱 크다. 그들의 선전을 통해 목판 인쇄술이 유럽에 소개된 것이다.

　원나라 때에는 목판 인쇄만 성행한 것이 아니라 동판 인쇄도 있었고 원초에는 이미 주석활자를 주조하여 인쇄를 했다. 양고楊古는 북

173_ 루브릭의 여행기 영문 제목은《The Journey of William of Rubruck to the Eastern Parts of the World》다. 중국어 제목은《魯勃洛克東遊記》이다.

174_ 중국어 표기는 和德理이며 그의 저서에는《和德理遊記》가 있다.

175_ 원음은 알 수 없다. 중국어 표기는 約翰柯拉이다.

방에서 필승 활판법을 모방하여 책을 인쇄했다. 왕정王禎과 마칭덕馬稱德은 환남皖南과 절동에서 목활자를 이용해 인쇄했다. 마르코 폴로나 오도리쿠스 같은 사람은 항주에서도 살았고 북경에서도 몇 년간 살았으며 또 다른 유명 무명인 등 유럽의 여행가, 상인, 선교사들도 어쩌면 이런 활자로 인쇄하는 법을 풍문으로 들었을 테니 돌아가서 자기나라 사람들에게 말했을 것이다.

당나라 초기에 이미 지패紙牌가 있었으며 남송의 서울에서는 전문적으로 지패를 파는 점포가 있었다. 실물로 전해 내려오는 것이 없고 겨우 투루판 부근에서 명나라 초기 '관하환조管賀換造'라고 쓰인 거칠고 조잡한 사람 모습이 그려진 지패가 발견되었을 뿐이다. 지패는 중국에서 유럽으로 대략 14세기경에 건너갔다. 프랑스 동방학자인 아벨 레뮈사(A. Rémusat)[176]는 다음과 같이 말했다. "유럽인이 최초로 가지고 논 지패는 그 모양과 도식, 크기와 숫자가 모두 중국인이 사용하는 것과 똑 같다. 혹은 몽골에서 유럽으로 수입하는 자도 있었다". 또 어떤 사람은 "어떤 베니스 상인이 처음으로 중국에서 지패를 가지고 베니스에 왔다. 베니스는 유럽에서 지패를 알았던 첫번째 도시이다"고 했다. 모두들 마르코 폴로가 베니스 사람이라는 것을 알고 있으며 그때는 많은 베니스 사람들이 항주에 왔다. 항주는 원대 중엽에도 여전히 세계적으로 가장 위대한 도시로 또한 많은 페르시아 사람도 살고 있었다. "항주 성문에는 유태문猶太門이라 부

176_ 프랑스의 동양학자 1세대의 선구자인 아벨 레뮈사(Abel Remusat)는 왕립도서관에서 중국 관련 목록을 편찬하다가 크메르의 고대사 연구에 중요한 단서를 찾아냈는데, 그것이 바로 주달관의 견문록 〈진랍풍토기〉였다고 한다. 그는 이 기록을 프랑스어로 번역하여 초창기 동양학 연구에 귀중한 자료와 가치를 제공했다. 이후 폴 펠리오, 조르쥬 세데스가 후속 연구를 이어받아 캄보디아사 연구에 한 획을 긋게 된다. 그리고 프랑스의 동양학자들에 의해 앙코르 왓이 세상에 알려지게 되었다.

르는 문이 있었는데 그 부근에는 유대인과 기독교인 및 터키 사람들이 아주 많았다." 또한 이집트 대상인의 후예들이 있었고, 유럽과 아프리카 각국의 상인과 선교사, 여행객들의 밀집 지역이었다. 송원 시대에 항주는 서점들이 즐비했고 각자공들의 숙련된 솜씨는 항각杭刻으로 유명했다. 1441년 전 베니스에서는 지패 사업이 한때 흥행했다. 1469년 베니스는 활자 인쇄술을 채택하여 1481~1500년 새롭게 약 1백 개의 인쇄소를 새로 설립했고 출판한 서적은 약 2백만 권에 달하여 유럽 서적 산업의 중심지가 되었다. 베니스의 지패와 도서인쇄사업은 항주와 비슷하여 실마리를 찾아낼 수 있다. 카터(T. F. Carter)의 책에 "14세기 말에 커스타이얼티라고 하는 판각공이 마르코 폴로가 베니스로 가지고 온 몇 개의 한문서적을 인쇄하는 목판을 보고는 인쇄의 예술을 배웠다"고 하는 내용을 인용하고 있다. 카터는 이는 마르코 폴로가 직접 가져온 것이 아니라 마르코 폴로가 귀국한 반세기 남짓 이후에 대칸 영토에서 돌아온 이탈리아의 수많은 무명의 여행객 중의 하나가 중국에서 가져온 것이라고 여겼다. 마르코 폴로가 가져온 것이든 다른 여행가가 가져온 것이든 간에 그것은 베니스의 인쇄도印刷圖에 커다란 영향을 주었다.

14세기 말에서 15세기 초에 유럽에는 목판으로 인쇄한 지패와 성상聖像이 대중용의 경전과 학생용의 라틴 문법교과서와 함께 출현했다. 자모 하나하나를 완전히 수공으로 전체 목판 위에 조각했다. 그러나 이런 판각서는 그다지 자주 볼 수 없고 소수 국가에 한하며 대부분 연대를 표시하지 않았다. 유럽 목판 인쇄품으로 현존하는 가장 오래된 것은 1423년 성 크리스토프(St. Christopher)상[그림 195]으로 그림 아래에 두 줄로 "성 크피스토프상을 보면 즉 오늘 모든 화를 면할 수 있다"고 적혀 있다. 인쇄할 때에 먼저 한 손으로 음각의 목판 글자와 그림에 먹을 묻히고 또 한 손으로 종이를 그 위에 덮은 후 다시

[그림 195] 현존 가장 오래된 유럽의 목판화. 1423년 성 크리스토프 상.

솔로 쓸어내리는 식으로 소위 압인기는 없었다. 인쇄 시에 종이의 한 면만을 인쇄할 수 있었으니 중국 목판 인쇄법과 결코 다르지 않았다. 그래서 데븐포트(c. Davenport)는 "유럽의 목판 인쇄술은 대개 중국에서 수입한 것이다"고 했다.

유럽에서 누가 제일 먼저 활자판을 사용했는지는 몇백 년 동안 논쟁이 끊이지 않는 문제다. 어떤 이는 네덜란드에 인본이 있다고 하지만 그러나 문헌기록이 없다. 프랑스는 기록은 있지만 또 인본이 없다. 이탈리아는 책도 없고 기록도 없다. 독일만이 가장 빠른 인본과 문헌이 있을 뿐이다. 이리하여 일반적으로 대부분 이 영광을 독일 메인츠의 요하네스 구텐베르크에게 돌리고 있으며 독일인들 역시 이를 자랑으로 여긴다. 사실 필승畢昇이 세계에서 첫 번째로 진정한 활자판을 발명한 사람으로 필승은 구텐베르크보다 4백 년이나 앞선 사람이다.

1456년 이후 독일의 인쇄술은 아주 빠르게 유럽 각국으로 전파되었으니 이탈리아 · 스위스 · 체코 · 프랑스 · 네덜란드 · 벨기에 · 헝가리 · 폴란드 · 스페인 · 영국 · 포르투갈 등의 국가에서 15세기 안에 모두 차례로 인쇄소를 설립하고 분분히 서적을 출판했다. 과학예술이 갑자기 발전하자 유럽은 중세기의 암흑시기로부터 탈출하고 문예부흥시대로 진입하기 시작했다. 1539년 유럽인쇄술은 신대륙의 멕시코에 전파되었고, 1563년에는 러시아의 페드로프가 모스크바에서 인쇄를 시작했다. 1638년에는 영국령 북미(즉 지금의 미국)에 첫 번째의 인쇄소를 설립했고, 1802년에는 오스트레일리아의 시드니에서 첫 번째 도서를 출판했으니 인쇄술은 전 세계에 퍼지게 되었다.

15세기 중엽에 구텐베르크는 활자를 이용해 인쇄했고 16세기 중엽에 활자인쇄는 유럽에 널리 보급된 후에 서양인들은 인쇄술의 기원과 발생에 흥미를 갖기 시작했다.

일찍이 16세기 초에 이탈리아 역사가인 파울로 지오비오(Paulo Giovio, 1483~1552)가 확실하게 인쇄술은 중국이 발명한 것이며 러시아를 통하여 유럽으로 전해졌다고 말했다. 버나드(Henri Bernard, S. J.) 역시 "사학가 파울로 지오비오는 포르투갈 국왕 Don Manuel (1495~ 1521)이 교황 Leon 10세(1513~1521)에게 공품을 올린 일을 언급하고 있다. 그리곤 이상한 일을 말했는데 즉 광주에서 활판인쇄 장인이 역사와 신성한 경전에 관한 서적을 인쇄하는데 우리가 사용하는 방법과 같았고 단지 아주 긴 종이를 사용하는데 네 번 접어야 한다고 했다. 교황이 이것을 보여주었다"고 했다. 지오비오는 "이 기술이 모두 Scytneo와 Moscovites 들이 소개한 것이라고 추측했다. 이

설은 진실에 가깝다.[169] 지오비오는 16세기 초의 이탈리아 사람인
데 당시 유럽 활자 인쇄는 이미 몹시 발달하여 우리가 사용하는 방
법과 같다고 한 것은 당연히 활자 인쇄를 말하는 것이다. 지오비오
를 카터 책에서는 요비우스(Jovius)라고 했는데 그는 러시아가 몽골
통치를 벗어난 후에 얼마 안 되어 명을 받들고 모스크바에 대사로
부임했으며 역사학자로서 이렇게 말하는 것은 근거가 있다.[170] 카
터 책의 주에 인쇄를 라틴 원문으로 typographos artifices라고 했는
데 즉 활자 인쇄공을 지칭하는 것이다. 포르투갈 국왕은 인본서를
코끼리 한 마리와 함께 교황에게 선물로 올렸다. 교황이 지오비오에
게 보여준 것은 활자 인본 및 카터가 칭한 '중국목판서'는 아니었다.
이 일은 1521년 이전에 발생했다. 카터는 또 지오비오의 말을 인용
하여 "이리하여 우리는 포르투갈 사람이 인도에 도착하기 전에 색종
인塞種人과 모스크바 사람들이 이미 이것을 학문에 있어 비할 바가
없이 좋은 도움을 줄 수 있는 모델로서 우리에게 전해 준 것이다"고
했다. 카터는 책의 주 속에서 또 지오비오의 "러시아가 몽골인의 통
치에서 벗어나 자유를 다시 획득한 지 얼마 되지 않아 주모스크바의
사절로 갔으며 또한 러시아 역사의 저서를 저술했고 이리하여 러시
아에 관한 말은 상당히 믿음이 있다"고 했다. 러시아 사람 코스마는
일찍이 13세기 중엽에 이미 몽골 정종定宗 귀유貴由 칸(1246~1251)의
옥새를 조각했다. 몽골 통치하에서 러시아 화폐 안에는 색상이 있는
피혁과 모피를 인쇄한 피폐皮幣가 있는데 이는 당연히 대칸이 인쇄
된 시폐紙幣를 모방한 것이다. 이리하여 러시아 사람은 목판 인쇄에
대해 비교적 일찍 알게 되었지만 활자 인쇄는 아마도 좀 늦게 안 것
같다.

또 16세기 스페인 사학자인 곤잘로[177]는 "중국 사람은 인쇄술을
알고 있었으며 또한 사용했는데 구텐베르크보다 5백여 년이나 앞선

다. 중국의 이 발명은 러시아와 모스크바를 거치고 혹은 홍해와 아
랍을 거쳐 독일에 전해진 것으로 추측된다"고 했다. 이상 16세기의
서양 사학자 두 사람은 약속도 하지 않았는데 모두 서양인쇄술은 중
국에서 전래된 것이라고 인정했다.

16세기 중엽에 이르러 서양인들이 중국에 오는 기회가 점점 빈번
하게 되자 중국의 인쇄술에 대한 기록도 많다. 포르투갈 도미니크회
수사인 Gaspar da Cruz의 《중국지中國志》(1569~1570)와 스페인 성 아
우구스티누스 수사인 Mardin de Rada(1533~1578)가 1515년에 복건
을 방문한 후에 쓴 《대명국의 중국사정 기록[記大明國的中國事情]》은 모
두 중국 인쇄술에 관한 평론을 하고 있다.[171] Gaspar da Cruz는 "중
국인들이 인쇄술을 사용한 지는 이미 9백여 년이 되었으며 그들은
책만을 인쇄하는 것이 아니라 또한 인물화도 판각했다"[172]고 했다.
Gaspar da Cruz는 스페인에서 출생했고 파리에서 유학했으며 수
학·천문학·지리학 등 방면에 깊은 조예가 있었다. 1575년에 중국
정부가 해적 임봉林鳳을 체포하기 위해 필리핀에 파견한 함선을 따
라서 중국에 왔다. 그는 파총把總 왕망고王望高의 함대와 함께 복건에
와서 《출사복건기出使福建記》를 저술했다. 그는 이 책에서 다음과 같
이 말했다.

───
그(복건 총독)는 우리에게도 인쇄가 있다는 것을 알고는 몹시 놀랐다. 게
다가 인쇄를 이용해 책을 간행하는 것이 그들과 같기 때문이다. 그들은
이미 우리보다 수세기 전에 이미 인쇄술이 있었기 때문이다. 그는 확실
히 믿기 위해서 우리에게 인쇄된 책을 달라고 하여 우리는 이런 정황하

───

177_ Gonzalo Fernández de Oviedo(1478~1557년)는 스페인의 사학자이다. 마드
리드에서 태어났으며 부모는 아스토리아의 귀족이었다. 그는 친히 Granada의
침몰을 목도했다고 한다.

에서 그의 호기심을 만족시킬 만한 물건이 없어서 그저 기도문을 그에게 주었을 뿐이다. 그제서야 그들만이 향유한 인쇄술의 특별한 발명권이 있다는 것을 감히 단정짓지 못했다.[173]

또 《대명국의 중국사정 기록》에서도 다음과 같이 기술하고 있다.

───
우리는 각종 출판의 학술서적을 얻었는데 점성술에 관한 것도 있고 천문학에 관한 것도 있었으며 또한 관상술·손금·산학算學·법률·의학·검술과 각종 유희 및 그들이 말하는 신도 있었다.[174]

1585년, 스페인 사람 멘도자(U. G. de Mendoza, 1545~1618)는 로마에서 《중화대제국지中華大帝國志》[175]라는 책을 출판했는데 Gaspar da Cruz와 Rada의 책에서 취재했으며 멘도자의 책은 유럽인이 중국을 이해하는 데 몹시 중요한 영향을 주었다.

《중화대제국지》가 출판되자 당시 가장 권위있는 중국 관련의 저서가 되었다. 출판이 되자마자 이탈리아·프랑스·영국·라틴·독일·네덜란드어의 번역본이 나왔다. 이 책은 한 권에 제3권 16장章으로 되어 있는데 중국의 인쇄가 유럽에 비하여 얼마나 일찍 발전했는지에 관한 문제와 인쇄술이 서양에 전래된 노선을 추측하고 있다. 멘도자는 우선 사람을 놀라게 만드는 인쇄술 발명의 중요성에 관해 설명을 했다. 그리고 이어서 말했다.

───
이 걸출한 발명이 조성한 영향은 말할 필요도 없고 본장本章 표제에서 늦하는 것만 해도 중국역사와 우리 역사의 수많은 자료에서 약간만 열거해도 그 사실의 실례를 증명할 수 있고 논증을 더할 수도 있다.
일반적으로 유럽에서 발명한 인쇄술의 연대는 1458년이다. … 그러나 중국인의 논리에 의거하면 인쇄술은 그들 국가에서 시작되었으며 그들은 발명자도 성인으로 떠받든다. 그 후에 또 오랜 세월에 걸쳐 인쇄술은 러시아와 모스크바의 대공국을 거쳐 독일로 전해졌다. 사람들은 이런 정황은 육상교통을 거쳐서 실현되었다고 확신한다. 또 다른 설은 독일에서 홍해와 베리사이[178]를 방문한 중국의 상인들이 중국에서 가지고 온 서적이 구텐베르크에게 영감을 준 것이라는 설이다.

만일 상술한 여러 가지가 사실이면 아주 분명해지는데 인쇄술은 저쪽에서 우리쪽으로 전해온 것이다. 독일인이 인쇄술을 발명하기 5백여 년 전에 이미 인쇄된 서적이 있고 아직 대량의 서적이 현재 중국 사람 손에 보존되어 있다. 나도 이런 책의 일부를 소장하고 있다. 이외에 신대륙과 스페인, 이탈리아 각지에서도 많이 발견할 수 있다. 라다 신부와 그 동행자들은 중국에서 필리핀으로 돌아올 때 각종 내용의 서적을 백 종 이상 가지고 왔다. 이런 서적은 그들이 복건에서 구매한 것이다. 인쇄는 중국의 각지에서 진행되었으나 그러나 그중 대부분은 복건판으로 이 복건성에는 커다란 인쇄소가 있었으니 … 나는 바로 이런 서적을 이용하여 요점만을 따서 그 내용들을 가능한한 이 책 속에 인용하여 간단히 중국에 관한 사물을 소개하고자 한다.[176]

인쇄술은 중국에서 발명되었다는 멘도자의 이 결론은 후세의 학자들에게 영향을 주었다. 16세기 걸출한 프랑스 사학자 Louis Ie Roy(1510~1577) · 유명한 시인이자 번역가인 산소비노(F. Sansovino, 1521~1586) 및 우수한 산문가인 몽테뉴(Michel de Montaigne, 1533~1592) 모두 중국의 인쇄술 발명이 구텐베르크보다 더 앞선다는 것을 인정했다.

몽테뉴는 《산문집》에서 "우리는 기적의 화약과 인쇄술이 세계의

178_ 확실한 지명을 알 수 없다. 중국어 표기는 非利塞이다.

한쪽에 있는 중국에서 일찍이 1천 년 전에 사용했다는 것에 깜짝 놀랐다"고 했다[177]. 어떤 사람은 "다행히 Villey가 일한 까닭에 우리는 이 단락(즉 몽테뉴의 말)은 성 아우구스티누스 수사 멘도자의 중국에 관한 습관·역사·기구에 관한 초기 연구에 기본을 두고 있으며 그의《중화대제국지》가 1585년에 로마에서 출판되었고 후에 들어온 일련의 판본을 보아 그것은 아마도 이미 대중의 상상력을 붙들어 명예를 얻은 것 같다"[178]고 했다.

전종서錢鍾書 선생은《17세기 영국문헌 속의 중국》이라는 글에서 멘도자 전에 중국인쇄술을 거론한 책은 아주 적다[179]는 것에 의거하여 영국철학가 베이컨(Francis Bacon, 1561~1626)·린스호텐(J. H. van Linschoten)의《동인도의 여행으로 통하다》[180] 및 롤리(W. Raleigh, 1522?~1618)경의《세계사》[181] 중에 사용된 자료는 모두 멘도자의 책에서 취재한 것으로 후자는 또한 중국이 서양에 비해 인쇄술을 먼저 발명했다고 거론하고 있다.

영국의 유명한 몽골사학자 하워스(Sir H. Howorth) 경은 "나 자신은 인쇄술과 항해의 나침반, 화약 및 사회생활에서 사용하는 많은 물건이 모두 유럽에서 발명한 것이 아니라 몽골을 통한 영향으로 멀리 원동에서 전해온 것이라는 것에 대해 조금의 의심도 없다"고 했다. 프랑스 한학자인 레뮈사(A. Rémusat)는 중국인이 발명한 항해 나침반·화약·지폐·지패紙牌·주산은 몽골을 거쳐 유럽에 수입된 것이고 활자판 인쇄술도 동시에 원동에서 유럽으로 수입된 것이라고 여겼다. 독일의 빌헬름(R. Wilhelm) 교수도 중국 목판 인쇄를 서술한 후에 또 "송나라에 필승이 있었는데 활자인쇄를 발명했다. 통상의 결과 이런 발명품이 이전에 종이나 나침반 발명품처럼 서양으로 전해졌고 구텐베르크 및 유럽의 인쇄공이 채용한 것은 인류 역사에 있어 신기원을 창립했다"고 했다.[182] 그들 몇 명은 확실하게 활자 인쇄는 중국에서 서양으로 전해진 것이라고 했다.

미국의 카터(T. F. Carter) 교수는 중국인쇄술이 서양에 전래된 것에 대하여 전문적인 책을 썼으며 결론적으로 말했다. "중국 목판 인쇄가 유럽 인쇄에 준 영향에 관해서 나는 확실한 물증을 갖고 있어 합리적으로 이를 받아들일 수 있다. 그러나 중국과 한국의 활자 인쇄가 유럽의 인쇄에 영향을 주었는지의 여부에 관해서는 현재 믿을 만한 증거를 찾지 못했다"고 했다. 그는 데븐포트(C.Davenport)처럼 목판 인쇄술은 중국에서 유럽으로 전해온 것이지만 활자 인쇄에 관해서는 아주 신중한 태도를 유지하고 있다. 그러나 레뮈사와 빌헬름은 활자 인쇄 역시 중국에서 서양으로 전해온 것이라고 확정짓고 있다. 현재 비록 믿을 만한 물증과 문헌이 발견되지는 않았지만 그러나 16세기 이래의 각종 자료와 각 전문가의 기록에 근거하면 유럽 활자 인쇄는 중국영향을 받은 것이 가능하다고 여겨진다.

목판 인쇄는 서양에서 그다지 중요하지 않게 여겼고 서양인들이 말하는 인쇄술은 통상 활자 인쇄를 말한다. 15세기 중엽 후에 서양에서는 활자 인쇄를 채용했고 유럽 생산력의 거대한 발전은 과학으로 하여금 중세기의 길고 긴 어둠 후에 갑자기 발전하기 시작했고 또한 유럽의 문예부흥을 발생시켰다. 이로써 볼 때 중국이 발명한 인쇄술은 유럽 각국에 전파되었을 뿐만 아니라 더 나아가 아프리카와 유럽에 영향을 주었고 전 세계 학술문화의 진전을 촉진시켰으니 인류에게 무엇과도 비교할 수 없는 위대한 공헌을 한 것이다.[183]

[1] 중국과학원 자연과학사연구소에서 대량의 적금생 니활자를 보관하고 있는데 이는 도광 연간의 실물이다.

[2] 풍한용馮漢鏞 《필승활자교니육일니고畢昇活字膠泥六一泥考》, 《문사철》 참조, 1983년, 제3기.

[3] 풍한용 《필승활자교니육일니고畢昇活字膠泥六一泥考》, 《문사철》 참조, 1983년, 제3기.

[4] 위의 주와 같음.

[5] 송나라 등숙鄧肅의 《병려선생문집拼欄先生文集》 정덕 14년 나산각본羅珊刻本 (황비열黃丕烈 발문)(25권, 2책), 권6(3쪽), 사리부철자운謝吏部鐵字韻 34수首를 화창하고 있다. 또 《병려선생문집》 12권 부록 1권, 만력 등숭순鄧崇純 판각, 홍광 원년 등사교鄧四敎 · 등사유鄧四維 중각본, 6책, 권5, 19쪽, 이상은 모두 국가도서관 소장이다. 또 《병려집拼欄集》 권6, 《화사리부철자운》, 대만 상무인서관 영인 《사고전서》 1133책, 286~287쪽. 한기韓琦의 《송원 문헌 속의 필승과 니활자 간행서》 《중국인쇄》 2004년, 제6기, 103~105쪽, 《중국인쇄연감》(2005), 북경중국인쇄연감사, 2005년, 21~23쪽.

[6] 《송사宋史》 권375, 열전 제134, 〈등숙전鄧肅傳〉.

[7] 장수민 · 한기의 《중국활자인쇄사》, 중국서적출판사, 1998년, 7~9쪽 참조.

[8] 장수민 〈영산英山에서 발견된 묘비가 활자를 발명한 필승의 묘비인가?〉 《중국인쇄》, 1993년 11월, 제42기, 85쪽.

[9] 김백동金伯東 〈초기 활자인쇄술의 실물증거 – 온주시 백상탑에서 출토된 북송 불경의 남아있는 몇 페이지 소개〉 《문물》. 1987년, 제5기.

[10] 황관중 《남송사연구집》과 《송대 활자인쇄의 발전》 참조. 《국립중앙도서관관간國立中央圖書館館刊》, 1987년 12월, 신20권 제2기, 1~10쪽. 또 장수민 · 한기 《중국활자인쇄사》, 중국서적출판사, 1998년, 12~13쪽. '보단속납補段續納'이 문연각본에는 '보단속납補緞續衲'으로 되어 있다.

[11] 우달생牛達生 《중국 최초의 목활자인쇄품 — 서하문 불경 〈길상편지구화본 속〉》, 《중국인쇄》, 1994년 4월, 제44기, 38~39쪽. 영하문물고고연구소편 《배사구서하방탑》, 북경, 문물출판사, 2005년.

[12] 상동, 우달생 글 중 43~44쪽

[13] 사금파史金波 등이 편찬한 《서하문물》, 문물출판사, 1988년, 49쪽.

[14] 이 경전은 지금 일본 천리도서관에 소장되어 있다.

[15] 사금파 등이 편찬한 《서하문물》, 문물출판사, 1988년, 333쪽. 국가도서관이 외에 일본 교토대학과 미국 프린스턴대학에도 《대방광불화엄경》이 소장되어 있다.

[16] 서하활자에 관해서는 왕정여王靜如의 〈서하문 목활자판 불경과 동패銅牌〉, 《문물》. 1972년, 제11기, 8~18쪽; 장사온張思溫의 〈활자판 서하문 화엄경 권 11~15의 간단한 소개〉, 《문물》, 1979년, 제10기, 93~95쪽; 조숙문曹淑文 등의 〈미국 프린스턴대학 소장의 목활자본 《대방광불화엄경》에 관하여〉, 《문물》, 1992년, 제4기, 87~90쪽; 우달생의 〈새로 발견된 서하문 불경 《길상편지구화 본속吉祥遍至口和本續》의 각본 특징과 학술가치〉, 《중국인쇄》, 1993년 5월, 제40기, 118~122쪽. 사금파의 《서하출판연구》, 영하인민출판사, 2004년. 우 달생의 《서하활자인쇄연구》. 영하인민출판사. 2004년 참조.

[17] 손수령孫壽齡의 〈서하니활자판불경西夏泥活字版佛經〉, 《중국문물보》, 1994 년 3월 27일. 〈무위武威에서 발견된 최초의 니활자판본 서하문불경〉, 《농우문 박隴右文博》, 1997년, 제1기. 〈서하문 《유마힐소설경》은 니활자판본임을 다 시 말한다〉, 《농우문박》, 1999년, 제1기 참조. 이 책에 관해서는 목활자 혹은 니활자인쇄라고 하는 것은 여전히 논쟁 중이다. 러시아 성페테르부르크 동방 학연구소 역시 《유마힐소설경》을 소장하고 있다. 사금파는 국가도서관이 소 장하고 있는 서하문 《대방광불화엄경》권 제71(원래는 서하문 《현재현겁천불 명경現在賢劫千佛名經》뒷면에 풀로 붙인 용지임) 역시 니활자인쇄라고 한다. 그의 《서하출판연구西夏出版研究》 참조.

[18] 양중서楊中書는 즉 양유중楊惟中을 말한다. 소천작蘇天爵(1294~1352) 《원명 신사략元名臣摹略》권8 "좌승요문헌공左丞姚文獻公".

[19] 요수姚燧 《목암집》권15, 상무인서관 《사부총간》 초편본(무영전취진판본 축 약본), 129~131쪽.

[20] 소천작 《원명신사략》 권8의 "좌승요문헌공左丞姚文獻公"(신도비), 《사고전 서》본. 《원사元史》에 《소천작전蘇天爵傳》이 있다.

[21] 허유임은 탕음湯陰 사람으로 연우延祐 2년 진사로 집현전대학사·중서좌승, 겸태자좌유덕兼太子左諭德을 역임했으며 《원사元史》에 전이 있다. 《설재서 원기》는 또 명대 유창劉昌의 《중주명현문표中州名賢文表》(《북경도서관장진 본총간北京圖書館藏珍本叢刊》 제116집) 안에 양고에 관한 사항은 두 권 모두이 완전히 같다.

[22] 한기 〈송원 문헌 속의 필승과 니활자 도서 인쇄〉 《중국인쇄》, 2004년, 제6기, 103~105쪽.

[23] 양충楊充은 분명히 양고楊古의 잘못이다.

[24] 장수민 〈왕정전王禎傳〉, 《장수민인쇄논문집》 참조, 인쇄공업출판사, 1988년, 193~196쪽.

[25] 장수민 《중국인쇄술의 발명과 그 영향》.

[26] 장수민 《중국인쇄술의 발명과 그 영향》 참조.

[27] 마칭덕이 인쇄한 책은 《중국인쇄술의 발명과 그 영향》을 보면 된다. 또 마칭덕은 명 필사본 《사명문헌고四明文獻考》에는 마기덕馬驥德으로 되어 있다. 현재 《봉화현지奉化縣志》·《연우사명지延祐四明志》 등에서는 마칭덕馬稱德이라고 되어 있다.

[28] 이 단락 역시 장수민의 〈왕정전王禎傳〉에 의거했다. 《중국고대과학가》 참조, 과학출판사, 1959년.

[29] 사금파史金波·아삼雅森·오수이吾守爾의 《중국활자인쇄술의 발명과 초기 전파》, 사회과학문헌출판사, 2000년.

[30] 전하는 바에 의하면 "돈황의 한 지하 동굴에서 또 한 통의 외올아畏兀兒(위구르)문 목활자가 발견되었는데 고고학 견해에 의하면 1300년의 유물이다. 쿠차[庫車]와 호탄[和田]에서도 한자, 파스파문자와 고고古 호탄문의 목활자 인쇄품이 발견되었"고 한다. 《중국통사》 제7책 참조. 쿠차와 호탄에서 발견된 한자 몽골문, 고호탄문의 목활자 인쇄품은 새로운 발견으로 내용은 아직 미상이다. 돈황박물원에서 발견한 여섯 개의 회골문回鶻文 목활자는 아마도 세계에서 현존하는 최초의 활자일 것이다. 이 여섯 개 목활자는 단단한 나무를 톱으로 잘라서 크기가 서로 다른 네모난 덩어리로 다시 칼로 깎아서 만든 것이다. 고증에 의하면 이 여섯 개 활자의 제조연대는 대략 13세기로 보고 있다. 1990년 8월 4일 〈인민일보〉 참조.

[31] 우여극牛汝極의 《프랑스 소장의 위그르 학문 문헌문물 및 그 연구》, 1994년, 제2기. 사금파·아삼·오수이 역시 이런 활자는 한자활자나 서하활자와 다른데 사詞·음절·어음 단위라고 여겼다. 《중국 활자인쇄술의 발명과 초기 전파》 참조.

[32] 장수민 《중국인쇄술의 발명과 아시아 각국에 대한 영향》, 〈광명일보光明日報〉, 1952년 9월 30일.

[33] 활자본에는 패자牌子가 있는 것을 보기 어렵다. 지금 그 원문을 보면 다음과 같다. "是書成凡十餘年, 以貧不任梓, 僅假活板, 印得百部, 聊備家藏, 不敢以行世也. 活板亦頗費手, 不可爲繼, 觀者諒之.(10여년이 되어서야 책이 완성되었다. 가난하여 판각을 못하고 있다가 겨우 활판을 빌려서 백 부를 인쇄하여 집안에 비치하고 감히 세상에 통용시키지 못했다. 활판 역시 자못 비용이 들어 계속할 수가 없으니 보는 분은 이를 해량하기 바란다)". 서학모徐學漠는 일찍이 예부상서를 역임했고 만력 초에 사망했는데 향년 73세였다. 그의 아들이 어찌하여 이렇게 가난하다고 말했는지 모르겠다. 필자가 본 것은 왕어양王漁洋 소장인이 찍혀 있었다.

[34] 이 단락은 주로 장수민의 〈원명 양대兩代의 목활자〉에 의거했다. 《도서관》, 1962년, 제1기.

[35] 명나라 화제華諸 《구오화씨본서勾吳華氏本書》 30권의 1 〈화수전華隧傳〉.

[36] 명 홍치 9년 욱문박이 《설부서說郛序》를 교정했다.

[37] 1920년 부증상傳增湘이 회통관會通館 잔본인 《송제신주의》(10원元), 《시경》2권(100원)을 받고 미국 플림튼에게 팔았다(George A. Plimpton, 1855~1936). 현재 미국 콜럼비아 대학에 있다. Soren Edgren, "George Arthur Plimpton and His Chinese Connection," Columbia Library Columns, Vol. XXXX, No.1, November 1990, pp.14~23.

[38] 상세한 고증은 장수민의 〈명대의 동활자〉《장수민인쇄사논문집》참조. 인쇄공업출판사. 1988년. 239쪽.

[39] 반천정潘天禎 〈명대 무석 회통관에서 간행한 서적은 석활자본이다〉《중국인쇄사료선집》게재, 제2집 《활자인쇄원류》, 인쇄공업출판사. 1990년 139~144쪽.

[40] 장수민 〈명대 화씨 회통관 활자동판은 석활자본인가?〉 (1992년 8월 《중국인쇄사》제37기) 중에서의 문장으로 반천정 선생의 논점에 대해 다른 의견을 제출했다.

[41] 반천정 〈명대 무석 회통관 간행서적은 석활자이다에 관해서 다시 논한다〉, 《북경도서관간》, 1993년 제3~4기, 65~70쪽.

[42] 위와 같이 반천정의 문장에 있다.

[43] 장수민 · 한기의 《중국활자인쇄사》, 중국서적출판사, 1998년.

[44] 모든 안국의 초상과 전기 자료는 《교산안황씨종보》에 집중되어 있다. 민국 11년 목활자본.

[45] 청나라 안선安璿 《안씨가승습유安氏家乘拾遺》 강희 원고본, 상해도서관 소장. 《가승家乘》의 기록에 의하면 안국은 7명의 아들이 있었는데 일곱째 아들은 남의 집으로 양자로 가서 유산을 받지 못했다. 전답은 여섯 명의 아들이 나누었는데 세 명의 적자들은 모두 6할을 받았고, 세 명의 서자는 4할을 받았다. 동자 역시 여섯 명의 아들들이 6할과 4할로 나누어 가지니 글자가 빠지고 모자라서 소용없게 되었다. 그의 아들 중 안여산安如山의 집은 왜구의 침탈로 집이 불에 타서 모두 사라지고 그중에는 나누어 가져온 동자들도 자연히 소실되었다. 안여산의 집이 왜구에게 침탈당했다는 사실은 명나라 진류陳鎏의 《겸산선생수서문고兼山先生手書文稿》참조, 국가도서관에 수고본이 소장되어 있다.

[46] 반천정 〈명대 무석 회통관 간행서적은 석활자이다에 관해서 다시 논한다〉 문장.

[47] 장수민 · 한기 《중국활자인쇄사》참조, 중국서적출판사, 1998년.

[48] 《용강몽여록》권3, 명 홍치 17년 각본.

[49] 왕옥량王玉良 〈명나라 동활자본 〈조자건집〉과 〈두심언집杜審言集〉 조원방趙元方 제발題跋〉, 《문헌》, 제49기. 1991년, 제3기, 207~209쪽.

[50] 진상군陳尚君 〈명 동활자본 〈당오십가시집唐五十家詩集〉 간행자 고찰〉 참조, 《중화문사논총中華文史論叢》 제46집. 《당오십가시집》, 상해고적출판사 1982년 영인본. 초당에서 중당까지의 작품 안에 원진과 백거이 집은 없으니 50명이 안 된다는 것을 알 수 있다. 명 활자본 《조자건집曹子建集》·《유수주

집劉隨州集〉은 위광주魏廣洲가 북경대학 도서관 관장인 상달向達 선생에게 팔았다. 장수민·한기의 《중국활자인쇄사》 참조. 중국서적출판사. 1998년.

[51] 《제갈공명심서서諸葛孔明心書序》, 상해도서관 고정용顧廷龍 관장이 책 사진과 함께 필사본을 보내주었다. 이에 특별히 감사를 드린다. 원서의 서근書根은 성화동활자라고 하는 것은 잘못이다.

[52] 한습방에 관한 간단한 약력은 《문창현지文昌縣志》 권9 참조, 도광 《영도직례주지寧都直隸州志》 권19.

[53] 만력 19년 각본 《문체명변文體明辨》 고이행顧爾行 발跋.

[54] 광주활자는 배화행裴化行(H. Bernard)의 《유럽 저서의 한문 번역본》, 풍승균馮承鈞 번역 참조. 페르시아 상인과 터키 여행객의 말은 필자의 이전 작품 91~92쪽 참조. 송대에는 쌍면인지雙面印紙가 있었다. 이 절의 주요 부분은 장수민 《명대의 동활자》에 의거했다. 《도서관》, 1961년, 제4기 《명대의 활자인쇄》, 북경사범대학 《사학사자료史學史資料》, 1980년 1월.

[55] Chinese Rare Books in American Collection, 1984.

[56] 민국 시대 중수한 《태안현지泰安縣志》 권7 《인물지》.

[57] 태산泰山 자판瓷版 《주역설략》 도판, 이전 작품 삽화 17을 참조. 이 책은 필자가 상해도서관에서 본 적이 있는데 무석시도서관에서 1부 8권 8책을 소장하고 있다. 국가도서관에는 거우 4권부족본이 있는데 글자체는 공정하고 수려하며 해서체로 손으로 썼다. 강희필사체 풍격으로 '현玄'자를 피휘했다. 서에는 "강희 기해 4월 태산 후학 서지정徐志定이 72봉의 진합재眞合齋에서 쓰다"라고 되어 있다.

[58] 명나라 매응조梅膺祚의 책을 말한다.

[59] 백리용白莉蓉 〈청여무활자니판인서공예淸呂撫活字泥板印書工藝〉 《문헌》, 1992년, 제2기.

[60] 《남강역사감본南疆繹史勘本》 서에서 "종이가 부족하여 내 행장을 다 내놓고, 여러 가지를 저당잡혔지만 또 부족하여 거간꾼에게 비용을 구걸하며 모든 비난과 조롱을 참았다"고 적혀 있다.

[61] 이요의 두 책 인본은 호남성도서관에도 소장하고 있다.

[62] 청나라 조소조趙紹祖 《금상시초琴上詩鈔》 권4.

[63] 장병륜張秉倫 〈적금생 니활자의 제조 공예에 관한 문제〉, 《활자인쇄원류》 게재, 인쇄공업출판사, 1990년.

[64] 적금생 《니판시인초편泥版試印初編》 그림 2장은 이전 작품 그림 17갑 참조. "유주적서원자조니두판歙州翟西園自造泥斗板"이라고 쓰인 큰 패자가 있다. 이 절은 장수민 〈청대 경현涇縣 적씨의 니활자인본〉 참조. 《문물》, 1961년. 제3기.

[65] 채성영蔡成瑛 〈적금생의 또 다른 니활자인본 - 〈시인속편試印續編〉 《활자인쇄원류活字印刷源流》 참조, 인쇄공업출판사, 1990년, 214~215쪽.

[66] 왕수王修 "명대 니활자본 《당아동성唐雅同聲》 책 한 권을 소장하고 있는데 유

묵油墨으로 간행한 것이다. 니활자의 부식을 막기 위한 방법은 여전히 필승이 남긴 방법을 사용한다. 내가 어렸을 때에는 납월臘月(섣달)의 북소리의 떠들썩함 속에서 유년流年자에게 보내는 것(마치 지금의 달력 같은 것을 주는데 주로 거지와 유랑민에게 주었음)을 자주 보았다. 역시 진흙으로 제조한 활자로 인쇄한 것이다"고 했다. 《판본술板本述》 참조.

[67] 청나라 방이지方以智 《통아通雅》 권31, 왕사진 《거이록居易法》 권34, 원동애棟 《서은총설書隱叢說》 권13, 완규생阮葵生 《다여객화茶餘客話》 권6, 조익趙翼 《해여총고陔餘叢考》 권33.

[68] 왕옥량王玉良 《명동활자본 〈조자건집〉과 〈두심언집〉 조원방趙元方 발문》, 《문헌》, 제49기, 1991년, 제3기. 209쪽.

[69] 주영년 《유장설儒藏說》, 《송린총서松鄰叢書》본.

[70] 《무영전취진판총서》 족본足本은 138종인데 그중에서 《역위易緯》·《제범帝範》등 4종은 활자 제조 전의 목판이고 활자를 이용하여 인쇄한 것은 134종이다. 필자는 일찍이 두 권의 《무영전취진본 서목》을 본 적이 있는데 하나는 126종이고, 하나는 129종이었다.

[71] 강남에서는 8종, 강서에서는 54종, 복건에서는 123종, 절강에서는 39종으로 복건성이 가장 많고 절강성이 가장 정교하고, 광동국에서는 가장 늦게 판각했다. 정신丁申의 《무림장서록武林藏書錄》 참조.

[72] 김간金簡이 상주한 원문과 이 단락은 모두 《흠정무영전취진판정식欽定武英殿聚珍版程式》(무영전취진본) 참조.

[73] 김량金梁의 《청제외기清帝外紀》 103쪽.

[74] 《온릉시기溫陵詩紀》 권6에 《동서구화桐西舊話》 인용.

[75] 호씨 조판이란 인화仁和 사람 호정胡珽이 소주에서 《임랑비실총서琳琅秘室叢書》를 인쇄한 활자다. 겉표지에 "함풍 기미년 겨울에 호씨 것을 빌려서 조판 간행한다"라고 쓰여 있다. 그리고 발에는 "호심운胡心耘 박사가 인쇄를 허락했고 반달을 읽고 끝냈다"고 되어 있다.

[76] Notes and Queries on China and Japan. Vol.2. May 1868 'No.59.79 홍콩출판.

[77] 북경 취진당 취진판서목은 다음과 같다. 《수상왕평홍루몽繡像王評紅樓夢》·《제공전濟公傳》·《비평아녀영웅전批評兒女英雄傳》·《홍루몽영紅樓夢影》·《충열협의전忠烈俠義傳》·《홍루몽부賦》·《속홍루몽》·《문호文虎》·《극락세계》·《실솔보蟋蟀譜》·《요재지이습유聊齋志異拾遺》·《예국신편藝菊新編》·《어제열심집御製悅心集》·《상당연이想當然耳》·《증광달생편增廣達生編》·《사략고사史略鼓詞》.

[78] 청나라 숭이崇彝의 《도광·함풍 이후의 조야잡기[道·咸以來朝野雜記]》 권2, 일속一粟 편 《홍루몽서록》 인용 참조.

[79] J. D. Ball, Things Chinese (《중국문물》) p.480.

[80] J. F. Davis, China, London, 1857.

[81] 청나라 학의행의 《쇄서당필록曬書堂筆錄》 권3에 우동尤侗의 말을 인용함.

[82] 중국의 족보에 관해서는 과거에 체계적으로 조사하고 저술한 사람이 드물었다. 1960년(쇼와 35년) 일본 도요분코[東洋文庫]에서 타가 아키고로[多賀秋五郞]의 《종보宗譜의 연구》라는 890쪽에 달하는 자료편 1책이 출판되었다. 기록된 것은 모두 중국의 족보로 일본 동양문고 소장 816종, 미국 국회도서관 소장 436종, 일본공사 소장 약 1600종, 미국 콜롬비아대학도서관 소장 926종, 북경도서관 소장 353종을 계산했고 중복된 1228종은 제외했다. 1949년 후에 북경도서관에서 새로 1500여 종을 새로 구입했는데 그중 많은 것은 일본과 미국에 없는 것이다. 이리하여 《종보의 연구》 중 각종 통계 숫자는 완전하지 않지만 그러나 여전히 참고할 만한 가치가 있다. 목활자본은 모두 612종인데 그 안에 강소 259, 절강 220, 안휘 83, 강서 29, 호남과 호북이 각 10, 사천 1종류가 있다. 각본刻本은 363, 연인鉛印은 99, 석인은 38, 필사본은 104, 기타가 12종이 있다. 또 지역 분포는 1228종 중에서 강소 433, 절강 378, 안휘 118, 강서 43, 광동과 산동 각 40, 하북 34, 호남 20으로 나누었고 그 나머지는 악鄂·민閩·요遼·예豫·천川·계桂·검黔·전滇 등 각 성이 모두 10종 좌우로 분류된다. 미국 유타주 족보학회는 중국 족보 수천 종과 지방지 5400여 종을 보존하고 있다고 한다.

[83] 1983~1985년 새롭게 《승현지嵊縣志》를 편찬할 때 네 마을에서 82성의 족보 520부를 구했으나 아쉽게도 대부분 앞부분과 뒷부분이 다 잘려진 것으로 완전한 것은 20~30부에 불과했다.

[84] 28구의 시 구절은 다음과 같다.
"君王立殿堂, 朝陽盡純良. 庶民娛律禮, 太平淨封疆. 折梅逢驛使, 寄與隴頭人. 江南無所有, 聊贈數技春. 疾風知勁草, 世亂識忠臣. 士竊出節義, 國破別貞堅. 基史登金闕, 將帥拜丹墀. 日光升戶牖, 月色向屛幃. 山疊猿聲嘯, 雲飛鳥影斜. 林叢威虎豹, 旗灼走龍蛇. 秉衆羅氛缺, 以幸韜略精. 欣爾甸州予, 慘事犒軍兵. 養食幾多厚, 粵肅聿佳同. 非疑能既暢, 育配乃承豊"
이상은 승현嵊縣 황전판黃箭坂 보장譜匠의 글자쟁반시로 장수조張秀銚 아우가 베껴서 보내온 것이다. 승현 보장의 정황에 관해선 이미 고인이 되신 심현수沈賢修 스승의 조사 앙케이트에 의거했다. 약간의 차이는 있지만 상주의 보장들 역시 이런 시가 있는데 누가 먼저 발명했는지는 알 수 없다. 자세한 것은 장수민, 한기의 《중국활자인쇄사》 참조. 중국서적출판사, 1998년, 72쪽.

[85] 포세신의 《니판시인초편서泥版試印初編序》.

[86] 곡수서국曲水書局 이진영李振英 《역경지회화易經知話》 권수, 또 유성목劉聲木의 《장초재수필萇楚齋隨筆》 권7.

[87] 사천 출신의 친구인 왕리기王利器 선생이 말해 주었다.

[88] 같은 페이지 599주라고 원서에는 되어 있는데 그 주는 위의 미주 [82]를 말하는데 내용은 한국, 월남, 유구에 관한 것이 아니고 중국 족보에 관한 것이므로 필자가 착오를 한 것 같음.(역주)

[89] 이 절은 장수민의 《청대의 목활자》에 의거했다. 《도서관》, 1962년, 제2~3기.

[90] 도상陶湘 《고궁전본서고현존목故宮殿本書庫現存目》 중책中冊, 《율려정의律呂正義》도 옹정 2년(1724)에 인쇄했다고 한다.

[91] 건륭의 말은 《제무영전취진판십운題武英殿聚珍版十韻》주 참조. 줄리엥·폴라드·맥고완의 설은 영국 사람 허버트(Herbert Allen Giles, 1845~1935)(중국어 표기는 翟理斯임: 역주)의 《흠정고금도서집성색인欽定古今圖書集成索引》(1911년 런던 출판)의 서언 참조. 줄리엥의 말은 사무엘 윌리엄스의 글에서 인용했다.

[92] 일본사람 다카 아키고로[多賀秋五郎]의 《종보연구》, 129쪽.

[93] 이 책은 두 책으로 국가도서관 백림사柏林寺 분관에 소장되어 있다. 감사하게도 유수해劉樹楷 선생이 알려줬다.

[94] 이상은 모두 임춘기가 쓴 〈동판서銅飯敍〉에서 인용했다. 이는 보기 드문 동활자 사료다.

[95] 심문작沈文焯 〈청대문학가의 서신〉에서 인용. 《문물》참조. 1961년, 제1기.

[96] 이 단락은 장수민의 〈청대의 동활자〉에 의거했다. 《문물》 참조, 1962년, 제1기.

[97] 두 종류의 복권에 관해서는 《불산충의향지佛山忠義鄕志》 권11, 광서 《나해현지》 권4에 상세한 것이 있다.

[98] 세 세트의 활자견본은 졸저 《활자인쇄사화活字印刷史話》삽화 참조, 중화서국 1963년, 1979년, 제2판.

[99] 윌리암스 "Movabla Metallic Types in Chinese" The Chinese Repository. VoI.XIX, pp.247~253. Vol.XX, pp.281~282.1850, 1851 Canton. The Chinese Recorder. vol. Ⅵ. pp.24~25. 1875, Shanghai.

[100] 단조단段胡端 《회속연주서판기回贖鉛鑄書版記》는 남경대학도서관 관장 시봉생施鳳笙(연용延鏞) 선생이 원문을 보내 주었다. 또 민국 《청하현지淸河縣志》의 왕석기전王錫祺傳을 베껴 보내주었으니 이에 심심한 감사를 드린다. 시선생은 편지에서 청말에는 전당포에서 금속기물을 받았는데 대부분 동기와 석기로 전당업은 석기를 받고 보통 전당표 위에 연鉛이라고 썼지만 실제 물건은 석錫이라고 한다. 서판 기록에 연주鉛鑄라고 기록한 것은 대체로 이전부터 칭해지던 것을 연용한 것이라고 한다. 시선생의 추측은 상당한 이유가 있다. 활자판 1장은 주로 장수민의 《중국인쇄술의 발명 및 그 영향》 중 〈활자판의 발명〉 1절 70~94쪽, 또 장수민 《활자인쇄사화活字印刷史話》 중화서국, 1963년, 1979년 제2판 및 이전의 문장과 또 원고 《중국활자사》에 의거했다.

[101] 청대 황제 묘휘는 다음과 같다. 성조 강희 현엽玄燁·세종 옹정 윤정胤禎·고종 건륭 홍력弘曆·인종 가경 옹염顒琰·선종 도광 민녕旻寧·문종 함풍 혁저奕詝·목종 동치 재순載純·덕종 광서 재첨載湉이다.

[102] 방포方苞 《망계선생전집望溪先生全集》 중 집외문 권2, 13쪽, 함풍 원년에서 2년까지 대씨戴씨 교간본이다.

[103] 우달생牛達生《중국최초의 목활자인쇄품 - 서하문불경 〈길상편지구화본 속〉》,《중국인쇄》. 1994년 4월, 제44기.

[104] 이전에는 50가 당인시집唐人詩集이라고 했지만 원진, 백거이 등 유명인을 수록하지 않았으니 아마 50명이 안 될 것 같다. 1989년 상해고적출판사에서 영인 출판되었다. 전체제목은《당오십가시집 唐五十家詩集》이다. 영인본《당 오십가시집》의 서붕徐鵬 서문 참조, 상해고적출판사, 1989년.

[105] 외국인의 통계에 의하면 강희 옹정 연간에《고금도서집성》을 인쇄하기 위하 여 내부에서는 20만 개 이상의 동활자를 제조했다고 한다. 건륭 연간에는《무 영전취진판총서》를 인쇄하기 위하여 25만 개의 목활자를 새겼다고 한다. 19 세기에 임춘기林春祺 역시 약 40만 개의 동활자를 제조했다.

[106] 필자의 저서《송판서경안록宋板書經眼錄》·《송각공명록宋刻工名錄》·《역 대 각자공과 인쇄공 생활사 간략 고찰》참조. 모두 원고본임.

[107]《집운集韻》의 각자공은 장사의 진요陳禾·진자수陳子秀·진승陳昇·섭림 葉林·왕락王樂·오정吳正·이춘李椿·오량吳良·유정劉正 등이 있는데 이 들 이름 위에는 모두 '장사長沙'라는 두 글자가 있다. 또 성성星城의 진광陳廣 및 왕화王和·유충劉忠·하정任正 등이 판을 바꾸어 간행했다.

[108]《중국인쇄연감》참조, 1984~1986년.

[109] 송나라 왕명청王明淸《휘주삼록揮麈三錄》권2.

[110] 송나라 홍매의《이견병지夷堅丙志》권12. 왕명청의《투할록投轄錄》에서 "서 주 장인들은 음식값을 제때에 못받는다고 생각하여 분을 이기지 못하고 약물 을 사용할 때 고의로 잘못을 저지르니 본래의 처방만 못했다. 갑자기 장인들 6명에게 벼락과 번개가 치고 이에 죽은 자가 4명이다. 속여서는 안 된다는 것 을 하늘이 이처럼 똑똑히 보여준다"고 했다.

[111] 송《주자대전집朱子大全線》권18, 19〈안당중우장按唐仲友狀〉.

[112] 대마지 7장 2푼을 사용하고 사문 도이道嶷가 초교를 보고 법륜法倫이 재교 를 보고 마인의馬仁義가 감독을 하고 조모趙模가 감독을 하고 노쟁신盧爭臣 이 감독을 하고, 수단壽丹이 감독을 하고 은청광록대부행가영신銀青光祿大夫 行家令臣 염립본閻立本이 총감독을 했다. 또 '집희전보緝熙殿寶'도 있다. 국 전國詮 역시 승려가 아닌가 의심된다.

[113] 위에서 말한 인쇄공 '갈동인조葛同印造'는 모두 왕문진의《문록당방서기文 祿堂訪書記》에 보인다.

[114] 상세한 것은 장수민〈송원의 인쇄공과 제본공〉을 참조,《문헌》1981년 12월, 제10기.

[115] 금장金藏 각공 승려들의 속명은 유복춘劉福春 선생의《금장제기자료金藏題 記資料》에 의거했으며 각 승려들이 불경을 판각한 경전의 명칭은 모두 생략 했다.

[116] 장수민의《중국 인쇄술의 발명 및 그 영향》참조, 137~139쪽. 전량錢良이 교 토에서 불경을 판각한 사실은 감사하게도 스웨덴 학자인 소렌 에드그렌

(Soren Edgren, 중국어 표기는 艾思仁, 미국 프린스턴대 교수로 한국에도 몇 번 방문한 바 있음: 역주) 선생이 편지를 보내 알려주었다. 원나라 판화 각공인 오준보吳俊甫・황숙안黃淑安은 《무왕벌주武王伐紂》 등 5종의 평화評話를 판각했는데 건안의 우씨虞氏가 지치 연간에 간행한 연환화의 전신이다. 각자공 장자량張子良은 원나라의 《보녕장普寧藏》《부법장인연경付法藏因緣經》을 판각했다. 또 양삼楊三・하천何川・등은鄧恩 등이 있다. 원나라 사람들은 절우浙右에 많은 우수한 장인들이 많다고 했다.

[117] 장수민 〈송・원의 인쇄공과 제본공〉 문장 중에 있음, 《문헌》, 1981년 12월, 제 10기.

[118] 예를 들면 수도에 살던 간자인刊字人 남대례藍大禮는 《마서馬書》를 간행했다(만력 22년). 기궐씨剞劂氏 황린黃鱗 등은 《정씨묵원程氏墨苑》을 간행했다. 하현 재장梓匠 위수衛守는 사마광의 《가범家範》을 간행했고, 기읍성祁邑城 서쪽의 장씨匠氏 서광徐廣 등이 《장씨통종세보張氏統宗世譜》를 간행했다. 장匠 정선鄭宣 등은 《시원류선詩苑類選》을 간행했다. '철필장소맹의鐵筆匠蘇孟宜'는 섬서성 봉현에서 《왕미법참王昧法讖》(융경 6년)을 판각했다.

[119] 부백재주인浮白齋主人 《아학雅謔》, 왕리기王利器 선생 《역대소화집歷代笑話集》에서 인용.

[120] 부백재주인 《아학》, 왕리기 선생 《역대소화집》에서 인용.

[121] 청나라 사신행査愼行 《인해기人海記》.

[122] 청나라 서강徐康의 《전진몽영록前塵夢影錄》.

[123] 《소화법보총목록昭和法寶總目錄》 제2책.

[124] 청나라 주문한朱文翰이 도광 9년에 지은 〈고향주인황군전古香主人黃君傳〉, 《규천황씨종보虯川黃氏宗譜》 제4책. 이 문장은 주씨朱氏 《퇴사조정고退思粗訂稿》.

[125] 명나라 유약우劉若愚 《무사소초蕪史小草》 권2.

[126] 《남경교안시말南京敎案始末》, 《제대월간齊大月刊》, 제1권 제2~3기.

[127] 자세한 것은 장수민 《중국인쇄술의 발명과 그 영향》 137~139쪽 참조. 《전법정종기傳法正宗紀》 그림 31 참조.

[128] 1967년 북경에 있을 때 북경인쇄연구소 유방침劉邦琛 선생이 편지를 보내와 알려주었기에 여기서 특별히 감사를 드린다. 1978년 이전 작품을 재판할 때도 고칠 시간이 없었다. 삽화 36은 1606년 중국 인쇄공이 필리핀에서 목각한 《정교편람正敎便覽》이고 최초의 《무극천주정교진전실록無極天主正敎眞傳實錄》은 채용하지 못했다.

[129] 청나라 성복초盛復初 《춘곡소초春穀小草》.

[130] 청나라 김무상金武祥 《율향삼필栗香三筆》 권4.

[131] 함풍 《순덕현지順德縣志》 권3.

[132] 서가徐珂 《청패유초淸稗類鈔》 제17책 공예류에서도 역시 순덕현의 각자공들이 10여 세의 어린 여아들을 데리고 했는데 가격이 저렴하고 작업이 빨랐다

고 언급했다.

[133] 청 운간의 뇌림雷琳 등이 모은 《어기시초漁磯詩鈔》 권6.

[134] 아담 샬(Johann Adam Schall von Bell)이 순치 원년에 판각한 《서양신법역서주소西洋新法曆書奏疏》 참조.

[135] 왕휘조의 《병탑몽흔록病榻夢痕錄》.

[136] 《서림청화》 권7.

[137] 《대청회전사례大淸會典事例》 권1199, 《일하구문고日下舊聞考》 권71.

[138] 《무영전수서처보소당안武英殿修書處報銷檔案》 원본.

[139] 《흠정무영전취진판정식欽定武英殿聚珍版程式》.

[140] 《무영전수서처보소당안武英殿修書處報銷檔案》 원본.

[141] 청나라 예홍倪鴻 《동음청화桐蔭淸話》 권2.

[142] 청나라 부이례傳以禮의 《장씨사안본말莊氏史案本末》 등의 서적에 의거했다.

[143] 〈주규전〉은 동치 《소주부지》 권110 참조, 《예술》 2에서 주상현朱象賢의 《문견우록聞見偶錄》 인용.

[144] 도광 《흡현지》 의행전義行傳.

[145] 모두 《청대문자옥당淸代文字獄檔》.

[146] 모두 《청대문자옥당》.

[147] 《소대사선昭代詞選》 38권, 장중광蔣重光이 집집했고 건륭 경서당經鋤堂 간행. 《금강경》은 건륭 46년 판각됨.

[148] 황효서黃孝紓 《궁광집躬廣集》 참조. 이미 고인이 되신 오칙우吳則虞 선생의 기록을 볼 수 있었다. 81명 중에는 심덕잠이 제의 첫머리를 쓰고 별지의 제발題跋에는 진횡모陳宏謀・팽계풍彭啟豊・왕창王昶・전진군錢陳群・왕명성王鳴盛・팽소승彭紹升・원매袁枚・필완畢沅・전대흔錢大昕・유용劉墉・석온옥石韞玉・왕문치王文治 등이 있다.

[149] 도광 10년 경인庚寅 《중수규천황씨종보重修虯川黃氏宗譜》.

[150] 양아발은 도광 7년에 런던 포교회에 편지를 보냈다. 자칭 "후학 제자 양아발梁阿發은 고개를 숙이고 편지를 드립니다"라고 말하고 있으니 이로써 양아발이 원래 이름임을 알 수 있다. 이름은 본래 주인을 따라야 되므로 그래서 양발梁發이라고 하지 않고 양아발이라고 하겠다. 양아발의 생애와 그가 간행한 서적에 관해서는 맥너(G. H. McNeur) 목사의 저서에 상세히 나와 있다. 그래서 잠운簪雲은 《중화최초의 포교자는 양발》Leung fat(Leung Afa, 1789~1855) 이라 번역하여 상해 광학회 편집으로 중역을 했다. 맥너의 책에는 양발이 건륭 53년(1788)에 태어났다고 하고 또 가경 21년에 세례를 받았는데 33세였다고 하니 마땅히 건륭 49년(1784)이어야 하니 글 속에서 서로 모순되고 있다. 이 책의 번역본은 이미 고인이 되신 장정로張靜盧 선생으로부터 빌려서 보았다. 양아발의 저서로는 다음과 같은 것들이 있다. 1819년 《구세록촬요략해救世錄撮要略解》 부록 《십계》, 성시聖詩 3수, 전체 37쪽이 있다. 1828년 《숙학성리약

론熟學性理略論)9쪽이 있는데 이상 두 종류는 모두 광주에서 저술했다. 1829년 《진도문답천해眞道問答淺解》 14쪽은 말라카에서 저술했다. 1830년 《진도심원眞道尋源》·《영혼론》·《이단론》은 고명高明에서 저술했다. 1831년 《성경일과》·《초학편용初學使用》(모두 번역임)은 광주에서 번역하고 출판했으며 다음해에 재판했다. 1832년 《권세양언》(9종의 소책자를 포함)은 대부분 《성경》의 장과 절로 이루어졌고 광주에서 저술했다. 양아발이 말라카에서 9종을 나누어서 단행본으로 인쇄했고 싱가포르에서는 《구복면화요론求福免禍要論》을 출판했다. 1833년에는 《기도문》·《찬신시贊信詩》 60쪽을 인쇄했다. 《기도문》은 양아발이 홍콩에서 번역한 것이다.

[151] 《아편전쟁자료》 제1책, 굴아앙과 오아청吳亞淸 역시 《양발》서적을 보았다.

[152] 노심魯深 〈섬서조판원류고陝西雕版源流考〉, 《인문잡지》 1985년, 제4기, 또 《역대각서개황歷代刻書槪況》 참조, 인쇄공업판사, 1991년, 520~528쪽.

[153] 《강소성 명청 이래의 비각 자료 선집》.

[154] 장철현張鐵弦 《만청시기의 석인화보에 관하여 간단히 논함》 부록의 사진, 《문물》참조.

[155] 이 책의 제3장 원명 판각공 참조.

[156] 인종 이건덕은 영무소승英武昭勝 6년(1082)에 원외랑員外郞 양용률梁用律에게 송나라에 가서 《대장경》을 청하도록 했다. 회풍會豊 7년(1098) 원외랑 완문신阮文信을 또 송에 보내 《삼장경三藏經》을 구하도록 했다. 이상은 모두 《월사략越史略》 권2에 나온다.

[157] 《사덕어제시嗣德御製詩》 초집·2집, 《사덕어제문嗣德御製文》 초집·2집, 사덕 30년 목활자인이 동양문고에 전체 67책이 있다.

[158] 명나라 장포漳浦사람 양일규揚一葵의 《예승裔乘》, 청나라 호학봉胡學峰의 《해국잡기海國雜記》, 청 필사본, 천일각 소장.

[159] 척지분戚志芬 〈중국과 필리핀의 왕래와 필리핀으로 전입된 중국인쇄술〉, 《문헌》. 제38기, 1988년, 제4기, 263쪽.

[160] Blair and Robertson, The Philippine Islands. vol. LllI, p. 2, voI. IX, p.68. 장수민의 《중국인쇄술의 발명 및 그 영향》인민출판사, 1958년, 16쪽.

[161] 그의 저서 Philippine History and Civilization. Manila. 1939. p.388 참조.

[162] C. R. Boxer, "Notes on Chinese abroad in the late Ming and Early Manchu Periods compiled from contemporary European sources (1500~1750)". T'ien Hsia Monthly. vol. 9, No. 5, 1939. pp.447~468.

[163] 이 책 제3장 명 각자자공 참조.

[164] Henri Bernard의 "Les origins chinoises de l'imprimerie aux Philippines" Monumenta Serica, 1942, v.7, pp.312~314; P. Van der Loon의 "The Manila Incunabula and Early Hokkien Studies" Asia Major. V.12 part I, 1966. New Series 참조. 그 외에 척지분戚志芬의 〈중국과 필리핀의 왕래와 필리핀으로 전입된 중국인쇄술〉, 《문헌》. 제38기, 1988년, 제4기 252~264쪽; 방호方豪의

〈명 만력 연간 중 마닐라에서 간행된 한문서적〉(《방호육십자정고方豪六十自定稿》하책, 대만 학생서국, 1969년, 1518~1524쪽, 삽화 1506~1517쪽)·《명말 마닐라 화교교회의 특수한 용어와 풍습-〈신간료씨정교편람新刊僚氏正教便覽〉과 Doctrina Christiana en lengua China권의 종합연구〉(《방호 60~64 자선대정고自選待定稿》437~453쪽)·《라이든 한학원에 소장된 루손 명대 한적 판각 연구》(《방호 60~64 자선대정고》, 455~470쪽)·《루손 명각〈천극천주정교진전실록〉의 연구〉(《방호 60~64 자선대정고》, 471~485쪽). 왕안추汪雁秋 번역《〈무극천주정교진전의 정변正辯〉고考》,《대륙잡지》, 1963년 4월, 제26권 제8기, 17~20쪽. 참조. 그중 P. Van der Loon과 척지분의 두 논문은 상세하게 이 여섯 가지 인쇄품을 설명하고 있다.

[165] 공용龔容과 Vera는 아마도 동일인인 것 같다. 척지분의〈중국과 필리핀의 왕래와 필리핀으로 전입된 중국인쇄술〉,《문헌》. 제38기, 1988년, 제4기, 252~264쪽.

[166] 정신鄭信이 완전한 이름이고 또 정소鄭昭라고도 한다. 소昭는 태국어 '王'의 음역이다. 정소의 뜻은 정왕이란 뜻이다. 또 피야달披耶達이라고도 하는데 피야는 작위를 받았다는 의미이다. 그는 달부達府에서 태수를 했으므로 또한 달신達信이라고도 부른다. 달부태수 정신鄭信, 혹은 피야달신披耶達信이라고 도 한다.

[167] 장례천張禮千의《중남반도中南半島》, 임 아무개가 판각했다는 것은 오칙우 吳則虞의《판본통론板本通論》 참조.

[168] 이 책 제3장 청대 각자공 양아발 참조.

[169] 헨리 버나드《유럽저작의 한문 역본》, 풍승균馮承鈞 번역.

[170] 전존훈《종이와 인쇄》, 과학출판사, 1990년, 280쪽.

[171] [영] C. R. 퍼크샤 편주, 하고제何高濟 번역《16세기 중국 남부기행》, 중화서국, 1990년.

[172] 전존훈,《종이와 인쇄》, 과학출판사, 1990년 281쪽.

[173] [영] C. R. 퍼크샤 편주, 하고제何高濟 번역《16세기 중국 남부기행》, 중화서국, 1990년, 180~181쪽.

[174] [영] C. R. 퍼크샤 편주, 하고제何高濟 번역《16세기 중국 남부기행》, 210쪽, Rada는 귀국할 때도 8종의 지방지를 가지고 돌아갔다.

[175] Historia de las cosas mas notables, ritos y costumbres, del gran Reyno de la China.

[176] 두석연杜石然〈《중화대제국지》로 본 밍밀 동시과학기술 교류〉,《과학사논집科學史論集》에 게재. 중국과학기술대학출판사, 1987년, 201쪽.

[177] M. de Montaigne, Essais, livre III, Chap. 6.

[178] Basil Guy, The French image of China before and after Voltaire. Geneve. 1963. pp.25~26.

[179] 예를 들면 Hajji Mahomed가 Messer Giov를 주었다. Battista Ramusio(약

1550년)의 《거란논술》(Account of Cathay) 중에 "그들은 인쇄의 예술이 있다"는 한 마디가 있다; 터키 사람 Dervish의 거란에 관한 책 속에서도 거기의 사람들이 사용하는 인쇄는 이미 수백 년을 넘어섰다고 한다. 이상은 전종서錢鍾書(Ch'ien Chung-shu)의 "China in the English literature of the seventeenth century." Quarterly Bulletin of Chinese Bibliography. New series. Vol. I, pp.360~362.

[180] The Voyage to the Indies, 1956년 네덜란드어판.

[181] History of the World.

[182] Wilhelm의 《중국문화소사中國文化小史》 영역본.

[183] 이 영향에 관한 문장은 주로 장수민의 《중국인쇄술의 발명 및 그 영향》, 102~184쪽에 의거했다. 그러므로 인용 자료에 대해서는 일일이 다시 주를 달지 않는다. 남양삼국(말레이시아, 태국, 싱가포르: 역주)은 즉 새롭게 증보했다.